Marty Jezer

Stottern: Lebenslänglich hinter Wörtern

Natke Verlag

Der Autor

Marty Jezer war Kolumnist, politischer Aktivist und Autor von Biographien und Büchern über amerikanische Geschichte. Er engagierte sich stark in der amerikanischen Stotterer-Selbsthilfebewegung. Jezer lebte mit seiner Frau Arlene in Brattleboro, Vermont, USA, und hatte eine Tochter sowie vier erwachsene Stiefkinder. Marty Jezer verstarb im Juni 2005 an Krebs.

Titel der Originalausgabe: *Stuttering – A life bound up in words*

1. Auflage 2004
2. Auflage 2007 1 2 3

Titelfotos: Arlene Distler
Projektleitung der Übersetzung: Ilona Stahlhuth
Qualitätsmanagement und Lektorat: Susanne James
Übersetzerinnen: Uta Garrard, Bettina Hoffmann, Ina Hohmann, Christine Hüttemann, Angelika King, Andrea Milbrandt, Cristina Saur, Ilona Stahlhuth und Hanne Ullrich
Redaktion und Satz: Dr. Ulrich Natke
ISBN 978-3-936640-02-1

Besuchen Sie uns im Internet: www.natke-verlag.de

Dieses Buch ist all meinen Freunden
in der Stotterer-Selbsthilfebewegung gewidmet.

Inhaltsverzeichnis

Danksagung

Zu diesem Buch wurde ich durch stotternde Freunde inspiriert. Die meisten von ihnen habe ich durch das *National Stuttering Project* (NSP), *Speak Easy International*, die *Canadian Association for People Who Stutter* (CAPS) und Stotterer-Selbsthilfegruppen in Boston und Montreal kennen gelernt. Durch meine Teilnahme an diesen Gruppen und den Mailing-Listen Stutt-L, Stutt-X und Stut-Hlp konnte ich ein sehr viel breiteres Wissen über und Verständnis für das Stottern aufbauen.

Auf die Gefahr hin, dass ich einige sehr wichtige Personen übergehe, möchte ich ganz besonders jenen danken, die mich, ob in Mailing-Listen, persönlichen Gesprächen, therapeutischen Situationen oder einfach nur beim geselligen Beisammensein durch ihre Erfahrung und Unterstützung inspirierten. Viele der nachfolgend aufgelisteten Personen sollten ein »Dr.« vor ihrem Namen haben (aber da ich nicht weiß wer, habe ich einfach alle Titel weggelassen), und nur wenige werden mit allem, was ich zu sagen habe, übereinstimmen. Aber alles, was ich über das Stottern weiß, habe ich von ihnen gelernt. Alle sachlichen Fehler und unbegründeten Meinungen sind voll und ganz mir zuzuschreiben.

Janet Givens Ackerman, John Ahlbach, Mary Andrianopoulos, Ellen Bennett, Howard Bigman, Ames und Linda Bleda, Sister Charleen Bloom, Annie Bradberry, Allen Braun, Larry Burd, Irving und Maryanne Burton, Sally Butcher, Lee Caggiano, Jock Carlisle, Michaek Catling, Andrew Carpenter, Babak Charepoo, Vera Chaplin, Andrew Christiansen, Silvano Columbano, Eugene B. Cooper, Donna Cooperman, Barbara Dahm, Jim Day, Luc de Nil, Darrell Dodge, Kevin Eldridge, Ed Feuer, Gina Fogel, Frances Freeman, Bob und Antoinette Gathman, Lisa Gibson, Herb Goldberg, Charles Gordon, Barry Guitar, Richard Harkness, John Harrison, Russ Hicks, Jim Hollister, Stephen Hood, Michael Hughes, Paul Johnson, Thomas David Kehoe, Kurt Keller, Ellen Kelly, Thomas Klassen, Judy Kuster, George Laday, Diane Laval, Marty Leisner, Larry Lindstrom, Christy Ludlow, Gerald Maguire, Walter Manning, Jim McClure, Heather Mcfadden, Richard Merson, Larry Molt, Tom Morrow, Bill Murphy, William Parry, Mark Power, Winston Purdy, Bob Quesal, Peter Ramig, Nan Bernstein Ratner, John Rau, Lee Reeves, Michael Retzinger, William Rosenthal, Bob Rothman, Susan Sander, Dave Scarbrough, Bob Scheier, Howard Schwartz, Martin Schwartz, Jeff Shames, Sheila Stager, Woody Starkweather, John Swaney, Jason Tharaldson, Tony Toriano, Linda Voigt, John Wahlers, Bonnie Weiss, J. David Williams, Barry Yeoman, Ira Zimmerman.

Paul Johnson, Woody Starkweather, Arlene Distler, Dr. William Perkins, John Harrison, Kathryn Kilgore und Larry Estrich haben das Manuskript ganz oder teilweise gelesen.

Ich schätze mich glücklich, dass Frances Goldin und Sydelle Kramer meine Literaturagenten sind. Ich danke JoAnn Miller dafür, dass sie an die Idee dieses Buches geglaubt hat, und meiner Lektorin Juliana Nocker von Basic Books für die Geduld, mit der sie das Buch bis zur Fertigstellung begleitet hat.

Ich bin meinen Kollegen von der Arbeitsgruppe für Wählerdemokratie dankbar, dass sie unerledigte Aufgaben toleriert haben, als ich mich in der letzten Phase des Schreibens befand.

Ich danke dem *Vermont Community Fund*, Kate Wylie und Kevin O'Brien für ihre finanzielle Unterstützung. Ich danke auch meinen Freunden und Nachbarn in Packer Corner und am »Hill« in Guilford für die vielen Jahre guter Gespräche. Und einen besonderen Dank an Robert J. Stack, der mir gezeigt hat, dass Veränderung möglich ist.

Ich danke Mimi Morton für ihr aufmerksames Ohr bei Dialogen und für ihre Freundschaft.

Ich danke und liebe Kathryn Jezer-Morton dafür, dass sie mich immer gebeten hat, ihr Gutenachtgeschichten vorzulesen. Katie, du bist die Allerbeste!

Dank auch an Arlene Distler für ihre Liebe und die langen Gespräche, in denen wir die Ideen für dieses Buch ausgearbeitet haben. Und an Aaron und Josh dafür, dass sie mir Fragen über das Stottern gestellt haben, und an Rachel und Ezra dafür, dass sie mir großzügig Platz am Küchentisch gemacht haben.

Danksagung des Verlags

Die Übersetzung dieses Buches aus dem Amerikanischen wurde von Studentinnen der University of Westminster (www.wmin.ac.uk) unter der Projektleitung von Doz. Susanne James und Ilona Stahlhuth durchgeführt. Der Verlag dankt sowohl den Projektleiterinnen als auch den Übersetzerinnen Uta Garrard, Bettina Hoffmann, Ina Hohmann, Christine Hüttemann, Angelika King, Andrea Milbrandt, Cristina Saur, Ilona Stahlhuth und Hanne Ullrich für ihre Mitarbeit und tatkräftige Unterstützung, ohne die diese deutsche Buchausgabe nicht zustande gekommen wäre.

Einleitung: Hast du 'mal zehn Minuten?

Ich w-w-w-ill m-m-m-mich bloß f-f-f-ünf M-M-M-Minuten mit dir unterh-h-h-halten

Die folgenden Geschichten sind mir alle in den letzten paar Monaten passiert: Meine Freundin hatte mich zum Abendessen bei alten Freunden mitgenommen. Sie hatten eine kleine Tochter, die gerade einmal drei Jahre alt war. Sie hörte mich stottern und lief mir dann immerzu hinterher. Schließlich sah sie zu mir hoch und sagte ganz unschuldig und mit großen Augen: »Du sprichst aber komisch, du sprichst aber komisch.« Natürlich meinte sie das nicht spöttisch, sie beschrieb nur einfach etwas, was sie neugierig gemacht hatte. Ich wollte aus einer Mücke keinen Elefanten machen und mich womöglich noch mit ihren Eltern anlegen. Also dachte ich mir, es gibt zwei Möglichkeiten die Sache anzugehen. Ich könnte versuchen ihr zu erklären »ja, ich spreche tatsächlich komisch und das ist eben meine Art zu sprechen« und durch das direkte Eingehen auf meine Sprechweise ihre Neugier befriedigen. Aber ich wusste nicht, wie viel sie davon verstehen und wieweit ihre Neugier die Diskussion noch vorantreiben würde. Daher entschied ich mich für die zweite Möglichkeit und lenkte sie ab, indem ich mit ihr zu spielen begann. Es funktionierte, aber insgeheim dachte ich: »Was für ein Leben! Jetzt bin ich 55 und überlege mir immer noch, wie ich einer Dreijährigen meine Art zu sprechen erklären soll.«

Der Redakteur unserer Lokalzeitung, ein Freund von mir, überredete mich, ihn einen Artikel über mein Stottern schreiben zu lassen. Also ging ich zu einem Interview hin. Eine Woche später war mein Bild auf dem Titelblatt und eine Sprechblase verwies den Leser auf einen ganzseitigen Artikel über Stottern. Brattleboro, Vermont, ist eine Kleinstadt. An den darauf folgenden Tagen sprachen mich Leute auf der Straße an und erzählten mir, wie gut ihnen der Artikel gefallen hätte. Einige vertrauten mir an, dass einer ihrer Verwandten stottere oder dass sie, wie mir zum Beispiel ein bekannter hiesiger Anwalt erzählte, selbst einmal gestottert hätten. Nach dem Artikel kam ich mir vor wie der Stotterer vom Dienst. Einmal unterhielt ich mich mit einem der Verkäufer in der Eisenwarenhandlung und hatte das Gefühl, dass die anderen Kunden uns beobachteten. Es war wahrscheinlich nur Einbildung, aber es kam mir vor, als ob sie die Ohren spitzten, damit sie mich stottern hören konnten. Ich fühlte mich beinahe verpflichtet zu stottern, um sie nicht zu enttäuschen. Ich malte mir aus, wie ein Mann mit seiner Frau beim Abendessen sitzt und sagt:

»Weißt du, der Typ, dieser Stotterkerl, der neulich in der Zeitung war? Ich hab' ihn in der Eisenwarenhandlung gesehen, wie er sich unterhalten hat.«

»Hat er gestottert?«

»Ja ja, er hat ganz schön gestottert.«

Der Schulchor meiner Tochter sollte in einer Oper des Zentrums für bildende Künste in Saratoga auftreten. Es war ein Riesending, da Charles Dutoit vom Montrealer Sinfonieorchester dirigieren würde. *Mein* Riesending war, dass ich die Eintrittskarten telefonisch bestellen musste. Aus Gründen, die ich in Kapital 23 noch genau erklären werde, fühlte ich mich verpflichtet, das Telefonat selbst zu erledigen. Ich sprach langsam, und der freundlich klingende Kartenverkäufer bekam alles richtig mit, das Konzert, das Datum und die Uhrzeit bis hin zu den Sitzplätzen, die ich gerne haben wollte. Dann fragte er mich nach meiner Kreditkartennummer. Alle 16 Ziffern. Ich kriegte sie alle prima heraus, dachte ich zumindest. (Immerhin konnte er nicht sehen, wie sich beim Vorlesen meine Nackenhaare sträubten und meine Lippen zitterten.) Aber dann wiederholte er die Zahlen noch einmal, um sicherzugehen, dass er sie richtig notiert hatte. Die siebte war falsch. Ich wollte nicht nochmals alle 16 Stellen wiederholen und erklärte ihm daher lediglich, dass die siebte Ziffer eine Sieben war und keine Sechs, wie er gesagt hatte. Er verstand das allerdings so, als folge auf die Sieben noch eine Sieben und dann eine Sechs. Bevor ich von vorn anfangen und alle 16 Ziffern noch einmal wiederholen konnte, waren wir in einen Dialog verstrickt, der Loriot alle Ehre gemacht hätte:

»Haben Sie gesagt, dass die siebte Ziffer eine Sechs ist?«

»Nein, die siebte ist eine Sieben, aber die neunte ist eine Sechs.«

»Und was kommt dann an sechster Stelle?«

»Wir fangen besser noch ‘mal von vorn an, mit der ersten Ziffer. Das ist eine Vier.«

»Was ist eine Vier?«

«Vier ist die erste Zahl. Ich fange noch ‘mal von vorn an ...«

Wir schafften es schließlich, die ganze Kreditkartennummer richtig hinzubekommen, und ich bedankte mich für seine Geduld. Als ich den Hörer auflegte, war ich schweißgebadet und meine Hände zitterten. Ich fühlte mich, als ob ich gerade eine Arie hingeschmettert hätte – und das Publikum in Saratoga mir nicht applaudierte.

Ich musste an einem politischen Treffen teilnehmen. Ich rechnete mit etwa 30 Teilnehmern und mir war schon im Voraus angst und bange, wenn ich an die Anfangsrunde dachte, bei der jeder aufsteht und seinen Namen, seine Heimatstadt und die von ihm vertretene Organisation nennt. Die meisten kennen mich und halten mich für mutig, weil ich keine Angst habe, meinen Spruch aufzusagen, auch wenn ich dabei stottere. Es sind sehr nette Leute und ich habe wirklich keinen Grund beunruhigt darüber zu sein, wie sie auf mein Stottern reagieren werden. Aber ich habe schon immer Schwierigkeiten mit dem Aufsagen meines Namens gehabt und obwohl ich diese Übung schon etliche Male hinter mich gebracht habe, ist es mir bisher nie gelungen, flüssig durchzukommen. Auf dem Weg zum Treffen ging ich im Auto noch einmal alle Sprechtechniken durch, die ich benutzen könnte. Ich übte das Aufsagen meines Namens, langsam und in unterschiedlichen Tonlagen. Ich dehnte die Vokale, verlängerte die Silben und um meiner Nervosität vorzubeugen, trainierte ich auch ein bisschen absichtliches Stottern. (Diese Methode wird in Kapitel 10 noch erklärt.) Während ich diese Techniken übte, bemühte ich mich, das entspannte Gefühl beizubehalten. Dann malte ich mir aus, wie alle der Reihe nach ihren Namen sagten, bis ich schließlich dran war, und stellte mir vor, dass ich die Situation absolut unter Kontrolle hatte. Ich sah mich tief Luft holen, die anderen anlächeln und meinen Namen ganz locker und leicht über die Lippen bringen.

Beim Treffen angekommen begrüßte ich meine Freunde und sprach wie immer, wenn es sich um lockere Unterhaltungen handelt, einigermaßen flüssig (oder einigermaßen unflüssig). Dann begann das Vorstellen. Je näher die Reihe an mich kam, desto höher stieg mein Stresspegel. Ich rief mir noch einmal alle Techniken in Erinnerung, die mir über diesen Moment hinweg helfen konnten. Aber meine kleinen grauen Zellen liefen heiß, die Zeit schien nur so dahinzurasen und mein Gefühl für flüssiges Sprechen schwand zunehmend dahin. Die Artikulationsmanöver, die ich zur Aussprache meines Namens vollbringen musste, türmten sich plötzlich wie schier unbezwingbare Berge vor mir auf. Als ich endlich dran war, war ich nicht mehr in der Lage, irgendeine der eingeübten Techniken anzuwenden. Ich blockierte beim Vornamen und beim Nachnamen. Als ich mit dem *J*, dem Anfangsbuchstaben meines Nachnamens, kämpfte, warf ich einen Blick in die Runde. Alle waren geduldig und voller Verständnis. Endlich gelang es mir meinen Namen herauszupressen – die Qual hatte ein Ende. Ich nahm wieder Platz und dachte mir, beim nächsten Mal schaffst du's bestimmt. Es gibt immer wieder ein nächstes Mal und ein nächstes Jahr. Das muss man guten alten amerikanischen Baseball-Vereinen wie den Brooklyn Dodgers, den Chicago Cubs oder den Boston Red Sox lassen: Sie sind Vorbilder an Hartnäckigkeit, die trotz ihrer scheinbar unvermeidlichen Misserfolge niemals aufgeben.

Ich war zum zweiten Mal eingeladen, einen Vortrag für die Studenten eines Kurses über Stottern zu halten. Beim ersten Mal im Vorjahr war ich so nervös gewesen, dass ich meine Präsentation herunterrasselte, ohne auch nur einmal auf meine Notizen zu schauen, und hatte deshalb eine Menge von dem, was ich sagen wollte, ausgelassen. Aber ich hatte so gut gestottert, dass man mich für eine Wiederholungsvorstellung einlud. Diesmal war ich entschlossen, ganz selbstsicher zu bleiben. Ich wollte meinen Vortrag damit beginnen, einige Sprechtechniken zu zeigen: Vollatmung, weicher Stimmeinsatz, passive Atmung, Verlängern, Dehnen, absichtliches Stottern. All das sind Tricks aus der Sprechtherapie, die einem stotternden Menschen helfen sollen, Kontrolle über das Stottern zu erlangen – und manchmal helfen sie wirklich.

Die Studenten waren fasziniert, dass die Techniken mich tatsächlich flüssig sprechen ließen. Zumindest solange ich sie benutzte. Aber man muss sich ziemlich konzentrieren, um sie korrekt anzuwenden, und Konzentration beeinträchtigt wiederum die Spontaneität des natürlichen Sprechens. Nach einer Weile hörte ich auf, die Techniken zu benutzen, und meine Sprechflüssigkeit ließ nach. Trotzdem schienen mein Enthusiasmus und der Stoff, über den ich redete, die Studenten bei der Stange zu halten. Ich fühlte mich gut und hatte den Vortrag nach wie vor unter Kontrolle. Ich gab sogar eine kleine komische Einlage zum Besten, die ich schon immer gern vor Publikum hatte zeigen wollen, zu der mir aber bisher immer der Mut gefehlt hatte. Als ich zum Thema »Identität« kam, erzählte ich, wie ich als Teenager oft eine James Dean-Pose eingenommen hatte, um wie ein starker, schweigsamer Typ zu erscheinen, nach dem Motto: Wer nicht spricht, der stottert auch nicht. Ich erklärte, dass diese Pose so wichtig für mich gewesen war, dass ich sie auch heute, 40 Jahre später, noch einnehmen konnte. Wie ich gehofft hatte, wollten sie die Pose sehen. Breitbeinig, die Schultern lässig herabhängend, die Daumen unter den Gürtel geklemmt und ein arrogantes, mürrisches Grinsen auf den Lippen zeigte ich ihnen das perfekte Abbild eines Halbstarken aus den 1950er Jahren. Alle Studenten lachten. Es war eine meiner Sternstunden.

Ich wuchs in den 1950er Jahren auf, in der Blütezeit der Fernsehkomiker: Jackie Gleason, Lucille Ball, Ernie Kovacs, Steve Allen, Dean Martin und Jerry Lewis, Phil Silvers, Red Skelton, Groucho Marx und Sid Caesar. Mir gefiel alles, was witzig war. Ich wollte immer nur mit Menschen zusammen sein, die mich zum Lachen bringen konnten, ob im Film, im Fernsehen, in der Schule, auf der Straße oder beim Abendessen zu Hause. Allerdings ging dieser Spaß wohl auf meine Kosten. Schließlich war ich der Junge, der keinen Witz erzählen konnte, ohne die Pointe zu verstottern. Der gesunde Menschenverstand hätte mich lehren sollen, die starken, schweigsamen Typen wie Gary Cooper, John Wayne, Marlon Brando oder James Dean zu bewundern und ihnen nachzueifern – und wie gesagt, versucht habe ich es ja auch. Aber mir gefielen eben die Komiker besser: Typen, die reden konnten; Typen, die eine Show abziehen konnten.

Wie die meisten anderen Jungs wollte ich natürlich zunächst Baseballspieler werden. Aber wenigstens in mancher Hinsicht war ich Realist. Obwohl ich ein guter Sportler war, wusste ich, dass ich in den Interviews oder Kommentaren vor und nach den Spielen nicht auftreten konnte. Mir war auch klar, dass ich kein Bühnenkomiker oder Komödiendarsteller werden konnte. Aber ich konnte mir witzige Sachen ausdenken und auch, so fand ich zumindest, witzige Sachen schreiben. Und da Autoren nicht reden müssen, dachte ich mir, ich könnte einer werden. Ich las *MAD*, ein Comic-Heft, das damals nur zehn Cent kostete, und durchstöberte außerdem die Zeitschriftenregale im Kiosk an der Ecke, immer auf der Suche nach humorvollen Beiträgen. Auf einem der Regale, gleich neben den Kreuzworträtselheften, lagen großformatige Taschenbuchausgaben von Witzesammlungen mit Titeln wie »1000 Witze!« und »Selten so gelacht«. Darin gab es Schwiegermütterwitze, Ausländerwitze, Kinder-Elternwitze, Männerwitze, Witze über dicke Leute, das Militär, Angestellte und Chefs, Ehefrauen und – in einer Sammlung – über Stottern:

Ein Stotterer trifft einen Freund in der Kneipe und sagt: »H-h-hast d-d-u m-m-mal zehn M-m-minuten? Ich w-w-will m-m-m-mich bloß f-f-f-ünf M-M-M-Minuten mit dir unterh-h-h-halten.«

Ich schlug das Buch zu, als hätte mich etwas gebissen. Mein Magen zog sich zusammen und einen Moment lang dachte ich, ich müsste mich übergeben. Ich legte es zurück aufs Regal und öffnete niemals wieder ein Buch dieser Art. Ich lachte immer noch gern, aber ich zog nie wieder in Erwägung Witze zu schreiben. Bis zu jenem Moment war es mir immer gelungen, wenn schon nicht das Stottern selbst, dann aber doch zumindest den Kummer, den es mir bereitete, zu kompensieren. Ich war beliebt, hatte viele Freunde und war gut in der Schule. Ich wusste damals noch nicht, wie beißend Humor sein kann, und ich wusste vor allem noch nicht, wie leicht mein Problem andere zum Lachen bringen konnte.

Ich habe einen großen Teil meines Lebens damit verbracht, als Stotterer zurecht zu kommen und meine Verlegenheit diesbezüglich zu überwinden. Und ich bin immer noch dabei. Aber eine Lektion habe ich gelernt: Es ist besser zu reden und dabei zu stottern, als flüssiges Sprechen durch Schweigsamkeit vorzutäuschen; selbst wenn es ab und zu einmal Zuhörer geben mag, die über meine Unflüssigkeit lachen. Ja, wer vorhat, sich fünf Minuten mit mir zu unterhalten, wird sich wahrscheinlich ein bisschen länger Zeit nehmen müssen – und das ist kein Witz. Aber wozu die Eile? Wenn ich etwas zu sagen habe, hören mir die meisten Leute erfahrungsgemäß auch zu. Und wenn sie das nicht tun, wen stört's? Stottern gehört zu meinem Leben und ich habe gelernt damit umzugehen. Egal, wie flüssig ich so manches Mal spreche, ich weiß immer, dass es ein anderes Mal geben wird, wo mich die Sprechflüssigkeit im Stich lässt.

Abraham Maslow, einer der maßgebenden Denker auf dem Gebiet der Humanistischen Psychologie, stellte die Theorie auf, dass Menschen von instinktiven Bedürfnissen und inneren Trieben zur Selbstverwirklichung motiviert werden. Diese Bedürfnisse sind wie in einer Pyramide angeordnet, an deren Spitze, oft verschüttet unter der psychologischen Last und dem physiologischen Gewicht der Schicksalsschläge des Lebens, sich das Bedürfnis nach Selbstverwirklichung befindet, der Trieb zur Selbsterfüllung, das Bedürfnis sich selbst und dem, was man sein kann, treu zu sein. Ebenfalls Teil von Maslows Pyramide ist das Bedürfnis zu Kommunikation, Kontakt und Selbstdarstellung gegenüber der Familie, Freunden, Nachbarn und der Gemeinschaft. Jeder hat dieses Bedürfnis.

Eine Grammatik, also ein sprachliches System, so sagt man, ist uns Menschen eigen; es ist in unserem Gehirn festgeschrieben. Dem Neurologen Oliver Sacks nach entwickeln Gehörlose instinktiv eine Zeichensprache, selbst wenn sie von anderen Gehörlosen getrennt sind. Natürlich ist Sprache, ob gesprochene Sprache oder Zeichensprache, nicht das einzige Mittel der Kommunikation. Wir wissen, dass die frühesten kommunikativen Wechselbeziehungen zwischen Säugling und Pfleger, wie zum Beispiel berühren, halten, wiegen, anblicken, sanft ansprechen und lächeln, entscheidend für das Überleben und die Entwicklung des Säuglings sind. So gibt es beispielsweise überall auf der Welt überfüllte Waisenhäuser, in denen die Säuglinge gefüttert, gekleidet und gewickelt werden, aber nur wenig menschliche Interaktion haben. Die Wahrscheinlichkeit, dass diese Säuglinge unter gesundheitlichen und emotionalen Problemen leiden oder sogar sterben, ist wesentlich höher als bei Kindern, die während des Heranwachsens die Möglichkeit haben, mit ihren Pflegern oder anderen Kindern zu kommunizieren.

Sprechen ist nicht unbedingt das A und O jeglicher Kommunikation, aber sobald ein Kind sprechen lernt, zieht es diese Form der Kommunikation vor. Was geschieht nun mit einem Kind, das eine physiologische Veranlagung zum Stottern hat (wie ich später noch erklären werde, deuten die Anhaltspunkte heutzutage am ehesten auf eine genetisch bedingte, organische Veranlagung hin) und instinktiv etwas sagen will? Es hat eine Idee im Kopf und auch die passenden Wörter. Aber wenn das Kind den Mund öffnet, um zu sprechen, werden die Wörter (die vorher so sicher schienen) von der unkoordinierten Art seines Sprechens blockiert. Wir bezeichnen das als Stottern, aber das tatsächliche Problem ist viel tief greifender als eine vorübergehende Unterbrechung der Kommunikationsfähigkeit. Stottern ist nicht nur eine Blockierung des Sprechens, sondern auch ein Schlag für die Psyche und behindert die Befriedigung eines grundlegenden inneren Bedürfnisses.

Menschen reagieren auf gestottertes Sprechen anders als auf flüssiges Sprechen. Sie machen irgendwelche unruhigen Bewegungen, sie senken den Blick, sie unterbrechen, sie bemühen sich das Wort zu finden, das man gerade versucht zu sagen, sie geben Ratschläge, sie verziehen das Gesicht, sie äffen nach, sie lachen, sie gehen weg – und so wird man immer tiefer verletzt. Für stotternde Kinder und Erwachsene, deren Stottern chronisch geworden ist, ist Sprache kein Mittel zur Kommunikation, sondern ein Anlass für Demütigung, eine Bestätigung der eigenen Unbeholfenheit, ein Anzeichen von Abnormität, und ein Verstoß gegen all das, was jeder andere auf der Welt für grundlegend menschlich hält.

Somit ist dies ein Buch über Stottern, aber gleichzeitig auch ein Buch über Sprechen, Schweigen und das Vergnügen und die Fallstricke alltäglicher Kommunikation. Als jemand, der sich auf seine Sprechflüssigkeit nie verlassen kann, möchte ich hier die komplexe Dynamik verbaler Kommunikation ansprechen und die Hindernisse beschreiben, die entstehen, wenn der Vorgang des Sprechens nicht funktioniert. Für mich ist Stottern nicht nur eine Behinderung, die eine Herausforderung für das Leben darstellt und die schwer zu überwinden ist; ich sehe es als eine Metapher für andere Behinderungen – physisch oder psychisch, real oder eingebildet – die so vielen Menschen das Leben schwer machen und ihnen den Weg zur Selbstverwirklichung versperren.

Vorwort der Taschenbuchausgabe

Verkehrte Welt

Es ist recht paradox, eine Persönlichkeit in der Stottergemeinde zu sein. Die Welt ist irgendwie verkehrt. Jahrelang zog ich mich bei jedem Treffen in eine Ecke zurück und versuchte mich unsichtbar zu machen, aus Angst, jemand könnte auf mich zukommen und mich nach meinem Namen fragen. Obwohl ich immer gern redete, war mir öffentliches Reden ein Gräuel, verbunden mit der Angst, mich als Stotterer bloßzustellen. Angst, Angst und nochmals Angst! Wie für so viele stotternde Menschen hat sie auch mein Leben beherrscht. Doch nun werde ich gerade wegen meines Stotterns um einen Vortrag nach dem anderen gebeten. Ich spreche immer noch unflüssig; es ist also wirklich erstaunlich, dass das, wofür ich mich früher schämte, heute zu einer Quelle meiner Kraftschöpfung geworden ist. Meine Bereitschaft, vor einer großen Hörerschaft zu stottern, hat mich transformiert: Was ich früher als eine Behinderung ansah, gibt mir nun neuen Lebensmut.

Diese Veränderung begann erst langsam, als ich mich in den 80er Jahren der Stotterer-Selbsthilfebewegung anschloss; zunächst der Gruppe *Speak Easy*, die stotternden Erwachsenen mit Informationen und Unterstützung zur Seite steht, und dann dem *National Stuttering Project*, das später in *National Stuttering Association* (NSA) umbenannt wurde und die größte Vereinigung ihrer Art in den USA darstellt. Als dann 1997 die gebundene Ausgabe der Autobiografie, die Sie gerade in den Händen halten, veröffentlicht wurde, nahm der Wandel ein Tempo an, das ich mir nie hätte träumen lassen.

Als ich mit der Arbeit an dem Buch begann, stand ich vor zwei Herausforderungen. Die erste war literarischer Natur: Wie konnte ich über mich selbst beziehungsweise mein Stottern schreiben – ein Thema, das mich immer zutiefst beschämt hatte? Ursprünglich sollte es ein Sachbuch werden über »alles, was Sie schon immer über Stottern wissen wollten«. Als ich mit dem Schreiben anfing, begann ich auch, Geschichten über mich selbst zu erzählen, um so die verschiedenen Grundzüge der Sprechstörung zu illustrieren. Freunde, die die ersten Entwürfe zu lesen bekamen, ermutigten mich, mehr dieser Anekdoten aus meinem Leben einzufügen. »Erzähl deine Lebensgeschichte«, drängten sie. Aber davon wollte ich nichts wissen. Es fiel mir nicht nur schwer meine Hemmungen zu überwinden, sondern auch mich von meinem Ego zu lösen. Ich meinte, es sei unbescheiden, meine eigene Geschichte zu Papier zu bringen, und befürchtete, die Leser würden mich für egozentrisch halten. Aber das war falsche Bescheidenheit. Nur ein echter Egozentriker, der zwanghaft mit seiner Wirkung auf andere beschäftigt ist, müsste solche Befürchtungen haben.

Eines Tages dann, als ich mühsam versuchte, meine negativen Gefühle als Stotterer auszudrücken, sah ich in meiner Vorstellung das Bild eines Mannes vor dem Computer. Mir wurde klar, dass dieser Mann zwar ich selbst, gleichzeitig aber auch die Hauptfigur meines Buches war. Als Schriftsteller konnte ich diese Figur objektiv betrachten, in ihren Erinnerungen graben, ihre Stärken und Schwächen analysieren, Geschichten über sie erzählen, die sie vielleicht lieber für sich behalten hätte, und die Vielschichtigkeit ihres Wesens erkunden. Ich konnte diese Figur in Hochform und auf dem absoluten Tiefpunkt zeigen, sie tanzen, singen, lachen und weinen lassen, sie brillant oder dumm erscheinen lassen, ihre Hemmungen offen legen und ihre Geheimnisse preisgeben. Was für ein Gefühl der Befreiung! Ich konnte über diese Person – mich selbst – so ehrlich schreiben, wie es mir möglich war.

Die zweite Herausforderung betraf die Vermarktung des Buches, denn dies bedeutete, dass ich mich meiner Angst vor dem Stottern in aller Öffentlichkeit stellen musste. Wie ich in Kapitel 18 (»Die reale Welt«) beschreibe, ist es für Autoren heutzutage noch lange nicht damit getan ihre Bücher zu schreiben – sie müssen auch auf die Straße gehen und sie unter die Leute bringen. Für Schriftsteller, die stottern und aufgrund dieser Sprechstörung öffentliche Auftritte vermeiden, ist das ein riesiger Nachteil. Ich hatte vor dieser Autobiografie bereits ein geschichtliches Buch »The Dark Ages: Life in the USA, 1945 – 1960« und eine Biografie »Abbie Hoffman: American Rebel« geschrieben. »The Dark Ages« wird von einigen Hochschulpädagogen als Lehrbuch herangezogen, und die Hoffman-Biografie wurde mit dem Titel »Steal This Movie« verfilmt. Trotz dieser Erfolge scheute ich mich vor öffentlichen Präsentationen, weil ich glaubte, dass niemand ein Buch von einem stotternden Schriftsteller kaufen würde. Also schlug ich Einladungen zu Radiointerviews und Lesungen in Buchhandlungen aus und nahm auch nicht an Podiumsdiskussionen teil. Auf die Verkaufszahlen meiner Bücher wirkte sich das schmerzlich aus, aber es war ja mein eigenes Geld, das dadurch verloren ging.

Bei dem Buch »Stottern: Lebenslänglich hinter Wörtern« kam ein Verstecken hinter der eigenen Feigheit nicht in Frage. Schließlich dreht sich das Buch nicht ausschließlich um das Überwinden von Sprechunflüssigkeiten, sondern um das Überwinden der grundlegenden Angst vor öffentlichem Sprechen, oder besser gesagt der Angst vor öffentlichem Stottern. Bei der Vermarktung dieses Buches war mir darum klar, dass ich mich dieser Angst stellen und sie besiegen musste, denn sonst wäre ich selbst ein Schwindler und mein Buch eine Lüge. Mit dem Schreiben dieses Buches zwang ich mich, diese Herausforderung anzunehmen und zu bewältigen.

Meine erste Lesung hielt ich bei *Collected Works*, einer Buchhandlung in meiner Heimatstadt. Es war unglaublich voll, beinahe hundert Leute waren gekommen – zumeist Freunde, die mich noch nie öffentlich hatten sprechen hören. Ich begann mit einem Witz, den ich mir für die Gelegenheit ausgedacht hatte. »Neulich hatte ich einen Traum, eigentlich war es ein Alptraum«, fing ich an. »Ich träumte, ich wäre zu einer Oprah Winfrey-Show eingeladen, um mein Buch vorzustellen und über das Stottern zu sprechen. Oprah war fantastisch und bereitete das Publikum vor, indem sie erklärte, wie mutig es für einen Stotterer sei, sich vor die laufende Kamera zu stellen. Ich wurde mit begeistertem Applaus begrüßt und nahm Platz; dann begann Oprah mir Fragen zu stellen. Und mit einem Mal sprach ich flüssig. Mein Kiefer klemmte nicht, meine Lippen zitterten nicht. So sehr ich mich auch bemühte, ich konnte weder einen Konsonanten wiederholen noch ein Wort blockieren. Da war ich nun als mutiger Stotterer groß angekündigt worden, und dann redete ich ganz normal. Das Publikum wurde unruhig. ›Scharlatan!‹, rief jemand. ›Der stottert ja gar nicht!‹, fauchte eine Frau. ›Gauner! Betrüger!‹. Die Sicherheitsbeamten kamen herbeigerannt und zerrten mich von der Bühne, um einen Aufruhr zu verhindern. Hier war meine Chance, als Schriftsteller ganz groß rauszukommen, und ich hatte es vermasselt!«

Die Geschichte brachte die Leute zum Lachen, vor allem aber erfüllte sie ihren Zweck. Sie gab den Zuhörern zu verstehen, dass ich nicht auf perfekte Sprechflüssigkeit aus war, sondern mein Stottern akzeptierte. Damit war es mir gelungen, die Reaktionen des Publikums zu steuern. Weil ich locker und leicht damit umgehen konnte, konnten sie es auch. Indem ich offen über mein Stottern sprach, war ich nicht länger versucht es zu verstecken. Auf jeden Fall war ich dadurch entspannter und das wiederum – jetzt kommt der Clou – half mir, etwas flüssiger zu sprechen.

Ich war überrascht, wie viel Spaß mir diese Lesung machte. Die ungeteilte Aufmerksamkeit der Zuhörer zu haben, war eine fantastische Erfahrung. Es gab mir richtigen Auftrieb, sie zum Lachen zu bringen (ich als Stand-up-Komiker?) und sie lächeln und nicken zu sehen, wenn sie meine Bemühungen und Erfolge klar nachvollziehen konnten. »Ich kann es«, dachte ich. »Ich kann vor einem Publikum Reden halten.«

Viele Teilnehmer der Selbsthilfebewegung gehören auch der Organisation *Toastmasters* an, deren Mitglieder sich der Verbesserung ihrer Rhetorik widmen. Ich hatte immer geglaubt, dass das nur etwas für *andere* wäre, für Leute mit leichtem Stottern. Aber nun war ich motiviert. Außerdem fühlte ich mich inspiriert durch meinen Freund Michael Hurwitz, den ich aus meiner regionalen NSA-Gruppe kannte und der ebenfalls Mitglied der *Toastmasters* war, und begann daher an den Treffen teilzunehmen. Teil eines jeden *Toastmaster*-Treffens ist die so genannte »table topics«-Übung, bei der die Redner drei Minuten lang über ein Thema sprechen müssen, das aus einem Hut gezogen wird. Ich stellte fest, dass ich über so ziemlich alles ein paar Minuten lang sprechen konnte. Selbst wenn ich wirklich gar nichts über eine Sache wusste, konnte ich die Leute amüsieren. Die »table topics« wurden als spielerischer Wettbewerb abgehalten. Oft landete ich auf dem ersten Platz und mein Staunen darüber war ebenso groß wie mein Stolz.

Meine Sternstunde kam jedoch, als ich den örtlichen Wettbewerb für humorvolle Reden gewann. Das bedeutete, dass ich im nächsthöheren Wettbewerb gegen regionale Gewinner aus dem ganzen westlichen Massachusetts antreten konnte. Das war nun die große Liga. Die anderen Redner waren wesentlich erfahrener und hatten es – im Gegensatz zu mir – nicht mehr nötig, vom Blatt abzulesen oder sich am Podium festzuhalten. Um mithalten zu können, ließ ich also nach einigem Zögern meinen Text liegen, begab mich nach vorn auf die Bühne – und vergaß natürlich prompt, was ich sagen wollte. Obwohl ich den Wettbewerb verlor, waren sowohl der Applaus als auch die persönlichen Kommentare der anderen Teilnehmer sehr herzlich. Ich kam mir vor wie ein europäischer Basketball-Spieler, der gegen das amerikanische *Dreamteam* angetreten war. In dieser Runde zu verlieren war absolut keine Schande – es war eine lehrreiche Erfahrung. Umso erstaunter war ich, als ich erfuhr, dass ich nicht wegen meines Stotterns verloren hatte, sondern weil ich einige rhetorische Fertigkeiten einfach noch besser meistern musste.

Andere Verpflichtungen hinderten mich daran, bei den *Toastmasters* weiterzumachen, aber ich nahm mir fest vor, niemals die Gelegenheit eines öffentlichen Vortrags abzulehnen. Und die Einladungen kamen: Reden bei Stotter-Workshops und Tagungen; ein Seminar über die Geschichte der Alternativkultur in Vermont, die in der *New York Times* publiziert worden war; eine Vorlesung für Geschichtsstudenten der hiesigen Volkshochschule; einmal jährlich ein Vortrag für Schüler mit Lernstörungen an einer weiteren Hochschule; eine Rede bei der Gedenkfeier eines Freundes – alles Situationen, in denen ich früher oft gerne etwas gesagt hätte und doch immer still geblieben war. Ich begann auch, mich an den Diskussionen bei lokalen Stadt- und Schulverwaltungssitzungen zu beteiligen. Der Kongressabgeordnete meines Wahlkreises, Bernie Sanders, lud mich sogar dazu ein, ihn bei einer örtlichen Pressekonferenz vorzustellen, bei der er seine Absicht zur erneuten Kandidatur verkündete. Bei jeder einzelnen dieser Reden stotterte ich und doch schlug weder der Blitz ein, noch wurden die Leute ungeduldig oder verließen lachend den Raum.

Mit zunehmender Erfahrung lernte ich, was zur Kunst des öffentlichen Redens noch dazu gehörte. Ich klammerte mich nicht mehr ans Rednerpult, als ginge es ums nackte Überleben; vielmehr begann ich, mich auf dem Podium zu Hause zu fühlen; als Redner hatte ich die Situation unter Kontrolle. Ich lernte, meine Worte mit gezielten Gesten der Hand zu unterstreichen und durch kurze Pausen Akzente zu setzen. Ich zitterte nicht mehr wie Espenlaub, wenn ich mit meinem Vortrag an der Reihe war, und wenn ich beim Reden einen trockenen Mund bekam, konnte ich einfach einen Schluck Wasser nehmen, ohne dabei etwas zu verschütten. Prost! Skol! Oder, wie man im Jüdischen sagt, L'Chaim – auf das Leben!

Obwohl meine Angst vor dem Sprechen abgenommen hat, bringe ich es noch immer nicht über mich, meine eigene Stimme auf Tonband anzuhören oder mich in einer Videoaufzeichnung eines öffentlichen Vortrages anzusehen. Aus diesem Grund enthält die Umschlaggestaltung dieses Buches Fotos von mir, die mich beim Reden zeigen. Als ich die Fotos zum ersten Mal sah, war mir mein eigener Anblick sehr unangenehm. Ich empfand es peinlich, wie angespannt mein Mund und wie unnatürlich meine Kieferhaltung darauf wirkt. Auf manchen Bildern sind meine Augen geschlossen, und dieser Anblick löste richtiges Unbehagen in mir aus. Flüssig sprechende Menschen sehen nicht so aus. Die Veröffentlichung dieser Fotos ist meine Art, mit diesem Unbehagen fertig zu werden.

In den Kapiteln 25 und 26 beschreibe ich meine Erfahrungen mit der Selbsthilfebewegung. Meine Begeisterung dafür hält an und in den Jahren, die seit dem Schreiben dieses Buches vergangen sind, bin ich nur noch mehr vom Wert und der Wirksamkeit von Selbsthilfegruppen für stotternde Menschen überzeugt worden.

Bevor es die Selbsthilfebewegung gab, richteten sich stotternde Menschen ganz nach ihren Therapeuten und bemühten sich krampfhaft um ein einziges Ziel: Flüssiges Sprechen. Wir sollten uns wegen unserer Sprechstörung schämen, jeden Block oder jede Wiederholung als Fehlschlag empfinden und versprechen, noch härter zu üben, um es beim nächsten Mal besser zu machen. Wer sich zu seinem Stottern bekannte und akzeptierte, dass wir in jeder beliebigen Sprechsituation mit Unflüssigkeiten rechnen mussten, galt damals als Schlappschwanz. Die Ablehnung dieses Denkmusters ist einer der wertvollsten Leistungen der Selbsthilfebewegung. Und dass viele Therapeuten das, was wir zu sagen hatten, schließlich beherzigten, spricht für die Integrität ihres Berufsstandes.

Die Selbstdarstellung als Stotterer, oder das »Outen«, wie es (mit Blick auf die Homosexuellen-Szene) auch genannt wird, ist seit langem ein beliebtes Thema für Workshops bei Stotter-Tagungen. Jedes Jahr ermutigen wir einander aufs Neue, mit Familienmitgliedern, Freunden, Lehrern, Arbeitskollegen und sogar Leuten, die wir gerade erst kennen gelernt haben, über unser Stottern zu sprechen. Immer mehr Menschen stellen sich dieser Herausforderung und berichten dann beim nächsten Treffen von ihren Erfahrungen – diese sind fast immer positiv und haben manchmal sogar ein Leben verändert.

In den letzten Jahren hat die Hilfsorganisation *Friends: The Association of Young People Who Stutter*, eine Vereinigung für stotternde junge Menschen, Schulkinder dazu ermuntert, Lehrern und Klassenkameraden von ihrem Stottern zu berichten. Ich weiß von einem Zweitklässler, der mit Hilfe seiner (stotternden) Mutter und eines Sprechtherapeuten ein Anschauungsreferat über Stottern hielt. Er erklärte, was es mit seiner Art zu sprechen auf sich hatte, und wurde dadurch stärker. Denn als seine Schulkameraden verstanden, welche Schwierigkeiten er beim Sprechen hatte, kamen sie ihm bei seinen Kommunikationsbemühungen entgegen. Als die Kinder außerdem sahen, dass ihm sein Stottern nicht peinlich war, verloren sie jeden Anreiz, sich über seine Sprechunflüssigkeiten lustig zu machen. Sogar die üblichen Rabauken, die die Schwächen anderer erbarmungslos ausfindig machen, waren beeindruckt. Ich wünschte, ich hätte als Kind solch eine Gelegenheit gehabt. Es ist aber nie zu spät, seinen Quälgeistern die Stirn zu bieten.

Die *National Stuttering Association* hat ein Motto: »Wenn du stotterst, bist du damit nicht allein.« Was Selbsthilfe so wirkungsvoll macht ist, dass wir voneinander lernen. Immer wenn ich höre, dass einer meiner Freunde von der Selbsthilfebewegung etwas Neues gewagt hat, um den eigenen Horizont zu erweitern, feiere ich ihren Triumph und lasse mich davon inspirieren. In gewisser Weise liegt die Kraft von Selbsthilfe und Unterstützung darin, dass jeder zum Vorbild des anderen wird. Jeder Schritt, den einer von uns unternimmt, um die Angst vor dem Sprechen und Stottern zu besiegen, gibt den anderen Mut. 1998 hielt ich die einführende Rede beim *Speak-Easy*-Symposium und schloss sie mit diesem kleinen Mantra:

Weil du es geschafft hast, kann ich es schaffen!
Und wenn ich es schaffen kann, kannst du es auch!

Glauben Sie mir, es ist möglich!

Wenn Sie stottern, soll dieses Buch eine Inspiration für Ihre eigene Reise zu Selbstfindung und Selbstakzeptanz sein. Wenn Sie Therapeut, Elternteil, Freund, Partner oder Arbeitskollege eines stotternden Menschen sind oder einfach nur ein interessierter Leser, soll dieses Buch Einsicht geben, was es bedeutet, ein stotternder Mensch zu sein – was heißen will: was es bedeutet, menschlich und verletzbar zu sein. Denn wer von uns ist schon völlig frei von nachteiligen Eigenheiten oder Behinderungen, seien sie nun offensichtlich oder verborgen? Es gibt in diesem Buch keine Patentlösung gegen persönlichen Schmerz, Scham oder die Angst sich weiterzuentwickeln. Aber in meinem Leben finden sich auch Spaß und Abenteuer auf dem Weg zur Selbsterkenntnis. Das Ziel, was immer es sein mag, ist vielleicht nur eine Illusion, doch was zählt, ist die Reise dorthin. Bon voyage! Wagen Sie etwas, melden Sie sich zu Wort, erweitern Sie den Bereich, in dem Sie sich wohl fühlen, und stellen Sie sich den Herausforderungen!

Marty Jezer
September 2002

1. Eine Pille für den Sprechfluss

Im Herbst 1992, im Alter von 52 Jahren, meldete ich mich freiwillig als Versuchskaninchen für ein Experiment, das vom *National Institute on Deafness and Other Communication Disorders*[1], einer der Forschungsabteilungen des staatlichen *National Institute of Health* (NIH) in Bethesda, Maryland, durchgeführt wurde. Medizinische Forscher arbeiteten an einer langjährigen Studie über die chemischen Reaktionen im Gehirn in Verbindung mit Stottern. Sie experimentierten auch mit einem pharmazeutischen Ansatz für die Behandlung von Stottern. Mit anderen Worten: Sie suchten nach einem Mittel, das durch seine Wirkung auf die chemischen Vorgänge im Gehirn dem Stottern entgegenwirken oder es vielleicht sogar heilen könnte.

Wenn je ein Mensch eine Pille brauchte, um sein Stottern zu kurieren, dann bin ich es. Alle meine anderen Versuche haben fehlgeschlagen. Und ich habe wirklich fast alles versucht, was man versuchen kann. Ich war bei Sprechtherapeuten[2] und Psychotherapeuten. Um den Stress zu kurieren, der mein Stottern verschlimmert, habe ich meditiert, Tiefatmung geübt und habe mich unter Ausschluss aller äußeren Sinneseinflüsse in einem dunklen, geschlossenen Isoliertank treiben lassen. Ich wurde mit den alternativen Methoden von Ida Rolf und Ilana Rubenfeld behandelt. Wie Demosthenes am Meer (allerdings ohne Kieselsteine unter der Zunge) habe ich hart daran gearbeitet, meine Stimme zu stärken, indem ich laut vor mich hin redete. Sechs Monate lang deklamierte ich jeden Tag unermüdlich Walt Whitmans *Song of the Broad-Ax*. Und trotzdem stottere ich immer noch »genauso gut« (wie mein Selbsthilfe-Freund John Ahlbach sagen würde), wie ich schon immer gestottert habe, und zwar ziemlich schlecht, wenn man Unflüssigkeit als Maß und Sprechflüssigkeit als Ideal nimmt.

Ich habe schon immer gestottert. Seit ich mit dem Sprechen begonnen habe, habe ich auch gestottert. Ein Therapeut sagte mir, ich sei der »organischste« Stotterer, den er je gehört hätte. Damit meinte er, dass ich selbst in Situationen ohne besonderen psychologischen Stress, in denen andere Stotterer normalerweise keine Probleme haben, nicht flüssig sprechen kann. Die meisten stotternden Menschen sind flüssig, wenn sie singen, sich selbst laut vorlesen oder mit Haustieren sprechen. Und tatsächlich kann ich mit meiner Katze Garbanzo problemlos flüssig sprechen. Aber Sprechen besteht nicht nur aus Kommunikation mit Katzen, die, wenn überhaupt, nur recht kapriziöse Zuhörer sind. Die Realität meines Lebens ist, dass ich jedes Mal, wenn ich meinen Mund öffne, um mit einer anderen Person zu sprechen, damit rechnen muss, dass ich stottere – und im Normalfall tue ich das dann auch.

Wenn ich »richtig« stottere, gebe ich anscheinend ein unvergessliches Bild ab. »Die physische Kraft hinter seiner explosiven Gestik war unglaublich«, schrieb einer der Therapeuten über meine Sprechbemühungen, als ich 37 Jahre alt war. »Er war nicht in der Lage, Häufigkeit und Stärke seiner artikulatorischen Bewegungen in irgendeiner Weise zu kontrollieren. Wenn er seinen Mund schloss, konnte man hören, wie seine Zähne aufeinander schlugen. Man konnte die unglaubliche Muskelspannung in seinem

Kiefer und Nacken sogar sehen, wenn er vokalisierte.« Obwohl der Schweregrad des Stotterns bei jedem stotternden Menschen anders ist, sind Stotterer im allgemeinen Durchschnitt nur bei 10 % ihrer gesprochenen Wörter unflüssig. Mit anderen Worten, sie sind 90 % der Zeit flüssig.[3] Ich hingegen stotterte bei mehr als 80 % meines Sprechens insgesamt und bei 80 % aller Silben und Wörter, wie rund 15 Jahre später in klinischen Tests am NIH ermittelt wurde. Selbst wenn ich einen *Edinburgh Masker* trage (eine batteriebetriebene Sprechhilfe, die vielen Stotterern hilft, ein »normales« Niveau an Sprechflüssigkeit zu erreichen), stottere ich weiterhin. Weniger häufig als ohne den *Masker* und mit viel weniger Spannung um die Lippen und den Mund herum, aber immer noch genug, um mich wie jemand mit einer schweren Sprechstörung zu fühlen, was auch für meine Zuhörer noch offensichtlich und hörbar bleibt.

Ich bin von einigen der besten Sprechtherapeuten des Landes behandelt worden. Der Direktor einer sehr bekannten Sprechklinik hat mich sogar eingeladen, sein Programm ein zweites Mal umsonst zu besuchen, da ich beim ersten Mal nicht die richtigen »Ziele« für Sprechflüssigkeit erreichen konnte. Ich bekam eine ›Eins‹ für meine Bemühungen, wurde aber am Ende immer noch als »kaum flüssig« eingestuft. Ich verbrachte drei Jahre bei einem anderen Programm, für das ich täglich mindestens eine Stunde lang Sprechtechniken trainieren musste. Mit der Zeit wurde ich so gut, dass ich ganz flüssig jeden telefonischen Auskunftsdienst in den USA nach der Nummer des Holiday Inn fragen konnte. Aber wenn nachgefragt wurde, ob ich das am Flughafen oder das im Stadtzentrum haben wollte, verlor ich mein ganzes Selbstvertrauen und mit meiner Sprechflüssigkeit war es vorbei.

Ich verbrachte drei intensive Wochen auf der britischen Insel Jersey in einer »Schule für Stotterer«, die von einem richtigen Gauner geleitet wurde. Er versäumte keine Gelegenheit, sich ausführlich als Dr. William C. Kerr, Ph.D. vorzustellen; er hatte stahlblaue Augen und ein unwirsches Gemüt. Er versprach, seine Klasse von Stotterern innerhalb von 14 Tagen zu heilen, und tatsächlich arbeitete er mit mir und sieben anderen Stotterern 20 Tage lang, acht bis zwölf Stunden am Tag. Solange er seinen einschüchternden Blick auf uns gerichtet hatte, wagten wir nicht zu stottern. Man konnte ihn leider nicht mieten und er reiste auch nicht. Als ich in die USA zurückkam, stotterte ich also immer noch.

Die einzige wirklich *sichere* Heilung für Stottern ist Schweigen. Da Stotterer, die nicht sprechen, auch nicht stottern, reagierte ich auf mein Versagen bei einer Therapie normalerweise damit, einfach nicht mehr zu sprechen. Wenn absolute Sprechflüssigkeit das Ziel der Therapie war (und das ist sie in vielen, wenn auch nicht allen Arten von Sprechtherapie), dann war Schweigen – oder das Vermeiden von Situationen, in denen ich vielleicht stottern würde – ein Weg mir selbst einzureden, dass ich Fortschritte machte.

Leider aber ist die Ironie meines Lebens, dass ich trotz meines starken Stotterns vom Sprechen lebe. Wie schon gesagt konnten meine Bemühungen, eine Identität als starker, schweigsamer Typ zu kultivieren, sich nicht gegen meinen geselligen Charakter und meine Freude an Unterhaltung durchsetzen. Mit der Zeit dämmerte mir, dass die auf Angst begründete Schweigsamkeit, durch die ich oft mit meinem Stottern fertig geworden war, ein größeres Handicap darstellte als die Momente unflüssigen Sprechens. Es hat mich einen großen Teil meines Lebens gekostet zu dem Schluss zu kommen, dass es nur einen Weg gibt, wie ich mir selbst treu sein kann. Und das ist, das Stottern zu vergessen und vor dem Sprechen keine Angst zu haben.

Wie viele Menschen bin auch ich voller Widersprüche. Einerseits habe ich lange dazu gebraucht, mein Stottern zu akzeptieren und es ist mir erst als Erwachsener wirklich gelungen mit der Tatsache zu leben. Und obwohl ich stolz darauf bin, trotz meines Stotterns anstandslos mit meinen Mitmenschen kommunizieren zu können, empfinde ich andererseits immer noch einen Hass dagegen – ich hasse es mich selbst sprechen zu hören, ich hasse es mit den Reaktionen anderer Menschen auf mein Stottern fertigwerden zu müssen, und ich hasse den Teil in mir, der die Tatsache hasst, dass ich mein Stottern hasse. Ich habe gelernt, mich selbst im großen und ganzen als einen recht schwungvollen und positiv denkenden Menschen zu sehen, der ein sinnvolles und produktives Leben führt. Aber manchmal, besonders an Tagen, an denen ich schlecht spreche, überwältigt mich meine Behinderung. Dann überkommt mich ein Gefühl der Resignation aufgrund meiner Unfähigkeit effektiv zu kommunizieren und ganz entgegen meiner Natur ziehe ich mich in mich selbst zurück. Im Gegensatz zu einer kranken Katze kann ich mich allerdings nicht unter dem Bett verkriechen oder hinter dem Sofa verstecken. Stattdessen tue ich etwas, was für mich sogar noch schlimmer ist: Ich schweige.

Es war also keine Frage für mich: Ich wollte die Möglichkeit auf jeden Fall ergreifen und herausfinden, was für eine Pille das NIH hatte, die mich von der Last meines defekten Sprechens befreien könnte. Manche Pillen helfen schließlich doch. Es gibt Arzneimittel, die für Menschen mit Depressionen, bipolarer affektiver Störung (manischer Depression), Zwangsneurosen und anderen psychischen Krankheiten Wunder bewirkt haben. Ich selbst nehme jeden Herbst meine tägliche Dosis Heuschnupfenpillen und wie durch ein Wunder sind die Symptome wie Niesen, Schniefen, tropfende Nase und tränende Augen, unter denen ich sonst während dieser Jahreszeit leide, verschwunden. Warum sollte es also keine Pille geben, die gegen Stottern hilft? Als ich von dem NIH-Programm hörte, meldete ich mich sofort freiwillig.

Das Medikament, das vom NIH getestet wurde, war ein starkes trizyklisches Antidepressivum mit dem Namen Clomipramin. Clomipramin beeinflusst die Wirkung des Neurotransmitters Serotonin, der die Kommunikation zwischen Gehirnzellen unterstützt. Die genaue Wirkung von Serotonin und anderen Neurotransmittern wird derzeit noch erforscht. Obwohl man dank neuartiger bildgebender Verfahren wie der Positronenemissions- und Kernspintomografie biochemische Aktivität im Gehirn bereits aufzeichnen kann, steckt die Forschung noch in den Kinderschuhen. Was man bisher über das Gehirn weiß, ist nicht viel mehr als die Spitze des Eisbergs.

Und doch gibt es genug konkrete Anhaltspunkte für die Annahme, dass Stottern von einem neurologischen Defekt ausgelöst wird. Das heißt, die anfängliche Veranlagung zum Stottern ist physiologisch und nicht psychologisch. Die Einzelheiten dieser Veranlagung sind noch nicht bekannt. Eine der Vermutungen ist, dass unter Stressbedingungen (damit meine ich psychologische und physische bzw. umgebungsbedingte Stimuli, die die chemischen Vorgänge im Gehirn erregen oder anregen) Serotonin allein oder in Kombination mit anderen Neurotransmittern von der rechten Seite des Gehirns in die linke strömt und damit die komplexen neurologischen Verbindungen zerstört, die den Vorgang des Sprechens kontrollieren. Die Tests des Medikaments Clomipramin basierten auf Vermutungen, die nur zum Teil wissenschaftlich fundiert waren. Die Forscher am NIH erhofften sich eine Beeinflussung des Serotonin, wodurch die emotionale Überbelastung des Sprechschaltkreises unterbunden werden sollte.

Die Ärzte am NIH erinnerten mich wiederholt daran, dass dies ein wissenschaftliches Experiment sei und nicht medizinische Zauberkunst. Die Pille könnte wirken, aber die Forscher versprachen mir nichts, am allerwenigsten ›die Heilung‹. Indem ich mich freiwillig für das Testen des Medikaments meldete, würde ich der Forschung für kommende Generationen helfen. Die Forscher würden wichtige Tatsachen über die Pharmakologie des Stotterns lernen, ob nun Clomipramin meine Sprechflüssigkeit verbesserte oder nicht. Für mich war das Grund genug, mich als Versuchskaninchen zu melden. Man hofft jedoch immer auf ein Wunder und trotz aller Warnungen tat ich das auch.

Im Oktober 1992 fuhr ich von meinem Zuhause in Brattleboro, Vermont, nach Bradley Field in der Nähe von Hartford, Connecticut, und nahm frühmorgens ein Flugzeug nach Washington DC, um mich dort mit den Ärzten des NIH zu treffen. Ich wurde von Kopf bis Fuß untersucht, vom hauseigenen Psychologen befragt und mein Sprechen wurde von einem Sprechtherapeuten auf Video aufgenommen. Nachdem ich alle Tests absolviert hatte, ging ich zur Apotheke des NIH und erhielt mein erstes Pillenfläschchen. Es handelte sich um eine Doppelblind-Studie. Weder ich noch die NIH Forscher wussten, ob mein Fläschchen ein Placebo, ein Kontrollmedikament, oder das Clomipramin, das sie testeten, enthielt.

Auf der Rückreise schlief ich durch das eintönige Brummen der Flugzeugmotoren bald ein und begann zu träumen:

Ich nehme eine Pille und der Himmel explodiert wie eine strahlende, schimmernde Aurora Borealis. Musik schwillt an und ich öffne meinen Mund, um etwas zu sagen. Plötzlich spreche ich flüssig. Kein Lippentremor mehr, kein angespannter Kiefer oder stockender Atem, keine starren Stimmbänder, keine unterbrochenen Silben oder w-w-w-wiederholte K-k-k-konsonanten, keine abgebrochenen Wörter oder zittrige Schweinchen-Dick-Stimme[4]*, kein Steckenbleiben mitten im Satz, kein selbst auferlegtes Schweigen. Endlich frei, ich bin mein Stottern los. Brillante Bemerkungen und eloquente Wendungen, geistreiche Bonmots und treffsichere Pointen, verführerische Schmeicheleien, überzeugende Argumente, fesselnde Reden – all die Worte, die seit fast 50 Jahren in meinem Kopf eingesperrt sind, sprudeln plötzlich heraus.*

Aber der Schock über diese plötzliche Redeflüssigkeit lähmt mich auch und löst Panik in mir aus. Nachdem ich 50 Jahre lang versucht habe, ein positives Selbstbild aufzubauen, das auch mein Stottern beinhaltet, befinde ich mich plötzlich in einer schweren Identitätskrise. Wenn ich nicht der Stotterer bin, als den ich mich kenne, wer bin ich dann? Und was wird aus mir werden, wenn die Heilung dauerhaft ist? Werde ich nun, nachdem ich jahrelang Angst vor dem Sprechen hatte (und Komplimente für meine Aufmerksamkeit und meine Bereitschaft zum Zuhören bekommen habe) zu einem egozentrischen Kerl, der jede Unterhaltung dominiert, zum Alleinunterhalter der Party, dessen unaufhörliche Witze jedes andere Gespräch unmöglich machen, zum Besserwisser, der nicht den Mund halten kann?

Meine Fantasievorstellung von Sprechflüssigkeit wird plötzlich von anderen angstvollen Fragen überschattet. Wie steht es mit den Nebenwirkungen eines starken Medikaments? Die Unterlagen, die mir das NIH gegeben hat, besagen, dass Schläfrigkeit, Verstopfung, Schweißausbrüche, Zittern, Zuckungen und sexuelle Impotenz mögliche Nebenwirkungen sein können. Die Unterlagen versichern mir, dass diese Nebenwirkungen vorübergehend seien und zurückgehen würden, sobald sich mein Körper an das Medikament gewöhnt habe. Aber ich kenne Menschen, die an manischer Depression leiden und Lithium wieder abgesetzt haben, da sie die Nebenwirkungen wie Trägheit und starke Zuckungen nicht ertragen konnten. Und was ist, wenn das Medikament wirkt und ich aber davon abhängig werde, um meine Sprechflüssigkeit beibehalten zu können? Dann stellt sich die Frage, und sie ist durchaus ernst gemeint, auch wenn der Leser (ganz wie der Autor) zunächst einmal schmunzeln wird: Was ist wichtiger – Sprechen oder Sex? Sind die Nebenwirkungen ein fairer Preis für flüssiges Sprechen? Ist dieses Medikament, das ich nehmen werde, eine Wunderpille oder ein Teufelszeug? Wann wird das Verlangen nach Verbesserung des eigenen Lebens zum Faustischen Handel?

Anmerkungen

[1] Amerikanisches Institut für Gehörlosigkeit und andere Kommunikationsstörungen (Anm. d. Übers.)

[2] Im deutschsprachigen Raum behandeln Angehörige mehrerer Berufsgruppen stotternde Menschen (hauptsächlich Logopäden und Sprachheilpädagogen). In diesem Buch wird für den Behandler einheitlich die Bezeichnung Sprechtherapeut verwendet (Anm. d. Übers.).

[3] Dr. Oliver Bloodstein, *A Handbook on Stuttering* (San Diego: Singular Publishing, 1995), S. 2.

[4] Im Gegensatz zur deutschen Synchronisierung stottert die Original-Zeichentrickfigur »Porky Pig« durchgängig (Anm. d. Übers.).

2. Meine Art zu stottern

Das Stottern kann die verschiedensten Formen annehmen. Leute, die beim Stottern den ersten Laut eines Wortes wiederholen, sind normalerweise in der Lage, ohne lange angespannte Pausen und Luftholen beim Sprechen voranzukommen. Andere stotternde Menschen erleben angespannte Pausen. »Meine Stimmbänder sind wie zusammengeschnürt, so dass ich das Gefühl habe, beim Sprechen erdrosselt zu werden«, berichtete eine Frau. Andere wiederum blockieren, nachdem ihre Stimme bereits eingesetzt hat. Sie bleiben bei einem Laut stecken und egal wie sehr sie sich bemühen, sie kommen einfach nicht darüber hinweg. Wieder andere stottern auf weiche Art, indem sie einen Laut relativ lange weiterführen ohne das Wort zu Ende zu bringen. Wenn sie Sprechschwierigkeiten haben, klingen sie wie ein Motor im Leerlauf – ein Motor mit verschmutzten Zündkerzen, falscher Einstellung oder einer ausgedienten Kupplung. Der Motor läuft, aber es geht nicht voran. Sie kriegen beim Sprechen nicht den richtigen Gang hinein, um von dem gestotterten Laut zu dem gewünschten Wort zu kommen.

Manche stotternde Menschen sehen aus wie Kinder, die zu lange im kalten Wasser waren. Sie sind nicht in der Lage, ihre Mundbewegungen zu kontrollieren und klappern laut mit den Zähnen. Das war bei mir der Fall, als ich klein war. Wenn sie mich stottern hörten, fragten die anderen Kinder im Sommercamp immer, ob mir kalt sei. Ich schlang dann die Arme um meine Schultern, begann zu zittern und gab mit klappernden Zähnen zu, dass »ich s-s-sehr l-l-leicht f-f-friere.«

Bei anderen liegt das Problem im Kieferbereich: Es scheint, als wäre der Unterkiefer nicht in Verbindung mit dem Oberkiefer beziehungsweise mit dem Mund. Wenn sie nur einfach diesen unberechenbaren Teil ihrer Sprechwerkzeuge in den Griff bekommen und in der Position halten könnten, in der er sich eigentlich befinden sollte, dann würden sie nicht stottern. Aber das ist leichter gesagt als getan für einen Stotterer. Während des Stotterns haben stotternde Menschen keine Kontrolle über den Vorgang des Sprechens. Sie wissen wohl, was sie tun müssen und denken vielleicht sogar mitten in einem Stotterblock darüber nach, wie sie ihn durchbrechen könnten. Aber denken heißt noch lange nicht handeln. Es scheint, als gäbe es eine scharfe Trennung, eine gestörte Verbindung, zwischen Geist und Körper, zwischen Gehirn und Lippen, Mund, Zunge, Kehlkopf und Kiefer.

Bei mir sind im Laufe der Zeit alle hier erwähnten Formen des Stotterns aufgetreten. Und noch dazu halte ich oft den Atem an, selbst während ich versuche zu sprechen. Ich weiß, dass es physiologisch unmöglich ist zu sprechen, wenn man den Atem anhält. Versuchen Sie es ruhig einmal. Aber in so einer Situation unternehme ich die größten Anstrengungen einen Ton herauszubekommen, mit dem Ergebnis, dass meine erfolglosen Bemühungen noch verkrampfter werden.

Ein Großteil der Probleme entsteht durch die physische Anstrengung nicht zu stottern. Einige Sprechtherapeuten bezeichnen dies als »sekundäres« Merkmal oder

»Symptom« des Stotterns. Als primäre Merkmale beschreiben sie die normalen Unflüssigkeiten der Kindersprache. Kleine Kinder, sogar solche, die letztlich vollkommen flüssig sprechen, stolpern oft über Wörter. Solch ein frühes Auftreten des Stotterns steht nicht unbedingt in Zusammenhang mit Anspannung oder Stress und das Kind denkt nicht, dass es ein Sprechproblem hat. Die so genannten sekundären Merkmale beginnen aufzutauchen, wenn das Kind sich seiner Sprechschwierigkeiten bewusst wird.

Die sekundären Symptome sind Verhaltensweisen, manchmal auch Tricks, die wir Stotterer benutzen, um uns aus Blocks zu befreien oder sie zu vermeiden. Diese Verhaltensweisen haben nichts mit richtigen (genauer gesagt »normalen«) Sprechtechniken zu tun. Sie sind das genaue Gegenteil – verzweifelte Versuche mit Gewalt zu sprechen, die insgesamt zu einer Verstärkung der primären Merkmale des kindlichen Stotterns führen und ein schweres, chronisches Stottern daraus werden lassen. Ein Erwachsener beschrieb sie wie folgt: »Wenn wir damit ringen, die Wörter herauszubekommen – egal, wie sehr wir uns anstrengen und wie stark wir das Gesicht verziehen – und es dann endlich schaffen, haben wir das Gefühl, in unserem Kampf erfolgreich gewesen zu sein, und beim nächsten Mal machen wir es wieder so.«

Die sichtbaren Symptome chronischen Stotterns sind nichts anderes als eine Mischung von sekundären Stottermerkmalen. Das Stottern von Erwachsenen ist geprägt von den schlechten Angewohnheiten, die sie schon als Kind angenommen haben, wenn sie versuchten nicht zu stottern. Wenn man beispielsweise mit zusammengepressten Lippen und zusammengebissenen Zähnen in einem Block feststeckt, dann sagt einem eigentlich der gesunde Menschenverstand, dass man einhalten, den Kiefer entspannen und ganz vorsichtig die Lippen öffnen sollte, so dass Luft herausströmen und die Wörter hinaustragen kann. Wenn wir aber in der Lage wären, unser Sprechen mitten in einem Stotterblock zu kontrollieren, würden wir nicht stottern. Stattdessen versuchen wir, unsere Blocks mit aller Gewalt zu durchbrechen. Und wenn wir unsere Muskeln anspannen, unser Gesicht verziehen und genug Druck auf unsere Artikulatoren ausüben, glauben wir, dass wir den Block durchbrechen werden – und es wird uns wahrscheinlich sogar gelingen.

Manche Blocks sind so schwer, dass der ganze Körper zu Hilfe genommen werden muss. Zum Beispiel lernen viele von uns einen Block zu überwinden, indem wir den Kopf heftig auf und ab oder vor und zurück bewegen. Oder wir gehen ans Sprechen heran, indem wir eine imaginäre Bowlingkugel werfen, Grimassen ziehen, die Schultern schütteln oder irgendwelche anderen Gesten benutzen, um Sprechflüssigkeit zu erzielen. Mir wurde von einem Stotterer berichtet, der seine Arme kreisen ließ, als wären sie Windmühlenflügel, nur um genügend Schwung für das Durchbrechen des erwarteten Blocks aufzubauen. »Man musste ein paar Schritte zurücktreten, um nichts abzukriegen«, erinnert sich ein Freund. Ein anderer sprudelte ganze Wortketten heraus als Vorbereitung auf das Wort, das er eigentlich sagen wollte. Wenn man ihn nach seinem Namen fragte, bekam man ein halbes Dutzend Sätze *über* seinen Namen zu hören, bevor er endlich den Namen selbst sagte. Wenn ich am Telefon spreche, kann ich normalerweise einen Block durchbrechen, indem ich mit den Füßen aufstampfe, mit der Faust auf den Tisch haue oder meinen Körper vor und zurück bewege wie ein betender orthodoxer Jude. Da es mir aber darauf ankommt, wie andere Menschen mich sehen, würde ich solche spastischen Körperbewegungen niemals in der Öffentlichkeit machen. Aber am Telefon, wenn mich niemand beobachten kann, tue ich alles Erdenkliche, um meine Blocks zu durchbrechen, in der Hoffnung, dass ich mich wenigstens so anhöre, als spräche ich flüssig.

Stotternde Menschen sind zu allem bereit, nur um nicht zu stottern. Ich kenne aber auch Menschen, die behaupten, sie stottern, es aber nie tun. ›Verborgene‹ oder ›heimliche‹ Stotterer stottern innerlich, so behaupten sie zumindest. Sie leben in ständiger emotionaler Verzweiflung, immer in der Angst, dass sie ein unflüssiges Wort äußern könnten. Ich habe nie verstanden, warum sich heimliche Stotterer eigentlich Stotterer nennen, bis ich bei einem Selbsthilfetreffen einen Mann kennen lernte, den ich hier Murray nennen will. Soweit ich es beurteilen konnte, sprach Murray absolut flüssig. Er stotterte niemals und zeigte keinerlei Anzeichen eines Stotterns in den Dutzenden von Selbsthilfetreffen, die wir gemeinsam besuchten. Der einzige Hinweis war seine regelmäßige Teilnahme an diesen Treffen. Seine Anwesenheit machte mich manchmal ärgerlich. Warum war er da? Alle anderen bei den Treffen bemühten sich – oft unter großen Schwierigkeiten – ihre offensichtlich chronische Unflüssigkeit zu überwinden. Murray fiel es leicht flüssig zu sprechen, zu leicht. Was musste er überwinden? Was war sein Problem?

Eines Abends war er den Tränen nahe, als er beim Treffen auftauchte. Er musste mit uns sprechen und uns sein Leid klagen. Auf dem Weg zum Treffen hatte er bei McDonald's angehalten. An der Kasse war eine Schlange und er fühlte sich unter Druck gesetzt, seine Bestellung schnell aufzugeben. Als er seinen Big Mäc bestellte, stotterte er beim Mäc. Er fühlte sich erniedrigt, gebrandmarkt und entblößt, so als ob jeder hinter ihm in der Schlange genauso wie der lächelnde Teenager, der seine Bestellung annahm, nun sein Geheimnis kannte, dass sein Sprechen gestört war, dass er ein Stotterer war. Wer hat es wohl leichter, fragte ich mich, als ich seiner Geschichte zuhörte? Ein schwerer Stotterer wie ich, der weiß, dass er wahrscheinlich nicht nur beim Mäc sondern auch bei den Pommes, der Mayo und der Tasse Kaffee stottern wird? Oder ein Mensch, der soviel Angst vor dem Stottern hat, dass eine kleine Unflüssigkeit eine persönliche Krise hervorruft?

Viele Stotterer verhalten sich wie heimliche Stotterer und versuchen ihr Stottern zu kaschieren, indem sie Wörter voraussehen, die ihnen ihrer Meinung nach Schwierigkeiten bereiten könnten. Dann ersetzen sie diese einfach durch Wörter, von denen sie überzeugt sind, dass sie sie ohne Stottern aussprechen können. Aus diesem Grund entwickeln viele Stotterer ein sehr großes Vokabular und sprechen oft mit verworrenem Satzbau. Richtige Grammatik wird oft dem Wunsch nach perfekter Sprechflüssigkeit geopfert. Aber manchmal gibt es keine Synonyme für das, was man gerade will oder braucht. Es gibt bestimmt keinen stotternden Menschen, der nicht irgendwann einmal in einem Restaurant etwas bestellt hätte, was er eigentlich gar nicht wollte, nur weil es leichter ging als etwas zu bestellen, das er wollte aber nicht aussprechen konnte – zum Beispiel einen Hamburger und eine Cola statt einen Cheeseburger mit grünem Salat, Tomaten, Zwiebeln, Pommes und Schokoshake. Und es gibt nur wenige unter uns, die nicht schon einmal zur Toilette geeilt wären, als sie den Ober kommen sahen, um die Bestellung aufzunehmen, und ihren Begleitern noch schnell sagten: »Wenn ich nicht zurück bin, bis der Ober kommt, bestellt mir doch einfach einen Cheeseburger und Pommes.«

Als ich als Teenager in White Plains, New York lebte, kaufte ich oft Zugtickets nach Hartsdale, New York, weil mir der *wh*-Laut in *White* immer Schwierigkeiten bereitete. Von Hartsdale gab es keine Busse oder Taxis wie von der größeren White Plains Station, aber es war wesentlich angenehmer, vier Meilen nach Hause zu laufen, als stotternd am Fahrkartenschalter in der Eingangshalle der Grand Central Station zu stehen. Der Gott des Stotterns ist ein gemeiner Witzbold. Wenn ich in Hartsdale gelebt hätte, hätte ich wahrscheinlich Probleme mit dem *h*-Laut gehabt und hätte stattdessen eine Fahrkarte nach White Plains verlangt. Schließlich gab ich es aber auf, Wörter zu ersetzen, besonders wenn ich auch beim Ersatzwort stotterte, und stotterte mein Reiseziel heraus so gut es ging, White Plains oder wo ich eben gerade hin wollte. So sehr ich es auch versuchen mochte, es war nicht möglich, mein Stottern zu verbergen oder darüber hinwegzutäuschen.

Jener Dr. Kerr, der versprochen hatte, mich innerhalb von 14 Tagen zu heilen, hatte eine einzige gute Idee. Er ließ mich folgenden Satz immer wieder wiederholen: »Ich muss absolute Kontrolle über meine Gedanken haben. Ich muss absolute Kontrolle über meine Gedanken haben.« Und abgesehen vom Sprechen, scheine ich in der Tat Kontrolle über meine Gedanken zu haben. Ich habe eine gute Koordination und bin intelligent. Ich kann mir auf den Kopf klopfen und gleichzeitig meinen Bauch reiben – und das, so habe ich gehört, ist mehr als einer der letzten amerikanischen Präsidenten konnte. Ich war an der neurologischen Forschung des NIH zum Teil deshalb interessiert, weil ich glaube, dass in meinem Gehirn etwas passiert, was mir die Kontrolle über den Sprechvorgang erschwert. Wenn ich versuche mir vorzustellen, was in meinem Kopf vor sich geht, denke ich oft an einen Frühstückskoch in einem Tankstellenrestaurant. Wenn ich Schwierigkeiten mit dem Sprechen habe, dann ist es, als würde mein Gehirn heiß laufen und meine Gedanken, besonders die hinsichtlich des Sprechens, werden wie Rührei verquirlt. Auch der normale Zeitablauf gerät durcheinander. Wäre ich ein Computer, würde eine Fehlermeldung auf dem Bildschirm blinken, die entweder »System überlastet« oder »Systemstörung« anzeigt. Aber zurück zu meinem Restaurantküchenbild – ich stelle mir eine überhitzte Grillplatte vor, der Toast wird schwarz, das Eigelb rinnt aus und heißes Fett spritzt wie verrückt. Der Koch (das bin ich) gerät in Panik, versucht verzweifelt noch etwas zu retten, und macht durch seine wilden Gebärden alles noch schlimmer.

Ein weiteres Anzeichen für einen übermäßig erregten Geist sind meine Schwierigkeiten mit der Zeitwahrnehmung. Ich verstehe den linearen Ablauf der Zeit nicht, oder vielleicht kann ich ihn nur nicht akzeptieren. Eine Uhr tickt auf geregelte Art und Weise. Eine Sekunde vergeht, dann noch eine und eine weitere, und jede ist von einer exakten Maßeinheit bestimmt. Aber ich habe immer das Bedürfnis, Zeit in sich selbst »zusammenzuschieben«, wie das Periskop eines U-Boots, und sie zu raffen.

Menschen mit einem normalen Sinn für Zeit können systematisch zählen: »Eins, zwei, drei, vier, fünf«. Wenn ich dagegen bis fünf zähle, klingt es eher wie »eins, zwei, dreivierfünf«. Damit bin ich typisch für viele Stotterer, die am liebsten sofort, nachdem sie angefangen haben zu sprechen, schon wieder fertig sein wollen. Am Anfang habe ich noch die Kontrolle über den Sprechvorgang, aber sehr bald gerät alles durcheinander und ich kann es kaum abwarten endlich fertig zu sein, weil ich mich erst dann so richtig erleichtert fühlen kann. Die Wörter fallen förmlich übereinander. Ich fühle den Drang in mir, sie so schnell wie möglich herauszubringen und quetsche sie daher zusammen. In solch einem Gemütszustand habe ich scheinbar keinen Respekt vor dem, was ich sagen will. Meine Worte sind wie Abfall. Sie sind reif für die Mülltonne und warten nur darauf, eingestampft zu werden.[1]

Auch in solch einem Fall weiß ich normalerweise, was gerade vorgeht und was ich tun muss, damit ich wieder frei sprechen kann und die Wörter klarer herauskommen. Wenn ich in eine solche übereilte Sequenz gerate, sage ich mir, dass ich mich abbremsen muss. Aber meine Gedanken richten nichts aus. Mein gestottertes Sprechen ist wie ein Bulldozer, der über alle Warnschilder hinweg donnert.

Mein innerer Zwang, die Zeit zu verdichten, kompliziert auch andere Dinge, die ich tue. Das beste Beispiel dafür ist, wenn ich vor der Toilette stehe: Bevor ich noch mein Geschäft erledigt habe, spüre ich bereits den Zwang die Spülung zu betätigen. Ich kann einfach nicht abwarten, bis ich fertig bin. Irgendwie glaube ich, je eher ich spüle, desto früher kann ich auch wieder weggehen und mit meinem Leben weitermachen. Aber egal wie schnell ich den Hebel drücke oder an der Strippe ziehe, ich kann ja doch nicht gehen, bevor ich fertig bin. Und genauso geht es mir beim Sprechen. Ich will mit dem Sprechen schon fertig sein, bevor ich überhaupt die Chance hatte das zu sagen, was ich eigentlich sagen will.

Aber wahrscheinlich gehe ich zu hart mit mir selbst um. Wenn eine neurologische Funktionsstörung die Veranlagung zum Stottern herbeiführt, dann ist das, was diese Funktionsstörung selbst auslöst – also was das normale Arbeiten des Gehirns aus dem Takt bringt – die Aufregung, die sich aus psychologischem oder physischem Stress ergibt. Das gilt nicht nur für Stotterer, die versuchen zu sprechen, sondern praktisch für alle, die etwas tun, was motorische Koordination erfordert und gleichzeitig interaktiv ist, das heißt vor einem aufmerksamen Publikum stattfindet. Ein Basketballspieler zum Beispiel wirft beim Training, wenn kein anderer zusieht, einen Korb nach dem anderen. Jede Bewegung geschieht wie im Schlaf: geschmeidige Ballführung, exakte Koordination, vollkommene Konzentration. Mitten im Spiel jedoch, wenn der Druck groß ist, die Menge kreischt und die gegnerischen Spieler ihn anrempeln, behindern und mit ihren Händen vor seinem Gesicht herumfuchteln, kann er froh sein, wenn 40 Prozent seiner Würfe in den Korb gehen. Dasselbe gilt für Golfspieler, die beim Üben perfekt einlochen, denen aber oft nichts mehr gelingt, wenn der Sieg auf dem Spiel steht oder sie sich der zuschauenden Menge bewusst werden. Ein Musiker, der sein Instrument gut beherrscht, wird im Konzert bei Noten danebengreifen, selbst wenn er bei der Probe perfekt gespielt hat. Genau das Gleiche passiert stotternden Menschen, nur dass sich bei ihnen der Stress eines öffentlichen Auftritts auf den

Vorgang des Sprechens auszuwirken scheint.

Ich bin zum Beispiel normalerweise flüssig, wenn ich allein in einem Zimmer sitze und mir selbst laut vorlese. Aber wenn andere Leute ins Zimmer kommen und ich mir ihrer Anwesenheit bewusst werde, fühle ich mich sofort gestresst. Mit Zuhörern komme ich mir plötzlich vor, als würde ich auf einer Bühne stehen und müsste etwas kommunizieren. Meine Worte werden gewichtiger. Zumindest aus meiner Sicht werden meine Zuhörer gleichzeitig auch zu meinen Kritikern, die nicht nur genau hinhören, wie ich spreche, sondern auch auf den Inhalt meiner Worte achten. Ich versuche, mich auf das Lesen zu konzentrieren und ihre Anwesenheit zu ignorieren. Ich rede mir ein, dass sie nicht zuhören, und möglicherweise tun sie das auch gar nicht. Vielleicht sind sie in ihre eigenen Gedanken versunken und es ist nur meine subjektive Wahrnehmung (und meine Ichbezogenheit), die mich zur Annahme führt, sie würden mir zuhören. Aber die Umgebung, in der ich spreche, hat sich durch ihre Anwesenheit verändert, und als Reaktion darauf verändert sich auch die neurologische Biochemie, die meinen Sprechvorgang kontrolliert. Plötzlich verliere ich mein Selbstvertrauen und die Konzentration, die mir so leicht fällt, wenn ich weiß, dass mir niemand zuhört.

Hierbei handelt es sich offensichtlich um eine Übertragung. Es ist einfach und kommt leider viel zu häufig vor, dass ich mein negatives Verhalten gegenüber meinem Stottern auf meine Zuhörer übertrage, die vielleicht viel mehr am Inhalt des Gesagten als an meiner Sprechflüssigkeit interessiert sind. Untersuchungen haben ergeben, dass Zuhörer dem Stottern oft wesentlich toleranter gegenüber stehen, als Stotterer glauben wollen. Wir spüren immer eine Uhr in uns ticken: Reden wir zu lang? Erzeugen wir einen gewissen Unmut in unseren Zuhörern? Während ich rede, beobachte ich, wie ich spreche, wie der Zuhörer auf mein Sprechen reagiert und wie ich auf die vermeintliche Reaktion des Zuhörers reagiere. Ist das Zucken seiner Lippen eine Reaktion auf die Gespanntheit in meiner Stimme? Warum hat er gezwinkert? Warum wendet er seinen Blick ab? Warum bedeckt er sein Gesicht mit den Händen? Schockt ihn mein Stottern oder lässt es mich grotesk erscheinen? Lehnt er sich weg, weil er gelangweilt ist? Manchmal stelle ich mir vor, dass ich die Gedanken meiner Zuhörer lesen kann.

Meine flüssig sprechenden Freunde sagen mir, dass auch sie darauf achten, wie Zuhörer auf ihr Sprechen reagieren, und dass ihre Befangenheit beim Sprechen ihre eigene Selbstverwirklichung einschränkt. Das hieße, dass in gewisser Weise sogar flüssig sprechende Menschen an einer Art inneren Stotterns leiden. Aber die Sprechmechanismen flüssig sprechender Menschen werden durch eine stressbedingte Überlastung der Sinne nicht beeinträchtigt und daher stottern sie auch nicht. Bei stotternden Menschen hingegen sind die durch Sprechen ausgelösten mentalen Vorgänge besonders komplex. Für Stotterer kann Sprechen mental genauso anstrengend sein wie ein olympischer Wettbewerb und genauso kompliziert, wie drei Schachpartien gleichzeitig zu bestreiten.

Aber jeder Mensch ist anders und das gilt für alle Bereiche. Manche Menschen bringen unter Stress bessere Leistungen. Es gibt Athleten wie Larry Bird und Michael

Jordan, die erst ihre Höchstform erreichen, wenn das Match oder die Saison auf dem Spiel stehen. Die Aufregung des Spiels bringt sie dazu, sich mehr auf ihre Aufgabe zu konzentrieren, und je mehr ihre Konzentration zunimmt, desto besser können sie jegliche Ablenkung ausschalten. Etwas Ähnliches passiert bei Menschen, die zwar bei ungezwungenen Unterhaltungen stottern, aber vollkommen konzentriert sind und flüssig sprechen, wenn sie vor versammelter Menge einen Vortrag halten. Aber hinderliche Gefühle wie Beklemmung und Angst sind nicht die einzigen Ursachen für Stress. Ich bin oft ganz ruhig und konzentriert in einer spannungsgeladenen Situation. Mein Stottern kann nicht nur durch Angst und Beklemmungen ausgelöst werden sondern auch durch übermäßige Stimulation und Aufregung. Mein Sprechen funktioniert auf völlig unvorhersehbare und unerklärliche Weise. Der geringste Reiz von außen – es braucht zum Beispiel nur jemand den Raum zu betreten – kann dazu führen, dass mein Sprechvorhaben völlig durcheinander gerät.

Der Stress beim Sprechen nimmt mit jeder kleinen Veränderung der sozialen Umgebung zu oder ab. Zum Beispiel möchte ich einen Fremden nach dem Weg fragen. Ich gehe auf eine Frau zu, die einen freundlichen und hilfsbereiten Eindruck macht. Ich fühle mich selbstsicher und beginne ganz flüssig.

»Entschuldigen Sie«, fange ich an, »könnten Sie mir sagen wie ich zum ...« Und dann merke ich, wie sich etwas in ihr verändert. Vielleicht hat es nichts mit mir zu tun. Vielleicht war sie ganz in Gedanken versunken, bevor ich sie angesprochen habe, und ärgert sich, dass sie durch meine Frage gestört wird. Oder vielleicht ist sie auch zu spät dran für eine Verabredung und will bloß nicht stehen bleiben, um meine Frage zu beantworten. Ich spüre ihre Unentschlossenheit: Soll sie anhalten und mir den Weg beschreiben oder mich einfach ignorieren und unhöflich erscheinen? Was auch immer ihr Grund ist, ich spüre ihr Zögern und interpretiere es als Desinteresse an mir. Augenblicklich verliere ich meine Selbstsicherheit, Beklemmungen kommen in mir auf und meine Sprechflüssigkeit verwandelt sich in Stottern. Oder vielleicht reagiert meine Zuhörerin mitfühlend auf mein Stottern und, indem sie mir ihre Aufmerksamkeit schenkt, zeigt sie ihren Willen mir zuzuhören. Ich werde wieder selbstsicherer, meine Angst nimmt ab und ich bringe einige flüssige Wörter heraus. Andererseits kann es aber auch sein, dass meine Zuhörerin mit Verwirrung auf mein Stottern reagiert (und sich denkt: »Was stimmt bloß nicht mit dem Kerl? Ist er irgend so ein Spinner, der mich anmachen will?«). Ich spüre ihre Zurückhaltung und interpretiere sie sofort als negative Haltung gegenüber meinem Sprechen. Mein Mut sinkt und gegen mein Stottern ist nichts mehr zu machen.

Würden wir Stress messen und aufzeichnen, sähe der Befund wohl wie ein EKG aus. Unser Stresspegel würde sich bei jedem Reiz durch die Umwelt und unsere Reaktion darauf tausendmal pro Sekunde verändern. Aber die Wirkung solcher Reize auf uns ergibt sich nicht nur aus der gegenwärtigen Realität sondern ebenso aus vergangenen Erfahrungen. Die Art und Weise, wie Stress auf uns wirkt, ist genetisch bedingt, erlernt und existenziell. Das heißt, wir sind alle durch unseren genetischen Code programmiert, auf verschiedene Arten von Stress individuell zu reagieren. Wenn wir heranwachsen und Stress erleben, lernen wir damit umzugehen, uns anzupassen und auf verschiedene Weise darauf zu reagieren: auf neue, erfinderische, selbstzerstörerische oder selbstschützende Art. Dieses erlernte Verhalten wirkt mit unserem genetischen Code zusammen und verändert die Art, in der wir auf unsere Umwelt reagieren. Jede Erfahrung mit neuen stressvollen Situationen bereichert und verändert unseren Reaktionsmechanismus. Und ich bin sicher, dass noch eine Menge anderer Faktoren mitspielen.

Dr. Martin Schwartz, ein umstrittener Sprechtherapeut, der behauptet, das Phänomen Stottern gelöst zu haben, hat meiner Meinung nach Recht, wenn er betont, dass jeder Mensch eine individuelle Toleranzgrenze für Stress habe. Wird diese überschritten, dann versage der Vorgang des Sprechens.[2] (Der Fehler liegt seiner Ansicht nach im Kehlkopf.) Leichte Stotterer hätten dieser Theorie zufolge eine relativ hohe Toleranzgrenze, das heißt ein höherer Stresspegel wäre nötig, um ihren Sprechmechanismus zu unterbrechen. Stotterer, die eigentlich fast gar nicht stottern, hätten eine noch höhere Toleranzgrenze. Es müsste schon eine sehr starke emotionale Provokation auftreten, um ihr normalerweise flüssiges Sprechen zu stören.

Ich persönlich habe als schwerer Stotterer eine sehr niedrige Stresstoleranz. Allein bei dem Gedanken, öffentlich sprechen zu müssen, bekomme ich eine Gänsehaut und mein Verstand läuft heiß. Ich kann ganz ruhig aussehen, aber ich merke, wie meine Emotionen mit mir durchgehen. Durch mein Stottern und meine negative Haltung dazu entsteht zusätzlicher Stress, der noch verstärkt wird, wenn ich die Reaktion meiner Zuhörer auf meine subjektive Weise interpretiere. So wird mein Stottern immer schlimmer und ich kann dem Kreislauf nicht entkommen.

Anmerkungen

[1] Es wäre interessant, das Zeitgefühl von Stotterern zu untersuchen. Wenn Stotterer und eine Kontrollgruppe von Nichtstotterern schätzen müssten, wann zum Beispiel 30 Sekunden verstrichen sind, würde ich annehmen, dass Stotterer die Zeit raffen und schon nach ca. 20 Sekunden das Ende angeben, während Nichtstotterer die Zeitspanne von 30 Sekunden besser abschätzen würden.

[2] In Kapitel 23 werde ich näher auf ihn und seine Theorien eingehen.

3. Das »S-Wort«

Bin ich ein Stotterer oder ein stotternder Mensch? Das ist keine triviale Frage, denn sie spricht einen grundlegenden Aspekt unserer Identität an. Sind diejenigen von uns, die zuweilen stottern, automatisch Stotterer? Tragen wir als Zeichen unseres Stotterns ein scharlachrotes »S« um den Hals, wie die ehebrecherische Protagonistin Hester Prynne in Hawthornes Roman »Der scharlachrote Buchstabe« – ganz so, als wäre das Stottern unsere markanteste Eigenschaft, der Schlüssel zu unserer Identität, die Definition unseres Selbst?

Es gibt natürlich auch jene, die das »S-Wort« überhaupt ganz ablehnen, denn sie sehen die Sachlage völlig anders. Stottern ist in ihrer Sicht etwas, das wir eben manchmal tun, und selbst wenn wir oft oder sogar andauernd stotterten, ist es immer noch kein vorrangiges Charaktermerkmal. Bis vor kurzem hat die Tatsache, dass ich stottere, meine Selbsteinschätzung derart eingenommen, dass ich mich zeitweise nur als Stotterer betrachtete und als nichts anderes. Diese Sichtweise führte vor allem in meiner Jugend zu einem verzerrten, negativen Selbstbild, das sich auf unerwartete und oft heimtückische Weise manifestieren konnte.

So war ich beispielsweise ziemlich gut im Baseball. Ich war ein selbstbewusster, oft sogar überheblicher erster Verteidiger und ein sicherer Schlagmann, nicht so sehr wegen meiner Kraft sondern eher, weil ich ein gutes Augenmaß hatte. Nur selten verpatzte ich drei Schläge und war »aus«. An ein Spiel kann ich mich noch besonders gut erinnern: Die sprichwörtliche letzte Runde läuft, zwei Angreifer sind schon draußen (beim dritten müssten wir das Schlagrecht abgeben) und an jeder Base steht ein Spieler. Es geht um alles oder nichts. Wenn ich einen Treffer lande, bin ich ein Held. Ich straffe die Schultern, hole zum Aufwärmen ein paarmal mit dem Schläger aus und klopfe damit auf die Homebase; und dabei stelle ich mir vor, wie die Fans jubeln. Ich sehe noch immer den Ball deutlich vor mir, wie er auf mich zukommt, groß und dick wie eine saftige Melone. Dreimal kommt der Ball auf mich zu. Dreimal mache ich mich bereit, den Ball über das äußere Spielfeld hinauszuschlagen, damit wir vier Homeruns auf einen Schlag kriegen. Aber jedes Mal geht der Ball knapp unter meinem Schläger durch. Statt zu treffen, schlage ich ins Leere. Drei Schläge und ich bin draußen. Während das andere Team feiert, sitze ich heulend auf der Reservebank und zerfließe in Selbstmitleid. Wenn ich bloß nicht stottern würde, denke ich. Dann hätte ich den Ball getroffen und wir hätten gewonnen. Ich kann nicht treffen, ich kann nicht sprechen, ich bin ein totaler Versager. Ach, wie schlimm es ist, ein Stotterer zu sein!

Natürlich hatte mein Stottern nichts mit dem Spiel zu tun. Ich war damals zwar ein begabter Spieler, doch mein übergroßes Selbstbewusstsein im Sport wurde mir eben hin und wieder zum Verhängnis. Aber mit meinen zwölf Jahren identifizierte ich mich bereits mit meiner Behinderung. Niemand schlug mir damals eine andere Art der Selbstdefinition vor, weder der Sprechtherapeut, zu dem ich zweimal pro

Woche ging, noch der Psychoanalytiker, den ich einige Jahre später zweimal wöchentlich aufsuchte. Erst seit kurzem bezeichnen Menschen wie ich, die sich früher nur als Stotterer wahrnahmen, wodurch ihr Leben stark beeinträchtigt wurde, sich nun als »stotternde Menschen«, und das ist vor allem der Beharrlichkeit der Selbsthilfebewegung zu verdanken.

Wir definieren uns schließlich nicht nur durch unsere Art zu sprechen – oder wie wir aussehen oder handeln. Je nachdem wie bescheiden oder unbescheiden ich mich gerade fühle, kann ich für meine Person eine ganze Reihe von Eigenschaften aufzählen, gute, schlechte und neutrale, die mit meiner Sprechstörung nichts zu tun haben. Ich sehe zum Beispiel recht gut aus, bin freundlich, aufgeschlossen, einfühlsam und kooperativ. Etwas genauer betrachtet bin ich Mitte fünfzig, gut ein Meter achtzig groß, etwa fünf Kilo zu schwer und werde langsam grau (was mir gut gefällt). Ich bin nicht verheiratet, lebe aber in einer festen Partnerschaft, habe eine Tochter im Teenageralter, bin Schriftsteller, ein recht mittelmäßiger Koch, dafür aber ein hervorragender Tellerwäscher, bin leidenschaftlicher Jazzfan (und überhaupt ein Liebhaber von guter Musik, von Frank Sinatra bis Hank Williams), und ich bin ein witziger Typ – obwohl meine Tochter Kathryn diesen letzten Punkt vielleicht bestreiten würde. Ich scheine außerdem überall Chaos zu stiften, komme ständig zu spät und erledige viele Dinge zu schnell und ohne nachzudenken. Ich versuche, es zu vielen Leuten recht zu machen und kann meine Versprechen und guten Absichten dann nicht alle einhalten. Wenn ich müde bin, werde ich unberechenbar, ich kann gelegentlich ganz schön anmaßend und ein bisschen zu selbstgerecht sein und – richtig, manchmal stottere ich wirklich schlimm.

Das Wort *manchmal* macht das Stottern zu einer Behinderung, die sich mit keiner anderen vergleichen lässt, und die noch dazu frustrierend und gleichzeitig auch interessant ist. Das Stottern unterscheidet sich von den meisten anderen Behinderungen dadurch, dass es nicht immer offensichtlich ist. Bei gehörlosen Menschen treten nicht plötzliche Phasen guten Hörens auf und Querschnittsgelähmte können nicht von Zeit zu Zeit aus ihren Rollstühlen aufstehen und tanzen. Stotternde Menschen hingegen werden erst dann als solche erkannt, wenn sie tatsächlich stottern, und kein Stotterer stottert die ganze Zeit. (Es gibt sogar Schauspieler, die nur auf der Bühne nicht stottern und Lehrer, die nur vor der Klasse nicht stottern – auf einige von ihnen komme ich später noch zurück.) Selbst Menschen wie ich, die sehr stark stottern, erleben Momente unerklärlicher Sprechflüssigkeit. Allerdings gibt es immer einen Wermutstropfen bei der Freude über diese Sprechflüssigkeit, denn jeder dieser Momente macht das nächste Auftreten von Unflüssigkeiten schwerer erträglich.

Die Möglichkeit, dass man ja im nächsten Satz stottern könnte, selbst wenn man augenblicklich ganz flüssig spricht, veranlasst viele stotternde Menschen sich als Stotterer zu sehen – selbst in Momenten, in denen sie gerade nicht stottern. Ein Teil des Problems scheint also darin zu liegen, wie man sich selbst beim Sprechen wahrnimmt. Das mag sogar wichtiger sein als die Reaktion der Zuhörer. Ein Stotterer, der gerade nicht stottert, ist für seine Zuhörer wahrscheinlich kein Stotterer, besonders dann, wenn sie ihn nicht kennen. Aber er selbst fühlt sich meist weiterhin wie ein Stotterer, denn er weiß, dass seine Sprechflüssigkeit nur vorübergehend ist. Wenn er das nächste Mal den Mund aufmacht, wird er vielleicht wieder stottern.

Einige Stotterer, die sich des hier angesprochenen semantischen Unterschiedes durchaus bewusst sind und sich nur ungern übertriebene politische Korrektheit vorwerfen lassen möchten, stimmen der Argumentation zwar zu, behaupten aber weiterhin, dass es völlig gleichgültig sei, wie man uns nennt und wie wir uns selbst nennen. Was bringt es so empfindlich zu sein? Wozu die Aufregung? Wie ist es denn mit Wörtern wie *Turner*, *Lehrer*, *Schauspieler* oder *Helfer*? Mein Wörterbuch besagt, dass sich die Endung *-er* auf die Ausführung einer Handlung bezieht, nicht auf die Identität der ausübenden Person. Ein Helfer ist jemand, der hilft, ein Turner ist jemand, der turnt. Aber nur dann, wenn diese Tätigkeit tatsächlich ausgeübt wird. Wenn ein Turner spazieren geht, kann man ihn zumindest in diesem Moment nur als Spaziergänger beschreiben. Das Gleiche gilt für den Helfer. Ein Helfer hilft. Wenn er sich lieber der Gameshow im Fernsehen zuwendet als dem Essgeschirr nach dem Abendessen, ist er kein Helfer sondern ein Faulpelz. Gibt ein Freund, Partner oder Elternteil diesem Faulpelz jedoch einen kleinen Schubs, kann er sich durchaus noch zu einem Helfer machen.

Ein Stotterer kann auch flüssig sprechen. Die meisten Stotterer sprechen sogar recht oft flüssig. Als Stotterer bezeichnet zu werden ist rein semantisch betrachtet natürlich nicht unrichtig. Doch im täglichen Leben, wo Gefühle verletzt werden können und Menschen mit ihrer Unsicherheit kämpfen, haben Worte ein Gewicht und unbeabsichtigte Bedeutungen. Als Kind lernte ich ein Sprichwort, das besagt, dass Stöcke und Steine äußerst wehtun können, böse Worte aber nicht. Ich war tatsächlich ziemlich hart im Nehmen in dieser Hinsicht und hatte ein dickes Fell, und so machte es mir nicht sonderlich viel aus, wenn mir irgendein Schimpfwort hinterhergerufen wurde; außerdem war ich durchaus in der Lage, mich mit meinen Fäusten zu wehren. Aber von jemandem nachgeäfft oder Stotterer genannt zu werden – was keine Unwahrheit sondern ganz gezielt als Beleidigung gemeint war –, das war etwas ganz anderes. Meine Selbstzweifel wurden dadurch verstärkt und mir wurde klar, dass meine geheimsten Gedanken über mich selbst transparent und für jeden klar ersichtlich waren. Gelähmt durch meine eigene Unsicherheit und in der Annahme, dass ich die gerechte Strafe für meine Verstellungsversuche erhalten hatte, war ich dann meist zu beschämt, auch nur ein Wort des Protestes zu erheben und zu geschwächt mich zu wehren.

Selbstbewusstsein ist kein belangloses Thema. Ein Mangel daran ist für uns stotternde Menschen genauso belastend wie unsere Sprechstörung. Daher ist es meiner Ansicht nach wichtig, dass wir vorsichtig sind, wie wir uns selbst beschreiben. Ich bin kein Stotterer, sondern ein stotternder Mensch. Doch als Autor finde ich das Wort »Stotterer« knapper, unumwunden und direkt. Ein »stotternder Mensch« dagegen wirkt wie eine Umschreibung und ist unökonomisch. Warum zwei Wörter verwenden, wenn auch eines reicht? Daher vernachlässige ich die politische Korrektheit und gehe etwas praktischer und toleranter vor: Wer einmal die Wichtigkeit des Unterschiedes zwischen den zwei Bezeichnungsarten akzeptiert und begreift, dass die Identität einer Person ausschlaggebend und vielschichtig ist und nicht ausschließlich von der Art des

Sprechens oder irgendeiner anderen einzelnen Eigenschaft bestimmt wird, der kann mit dem Wort *Stotterer* spielerisch umgehen und die positiven Seiten hervorkehren. Zum Beispiel so: »Ja, ich bin ein Stotterer, aber Stottern hin oder her, ich sage, was ich sagen will.« Oder auch wie Janet Givens Ackerman, eine Freundin von mir, die ich auf einer Selbsthilfe-Tagung kennen lernte und die in einer Mailing-Liste im Internet zum Thema Stottern schrieb: »Ich bin stolz darauf mich Stotterer zu nennen. Es bedeutet für mich viel mehr als nur Wiederholungen und Blocks. Es verbindet mich mit einer Gruppe starker Menschen, die vor der ständigen Herausforderung stehen, durchhalten zu müssen und Hindernisse zu überwinden – und das ist etwas, was ich sehr zu schätzen weiß.«

In diesem positiven Sinn werde ich also das »S-Wort« verwenden, wenn sich dadurch der Text besser lesen lässt. Eine Abkürzung wie zum Beispiel »PWS«, die im Englischen von vielen Stotterern benutzt wird, weil sie die volle Version »people who stutter« zu umständlich finden, werde ich nicht verwenden. Schließlich sind wir komplexe menschliche Wesen, ob wir nun »Stotterer« sind oder »stotternde Menschen«. Weder eine Gruppe noch eine Einzelperson sollte leichtfertig auf ein Akronym oder eine Abkürzung reduziert werden.

4. Die Welt liegt mir zu Füßen

Ich kann mich nicht daran erinnern, als Kind gestottert zu haben. Meine Kindheitserinnerungen sind idyllisch: Im Schulhof spielte ich Basketball und *Stickball*, ging gern zur Schule, hatte gute Noten und viele Freunde und wuchs in einer warmherzigen und liebevollen Familie in der Bronx auf. Es war das goldene Zeitalter von New York City – »golden« nicht nur, weil eine glückliche Kindheit immer golden ist, sondern auch, weil die Nachkriegszeit der späten 1940er und frühen 50er Jahre in New York City einfach eine fabelhafte Zeit war.

Es war eine Zeit des Triumphes. Kriegsveteranen, die Sieger eines ehrbaren Krieges, kamen zurück und marschierten in großen Heimkehrparaden den Grand Concourse entlang – eine breite Prachtallee, die als Hauptstraße der Bronx den Champs-Élysées in Paris nachgebaut war (und nur einen halben Häuserblock von uns entfernt lag). Der gesamte Bezirk schien sich zu versammeln, um den heimkehrenden Truppen zuzujubeln. Wir schwenkten kleine amerikanische Fahnen und standen bereit zum Salut für jede vorbeiziehende Fahnenwache. Das waren keine gesichtslosen Soldaten in Uniform. Es waren die Ehemänner, Onkel, Cousins, Söhne, Töchter, großen Brüder, großen Schwestern und Nachbarn der Menschen, die in der Bronx lebten. Sie waren Helden – Soldaten des Volkes, die dazu beigetragen hatten, die Welt vor dem Faschismus zu retten. Diese Paraden boten überwältigende Augenblicke von unverhohlenem Patriotismus und gruben sich tief in mein Bewusstsein, damals als ich im Alter von fünf und sechs Jahren war. Die Erinnerung daran ist noch immer so lebendig, als wäre es erst gestern gewesen – so mitreißend wie ein Marsch komponiert von Sousa und so unbeschwert froh wie eine Melodie von Glenn Miller. Und das trotz der in Brand gesetzten Kirchen und des Einsatzes von Polizeihunden in Birmingham, trotz der niedergebrannten Dörfer in Vietnam, der Watergate-Affäre und all der anderen hässlichen Ereignisse, die ich in den darauf folgenden fünfzig Jahren miterlebt habe.

Was kümmerte mich also mein Stottern? New York City war die größte und beste Stadt der Welt, das wusste jeder. Und wenn meine Freunde und ich frech durch die Straßen schlenderten, fühlten wir uns als ein Teil davon. Mit unseren Fahrrädern konnten wir uns *überall* in der Stadt bewegen und für ein Fünf-Cent-Stück konnten wir mit der U-Bahn zum Times Square fahren und uns dort unbehelligt herumtreiben. Wir konnten uns Filme und Bühnenstücke im alten Roxy Theater ansehen, mit dem D-Zug zum Vergnügungspark Coney Island fahren und dort mit dem »Cyclone«, der wildesten Achterbahn der Welt, fahren und uns mit *Nathans Hot Dogs* voll stopfen, die wir als New Yorker natürlich für die besten der Welt hielten.

Schon möglich, dass die Leute wegen meines Stotterns über mich lachten, aber ich muss mich schon ziemlich anstrengen, um mich an irgendwelche bestimmten Vorfälle zu erinnern. Woran ich mich aber sehr klar erinnere ist, dass die Welt mir zu Füßen lag und die Stadt mir gehörte.

Ich hatte immer das Gefühl, mit den Stars meiner Jugend auf einer Ebene zu sein und jederzeit an ihrer Welt teilhaben zu können. Mein Baseball-Held, Willie Mays, spielte auf den Straßen *Stickball*, genauso wie ich. Der großartige Ersatzwerfer der New York Yankees, Joe Page, wohnte in der Baseball-Saison nur einen Häuserblock von uns entfernt. Wir klopften oft an seine Tür und baten ihn um Autogramme. Die große Schwester meines besten Freundes Peter ging mit dem dritten Verteidiger der Yankees, Andy Carey. Everett Cooper, der in unserem Haus in der 178th Street einen Stock über uns wohnte, kehrte von einem Aufenthalt in Paris als André Philippe, Nachtclubsänger à la Maurice Chevalier, zurück. Wenn Everett alias André bei einem jener Talentwettbewerbe im Fernsehen sang, bei denen der Beifall des Publikums von einem »Applaus-o-Meter« gemessen wird und das größte neue Talent der Sendung bestimmt, füllte er das Theater mit Leuten aus unserem Wohnblock, die schrien und brüllten als sei er der nächste Sinatra. Er gewann in vier aufeinander folgenden Shows, bis das »Applaus-o-Meter« so manipuliert wurde, dass ein anderer Sänger gewinnen konnte.

Ich fing gerade an dieses Kapitel zu schreiben, als im Fernsehen die Feier zum 80. Geburtstag von Frank Sinatra übertragen wurde. In der Werbepause rief ich meine Mutter an, weil mir klar war, dass sie die Sendung auch sehen würde. Und natürlich hatte meine Mutter eine Anekdote über Frank Sinatra auf Lager. Sie erzählte mir, dass mein Vater als Anwalt einen Klienten hatte, der Miteigentümer eines Nachtclubs namens Riobamba war. Eines Abends, Anfang der 1940er Jahre, lud dieser Klient meine Eltern ein, sich den Auftritt eines jungen, aufstrebenden Sängers namens Frank Sinatra anzusehen. »Er war sehr jung, dünn wie eine Bohnenstange, aber sehr gut«, erinnerte sich meine Mutter. Einige Monate später gingen meine Eltern wieder in diesen Club, um Sinatra zu hören. Das war ungefähr zur gleichen Zeit wie sein berühmter Auftritt im Paramount Theater und meine Mutter konnte sich erinnern, dass die Frauen im Publikum kreischten und ohnmächtig wurden, als er zu singen begann.

Ich habe Frank Sinatra schon immer gemocht. Neben der Jazz-Sängerin Billie Holiday ist er der beste amerikanische Sänger für mich. In dem wohl ungewöhnlichsten (und schönsten) Traum, den ich je hatte, sitze ich allein in einer Nische in einem Restaurant. Es ist zwei Uhr morgens und das grelle Licht einer Straßenlampe fällt auf die verchromten Küchengeräte. Zusammengesunken sitze ich vor einer Tasse Kaffee und trommle mit meinen Fingern auf dem Resopaltisch wie eine einsame Gestalt in einem Edward Hopper-Gemälde. Da kommt Sinatra herein, den Trenchcoat locker über die Schultern geworfen, setzt sich mir gegenüber hin und singt mir sein gesamtes Repertoire vor. Ich weiß nicht, ob der Traum wirklich so viele Stunden dauerte, wie es schien, oder nur einen kurzen Augenblick, aber ich war überwältigt von einem Gefühl unbändiger Liebe und Glück. Ich fuhr aus dem Schlaf hoch, direkt in eine Welt voller Musik hinein, weckte meine verblüffte Partnerin und fing an, ihr ein Ständchen zu bringen, als wäre ich der Sinatra meiner (und auch ihrer) Träume.

Es gibt noch einen anderen Grund, warum ich mich Frank Sinatra so verbunden fühle. Vom Standpunkt eines Sprechtherapeuten aus betrachtet hat er einen vorbildlich weichen Stimmeinsatz. Der Ausdruck Stimmeinsatz bezieht sich auf die Art und Weise, wie wir mit dem Sprechen beginnen, wenn wir etwas sagen wollen. Wie die meisten Stotterer habe ich beispielsweise einen harten Stimmeinsatz. Meine Fähigkeit zu vokalisieren, das heißt vom Schweigen zur Tonerzeugung überzugehen, ist eher abrupt als sanft. Manche Sprechtherapeuten sind der Ansicht, dass Stottern durch Anspannung im Kehlkopf verursacht wird. Wenn wir mit dem Sprechen beginnen, sind die Muskeln unserer Stimmbänder so steif, dass sie nicht richtig vibrieren. Deshalb erleben wir oft bei den ersten Lauten einen Block. Wenn wir einen Laut erzeugen wollen, müssen wir zusätzlichen Druck auf unsere Stimmbänder ausüben, was wiederum zusätzliche Spannung erzeugt und zur weiteren Blockierung des Lautes führt. Bei Sinatra aber ist der Übergang von der Stille zum Ton vollkommen sanft. Es ist fast unmöglich zu bestimmen, wann genau die Vokalisierung bei ihm einsetzt.

Was ich an der Geschichte meiner Mutter und an meinem Traum interessant (und vorhersehbar) finde, ist der Zugang, den wir zu allem hatten und den wir als selbstverständlich ansahen. Sinatra sang persönlich für mich. Meine Mutter war zu Beginn seiner Karriere dabei, und das nicht als anonymer, kreischender Teenie, sondern als Gast des Mannes, der Sinatra einen Auftritt verschafft hatte – nur einen Schritt davon entfernt, ihn persönlich kennen zu lernen. Und so ist mir meine ganze Kindheit in Erinnerung. Es schien immer nur ein Schritt zum persönlichen Kontakt zu jedem zu sein, der irgendetwas in New York darstellte – vielleicht war das nicht immer wirklich der Fall, aber ich bildete es mir zumindest ein. Zum Teil entstand dieses Gefühl der Nähe zu den Berühmtheiten vermutlich durch den besonderen Charakter, den die Stadt zu jener Zeit hatte. Fernsehen gab es nicht; wenn man Entertainer, bekannte Sportler oder Politiker also sah, sah man sie in Fleisch und Blut. Die ganz Großen wie Franklin D. Roosevelt, Willie Mays, Sinatra und einige mehr hatten eine Ausstrahlung, die einem ein Gefühl der Vertrautheit vermittelte. Bei den Radioübertragungen der »Plaudereien am Kamin« mit Franklin D. Roosevelt kam es mir vor, als sitze er in unserem Wohnzimmer und unterhielte sich direkt mit meiner Familie. Wie viele andere Amerikaner wuchs ich in dem Glauben auf, der Präsident sei ein persönlicher Freund meiner Familie.

Meine Schwester Ruth besuchte die New York City High School für Musik und Kunst, eine besondere Schule für begabte Teenager. Ihr Freund dort war Marty Charnin, der Jahre später als Martin Charnin die Texte für *Annie* und andere Broadway Shows schreiben würde. Marty war damals wahrscheinlich sechzehn und ich war elf oder zwölf. Ich durfte aufbleiben und ihm, meiner Schwester und ihren High School Freunden zuhören, wenn sie sangen und auf dem Klavier Melodien von Gershwin, Rodgers und Hammerstein, Irving Berlin und Cole Porter spielten. Oft improvisierten sie auch eigene Texte und erfanden selbst Parodien und Sketche. Der Spaß ging dann in der Küche weiter, wo wir spät nachts in heiterer Ausgelassenheit die selbstgebakkenen Waffeln meiner Mutter verschlangen.

Vielleicht ist meine Erfahrung nicht die Norm. Mitte der 50er Jahre, als sich Amerika gerade auf bestem Wege in die kollektive Fernsehsucht befand (und auch ich durchaus einige Sendungen voller Eifer verfolgte), wurde ich zunehmend süchtig nach »Küchentischgesprächen«: Gesellige Runden, bei denen jeder frei von der Leber weg sprach und Wortgewandtheit Pflicht war, in denen ein bereitwilliges Ohr aber zu meinem Glück auch gefragt war. Da ich jünger war als die anderen um Mutters Küchentisch Versammelten, fühlte ich mich nicht unter Druck gesetzt, etwas Originelles beizusteuern. Es genügte, zum richtigen Zeitpunkt über die Sentenzen der anderen zu lachen. Und ich lachte, was das Zeug hielt. Die Freunde meiner Schwester waren für mich die geistreichsten und originellsten Menschen, die ich je kennen gelernt hatte. Und ich glaubte ohne einen Hauch von Zweifel, dass – genauso wie ich ein Teil ihrer elitären Clique war – sie ein Teil jener schillernden Welt großer Komponisten, Sänger und Entertainer waren, die für mich die Crème de la crème der New Yorker Kultur darstellten. Und wie meine Mutter später bestätigte, waren wir ja tatsächlich nur einen kleinen Schritt von Frank Sinatra entfernt.

Ich liebte Gespräche, und ich liebte es zuzuhören – den Plänkeleien am Küchentisch ebenso wie den erhitzten politischen Diskussionen im Wohnzimmer zwischen meinem demokratischen Vater und meinem (damals) republikanisch gesinnten Onkel Paul. Nach einem Festtagsessen bei meiner Tante Freda zogen sich die Männer ins »Kartenzimmer« neben der Küche zurück, um Pinochle und Seven Card Poker zu spielen. Es waren spannende Spiele, die von allen volle Konzentration verlangten. »Ich passe.« »Ich steige aus.« »Ich will sehen.« »Ich erhöhe.« »Zwei Damen.« »Drei Zweier.« »Flush.« »Full House.« Wenn die Männer überhaupt sprachen, waren sie barsch und einsilbig.

Währenddessen räumten die Frauen den Esstisch ab und spielten Canasta oder Rommé. Wie sehr sie sich auf das Spiel konzentrierten, richtete sich nach den Themen, über die sie gerade sprachen. Ich kann mich nicht erinnern, worüber sie sich unterhielten, doch ich nehme an, es war Klatsch über die Nachbarn, den Metzger oder das Kind von Familie Soundso, das Probleme in der Schule hatte. Aber sie sprachen in vollständigen Sätzen und beschrieben die Leute und die Nachbarschaft, eben die Welt, in der ich lebte. Ich liebte es, auf dem Knie meines Vaters zu sitzen und den Männern beim Kartenspiel zuzusehen. Aber ich liebte es noch mehr, am Esstisch zu sitzen und der Unterhaltung der Frauen zuzuhören.

In gewisser Weise erlebte ich genau das, was viele Kinder erfahren, die in einer kleinen Stadt aufwachsen; ich kannte – wenn schon nicht persönlich, dann doch zumindest durch ihre Eltern – den Richter, den Polizeichef, die Ladenbesitzer und den Bürgermeister, eben all diejenigen, die das Sagen hatten. Aber meine Kleinstadt hieß New York. Meine Eltern schienen ein fester Bestandteil dieser Stadt zu sein und ich fühlte mich nie von ihrer Kultur verärgert oder ausgegrenzt. Wenn wir mit dem Oldsmobil der Familie in die Stadt fuhren, kamen wir an einem großen Werbeschild für einen Gebrauchtwagenhändler namens »Meyer the Buyer« vorbei. Ich sah dieses Schild an, das da über dem Broadway prangte, und glaubte Meyer the Buyer sei mein Vater, der ebenfalls Meyer hieß. Meine Eltern bestärkten uns in dem Glauben, wir hätten einen privilegierten Platz in der Gesellschaft. Egal mit wem wir zu tun hatten, ob wir in einer Bäckerei einkauften (für den Käsekuchen gingen wir zu Leonard's) oder zum Orthopäden mussten (als ich mir bei einem Fahrradsturz den Arm brach), es war immer die »erste Adresse in New York«. Als ich älter war und mein erstes Auto hatte, stritten wir uns darüber, an welcher Tankstelle ich tanken sollte. »Fahr zu Bob Arnold«, empfahlen meine Eltern mit wissendem Nicken. »Seine *Amoco* Tankstelle ist die beste der Stadt.«

Doch Erinnerungen trügen oft. Die Menschen nutzen sie nicht nur, um nach der objektiven Wahrheit über ihre Vergangenheit zu suchen, sondern auch, um ihre eigene Vergangenheit derart umzugestalten, dass sie gut zu dem Bild passt, das sie gerade von sich selbst haben oder gern vermitteln würden. Das Gehirn mag zwar alles registrieren, aber wir erinnern uns nur an die Dinge, die zu unseren ständig wechselnden psychologischen Bedürfnissen passen. Das Gefühl eine Behinderung zu haben oder ein Opfer zu sein und auf die Hilfe anderer Menschen angewiesen zu sein, habe ich nie gemocht. Für mich ist das Glas halb voll und nicht halb leer. In dem Mythos, den ich mir für meine eigene Vergangenheit geschaffen habe, bin ich niemals der Verlierer. Ganz im Gegenteil: Ich bin das Kind, das sich trotz seines Stotterns behaupten kann, das bekommt, was es will, und das zumindest im eigenen Ermessen ganz hoch hinaus will.

In diesem ganz privaten Mythos – oder besser gesagt in den verzerrten Erinnerungen an meine Jugend – stottere ich nicht. Wenn ich richtig darüber nachdenke, spreche ich eigentlich auch gar nicht. Ich lache über Witze, erzähle aber nie selbst welche. Ich erinnere mich an Geschichten, die andere erzählt haben, an Scherze, die andere zum Besten gegeben haben, und an Unterhaltungen, denen ich zugehört aber mich nicht beteiligt habe. Manchmal erinnere ich mich an brillante Ideen und originelle Gedanken, die ich hatte, und wünsche mir, ich hätte sie wirklich geäußert. Und manchmal glaube ich, dass ich sie tatsächlich laut gesagt habe. Doch nur in meinem eigenen Mythos habe ich sie wirklich ausgesprochen.

Jeder hat mich als still und schüchtern in Erinnerung. Doch ich wirkte nur still und schüchtern auf andere. Ich selbst fühlte mich überhaupt nicht so. Was Sprechen anging, war ich schweigsam, aber in Gedanken war ich äußerst redselig. Mein ganzes Leben lang fand immer ein innerer Monolog in mir statt, der manchmal sogar zum Dialog wurde, in dem ich alle Rollen übernahm. Mein erfundenes Ich war redegewandt und nahm aktiv am Weltgeschehen teil. Wenn ich eine Sportübertragung ansah, tat ich so, als sei ich ein Kommentator wie Marty Glickman oder Mel Allen. Ich war der Diskjockey Alan Freed, der in den ersten Tagen des Rock and Roll heiße Scheiben auflegte, hielt als Adlai Stevenson politische Reden und kommentierte sie als John Cameron Swayze in den Fernsehnachrichten. In meiner Fantasiewelt des flüssigen Sprechens war ich das unermüdliche Stehaufmännchen. Es war nicht genug für mich, die Welt einfach nur wahrzunehmen. Ich musste alles, was ich sah, auch beschreiben, analysieren, kommentieren und in Worte fassen – Worte, die ich in meinem Kopf drehte und wendete und elegant jonglierte, die ich aber niemals aussprach.

5. Familie

Wissenschaftler verfügen über stichhaltige Daten, die auf die Wahrscheinlichkeit deuten, dass Stottern in der Familie liegt. Oliver Bloodstein berichtet in seinem Buch *A Handbook on Stuttering* (1995) über die Ergebnisse von 13 Studien, in denen zwischen 1937 und 1983 das Auftreten von Stottern in Familien untersucht wurde. Die Anzahl der Stotterer, bei denen weitere Personen mütterlicher- oder väterlicherseits in der Familie stotterten, lag zwischen 29,5 und 68,8 Prozent. (Diese Zahlen umfassen neben den leiblichen Eltern auch andere Verwandte.) In Anbetracht der Tatsache, dass nur ein Prozent der Bevölkerung insgesamt stottert, ist der Zusammenhang zwar nicht eindeutig, aber doch wesentlich größer, als wenn Stottern in der Bevölkerung rein zufällig verteilt wäre.

Wahrscheinlich gibt es kein einzelnes Gen, das Stottern verursacht. Die Veranlagung zum Stottern kann die Folge von Defekten einer beliebigen Anzahl von Genen sein, die einen Einfluss darauf haben, wie das Gehirn Emotionen (oder Aufregung) verarbeitet und auf welche Art und Weise die am Sprechvorgang beteiligten Körperteile in Stresssituationen reagieren. Die genetische Funktionsstörung kann geringfügig oder schwerwiegend sein. Es ist möglich, dass das Stottern in einer Generation nicht auftritt, weil die individuelle Toleranzgrenze für Stress hoch ist. Die genetische Veranlagung kann aber an die nächste Generation weitergegeben werden, in der aus nicht-genetisch bedingten Gründen der auslösende Stress möglicherweise schneller erreicht wird und das Stottern somit wieder auftritt.

Obwohl bis jetzt noch niemand ein fehlerhaftes Gen, ein verantwortliches Chromosom oder eine Mendelsche Vererbungsregel gefunden hat, die bei Kindern die Veranlagung zum Stottern hervorrufen, sind sich doch die meisten Stotter-Experten darin einig, dass genetische Vererbung ein wichtiger, wenn nicht der entscheidende Faktor ist. Wie so oft in meinem Leben scheine ich jedoch eine Ausnahme zu sein, das schwarze Schaf, das in keine Norm passt. Soweit ich weiß, stottert niemand in meinem weiteren Familienkreis – auch keine entfernt verwandten Onkel, Tanten oder Cousins. Aber ich muss dazu sagen, dass wir nicht viel über die Vergangenheit meiner Familie in Europa wissen. Als Juden, die vor dem Antisemitismus geflohen waren und in Amerika eine Freiheit gefunden hatten, die sie sich in der frommen Armut ihrer russischen Schtetls nie hätten träumen lassen, hatten sie keinen Grund zurückzublicken. Trotz des Broadway-Erfolgs von *Anatevka* hat meine Familie nie einem Leben unter dem Zar nachgetrauert und hatte auch keine rührend schönen Geschichten über die Kindheit zu erzählen, die mein Vater in einer Mietskaserne an der Lower East Side von New York verbracht hatte. Darin lässt sich vermutlich ablesen, wie sich die Zeiten geändert haben: Ich blicke gerne und voll Nostalgie auf meine Kindheit in der Bronx zurück. Meine Eltern dagegen, besonders mein Vater, haben kein Verlangen nach Erinnerung. Vielleicht hatte es in der alten Heimat stotternde Verwandte gegeben, was dann auf der Überfahrt nach Amerika vergessen wurde.

Wie bei so vielen Immigrantenfamilien, beginnt die noch überlieferte Geschichte meiner Familie auf Ellis Island. Die Großeltern meiner Mutter flohen in den 1880er Jahren vor den Pogromen in Osteuropa. Die Familie meines Vaters floh um die Jahrhundertwende. Der Name Jezer, stimmhaft »Dscheser« ausgesprochen, wurde meinem Großvater von einem Beamten der Einwanderungsbehörde auf Ellis Island gegeben, der den mittlerweile in Vergessenheit geratenen richtigen Familiennamen nicht aussprechen und aufschreiben konnte oder wollte. (Andere Familienmitglieder meines Großvaters, die den Atlantik zu anderen Zeiten überquerten und von anderen Beamten auf Ellis Island in Empfang genommen wurden, bekamen die Namen Jeser, Baiser und Butensky.)

Die Familie meines Vaters kam aus einem Gebiet nahe der Grenze von Polen, Litauen und Russland, der später als Aussiedlungsrayon bezeichnet wurde. Als sie nach Amerika auswanderten, war das Gebiet unter russischer Herrschaft. Mein Großvater war ein streng orthodoxer Rabbiner und sprach Jiddisch besser als Englisch. Nachdem die Immigrationsformalitäten erledigt waren, ließ er sich in dem jüdischen Ghetto an der Lower East Side nieder, wo mein Vater geboren wurde und aufwuchs. Mein Vater hatte zwei Brüder, eine Schwester und ein paar Onkel, die immer als »die Onkel« bezeichnet wurden. Es war eine Zeit, in der sich in der jüdischen Einwanderer-Gesellschaft viel regte. Überall wurden Möglichkeiten gesehen und ergriffen. Alle hatten sie ihre Kindheitsträume gehabt, doch nun boten sich Chancen, diese zu verwirklichen – ob im Geschäft, in der Kunst, Politik oder Religion. Die meisten Familienangehörigen väterlicherseits waren Aufsteiger, die etwas erreichen wollten und Anerkennung suchten. Die Onkel machten aus ihrem Pferdewagengeschäft, das die Bekleidungsbranche belieferte, die Unternehmen *National Auto Rental Company* und *Branch Motor Express.* Mein Onkel Abe wurde ein sehr bekannter Kardiologe. Meine Tante Esther war Lehrerin, Aktivistin in der Gewerkschaft und während der 1930er Jahre Mitglied der Kommunistischen Partei. Mein Vater war auch ein Rebell, auf seine Art und Weise. Er war fest entschlossen, der orthodoxen Lebensweise seines Vaters zu entkommen und die Verheißungen Amerikas und der weltlichen Dimension zu erkunden. Er besuchte die *Jeshiva* (eine traditionelle jüdische Schule mit humanistischen Bildungszielen) und später die staatlichen Universitäten *City College of New York* und *Brooklyn College of Law* in New York City.

Die Familie meiner Mutter, die Litzkys, kam aus Minsk nach Amerika. Meine Mutter, Blanche, wurde 1910 in der Bronx geboren. Ihr Vater war ein erfolgreicher Herrenschneider. Zu jener Zeit war die Familie bereits in die Mittelschicht aufgestiegen und gut etabliert. Meine Mutter hatte zwei Schwestern, von denen eine Lehrerin war, und einen Bruder, mein Onkel Moe, der sich im Ersten Weltkrieg als Soldat meldete, dann ziellos durch das Land zog und schließlich als Ansager beim Zirkus landete. Er wollte sich wahrscheinlich davor drücken, für meinen Großvater in der Bekleidungsbranche zu arbeiten, wo er dann letztendlich aber doch landete. Onkel Moe rauchte Zigarren, liebte das Glücksspiel und nahm mich zu Baseballspielen ins Yankee Stadium und die Polo Grounds mit.

Ich war ein waschechtes Woodstock-Kind. Meine Eltern lernten sich auf der

Farm von Max Yagur in den Catskills kennen, ungefähr dreißig Jahre, bevor sich seine Ländereien durch das große Woodstock-Festival von 1969 in ein Heiligtum des Rock and Roll verwandelten. Dort, sowie in anderen Feriengebieten der Catskill Mountains, verbrachte die Familie meiner Mutter ihre Urlaube. Dass mein Vater sich in den Catskills aufhielt, war seinem Vater, »Rabbi«, natürlich ein Dorn im Auge. Denn orthodoxen Juden waren Veranstaltungen, bei denen Jungen mit Mädchen tanzten, verboten. Genauso tabu waren Reiten, Golf spielen und Hummer essen – alles neue amerikanische Dinge, die meinen Vater faszinierten.

Meine Mutter erinnert sich noch gut daran, dass ihre Schwägerin, also Onkel Abes Frau beziehungsweise meine Tante Helen, sie und meinen Vater für mein Stottern verantwortlich machte. Den Erinnerungen meiner Mutter nach zu schließen glaubte Tante Helen, dass ich stotterte, weil meine Eltern meine Schwester Ruth und mich einem Babysitter überließen, wenn sie abends ausgingen. Meine Eltern gingen immer aus. Ich habe noch immer dieses wunderbare Bild vor Augen, wie meine Mutter sich schick macht, um meinen Vater »downtown« in Manhattan zu treffen – sei es zum Abendessen, für ein Konzert, das Theater oder die Oper oder für einen Abend im Copacabana, Latin Quarter oder Riobamba. Und ich erinnere mich an ein hübsches irisches Mädchen namens Hope, das auf mich und meine Schwester aufpasste, und wie wir im Haus herumtanzten und uns freuten: »Hope kommt, Hope kommt.« Noch besser erinnere ich mich daran, wie meine Schwester und ich in vornehme (jetzt nicht mehr existierende) Restaurants wie *Longchamps* und *Tofinettis*, einen ehemals berühmten Spaghetti-Palast direkt am Times Square, mitgenommen wurden, und wie wir *South Pacific*, *Guys and Dolls* und all die anderen großen Broadwayshows sehen durften.

Familienmitglieder verwechseln gern persönliche Angelegenheiten mit Meinungsverschiedenheiten über Lebensgewohnheiten und Kindererziehung. Meine Tante Helen war ohne Zweifel ernsthaft besorgt wegen meines Sprechens, aber gleichzeitig störte es sie, dass meine Eltern die eher traditionelle, religiöse Lebensweise ablehnten, die sie und Onkel Abe gewählt hatten. Und meine Mutter, die sich ihrer Stellung in der Familie meines Vaters nicht so ganz sicher war, kritisierte die konservativere Art, wie Abe und Helen ihre Kinder erzogen.

Während meine Eltern des Öfteren an einem Freitagabend ausgingen und meine Schwester und mich mit Hope zu Hause ließen, blieben Onkel Abe und Tante Helen zu Hause und läuteten den Sabbat mit einem traditionellen Essen ein, auf das die Hebräisch gesungenen Gebete folgten. Bei uns war vieles anders. Meine Schwester und ich gingen auf staatliche Schulen, mein Cousin Danny auf eine *Jeshiva*. Ich spielte nachmittags auf der Straße Verstecken und *Stickball*, Danny lernte Hebräisch. Ich hörte mir jeden Samstagmorgen in Martin Blocks *Make Believe Ballroom* die Hitliste der zwanzig besten Songs an, in Onkel Abes und Tante Helens Haus war immer *WQXR*, der New Yorker Sender für klassische Musik, eingestellt.

Die Diskrepanzen verschärften sich, da Onkel Abe in Sachen Medizin und Gesundheit in der Familie als die absolute Autorität angesehen wurde. Als bekannter Herzspezialist war Dr. Abraham Jezer einer der ersten Ärzte, die ihren Herzpatienten körperliche Bewegung empfahlen, anstatt ihnen, wie damals üblich, zu raten im Bett zu bleiben, um eine Belastung des Herzens zu vermeiden. In einer Zeit, wo normalerweise die einzigen Erwachsenen, die durch die Straßen rannten, entweder Diebe auf der Flucht oder Athleten beim Training waren, joggten die Patienten meines Onkels kilometerweit den Grand Concourse, den Boulevard der Bronx entlang.

»Da läuft Mr. Ginsberg, einer von Abes Patienten«, sagte Tante Helen dann zum Beispiel, wenn sie vom Fenster auf den Grand Concourse hinunterschaute und mit dem Finger auf einen dünnen, alten, weißhaarigen Mann zeigte, der aussah, als würde er in seiner Unterwäsche gegen den Verkehr joggen. Bei Herzen kannte sich Onkel Abe bestens aus, doch was das Stottern anging, hatte er keinen blassen Schimmer.

Mein Stottern diente hier und da dazu, die schwelende, wenn auch größtenteils unterdrückte und unausgesprochene Rivalität innerhalb meiner Familie anzufachen. Ich denke, dass diese Art des innerfamiliären Konflikts in vielen Familien der ersten oder zweiten Generation nichts Ungewöhnliches war, da sie ihre neue Freiheit erprobten, sich als Amerikaner entdeckten und dann nachdachten, wer sie waren, was sie aufgegeben hatten und was sie einmal werden würden.

Meine Mutter war über achtzig, als sie mir von Tante Helens Bemerkungen über mein Stottern erzählte. Ein halbes Jahrhundert war vergangen und sie litt noch immer unter der Familienunstimmigkeit, war immer noch wütend über die Vorwürfe ihrer Verwandten, fragte sich immer noch, ob die Art, wie sie und mein Vater mich erzogen hatten, zu meinem Stottern beigetragen hatte. Wie wir später noch sehen werden, ist die Antwort darauf ein klares »nein«, aber zu ihrer Zeit war es gängig zu glauben, dass Stottern eine psychologische Ursache habe. Ich wuchs in einer Zeit auf, wo in den besser gestellten und gebildeten Kreisen von New York die Psychoanalyse en vogue war. Die Psychologie wurde in den oberflächlichsten und einfachsten Formen dazu benutzt, jedes persönliche Problem zu erklären, als wäre Perfektion die Norm. Alles, was nicht perfekt schien, wurde auf einen vermeidbaren und auf einer Neurose beruhenden Fehler zurückgeführt. So unbestimmt und unrichtig ihre Vorwürfe auch waren, Tante Helen hatte nicht nur die eminente Stimme meines Onkels auf ihrer Seite sondern auch viele berühmte Psychologen und Sprechtherapeuten der damaligen Zeit.

6. Von Mäusen und Theorien

Als ich meine Mutter fragte, was ihrer Ansicht nach der Grund meines Stotterns war, erzählte sie mir von Tante Helen und von den verschiedenen Meinungen und Ratschlägen der Psychologen und Therapeuten, die meine Eltern aufgesucht hatten. Und sie fügte hinzu: »Weißt du, als du sehr klein warst, fast noch ein Baby, und wir in der 178ten Straße in der Bronx lebten, hast du einmal auf dem Boden im Wohnzimmer gespielt und eine Maus rannte direkt an dir vorbei. Ich rief den Kammerjäger, der das Loch zumachte, und es ist nie wieder vorgekommen, aber ich habe mich immer gefragt, ob das etwas damit zu tun hatte.«

Bei Theorien über das Stottern werden stotternde Menschen immer sehr vorsichtig. Vermutungen über die Ursache und Vorschläge für Heilmethoden gibt es wie Sand am Meer. In dem halben Jahrhundert, das ich als Stotterer verbracht habe, wurden mir folgende Gründe für mein Stottern genannt:

1. Meine Eltern setzten mich zu sehr unter Druck, weil ich lernen sollte, fehlerfrei zu sprechen.
2. Meine Eltern schenkten mir nicht genug Aufmerksamkeit.
3. Ich bin Linkshänder.
4. Ich spreche zu schnell.
5. Ich habe zu wenig mentale Disziplin.
6. Ich habe eine Störung in meinem Innenohr.
7. Mein Kehlkopf ist verkrampft.
8. Ich atme nicht richtig.
9. Als man mich den Windeln entwöhnte, wurde etwas falsch gemacht.
10. Ich unterdrücke meinen Ärger auf die Welt.

Es gibt ebenso viele vermutliche Gründe wie angebliche Heilungsmethoden. Ein Professor an der Universität von Boston, für den ich arbeitete, als ich meinen Abschluss in Journalismus machte, bot mir an, mir in nur zehn Minuten einen »buddhistischen Trick« beizubringen, der mir sofort helfen würde flüssig zu sprechen. Leider hatte er nie zehn Minuten Zeit, um seine Weisheiten weiterzugeben. Ein Doktor der experimentellen Psychologie, der behauptet, sein eigenes Stottern bewusst geheilt zu haben, indem er einfach »nein« zu Blocks sagte, besteht darauf, dass Stottern ein »absichtliches, vorsätzliches, freiwilliges Sprechverhalten eines Individuums ist« und dass »Stotterer sich zweifellos selbst zwingen können, mit dem Stottern aufzuhören, ›wenn‹ und ›wann‹ sie es wollen«. Das bedeutet nichts anderes, als dass mein Stottern ganz allein mein Fehler ist.

Die Bemühungen der Forscher, die Ursache des Stotterns zu verstehen und eine Heilmethode zu finden, wurden dadurch behindert, dass sie fast durchweg nach einer Pauschallösung suchten, einer singulären Erklärung, die der Sache auf den Grund geht und eine bestimmte Heilmethode nahe legt. Die Forschung wurde außerdem durch die Rivalität zwischen den verschiedenen akademischen Disziplinen erschwert. Es gibt mehrere, deutliche Etappen in der Geschichte der Stotterforschung. Sowohl Physiologen als auch Psychologen sind zum Zuge gekommen; dann haben auf dem Gebiet der Psychologie Freudianer und Verhaltensforscher das Thema unter sich ausgetragen. Jetzt scheinen die Neurologen die Vorreiterrolle in der Forschung übernommen zu haben. Man ist immer mehr der Meinung (und ich schließe mich da an), dass sowohl die Neurologie als auch die Psychologie in der Suche nach Ursache und Heilung eine wichtige Rolle spielen. Aber die unfruchtbare Gliederung von akademischer und medizinischer Forschung hat es zumindest bis vor kurzem den Wissenschaftlern schwer gemacht, einen disziplinübergreifenden Blickwinkel einzunehmen. Anstatt sich auf übereinstimmende Ergebnisse zu stützen, neigen Forscher dazu, ihr akademisches Revier zu verteidigen, Unterschiede übertrieben darzustellen und Ideen abzulehnen, die ihre Überzeugungen in Frage stellen oder entkräften könnten. Das ist wirklich schade.

Charles Van Riper, der mittlerweile verstorben ist, wurde jahrelang als führende Kapazität der amerikanischen Sprechtherapeuten angesehen. Er beschreibt dieses Streben nach dem Verstehen des Stotterns als ein »mehrdimensionales Puzzle, bei dem noch viele Teile fehlen«.[1] Aufgrund der Komplexität des Puzzles könnte das Zusammensetzen aller Teile letztendlich unmöglich sein. Die Vorstellung, dass Stottern eine neurologische Ursache hat, findet zwar immer mehr Unterstützung, aber es fehlen noch Erkenntnisse und viele Experten sind anderer Ansicht. In der Vergangenheit ist es schon mehrmals vorgekommen, dass sich Experten über eine Theorie einig waren, nur um dann festzustellen, dass die wissenschaftlichen Daten, auf denen sie beruhte, widerlegt wurden. Dr. Oliver Bloodstein, ehemaliger Leiter des Sprechtherapiezentrums des *Brooklyn College* und Autor einer Reihe exzellenter Bücher zum Thema, schloss eine Studie zur Erforschung der Gründe des Stotterns mit der folgenden scharfzüngigen Beobachtung ab: »Die meisten Spekulationen über das Thema, die in wissenschaftlichen Zeitschriften veröffentlicht wurden, bestehen hauptsächlich aus Ideen, die jemand beim Rasieren gehabt hat.«[2]

Bevor es den Wissenschaftszweig der Psychologie gab und bevor bildgebende Verfahren Strukturen und chemische Veränderungen im Gehirn aufzeichnen konnten, wurde die Ursache des Stotterns verschiedenen Teilen der Sprechwerkzeuge zugeordnet. Frühe, möglicherweise von der Bibel beeinflusste Theorien konzentrierten sich auf die Zunge. Von Moses wurde gesagt, er habe »eine schwere Sprache und eine schwere Zunge« gehabt. Im Koran heißt es, Moses habe Gott ersucht: »Öffne mir meine Brust und erleichtere mir meine Aufgabe und löse den Knoten meiner Zunge, dass sie meine Rede verstehen.« Wir wissen nicht, ob Moses stotterte oder sich nur nicht richtig ausdrücken konnte; wir wissen aber wohl, dass er auf sein Sprechproblem mit einer Taktik reagierte, die von Therapeuten als Vermeidungsverhalten bezeichnet wird. Da Gott ihm aufgetragen hatte, sein Volk aus der Sklaverei in Ägypten zu führen, musste Moses die Chancen der noblen Tat gegen die Risiken abwägen, sich mit seinem Stottern in der Öffentlichkeit zu blamieren. Jeder Stotterer wird gut nachvollziehen können, warum er unentschlossen war. Er wollte sich aus der Affäre ziehen, indem er Gott bat, einen anderen als Anführer für sein Volk zu finden.

Es gibt bestimmt ganz wenige Stotterer, die sich nicht schon einmal über ein ähnliches Dilemma den Kopf zerbrochen haben. In den 1960er Jahren habe ich mich sehr für die Bürgerrechtsbewegung und später für die Beendigung des Vietnam-Krieges engagiert. Mit meiner Teilnahme an Protestmärschen hatte ich das Gefühl, meiner bürgerlichen Pflicht nachzukommen, indem ich mich für etwas einsetzte, das ich für richtig hielt (nämlich Rassengleichheit), und gegen etwas, das ich für falsch hielt (den Krieg in Vietnam). »Einsetzen« ist in diesem Fall genau der richtige Ausdruck, da ich oft an gewaltlosen Aktionen teilnahm, bei denen wir unseren Protest bekundeten, indem wir uns hinsetzten. Ich hatte nie Angst, an diesen Sitzblockaden teilzunehmen, auch wenn wir oft mit Verhaftungen oder gewalttätigen Gegendemonstrationen und in einigen wenigen Fällen auch mit polizeilichem Einschreiten rechnen mussten. Meine größte Sorge war immer gewesen, dem Beamten, der mich verhaftete, meinen Namen sagen und später vor dem Richter für meine Unschuld plädieren zu müssen. Gott bewies sein Mitgefühl, indem er Moses die Erlaubnis erteilte, seinem Bruder Aaron das Sprechen in der Öffentlichkeit zu überlassen. Zumindest im Gericht hatte ich auch so einen Aaron – einen Anwalt, der das Sprechen für mich übernahm. Es war dennoch ein sehr seltsames Gefühl, einer Sache, die ich als ungerecht empfand, ohne Angst gegenüberzutreten, wohl wissend, wie feige ich war, wenn es darum ging, meinen Namen zu stottern. Ob Moses sich wohl auch so zerrissen fühlte? Schämte sich der Befreier der Israeliten zu sehr für sein Stottern, um eine öffentliche Rede zu halten? Leider handelt die Mosesgeschichte in der Bibel von der Befreiung eines Volkes von der Sklaverei und nicht von der Befreiung einer Person von ihrer Angst. Sonst hätte Gott Moses dazu gezwungen, seiner Behinderung ins Auge zu sehen und zu seinem Volk zu sprechen, Stottern hin oder her. Moses mag der große Befreier in der jüdischen Geschichte sein, aber indem er seiner Angst vor dem Sprechen nachgegeben hat, ist er kein Vorbild für einen stotternden Juden.

Aristoteles beschrieb die Zunge eines Stotterers als »zu träge, um mit der Vorstellungskraft Schritt zu halten« – eine recht treffende Darstellung. Viele Stotterer haben genau dieses Gefühl, wenn sie wissen, was sie sagen wollen, aber Probleme haben es herauszubringen. Der altgriechische Arzt Hippokrates glaubte, Stottern würde durch eine trockene Zunge hervorgerufen. Jahrhunderte später behauptete der englische Philosoph Sir Francis Bacon, heißer Wein würde eine starre Zunge lockern und – vielleicht mit Blick auf Aristoteles – die Vorstellungskraft anregen. Bacon empfahl, Wein in Maßen zu trinken, und einige stotternde Menschen berichten in der Tat, dass sie nach einem Gläschen flüssiger sprechen. Es ist wahr, dass Hemmungen nach Alkoholgenuss vermindert werden; somit ist auch wahrscheinlich, dass die Angst vor sozialen Kontakten und die Furcht vor dem Stottern, welche Sprechunflüssigkeiten auslösen, ebenfalls verringert werden. Aber nicht jeder reagiert auf diese Weise. Mein Sprechen wird durch Alkohol normalerweise vollkommen aus dem Rhythmus gebracht. Aber ich erinnere mich auch an Zeiten, besonders als ich am College war, wo ich mich nach dem Genuss von starken alkoholischen Getränken sehr gut ausdrücken konnte und flüssig sprach – zumindest kam es mir so vor. Was das Sprechen unter Alkoholeinfluss betrifft, kann die trinkende Person selbst kein objektives Urteil mehr abgeben. Viele Redner, die zu viel getrunken haben, glauben, sie seien gut verständlich, aber die nüchternen Zuhörer können da ganz anderer Meinung sein.

Im 18. Jahrhundert wurde Stottern als schlechte Angewohnheit betrachtet. Der Arzt Joseph Frank beispielsweise empfahl, Stotterern eine Tracht Prügel zu verabreichen, da sie ihr Stottern unterlassen könnten, sofern sie es nur wirklich wollten. Das 19. Jahrhundert war eine besonders grausame Zeit für stotternde Menschen. Ab 1840 wurden chirurgische Eingriffe an der Zunge vorgenommen, die im Grunde mehr einer Verstümmelung gleichkamen. Ein angesehener preußischer Chirurg namens Johann Dieffenbach machte Karriere, indem er bei Stotterern die Nerven an der Zungenwurzel durchtrennte. Diese Schnitte heilten das Stottern offenbar so erfolgreich, dass andere Chirurgen, unter anderem auch in Amerika, diese Operation ebenfalls durchführten. Stotterer sind oft der Verzweiflung nahe und daher recht vertrauensselig. Was ich bemerkenswert finde ist nicht, dass die Patienten die Operation überlebten, sondern dass die Ärzte den Zorn der Patienten überlebten. Es wird gesagt, dass zumindest einige Patienten nach dem Eingriff vorübergehend flüssig sprechen konnten. Dr. Bloodstein meint dazu, dass »die Ablenkung durch den Schmerz und die Schwellung nach der Operation einen gewissen Effekt hatte, aber näher liegend ist, dass der Glaube der Stotterer an die Operation eine große Rolle spielte.«[3]

Ich würde noch einen weiteren Faktor hinzufügen: Diese Patienten gaben nicht nur Geld für den Chirurgen aus, sie investierten auch ihren ganzen Stolz in den Glauben geheilt zu werden. Das Vertrauen, das Patienten in ihre Retter in Weiß setzen (und übrigens auch in die Methoden ihrer Therapeuten), wurde schon seit jeher von Quacksalbern ausgenutzt. Niemand will sich gern damit abfinden, dass er zum Narren gehalten worden ist, oder zugeben, dass man ihn betrogen hat. Es war eher unwahrscheinlich, dass die unglücklichen, von Dr. Dieffenbach behandelten Stotterer ihn öffentlich als Pfuscher anprangern würden. Vielleicht sahen sie in der kurzfristigen Verbesserung ihrer Sprechleistung sogar den Beweis für eine erfolgreiche Operation. Wenn das Stottern dann wieder auftrat, gaben sie sich selbst die Schuld.

Erst im 20. Jahrhundert begannen Forscher, die Ursache des Stotterns im Gehirn zu suchen. In den 20er Jahren gelangten der Neurologe Samuel T. Orton, und Lee E. Travis, Sprechtherapeut und Psychologe an der Universität von Iowa, zu der Ansicht, Stottern beginne, wenn linkshändige Kinder durch den direkten Druck der Eltern oder indirekten Druck der Gesellschaft dazu angehalten würden, »normale« Rechtshänder zu werden. Ihre Theorie der zerebralen Dominanz basierte auf der Ansicht, dass bei flüssig sprechenden Menschen eine Seite des Gehirns die andere dominiert. Weiterhin wurde angenommen (und Forschungen belegten diese Annahme), dass jede Seite des Gehirns die Bewegungen der gegenüberliegenden Seite des Körpers kontrolliere. So werden zum Beispiel Bewegungen der rechten Hand durch die linke Seite des Gehirns reguliert und Bewegungen der linken Hand durch die rechte Gehirnhälfte.

Orton und Travis stellten die Theorie auf, dass die natürliche Dominanz der rechten Gehirnhälfte bei linkshändigen Kindern geschwächt würde, wenn man sie dazu zwingt, Rechtshänder zu werden. Die linke und rechte Gehirnhälfte würden in ein unnatürliches Gleichgewicht gebracht, was zu einer Störung der empfindlichen Koordiniermechanismen führe, die die Bewegungen von Zunge, Lippen, Mund, Kehlkopf und Kiefer beim Sprechen synchronisieren.

Da es keine Geräte gab, um die Aktivität des Gehirns zu messen, konnte nie bewiesen werden, ob die Orton-Travis-Theorie richtig oder falsch war. Während der 1930er Jahre erfreute sich diese Theorie großer Popularität und sogar in den 40er und 50er Jahren, lange nachdem Travis und Orton selbst ihre Theorie verworfen hatten, gehörte sie noch zum Kanon der Literatur zum Thema Stottern. Ich persönlich bin Linkshänder und mache alles mit der linken Hand, außer einer Sache, und ich kann nicht erklären, wieso: Beim Baseballspielen schlage ich immer mit der rechten. Aufgrund dieser Tatsache behauptete ein wohlmeinender Freund unserer Familie, der von der Theorie der zerebralen Dominanz gehört hatte, dass mein rechtshändiges Schlagen Verwirrung in meinem Gehirn erzeuge und dadurch mein Stottern auslöse. Zum Glück ignorierten meine Eltern seinen Vorschlag, mich zum linkshändigen Schlagen zu zwingen.

Andere dagegen hatten weniger Glück. In einem berühmten Experiment an Travis' Sprechtherapiezentrum der Universität von Iowa wurde Studenten, die angeblich ihre natürliche Linkshändigkeit unterdrückt hatten, die rechte Hand durch Lederriemen oder Gips immobilisiert, um sie dazu zu zwingen, ihre linke Hand zu benutzen. So sollte die natürliche Dominanz ihrer rechten Gehirnhälfte wieder hergestellt werden. Zwei dieser Versuchskaninchen waren Charles Van Riper und Wendell Johnson, die zu jener Zeit Studienkollegen und Zimmergenossen waren. Beide waren schwere Stotterer und konnten daher nicht die Laufbahn ergreifen, die sie wollten. Van Riper wollte Lehrer werden und Johnson Journalist. Wie viele ihrer Leidgenossen hatten beide eine der privaten und sehr teuren *Stammering Schools* besucht, die bis zur Gründung der Universitätsklinik in Iowa in den 30er Jahren die einzigen Einrichtungen waren, die eine Behandlung für Stotterer anboten. Diese Schulen brachten ihren Schülern bei, rhythmisch zu sprechen und bei jeder Silbe genau im Tempo zu bleiben, indem sie zunächst den Arm im Rhythmus mit schwangen und später nur einen Finger mit bewegten (was man ganz diskret in einer Westentasche machen konnte). Die zugrunde liegende These dieser Programme war, dass Stottern »schlecht« sei und um jeden Preis verhindert werden müsse. Während des Aufenthalts in der Schule funktionierte das rhythmische Sprechen sehr gut und so konnten die Leiter ihre Patienten als geheilt entlassen. Aber kaum waren sie draußen in der realen Welt, stellte sich bei Johnson und Van Riper wie auch bei allen anderen Absolventen dieser Programme die Sprechstörung bald wieder ein.

Damals gab es noch keine Beratungsgruppen, die jungen stotternden Leuten mit Rat und Tat zur Seite standen, und selbst die besten Therapeuten hielten es nicht für nötig, im Anschluss an die Therapie Nachsorgeübungen anzubieten. Johnson und Van Riper suchten verzweifelt nach etwas, das sie von ihrem Stottern befreien würde, aber zumindest Johnson wusste, dass er nicht alles mit sich machen lassen wollte. Er war so frustriert von den lästigen Lederriemen und dem Mangel an Fortschritt, dass er die Idee komplett aufgab. Die Vermessenheit seiner Reaktion erfuhr bald darauf eine Relativierung, nämlich als Travis selbst im Jahr 1940 seine Theorie verwarf und erklärte, dass Psychoanalyse die beste Hoffnung auf Heilung biete. Die Riemen mögen eine schlechte Therapie gewesen sein, aber Travis hätte besser getan, an seiner Theorie über das Gehirn festzuhalten, wie wir später noch sehen werden. Die Psychoanalyse (die in Kapitel 16 besprochen wird) stellte sich als falscher Ansatz heraus. Es sollten noch 40 Jahre vergehen, ehe Wissenschaftler sich wieder – dieses Mal mit Hilfe von hoch entwickelten bildgebenden Verfahren – der Theorie der zerebralen Dominanz zuwandten.

Johnson und Van Riper fassten den Entschluss, sich der Erforschung der Behinderung zu widmen, die ihr Leben damals so sehr einschränkte. Gemeinsam mit Bryng Bryngelson, einem anderen Travis-Schüler von der Universität von Iowa, entwickelten sie eine Therapiemethode, die weithin als Iowa-Therapie bekannt wurde und auch Van-Riper-Therapie genannt wird.[4] Van Riper nahm eine Stelle als Sprechtherapeut an der Western Michigan Universität an und blieb dort sein ganzes Leben. Obwohl die Universität eher unbedeutend war, wurde Van Riper zum prominentesten Sprechtherapeuten in Amerika. Sein bescheidener Ansatz, das Stottern zu kontrollieren oder zu modifizieren, bildet bis heute die Grundlage vieler Therapieprogramme. Mit seinen Theorien war Van Riper eher vorsichtig. In seiner Funktion als Therapeut war er jedoch ausgesprochen gewagt und versuchte alles Erdenkliche, um seinen Patienten zu helfen.

Wendell Johnson blieb an der Universität von Iowa, wo er einen Ruf als brillanter Sprechtherapeut, Psychologe, Semantiker und Autor erwarb. Trotz seines Stotterns (das er unter Kontrolle bekam) war er außerdem ein bekannter öffentlicher Redner. Wo Van Riper Vorsicht walten ließ, ging Johnson kühn und bestimmt vor. Neben seinen Beiträgen zur Iowa-Therapie propagierte er die diagnosogene Theorie des Stotterns, die von den 40er Jahren bis in die 60er Jahre hinein, in meinen Jugendjahren, die am weitesten verbreitete Theorie über die Ursache des Stotterns war. Auch wenn diese Theorie später von vielen Therapeuten verworfen wurde, gehört sie auch heute noch zum »Repertoire« vieler Kinderärzte und -psychologen, die es einfach nicht besser wissen.

Anmerkungen

[1] Charles Van Riper, *The Nature of Stuttering* (Englewood Cliffs, N.J.: Prentice-Hall, 1971), S.1.

[2] Oliver Bloodstein, *Stuttering: The Search for a Cause and a Cure* (Needham Heights., MA: Allyn & Bacon, 1993), S. 8.

[3] Bloodstein, *Stuttering,* S. 15.

[4] Die Therapierichtung wird auch *Stuttering Modification* bzw. Stottermodifikation genannt (Anm. d. Übers.).

7. Die Schuld der Eltern

Alle Kinder, die gerade anfangen zu sprechen, verlieren sich in Gedanken, wiederholen Laute, stolpern über Wörter und stocken beim Sprechen. Dieses gelegentlich auftretende Stocken wird von Therapeuten ›entwicklungsbedingte (also altersbedingte oder normale) Sprechunflüssigkeiten‹ genannt und ist nichts Ungewöhnliches für Kinder bis zu sechs oder sieben Jahren. Professor Philip Lieberman schreibt in seinem Buch *Uniquely Human: The Evolution of Speech, Thought, and Selfless Behavior,* die Sprachproduktion scheine eine der schwierigsten motorisch gesteuerten Aufgaben zu sein, die wir Menschen ausüben.[1]

Es handelt sich hier um einen sehr komplexen Ablauf: Millionen von Neuronen feuern schneller, als das menschliche Gehirn sich vorstellen oder der schnellste Computer berechnen kann. Diese neurologischen Impulse steuern die zeitlich genau festgelegte Ausführung komplexer und koordinierter Artikulationsmanöver, bei denen Zunge, Lippen, Gaumen, Kehlkopf und Lungen beteiligt sind. Es handelt sich dabei um minimale, aber kritische Bewegungen, die nicht in Sekunden sondern Millisekunden gemessen werden – also in Tausendstel eine Sekunde. »Wenn Erwachsene das englische Wort *two* aussprechen, runden sie ihre Lippen 100 Millisekunden, bevor sie zum Vokal übergehen«, schreibt Lieberman.[2] Es gibt also nur wenig zeitlichen Spielraum bei der normal flüssigen Sprachproduktion. Wenn man zum Beispiel ein *b* sprechen will und mit der Phonation nur 20 Tausendstel einer Sekunde zu spät einsetzt, ist das Ergebnis ein stimmloses *p* und nicht ein stimmhaftes *b*.

Während der Sprecher sich darauf konzentriert, ein *b* auszusprechen und nicht ein *p*, laufen viele andere physische und emotionale Vorgänge ab. Forscher schätzen, dass bei jedem Moment des Sprechaktes mindestens 110 Muskelpaare gleichzeitig arbeiten. Und das allein für den motorischen Teil, der das Endprodukt des Sprechaktes ist. Der Sprechende muss außerdem noch überlegen, was er sagen will, wobei Gedächtnis, Beobachtung, Analyse und Emotionen aktiviert werden. Und jeder dieser Aspekte nimmt ebenso viel neurologische Aktivität in Anspruch, wenn nicht mehr.

Laut Professor Larry Molt vom Labor für Neuroforschung in der Abteilung für Kommunikationsstörungen der Universität Auburn laufen die kreativen und motorischen Aspekte des Sprechens während einer Unterhaltung gleichzeitig ab. Der Einfluss von sozialen und umweltbedingten Faktoren steigert noch die Komplexität der neurologischen Aktivität. Reden zum Beispiel die anderen Mitglieder der Gesprächsgruppe schnell oder langsam? Sind sie geduldige Zuhörer oder unterbrechen sie unentwegt? Wie sehen die zeitlichen Beschränkungen einer Unterhaltung aus? Ist die Zeit knapp oder haben die Beteiligten alle Zeit der Welt? In welcher Beziehung steht der Sprechende zu den anderen Gruppenmitgliedern? Sind sie Fremde, Freunde, Rivalen, Autoritätspersonen oder alles zusammen? Sowohl die Erfahrungen, die der Sprechende in der Vergangenheit mit den Gesprächsteilnehmern gemacht hat, als auch das Thema der Diskussion beeinflussen seinen emotionalen Zustand und innerhalb von Millisekunden die motorische Koordinierung seines Sprechens. Und wie verändert sich der emotionale und physische Zustand des Sprechenden während der Unterhaltung? Ist er entspannt und wach oder gestresst und müde? Ist er von einer früheren Unterhaltung ausgelaugt oder angeregt?

Molt schreibt weiter:

Der Sprechende kontrolliert diese von mehr als 100 Muskeln durchgeführte Aktivität ständig – auch während sie im Gang ist – über vielfache auditive, taktile, propriozeptive und kinästhetische Rückmeldungskanäle (jeder dieser Kanäle bildet sein eigenes Muster zusätzlicher Nervenaktivität). Wenn diese fast zeitgleichen Rückmeldungen von einem der Kanäle eine falsche Bewegung, Positionierung, Stärke, usw. in irgendeinem Muskel anzeigen, beginnt eine zusätzliche Aktivität, um den Fehler zu korrigieren. Auch diese wiederum beinhaltet komplexe Entscheidungen und Änderungen, welche in Hundertstel- oder Tausendstelsekunden stattfinden müssen, und das für Dutzende von Muskeln. Wenn falsche Entscheidungen getroffen oder falsche Bewegungen ausgeführt werden, und sei es nur für ein paar Tausendstelsekunden zu lang, dann ist das Wort, oder zumindest dieser Versuch, das Wort auszusprechen, unwiederbringlich gescheitert und die Flüssigkeit der Äußerung unterbrochen.[3]

Trotz dieser Komplexität läuft das Sprechen bei den meisten Menschen automatisch ab. Man will oder muss etwas sagen und man sagt es. Man muss zwar manchmal nach den richtigen Worten suchen, um auszudrücken, *was* man sagen will, aber das *Wie*, also Rhythmus und Stärke des Atems, das Vibrieren des Kehlkopfes, die Stellung der Zunge, das Formen der Lippen, das komplizierte Zusammenspiel dieser Bewegungen, um die Laute in Silben zu verwandeln, die dann Wörter und Sätze ergeben, das geschieht bei den meisten Menschen instinktiv.

In den 1930er Jahren begann Wendell Johnson eine Studie, in der er die beobachtbaren Sprechmerkmale von stotternden und nichtstotternden Kindern verglich. Es mag an seiner optimistischen Persönlichkeit gelegen haben, dass Johnson eher die Gemeinsamkeiten als die Unterschiede bemerkte, die zwischen den stotternden Kindern und jenen existierten, die unter normalen Sprechunflüssigkeiten zu leiden schienen. Warum verschwanden die Sprechunflüssigkeiten bei einigen Kindern, während sie bei anderen schlimmer wurden? Johnson vermutete, dass die Schuld bei den Eltern und deren Erwartungen an die Kinder liegen könnte. Er vermutete, dass manche Eltern angesichts der entwicklungsbedingten Sprechunflüssigkeiten ihrer Kinder überreagieren. Wenn Eltern ihre Kinder auf deren Sprechprobleme aufmerksam machen, indem sie, wie schonend auch immer, Sorge oder Missbilligung ausdrücken, übertragen sie diese Unruhe auf das Kind. Da das Kind wahrnimmt, dass sein unflüssiges Sprechen bei den Eltern oder auch anderen besorgten Erwachsenen Missfallen oder Unbehagen hervorruft, versucht es alles, um dieses unflüssige Sprechen zu vermeiden. Der natürliche Wunsch nach verbaler Kommunikation wird in den unnatürlichen Wunsch nach absolut flüssigem Sprechen verwandelt – eine Fähigkeit, die das lernende Kind eben noch nicht erlangt hat. Was automatisch passieren sollte, wird jetzt geplant. Durch seinen Wunsch, den Eltern zu gefallen, ist das Kind gehemmt und hat Angst vor dem Sprechen. Es beginnt zu stottern.

Johnsons wissenschaftliches Arbeiten auf dem Gebiet der Semantik führte wohl dazu, dass er seine diagnosogene Theorie (auch »semantogene Theorie« genannt) auf eine gelungene Pointe brachte. Er nannte sie diagnosogen, weil nicht das Sprechen des Kindes das Problem ist, sondern die »Diagnose« der Eltern ein Problem daraus macht. Indem sie normalen Sprechunflüssigkeiten eine Bezeichnung geben und entwicklungsbedingte Sprechunflüssigkeiten als »Stottern« diagnostizieren, kritisierte Johnson, würden sie ein Problem schaffen, wo eigentlich keines existiere. Laut Johnson ist Stottern also eine projizierte, durch Bewertung entstandene Störung, die in den Ohren der Zuhörer ihren Ausgang nimmt und nicht im Sprechen der Kinder. »Sie entsteht, wenn normale Sprechunflüssigkeiten als etwas bewertet wird, das zu fürchten und zu vermeiden ist«, schreibt Johnson. Sie sei das Ergebnis, eben das, »was Stotterer tun, wenn sie versuchen, Sprechunflüssigkeiten zu vermeiden.«[4]

Als Leiter des Sprechtherapiezentrums der Universität von Iowa und als »Lehrer der Lehrer«, wie ihn seine Studenten auch nannten, war Johnson in einer guten Position, seine Theorie zu verbreiten. Die Universität war in den 1930ern in Amerika das Zentrum der Stotterforschung und -therapie und Absolventen von Johnsons Programm reisten durch das ganze Land, um seine Lehre zu verkünden. Johnson war selbst von seinen Fähigkeiten sehr überzeugt. In einem Eintrag zum Stichwort Stottern, den er für die 200jährige Jubiläumsausgabe der *Encyclopaedia Britannica* verfasste, wies er alle physiologischen und andere psychologischen Theorien über die Ursachen des Stotterns als nicht nachweisbar zurück und stellte mit bemerkenswerter Selbstüberhebung seine eigene Theorie als bewiesene Tatsache dar.[5]

Leider waren die Daten, auf die Johnson seine diagnosogene Theorie stützte, sehr fehlerhaft. Eine von Johnsons grundsätzlichen Behauptungen war, dass Stottern nicht in Gesellschaften auftauche, in denen Kinder nicht ständig zum »richtig« Sprechen angehalten würden. Er stützte seine Aussage auf Berichte von Studenten, die mit amerikanischen Ureinwohnern zusammen gelebt hatten. Eine Studentin verbrachte einen Sommer in einem Indianer-Reservat der Bannock- und Schoschonen-Stämme, um dort zu unterrichten. Sie berichtete Johnson, sie hätte keine stotternde Person in dem Reservat gesehen, und dass die Stämme scheinbar kein Wort für das Problem hätten, das sie in ihrer Heimat als »Stottern« bezeichnete. Johnson, dessen Neugier durch diesen Bericht geweckt worden war, schickte einen weiteren Studenten in das Reservat, der die Beobachtung der ersten Studentin bestätigte. Somit gelangte er zu dem überraschenden Schluss, Stottern werde durch kulturellen Stress verursacht – eine Ansicht, die vielen Amerikanern plausibel erschien, da sie über den Stress und den Konkurrenzkampf des modernen Lebens bereits beunruhigt waren. Andere Anthropologen begannen ihm beizupflichten und ebenfalls mit Feldstudien aufzuwarten, in denen weitere primitive Völker gezeigt wurden, die kein Wort für Stottern kennen und in deren Stamm keine stotternden Menschen vorkämen. Im Jahre 1944 schrieb Johnson einen Artikel zum Thema Stottern mit dem zugkräftigen Titel »Indianer haben kein Wort dafür«.[6] Dieser Artikel, sowie auch Johnsons Beitrag für die Enzyklopädie, seine Tätigkeit als Redakteur des *Journal of Speech and Hearing Disorders* (1942 bis 1948) und der

Einfluss der Iowa-Absolventen, die in ganz Amerika stotternde Kinder behandelten, führten dazu, dass die diagnosogene Theorie als wissenschaftliches Faktum in das öffentliche Bewusstsein einging. In den 50er Jahren war die diagnosogene Theorie dann so berühmt und allgemein akzeptiert, dass sie ein Eigenleben bekam.

Das Problem bestand aber darin, dass die Stämme, die laut Johnson kein Wort für Stottern kannten, sehr wohl ein solches Wort in ihrem Sprachschatz hatten. Sie hatten auch Stammesmitglieder, deren Sprechweise der Bedeutung des indianischen Wortes entsprach. Rückblickend ist es wahrscheinlich, dass es den Indianern unangenehm war, stotternde Menschen in ihrem Stamm zu haben und dass sie diese sicherlich nicht irgendwelchen neugierigen weißen Anthropologen vorführen wollten.

Stottern war für amerikanische Ureinwohner nichts Neues und in manchen Stämmen sogar Teil der Mythologie. Die Cree-Indianer in Nordkanada zum Beispiel glauben, dass sie ihre gesprochene Sprache von den Tieren bekamen. Nach den Legenden der Cree können Eulen Stottern verursachen und fühlen sich zu seinem Klang hingezogen. Die Cree-Indianer sagen, dass Stottern eine Eule zum Lachen bringt und der Stamm das auch zu seinem Vorteil nutzen kann. Wenn eine Eule im Dorf Ärger bereitet, geht man einfach in den Wald und beginnt zu stottern. Die Eule hört mit dem Unfug auf und fliegt in den Wald, um dem Stotterer zuzuhören. Dann kann man die Eule zur Rede stellen und sie davon abhalten, die Dorfbewohner weiter zu belästigen.[7]

Johnsons Irrglaube, dass in manchen Kulturen dieser Welt Stottern nicht existiere, führte zu weiteren fragwürdigen Annahmen. Er berief sich zum Beispiel auf Studien, nach welchen die Eltern stotternder Kinder perfektionistischer wären, auch ängstlicher und unglücklicher, und höhere Erwartungen an ihre Kinder stellen würden als Eltern nichtstotternder Kinder. Diese Folgerung passte gut in Johnsons Vorstellung, dass der Erbfaktor in Bezug auf Stottern nicht genetisch bedingt, sondern das Ergebnis der familiären, sozialen Einstellung gegenüber mangelhaftem Sprechen sei, die von Generation zu Generation weitergegeben werde. Oder anders ausgedrückt, dieses metaphorische Gen, das bei Kindern Stottern hervorrufe, sei kein »Stotter-Gen« sondern ein »Sorgen-Gen« im kulturellen Erbgut der Eltern.

Damit zäumte er jedoch das Pferd am Schwanz auf. Natürlich achten die Eltern stotternder Kinder mehr auf das Sprechen als die Eltern nichtstotternder Kinder. Für letztere ist es kein Thema. Für die Eltern stotternder Kinder dagegen ist das Sprechen, oder besser gesagt das Stottern, wahrscheinlich das größte Problem im Umgang mit ihren Kindern.

Die Tatsache, dass mehr Männer als Frauen stottern (im Verhältnis von drei bis vier zu eins), wurde in der diagnosogenen Theorie daraus erklärt, dass Jungen in Bezug auf ordentliches Sprechen einem größeren elterlichen Druck und höheren Erwartungen ausgesetzt wären als Mädchen. Junge, jüdische Männer wie ich, die in leistungsorientierten, aufstrebenden Familien aufwuchsen, seien besonders anfällig für Stottern, hieß es. Dies wurde in späteren Studien zunächst belegt und dann allerdings widerlegt.

Es ist nicht möglich, auf wissenschaftliche Art zu beweisen, ob Johnsons Theorie richtig oder falsch ist, da in dem entscheidenden Moment, wenn ein Kind zum ersten Mal stottert oder normale Sprechunflüssigkeiten zeigt, niemals ein objektiver Beobachter zugegen ist. Selbst die wohlmeinendsten Eltern sind sich nicht immer bewusst, wie sie in bestimmten Situationen reagieren. Und es ist absolut unmöglich, dass sie sich später exakt daran erinnern und beschreiben können, wie sie auf die ersten Sprechunflüssigkeiten ihres Kindes reagierten. Sie können nicht die Zeit zurückdrehen und den Moment objektiv betrachten.

Johnson versuchte diese Schwierigkeit zu umgehen, indem er die Erinnerungen von Eltern stotternder Kindern mit denen von Eltern nichtstotternder Kinder verglich. Ziel seiner Untersuchung war herauszufinden, ob Eltern von stotternden Kindern anders auf die normalen Sprechunflüssigkeiten reagierten und damit umgingen als Eltern nichtstotternder Kinder. Er ging aber von der Annahme aus, dass Erinnerungen ins Gedächtnis eingraviert und wie in Stein gemeißelt sind – dass Menschen sich an Beobachtungen und Emotionen erinnern können, die im Moment des Auftretens vielleicht aber nicht von großer Bedeutung waren. Johnson verlangte also von den Eltern stotternder Kinder, die Tatsache des Stotterns einfach auszublenden und sich ganz objektiv an den Anfang der Sache zu erinnern, als sie unerwartet eintrat. Solche Erinnerungen können niemals wirklich exakt sein. Außerdem waren viele der Eltern stotternder Kinder versucht, irgendeine Geschichte über das Stottern ihrer Kinder zu erfinden. Die Eltern von problemlos sprechenden Kindern hingegen sahen keine Notwendigkeit, eine solche Geschichte zu erfinden.

Johnsons Erfolg bei der Verbreitung seiner diagnosogenen Theorie war eher seinem Bekanntheitsgrad als Autor, Lehrer, Denker und öffentlichem Redner zuzuschreiben als der Qualität seiner Studien. Wäre die diagnosogene Theorie von einer weniger starken Persönlichkeit propagiert worden, hätte sie wahrscheinlich das gleiche Schicksal ereilt wie andere spekulative Theorien – die Maus meiner Mutter, zum Beispiel. Wendell Johnson war aber ein anerkannter Wissenschaftler. Er hatte sein eigenes, schweres Stottern überwunden und war ein berühmter öffentlicher Redner geworden. Die Tatsache, dass er ab und zu bei seinen öffentlichen Präsentationen stotterte, verstärkte seine Glaubwürdigkeit nur. Wer konnte schließlich mehr über das Stottern wissen als ein Professor, der selbst stotterte?

In der Zeit, als die diagnosogene Theorie das Feld beherrschte und Experten den Eltern erzählten, das Stottern ihrer Kinder sei kein Problem des Sprechens und würde ganz von allein wieder verschwinden, wenn sie es unbeachtet ließen, wurden viele junge Stotterer (wie ich zum Beispiel) eben nicht zu Sprechtherapeuten geschickt, obwohl frühes Eingreifen vielleicht hätte helfen können. Viele Therapeuten, die ihre Behandlungsmethoden nach der Theorie von Johnson ausrichteten, bereuen dies heute. Einer dieser Therapeuten ist Dr. Eugene Cooper, Leiter der Abteilung für Kommunikationsstörungen an der Universität von Alabama. Er beklagt die Tatsache, dass »wir es fertig brachten, Tausende von Eltern mit schweren Schuldgefühlen zu belasten, weil wir sie davon überzeugten, dass sie wahrscheinlich selbst das Stottern ihrer Kinder ausgelöst haben.«[8] Johnson selbst, der zweifellos unser Wissen über das Stottern sehr vertiefte, sagte im Jahr 1950: »Meine Ansicht zum Thema Stottern hat sich über die letzten 20 Jahre grundlegend geändert: Vor 20 Jahren dachte ich, ich wüsste alle Antworten; heute vermute ich, dass ich vielleicht einige der Fragen kenne.«[9]

Einer der Gründe, warum mir das NIH-Projekt so gut gefiel, ist dessen Philosophie: Es gibt keinen Sündenbock. Wenn Stottern auf neurobiologischen Ursachen beruht, das heißt, wenn es durch eine organische Störung hervorgerufen wird, die mit dem Gehirn und der Funktionsweise des Sprechmechanismus zusammenhängt, dann sind Eltern von aller Schuld befreit. Allen Lesern mit stotternden Kindern und besonders allen Eltern von Erwachsenen, die stottern und die in der Zeit aufwuchsen, in der die diagnosogene Theorie das Nonplusultra war, sei gesagt: Entspannen Sie sich! Stottern ist nicht Ihre Schuld. Niemand hat Schuld. Sie waren vielleicht nicht immer die perfekten Eltern (wer ist das schon?), aber weder Ihre Unzulänglichkeiten oder die Probleme, die Sie mit ihrem Kind hatten, noch Ihre Fehler oder Versäumnisse haben das Stottern Ihres Kindes verursacht.

Und allen Lesern, die stottern und vielleicht noch Groll gegen ihre Eltern hegen und nicht verstehen können, wie sie mit Ihrem Stottern umgegangen sind, sage ich: Lassen Sie es gut sein! Auch wenn Sie das Gefühl haben, Ihre Eltern hätten Ihr Stottern nicht richtig behandelt – glauben Sie mir: Ihre Eltern haben es nicht verursacht; sie waren aller Wahrscheinlichkeit nach nur die Opfer falscher Informationen. Ganz nüchtern betrachtet ist es jetzt Ihr Problem und mit dem heute verfügbaren Wissen steht es auch in Ihrer Macht, etwas Konstruktives zu unternehmen. Was mich selbst betrifft, eigenmächtig und rebellisch wie ich bin, kann ich nur sagen, dass ich mit meinen Eltern in einigen Aspekten meiner Erziehung nicht übereinstimme. Aber ich werfe ihnen nicht länger vor, sie seien für mein Stottern verantwortlich.

Mutter, es ist nicht deine Schuld!

Anmerkungen

[1] Philip Lieberman, *Uniquely Human: The Evolution of Speech, Thought, and Selfless Behavior* (Cambridge, MA: Harvard University Press, 1991), S. 83.

[2] Lieberman, *Uniquely Human*, S. 50.

[3] Larry Molt, Ph.D., Internet-Beitrag, Stutt-X, 21. November 1995.

[4] Originalzitat in Bloodstein, *Stuttering*, S. 58.

[5] Wendell Johnson, »Speech Disorders«, *Encyclopaedia Britannica* (Chicago: 1968), Vol. 20, S. 1190-91.

[6] Wendell Johnson, »The Indians Have No Word for It«, zitiert in Bloodstein, *Stuttering*, S. 63.

[7] Howard Norman, »Introduction to the Wishing Bone Cycle«, *The Wishing Bone Cycle: Narrative Poems from the Swampy Cree Indians* (Paris, 1982), zitiert in *The Language of the Birds*, ed. David M. Guss (San Francisco: North Point Press, 1985), S. 20.

[8] Dr. Eugene Cooper, »Stuttering Nuggets from a Perennial Perplexed but Persevering Prospector«, *The Clinical Connection* 14, Nr. 1 (1990), S.2.

[9] D. Moeller, *Speech Pathology & Audiology: Iowa Origins of a Discipline* (Iowa City, IA: The University of Iowa, 1975), S. 114.

8. Spontanheilung und frühes Vorbeugen

Immer wieder haben fehlerhafte Theorien über die Ursache des Stotterns zu guten und vernünftigen Ratschlägen zur Behandlung des Stotterns geführt. Trotz ihrer Schwachstellen enthält Johnsons diagnosogene Theorie wertvolle, klinische Anregungen für die Behandlung von stotternden Kindern und solchen mit entwicklungsbedingten Sprechunflüssigkeiten. Sprechtherapeuten, die mit Stotterern arbeiten, haben gelernt, zwischen normalen Sprechunflüssigkeiten und beginnendem Stottern zu unterscheiden. Da die Unterschiede oft fein und nur schwer wissenschaftlich messbar sind, treffen ihre Diagnosen nicht immer ins Schwarze. Eine solche Beurteilung beruht immer auch auf wohl fundierten Vermutungen und nicht jeder Sprechtherapeut verfügt über Erfahrung im Umgang mit stotternden Kindern oder gar Erwachsenen.

Es gibt allerdings eine Reihe von Frühwarnzeichen, die darauf hindeuten, dass ein Kind eine Veranlagung zum Stottern haben *könnte*. Dazu gehören Häufigkeit und Intensität der Unflüssigkeiten, Wiederholungen von Wortteilen unter Anspannung oder Kraftanstrengung und eine höher werdende Stimmlage bei Wiederholungen, Dehnungen und/oder Blocks, Lippentremor, Anspannungen im Mundbereich sowie Kieferstarre. Eine gewohnheitsmäßige Unterbrechung des Luftstroms – wenn ein Kind nach Luft schnappt oder versucht mit angehaltenem Atem zu sprechen – ist flüssig sprechenden Menschen unbekannt und daher ein frühes Anzeichen für beginnendes Stottern.

Auch die Einstellung eines Kindes zu seinen Sprechunflüssigkeiten kann ein Warnzeichen sein. Ist es sich seiner Sprechunflüssigkeit bewusst? Ruft diese, wenn auch nur für einen flüchtigen Moment, Gefühle von Beklemmung oder Angst hervor? Ersetzt das Kind Wörter, verwendet es ungewöhnliche Synonyme oder bedient es sich einer grammatikalisch fehlerhaften Syntax, um Wörter zu vermeiden, bei denen es fürchtet, sie könnten zum Stottern führen? Spricht das Kind gern, oder empfindet es Sprechen als etwas Lästiges? Zieht es sich sozial zurück oder schweigt in Momenten, in denen es natürlich wäre sprechen zu wollen?

Niemand spricht ausnahmslos flüssig und auch Normalsprechende, sowohl Kinder als auch Erwachsene, wiederholen oft ganze Wörter oder Silben. Ein Kind sagt beispielsweise *Mu-Mu-Mu-Mutti*, wenn es *Mutti* sagen möchte. Kinder, die tatsächlich stottern, wiederholen dagegen eher *Laute* als Silben oder Wörter. Statt *Mu-Mu-Mu-Mutti* sagen sie *Me-Me-Me-Mutti*. Das *e* in diesem Beispiel ist der so genannte *Schwa*-Laut. Der Schwa-Laut ist definiert als Schwundstufe des vollen Vokals in bestimmten unbetonten Silben (z. B. das »e« in »hatte«). Wenn ich bei der Aussprache meines Namens stottere (was recht häufig vorkommt), sage ich *Me-Me-Me-Marty*, aber nie *Mar-Mar-Mar-Marty*. Der *Me*-Laut hat nichts mit dem Wort zu tun, das ich sagen möchte. Das Wiederholen des Schwa-Lautes bringt mich der Aussprache des ganzen Wortes kein Stück näher. Als Sprechhilfe ist dieser Laut völlig nutzlos. Würde ich *Mar-Mar-Mar-Marty* sagen, wäre dieser *Mar*-Laut, so oft ich ihn auch wiederholen müsste, wenigstens die korrekte erste Silbe meines Namens. Er würde mich der Vollendung des gewünschten Wortes näher bringen. Bei einem Kind, das *Mu-Mu-Mu-Mutti* (genau wie *Mar-Mar-Mar-Marty)* sagt, liegt höchstwahrscheinlich eine normale Sprechunflüssigkeit vor. Wenn ein Kind häufig den Schwa-Laut am Anfang eines Wortes einsetzt, ist das ein Anzeichen dafür, dass es wohl eher stottert als mit normaler Unflüssigkeit spricht.

Eines Nachmittags hatte meine damals fünfjährige Tochter plötzlich Schwierigkeiten, die ersten Silben ihrer Wörter herauszubringen. Das Problem kam überraschend. Ich selbst stottere zwar, aber ihre Mutter, eine Lehrerin, spricht sehr flüssig und deutlich. Da ich wusste, dass Stottern in der Familie liegen kann, war ich im Hinblick auf ihr Sprechen schicksalsergeben, immer bangend, dass irgendwelche Stottersymptome einsetzen könnten, dass das Damokles-Schwert herniederkommen und ihr die Fähigkeit abschneiden könnte, leicht und automatisch flüssig zu sprechen. Eltern haben oft irrationale Ängste, wenn es um ihre Kinder geht. Sie könnten von einem Auto angefahren oder entführt werden, im Getümmel verloren gehen oder von einer seltenen Krankheit dahingerafft werden. Mein Alptraum – den ich mit allen stotternden Eltern gemein habe – war, dass mein Kind mit meiner Behinderung aufwachsen würde. Immer in Erwartung des Schlimmsten, war ich darauf vorbereitet, das erste Anzeichen unflüssigen Sprechens wahrzunehmen. Da ich einiges über beginnendes Stottern wusste und Wendell Johnsons Buch über Stottern gelesen hatte, war ich mir sicher, in diesem Falle einen klaren Kopf behalten zu können, obwohl der Gedanke allein mich natürlich mit Schrecken erfüllte. Bis zu besagtem Moment schien Katie zu meiner großen Erleichterung nach ihrer Mutter zu geraten. Nun plötzlich aber schien es, als würde sie anfangen zu stottern.

Ich reagierte umgehend. Dies war der Moment, vor dem ich mich ihr ganzes Leben lang gefürchtet hatte, doch es war auch ein Moment, auf den ich geistig vorbereitet war. Ich wusste genau, was ich zu tun hatte, nämlich nichts, abgesehen von einem gezwungenen Lächeln. Ich ließ sie ausreden und ließ mir nicht anmerken, dass ich irgendeine Sprechunflüssigkeit wahrgenommen hatte oder dass ich dachte, mit ihrer Art zu sprechen sei etwas nicht in Ordnung. Gleichzeitig achtete ich extrem auf meine eigene Sprechweise. Während ich mich weiter mit ihr unterhielt, verlangsamte ich mein Sprechen, indem ich die Techniken des langsamen Sprechens anwandte, die ich in der Sprechtherapie gelernt hatte. Ich wollte genau hören, wie dieses scheinbar neue, unflüssige Sprechmuster bei ihr auftrat und versuchte, sie in ein ruhiges Gespräch über irgendetwas Harmloses wie etwa ihre Stofftiere oder unsere Katze zu verwickeln. Ihre Stotterphase war bald vorüber. Aber würde es wieder auftreten?

Als ihre Mutter nach Hause kam, musste ich erstmal einen Spaziergang um den Block machen. Ich war mir zwar sicher, dass ich einen ruhigen Eindruck auf meine Tochter gemacht hatte, aber sobald ich allein war, fühlte ich mich vor Angst wie gelähmt. Es gibt für stotternde Eltern nichts Schlimmeres als den Gedanken, sie könnten ihr Leiden an ihre Kinder weitergeben. Sich trotz ihres Stotterns selbst lieben zu lernen, ist für stotternde Erwachsene häufig ein Kampf. Manche Menschen gehen in ihren Bemühungen sogar soweit, dass sie vorgeben, ihr Stottern zu lieben. Aber wenn das eigene Kind stottert, schlägt die Stunde der Wahrheit. Ich stehe zu mir selbst und akzeptiere mein Stottern, aber ich werde nie lernen, mein Stottern zu lieben und möchte es auch gar nicht. Sicher gibt es schlimmere Behinderungen auf dieser Welt, aber ich würde weder Ihren noch meinen Kindern wünschen, damit geschlagen zu sein.

Wie sich herausstellte, stotterte Katie nicht. Ihre Phase mit Sprechunflüssigkeiten dauerte nicht länger als jenen Nachmittag, und da bin ich mir ganz sicher, denn ich hörte ihr immer genau zu. Nur einmal noch sprach sie unflüssig: Im Alter von sieben oder acht Jahren begann sie auf einer Party plötzlich mich nachzumachen. Ich kann mir diesen Vorfall nur so erklären, dass sie mir in ihrer unschuldigen Art zeigen wollte, wie lieb sie mich hat und mich wegen meines Stotterns unterstützt. Wenn ich in einer Unterhaltung mit meinen Freunden stotterte, dann tat sie das auch. Ich kann mir nur vorstellen, dass sie wohl gedachte, ihre Anteilnahme an meinem Leiden würde meine Schwierigkeiten beim Sprechen irgendwie normal erscheinen lassen. Ich nahm sie beiseite und erklärte ihr, dies sei eben meine Art zu sprechen und sie solle nicht denken, sie müsse mich nachahmen. Sie schien mich zu verstehen; jedenfalls hat sie nie wieder gestottert.

Dieses Buch soll kein diagnostisches Hilfsmittel sein, weder für stotternde Menschen noch für Eltern, die glauben, dass ihr Kind stottern könnte. Sollten Sie irgendwelche Zweifel hinsichtlich der Sprechweise Ihres Kindes hegen, dann lassen Sie es unbedingt untersuchen, und zwar nicht von einem Kinderpsychologen, sondern von einem geschulten Sprechtherapeuten, vorzugsweise einem, der klinische Erfahrung in der Behandlung stotternder Kinder hat. Hüten Sie sich jedoch vor Sprechtherapeuten, die noch immer von der diagnosogenen Theorie überzeugt sind. Wenn der Therapeut Sie für das Stottern Ihres Kindes verantwortlich macht, dann gehen Sie zu einem anderen. Bis 1994 mussten anerkannte Sprechtherapeuten in den USA wenigstens einen Kurs und 25 Stunden klinische Erfahrung im Behandeln von Stottern unter Supervision aufweisen – eine Vorbereitung, die von den meisten Experten auf dem Gebiet des Stotterns und vielen Stotterern selbst als unzulänglich betrachtet wurde. Im Jahr 1994 ließ die *American Speech-Language-Hearing Association* (ASHA)[1] diese Anforderung fallen. Jeder Sprechtherapeut kann nun junge Stotterer behandeln. Proteste von Seiten der Stottergemeinde haben jedoch dazu geführt, dass die ASHA die Behandlung des Stotterns als eine Besonderheit anerkennt. Die mit dieser Besonderheit verbundenen Anforderungen werden noch diskutiert.

Wendell Johnson lag mit seiner Behauptung, Eltern (oder andere Erwachsene) würden das Stottern ihrer Kinder verursachen, falsch. Richtig aber war seine Annahme, dass die Haltung der Eltern Kinder beeinflussen könne, die eine Veranlagung zum Stottern haben. Eltern, die angesichts des Stotterns ihrer Kinder überreagieren, können eine leichte Behinderung verschlimmern. Daher sollten Sie, sobald Sie den Verdacht haben, dass Ihr Kind stottert, unbedingt auf eines achten, und zwar bevor Sie Ihr Kind professionell untersuchen lassen: Kontrollieren Sie Ihre Reaktionen auf die Sprechschwierigkeiten Ihres Kindes. Machen Sie kein Problem aus seiner

Sprechunflüssigkeit. Vermeiden Sie es, das Gesicht zu verziehen, die Stirn zu runzeln, die Lippen zu kräuseln oder Ihre Ungeduld zu zeigen. Vermeiden Sie auch, Ihrem Kind zu zeigen, dass Sie bemerken, dass es nicht korrekt spricht. Bringen Sie es nicht, dazu langsamer (oder schneller) zu sprechen. Deuten Sie nicht an, dass es stottert und dass eine andere Sprechweise dies berichtigen könne. Ermutigen Sie Ihr Kind nicht dazu, unflüssige Wörter zu wiederholen. Vermeiden Sie es auf alle Fälle, seine Sprechunflüssigkeiten zu einem Problem zu machen, und nehmen Sie nicht gleich an, sein Stolpern über Worte wäre tatsächlich Stottern. Alle Kinder weisen gelegentlich Sprechunflüssigkeiten auf, wenn sie Sprechen lernen. Mit anderen Worten, bleiben Sie ruhig! Reagieren Sie auf die Sprechunflüssigkeiten Ihres Kindes, als wären sie vollkommen normal, denn wahrscheinlich sind sie das auch.

Sollten die Sprechunflüssigkeiten jedoch anhalten, ist es für Eltern wahrscheinlich unmöglich und auf Dauer auch destruktiv, wenn sie ihre Gefühle verstecken. »Eltern dazu anzuhalten, ihre Gefühle für sich zu behalten, funktioniert nicht«, meint Woody Starkweather, ein Sprechtherapeut an der Temple University, der sich auf Präventivtherapie für Kinder im Vorschulalter spezialisiert hat. »Am Ende verhalten sie sich linkisch, steif, gestelzt und schuldbewusst. Es ist besser, ihnen dabei zu helfen, an ihren Gefühlen zu arbeiten, damit ihre Reaktionen sowohl natürlich als auch hilfreich für das Kind sind.«[2] So zu tun, als wäre kein Problem vorhanden, führt unweigerlich zu einer gefährlichen Mischung aus Schweigen und Verleugnung. Indem niemand darüber spricht, soll das Stottern verschwinden, aber wahrscheinlich bewirkt dieses Verhalten das genaue Gegenteil. Letzten Endes müssen die Eltern einen Weg finden, wie sie mit dem Kind über das Stottern reden können. Sie müssen Worte und Gefühle finden, die Einfühlungsvermögen und Unterstützung vermitteln können und nicht Verurteilung und Enttäuschung. Sie sollten ihr Kind dazu ermutigen, über sein Sprechen zu reden, und ihm helfen, seine Gefühle zu verstehen und zu vermitteln.

Es ist wichtig, sich die sekundären Symptome in Erinnerung zu rufen, die ich bereits erwähnt habe – die unnatürlichen Bewegungen des Gesichts und des Körpers, die Stotterer zur Vermeidung des Stotterns benutzen. Wenn Kinder die ersten Anzeichen eines Stotterns zeigen, sind ihre Symptome fast immer sehr schwach. Einfache Wiederholungen ohne starke, spannungsgeladene Blocks sind ein gutes Beispiel für primäres Stottern. Sobald ein Kind bemerkt, dass es ein Sprechproblem hat, welches seinen Eltern Sorgen bereitet, wird es alles versuchen, diese Vorkommnisse zu vermeiden. Primäres Stottern ist einfacher zu behandeln als die chronischen, zermürbenden, erlernten Sekundärmerkmale, die junge Stotterer aufweisen, die überdies meist ein negatives Selbstbild von sich haben.

Was die Rolle des Zuhörers oder der Eltern betrifft, sind Wendell Johnsons Erkenntnisse maßgeblich. Zuhörer verursachen zwar nicht das Stottern, aber sie können die Art und Weise der Entwicklung beeinflussen. Nan Bernstein Ratner, eine Sprechtherapeutin, die mit Kindern arbeitet, zeigt in ihren Studien auf, wie Eltern durch ihr Verhalten die Häufigkeit und die Muster des Stotterverhaltens ihrer Kinder verändern können. Um dies zu illustrieren, zieht sie Vergleiche zu Kindern heran, die an Asthma oder Diabetes leiden. »Kindern Süßigkeiten zu geben, verursacht keine

Diabetes«, sagt sie. »Und ebenso wenig verursachen Plüschtiere Asthma. Richtig ist jedoch, dass man die *Symptome* von Kindern mit Asthma oder Diabetes verbessern kann, indem man auf bestimmte Art und Weise reagiert, wie zum Beispiel durch Umstellung der Ernährung oder regelmäßiges Staubsaugen.«[3]

Woody Starkweather sagt, dass

> *Familien komplexe Systeme darstellen, die anfällig und selbstverstärkend sind und sich über Generationen wiederholen. Und sie sind so individuell, dass Generalisierungen fast unmöglich sind. Aber ich denke nicht, dass es realistisch ist zu sagen, Stottern wäre unabhängig von der Familie. Ich bin der Meinung, dass die Funktionsstörung stark von der Familie beeinflusst wird und für mich ist der Erfolg der verschiedenen Programme, die frühes Stottern als Familienproblem behandeln, der beste Beweis dafür.*[4]

Ob man stotternde Kinder behandeln soll oder nicht, ist ein sehr umstrittenes Thema unter Stotterexperten. Die Forschungsergebnisse machen die Sache noch schwieriger. Oliver Bloodstein zufolge belegen Untersuchungen, dass 36 bis 79 Prozent aller unflüssig sprechenden Kinder im Erwachsenenalter flüssig sprechen können, unabhängig davon, ob sie einen Sprechtherapeuten beziehungsweise einen Kinderpsychologen aufgesucht haben oder nicht. Sprechtherapeuten nennen dieses gängige Phänomen »Spontanheilung«, aber die Spanne von 43 Prozent in den Forschungsergebnissen lässt die Daten über die Spontanheilung bei Kindern praktisch bedeutungslos erscheinen.[5]

Ein Großteil dieser Forschung stützt sich auf persönliche Einzelberichte. So beschreibt vielleicht ein Elternteil, dass sein Kind »einst gestottert« habe. Was den Eltern jedoch als Stottern in Erinnerung geblieben ist, können genauso gut auch nur einfache entwicklungsbedingte Sprechunflüssigkeiten gewesen sein oder einige Vorfälle, ähnlich dem mit meiner Tochter, die im Gedächtnis der Eltern verhaftet blieben, weil sie so entsetzt darüber waren. Die hohe Prozentzahl von Kindern, die angeblich ihr Stottern überwanden, enthält daher wahrscheinlich nicht nur wirklich stotternde Kinder. Manche Sprechtherapeuten, die Untersuchungen auf diesem Gebiet betrieben haben, sagen sogar, dass es sich bei den meisten Fällen von Spontanheilungen nicht um stotternde Kinder handelt, sondern um Kinder, die entwicklungsbedingte Sprechunflüssigkeiten aufwiesen und diese ganz normal überwanden, als sie älter wurden.

Dieses Ergebnis ist für Erwachsene wie mich, die ihr Stottern nicht überwanden, als sie älter wurden, eine Erleichterung. Ich habe in meinem Leben immer wieder Leute getroffen, die behaupteten, sie hätten als Kind gestottert, oder ihre Eltern erzählten ihnen, sie hätten früher gestottert. Fast alle sagen, sie hätten sehr stark gestottert. Ein Block ist jedoch per Definition eine starke und alarmierende Unterbrechung des normalen Sprechens und jegliche Art von Stottern wird von der betroffenen Person als stark empfunden. Oft haben diese Leute die besten Absichten, wenn sie sich verpflichtet fühlen mir zu sagen, dass ich mein Stottern auch überwinden könne, wenn sie es geschafft hätten.

Wie reagiere ich darauf? Was soll man zu jemandem sagen, der erklärt, er habe ein ernstes Problem in der Kindheit gehabt und dieses irgendwie überwunden? Sollte ich sagen: »Ach, Sie haben nicht wirklich gestottert. Was Sie oder Ihre Eltern für echtes Stottern gehalten haben, waren nur normale, entwicklungsbedingte Sprechunflüssigkeiten.«? So eine Antwort würde nicht nur so aussehen, als wäre ich frustriert (da ich noch stottere), ich würde auch nichts damit gewinnen, wenn ich darauf bestünde, dass das persönliche Problem eines anderen kein wirkliches Problem war. Es ist jedoch eine Tatsache, dass die meisten Erwachsenen, die behaupten, sie hätten ihr Stottern überwunden, vermutlich nie wirklich gestottert haben. Sie litten lediglich unter normalen Sprechunflüssigkeiten.

Wenn Spontanheilungen sich also hauptsächlich auf Menschen beziehen, die nie gestottert haben, was ist mit den Kindern, die tatsächlich stottern, und die, ganz auf sich allein gestellt, weiter stottern? Wie sind die Aussichten auf Heilung für Kinder, die als echte Stotterer diagnostiziert wurden? Können stotternde Kleinkinder durch frühe Behandlung davor geschützt werden, zu stotternden Erwachsenen heranzuwachsen?

Einiges scheint darauf hinzuweisen, dass stotternde Kinder zwischen dem Beginn des Stotterns und dem Alter von sechs oder sieben Jahren leicht und positiv auf eine Sprechtherapie reagieren. Während dieser Zeit kann die Sprech- und Sprachentwicklung eines Kindes sehr stark beeinflusst werden. Kinder, die beispielsweise in einem zweisprachigen Haushalt aufwachsen, lernen mühelos zwei Sprachen und der Akzent der ersten Sprache hat keine Auswirkungen auf den Akzent der zweiten Sprache. Hier kann wieder meine Kathryn als Beispiel dienen. Als sie zur Grundschule ging, lebten wir in Montreal. Von dem Lied »Frère Jacques« einmal abgesehen, hatte sie keinen Kontakt mit dem Französischen, bis sie in den Kindergarten kam. Dann schickten wir sie zu einem Intensivkurs in Französisch. Ihre Lehrerin, Madame Parent, sprach vom ersten Tag an Französisch mit ihren Schülern (die alle englische Muttersprachler waren). Ich dachte, sie würde sich in dem Kurs langweilen, weil sie sechs Stunden täglich im Klassenzimmer verbringen musste, ohne zu verstehen, was gesagt wurde. Aber es schien ihr Spaß zu machen. Zu Hause sprach Kathryn kein Wort Französisch, auch dann nicht, wenn wir sie fragten, wie es mit dem Kurs voranging. Eines Tages nahm ich sie dann mit in den Zoo. Als wir vor dem Vogelhaus standen, begann ein Mann neben uns, ihr auf Französisch etwas über die Eulen zu erzählen, die wir gerade anschauten. Sie antwortete in fließendem Französisch, als hätte sie es schon ihr Leben lang gesprochen.

Mit sechs Jahren hatte sie Französisch spielend aufgenommen, ja förmlich aufgesaugt. Jedes Kind tut das, wenn es mit einer zweiten Sprache in Kontakt kommt. In diesen frühen Jahren ist das Gehirn besonders empfänglich für erlerntes Verhalten und die Phonation zum Beispiel kann verfeinert werden. Kinder, die eine neurologisch bedingte Veranlagung zum Stottern haben, können dann relativ leicht neue Sprechmuster erlernen. In diesem Alter können die neurologischen Verknüpfungen, die für den Vorgang des Sprechens verantwortlich sind, verändert werden und der neurologische Fehler, der zu einer Veranlagung zum Stottern geführt hat, kann permanent behoben werden.

Woody Starkweather bietet seit mehr als fünfzehn Jahren Vorbeugeprogramme für stotternde Kinder im Raum Philadelphia an. Starkweather bezieht auch Familienmitglieder in sein Therapieprogramm mit ein, welches er »Anforderungen- und Kapazitäten-Modell« nennt. Die Entwicklung von sprechmotorischen, linguistischen, kognitiven und sozialen Fertigkeiten läuft bei Kindern nicht gleichmäßig ab. Wenn an die Kapazitäten eines jungen Menschen für interaktives Sprechen zu große Erwartungen gestellt werden, kann das zum Stottern führen. Die Lösung wäre, sowohl die Anforderungen an das Sprechen als auch die Kapazitäten des Kindes für flüssiges Sprechen zu modifizieren. Kapazitäten, die nicht therapeutisch modifiziert werden können, entwickeln sich mit zunehmendem Alter weiter. Starkweather meint, wenn unflüssig sprechende Kinder behandelt würden, bevor sie das Alter von sechs Jahren erreichten – und die Schwere der Symptome spiele dabei keine Rolle – wäre das Risiko, dass sie zu chronischen Stotterern heranwachsen, stark reduziert. Sie könnten auf diese Weise ein natürliches Sprechen entwickeln, sodass nach der Behandlung keine Anzeichen des früheren Stotterns oder einer Therapie mehr zu erkennen seien. Starkweather warnt jedoch: »Je länger man wartet, desto schlimmer wird das Stottern und desto länger dauert die Behandlung des Kindes.« Sein Programm, behauptet er, habe eine hohe, wenn auch nicht 100prozentige Erfolgsrate. »Es ist jetzt recht schwierig für uns, Kinder im Schulalter zu finden, mit denen unsere Studenten arbeiten können.« Solche Kinder hätten gewöhnlich das Vorbeugeprogramm verpasst oder seien aus einer anderen Gegend zugezogen.

Die meisten auf Kinder spezialisierten Sprechtherapeuten haben jedoch ein paar Patienten im Vorschulalter, die nicht so erfolgreich auf die Therapie reagieren. Es gibt also keine Garantie, dass Kinder im Vorschulalter durch frühes Vorbeugen von ihrem Stottern »geheilt« werden. Es gibt auch keine stichhaltigen Beweise, dass es wirklich die frühzeitige Behandlung ist, die ein Kleinkind vom Stottern befreit. Einige Kinder weisen Symptome auf, die schwerer auszumerzen sind als andere. Auf der anderen Seite, wie Starkweather einräumt, »wächst das Kind und wird reifer, und das führt auch oft zu Verbesserungen. Also kann nicht der ganze Erfolg allein der Behandlung zugeschrieben werden.«[6]

Als ich begann, dieses Buch zu schreiben, hatte ich meine Zweifel bezüglich der frühen Behandlung. Ich vertrat damals Johnsons Ansicht – die mir jetzt aber nicht sehr wissenschaftlich erscheint –, nämlich dass die meisten Kinder ihre Sprechunflüssigkeiten mit der Zeit von selbst abschütteln. Ich fragte mich, warum Eltern ihre Kleinkinder zur Sprechtherapie schickten und sie so auf ihr Sprechproblem aufmerksam machten. Aber Therapeuten wie Starkweather und Nan Ratner haben mich davon überzeugt, dass eine frühe Behandlung vor dem sechsten oder siebten Lebensjahr unbedingt notwendig ist. Wenn ein Kind nicht wirklich stottert, sondern unter entwicklungsbedingten Sprechunflüssigkeiten leidet, werden ein paar Therapiesitzungen sicher keinen Schaden anrichten. Eine Therapie muss kein traumatisches Erlebnis sein. In den meisten Fällen erinnern sich die Kinder noch nicht einmal daran, je an einer Therapie teilgenommen zu haben. Kinder im Vorschulalter sind daran gewöhnt, in der Anwesenheit von Erwachsenen zu spielen, und halten die Therapie für eine weitere Art des Spielens.

Für die kleine Minderheit, die die genetische Veranlagung zum Stottern in sich trägt, kann eine frühe Behandlung den Prozess rückgängig machen oder wenigstens die Transformierung der Primärsymptome in behinderndes, chronisches Stottern minimieren. Starkweather erklärt: »Wenn wir alle Kinder, die Anzeichen eines Stotterns aufweisen, mit einer zielgerichteten, schnellen und preisgünstigen Therapie behandeln, können wir fast alle heilen, die sich andernfalls zu chronischen Stotterern entwickeln könnten. ... Es ist einfach unverantwortlich, Kinder im Vorschulalter, die sich eventuell zu chronischen Stotterern entwickeln könnten, nicht zu behandeln. Das Risiko der später zu tragenden Last ist viel zu groß für ein Kind.«[7]

Dr. Peter Ramig, der gelernt hat, sein Stottern zu kontrollieren, und jetzt die Abteilung für Kommunikationsstörungen an der Universität von Colorado leitet, ist der gleichen Ansicht. Er ist einer der Forscher, der das Konzept der Spontanheilung aufgedeckt hat, und doch ist auch er ein großer Fürsprecher der frühen Behandlung. »Eine frühe, positive Behandlung wird die Symptome des Kindes nicht verschlimmern«, schrieb er in einem Beitrag zu einer Internetdebatte über Spontanheilung und frühe Behandlung.

> *Im Gegenteil, viele von uns sind der Meinung, dass sie rückgängig machen kann, was andernfalls zu lebenslangem Stottern führen würde. Die Behandlung hinauszuschieben kann einen großen Unterschied ausmachen. Ich gehe sogar soweit zu sagen, dass ich und viele andere stotternde Erwachsene diesen Beitrag vermutlich nicht lesen würden, hätten sie eine positive, effektive Behandlung kurz nach dem ersten Auftreten ihres Stotterns erfahren! Ich meine damit, dass nicht alle von ihnen heute stotternde Erwachsene wären.*[8]

Eine Mutter, die selbst stottert, erzählt diese Erfolgsgeschichte über ihren Sohn: »Ich habe mein ganzes Leben gegen das Stottern angekämpft. Deswegen war ich nicht überrascht, als mein jüngster Sohn im Alter von zweieinhalb Jahren anfing zu stottern. Ich ließ ihn untersuchen und man sagte mir, es sei entwicklungsbedingt und würde sich wieder legen. Daraufhin beruhigte ich mich und wartete darauf, dass es sich bessern würde. Aber es wurde nicht besser. Also bat ich die Sprechtherapeutin um eine weitere Untersuchung und diesmal stimmte sie zu, dass er für eine frühe Behandlung geeignet sei. Aus den folgenden Gründen wollte ich unbedingt, dass er zu jener Zeit an einer Therapie teilnahm:

1. Er hatte nicht viel Kontakt mit anderen Kindern, vor allem nicht mit älteren Kindern, die seine Sprechunflüssigkeiten zur Sprache gebracht hätten.
2. Ich hatte sein Umfeld noch unter Kontrolle, was sich ändern würde, sobald er zur Schule ginge.
3. Ich konnte ihn davor beschützen jemals herauszufinden, dass er tatsächlich stotterte.

Ich hatte Glück, da die Sprechtherapeuten, mit denen wir arbeiteten, eine sehr entspannte und unterhaltsame Art in der Therapie hatten, indem sie mit meinem

Sohn spielten und ein langsameres Sprechtempo vorgaben. Ich erklärte ihm, dass jeder Mensch verschiedene Fähigkeiten unterschiedlich schnell erlerne, und dass wir ihm durch die Therapie helfen würden, auf einfachere Art sprechen zu können. Ich erklärte ihm, dass eine Sprechtherapie im Grunde ähnlich sei wie zum Beispiel Ballwurfübungen oder das Aufsagen des Alphabets. Es war eine Übung, die ihm das Sprechen erleichtern sollte. Ich versüßte ihm die Fahrten zur Therapie, indem wir nach den Stunden immer eine Pizza aßen oder zu McDonald's gingen. Wir nahmen daran gemeinsam teil. Wir führten das langsamere Sprechtempo auch zu Hause ein, indem wir es seinem Vater und seiner Schwester zeigten, die beide sehr schnell redeten. So bezogen wir die ganze Familie mit ein.

Die Therapie dauerte etwa sechs Monate, bei zwei Sitzungen pro Woche. Am Ende der Therapie sprach er zu 95 Prozent flüssig. Innerhalb weniger Monate, in denen wir die Übungen zu Hause fortführten, konnte er vollkommen flüssig sprechen. Mein Sohn, der jetzt sieben Jahre alt ist, weiß nichts davon, dass er einmal gestottert hat. Letztes Jahr trafen wir seine Sprechtherapeutin in einem Supermarkt, und er konnte sich nicht an sie erinnern. Ich glaube sogar, dass er nicht einmal weiß, was Stottern ist. Wenn er jemanden stottern hört, wie mich zum Beispiel, erinnert er mich daran, dass ich zu schnell spreche und fordert mich auf langsamer zu sprechen. Ich folge seinem Rat und lächele äußerst zufrieden. Ich rate den Eltern von stotternden Kindern zu früher Behandlung. Und zwar noch bevor das Kind zur Schule geht!«[9]

Anmerkungen

[1] Die *American Speech and Hearing Association* hat sich vor einiger Zeit in *American Speech-Language-Hearing Association* umbenannt, die Abkürzung ASHA wurde jedoch beibehalten.

[2] Email-Nachricht an den Autor.

[3] Internet-Beitrag, Stutt-L, 18. Dezember 1995.

[4] Internet-Beitrag, Stutt-L, 18. Oktober 1995.

[5] Laut Woody Starkweather ist es »aufgrund der breit gefächerten Definitionen und Meinungen hinsichtlich der vermehrten, zwanglosen, typischen Wiederholungen von ganzen Wörtern und Silben, die bei Kindern im Vorschulalter auftreten, sehr schwierig, die statistischen Daten auszuwerten. Manchmal werden sie ›entwicklungsbedingte Sprechunflüssigkeiten‹ genannt, manchmal ›Stottern‹ und manchmal auch ›Verhalten, das Kinder zum Stottern prädestiniert‹. Es ist einfach nicht klar, bei wie vielen eine Spontanheilung stattfindet.«

[6] Woody Starkweather, Internet-Beitrag, Stutt-L, 18. Dezember 1995.

[7] Ibid.

[8] Internet-Beitrag, Stutt-L, 10. August 1995.

[9] Bernadette, Internet-Beitrag, Stutt-X, 16. Februar 1996.

9. Die Reaktion der Erwachsenen

Ich weiß natürlich nicht mehr, wie meine Eltern auf mein Stottern reagierten, als ich anfing zu sprechen. Ich kann mich nur noch daran erinnern, was ich als Jugendlicher und junger Erwachsener empfand und meine Cousins und Freunde bestätigten diesen Eindruck: Meine Eltern sprachen sehr schnell und unterbrachen sich oft gegenseitig. Sie redeten eher aneinander vorbei als miteinander oder mit anderen. Wenn ich mir Gehör verschaffen wollte, musste ich mich mit Gewalt in die Unterhaltung einschalten (wozu mir meist der Mut fehlte) und dann so schnell wie möglich sagen, was ich loswerden wollte, damit ich nicht unterbrochen werden konnte. Aber sie mögen anders mit mir gesprochen haben, als ich noch ein Kind war. Außerdem bin ich in dieser Hinsicht nicht gerade ein objektiver Beobachter. Eltern und Kinder haben oft Schwierigkeiten miteinander zu reden. Teenager beklagen sich ja sehr oft darüber, dass ihnen nicht zugehört wird.

Andererseits ...

In einer richtigen Unterhaltung wird normalerweise ein Thema erforscht. Betrachtet man eine Unterhaltung wie ein Musikstück, wäre sie ein Thema mit Variationen. Ein Thema wird vorgegeben und jeder darf sich daran versuchen. Am Ende einer Unterhaltung gibt es eine bestimmte Auflösung, sei es Erschöpfung, Langeweile, Übereinstimmung, Polarisierung oder was auch immer. Eine Unterhaltung endet dann, wenn alle Beteiligten das Gefühl haben, sie hätten das Thema zur Zufriedenheit aller diskutiert, oder falls es Beteiligte gibt, die noch unzufrieden sind, dann wurde das Thema vermutlich erschöpft und eine Lösung scheint nicht mehr im allgemeinen Interesse zu sein.

In meiner Familie blieb man nie lange bei einem Thema, geschweige denn, dass es erschöpft wurde. Unsere Unterhaltungen verliefen recht ungeordnet und gingen oft vom Hundertsten ins Tausendste. Man sprang von einem Thema zum anderen und alle wurden gleichzeitig diskutiert. Es wurde sehr selten etwas ausdiskutiert. Das, worüber wir am Ende sprachen, hatte oft nichts mit dem anfänglichen Thema zu tun. Die verbindenden Gedanken, die das Gespräch zusammenhielten, waren oft schwer auszumachen und manchmal wirklich sonderbar. Man stelle sich Groucho Marx, Lenny Bruce, Gracie Allen und Robin Williams in einem Wohnzimmer vor, wie sie sich darüber unterhalten, was sie den Tag über erlebt haben. Nur, dass meine Familie nicht so witzig war, obwohl sie einen natürlich oft zum Lachen brachte. Dennoch war eine Freundin von mir so hingerissen von einer unserer Unterhaltungen in einem chinesischen Restaurant, dass sie alles genau aufschrieb.

Ich war derjenige, der das Stichwort gegeben hatte: »Ich hab' neulich Grace Paley besucht.« Grace Paley ist eine Freundin von mir und eine bekannte Autorin von Kurzgeschichten. Damals wollte ich, auch wenn ich es nur ungern zugebe, meine Mutter, meine Tante und meinen Onkel damit beeindrucken, dass ich eine wichtige Schriftstellerin kannte. Ich kam nicht sehr weit.

»Ist das nicht die Frau von Paley, dem Boss von CBS, William Paley? Ich dachte, die ist schon gestorben«, antwortete meine Mutter.

»Nein, das ist Babe ...«, begann ich zu erklären, wurde aber von meiner Tante unterbrochen: »Genau, Paley, der hat doch den einen Flügel vom Metropolitan gestiftet, wisst ihr noch? Wir haben uns damals diese Ausstellung angesehen, die ...«

»Es gibt keinen Paley-Flügel in dem Museum«, ließ mein Onkel sich korrigierend vernehmen. »Du meinst die Sackler Gallery.«

»Welche Ausstellung?«, unterbrach meine Mutter. Sie war immer noch bei Babe, deren Ehemann Bill der Eigentümer von CBS ist.

»Mondrian«, antwortete meine Tante. »Nein, nein, der macht geometrische Sachen, diese kleinen Vierecke. Es war Giacometti!«

»Ich weiß nicht, wovon du redest«, sagte meine Mutter.

»Nein, ich rede von Grace Paley, der Autorin, Grace ...«, warf ich ein und versuchte verzweifelt, die Unterhaltung auf die Bahn zu lenken, die ich eingeschlagen hatte.

»Warum will überhaupt jemand Skulpturen machen, die so dürr aussehen als wären es Leute, die gerade eine Chemotherapie hinter sich haben ...«, sagte mein Onkel, der sich langsam für das Thema der modernen Kunst erwärmte.

Er wurde jedoch von meiner Tante unterbrochen, die verkündete: »Sackler, Abraham Sackler«, und meinte damit vermutlich Arthur Sackler, der den vorher erwähnten Flügel des *New York Metropolitan Museum of Art* gestiftet hatte, und nicht William Paley, den Inhaber von CBS, dessen Ehefrau Babe gestorben war und die auch während ihres Lebens nie Autorin von Kurzgeschichten gewesen war und außer dem Nachnamen nichts mit meiner Freundin Grace gemeinsam hatte.

»Marty, was hältst du von moderner Kunst?«, hakte mein Onkel nach, der offensichtlich nichts davon hielt.

Bevor ich meinen Block bei dem ersten Wort zur Verteidigung von moderner Kunst überwinden konnte, hatte mich meine Mutter schon unterbrochen und sagte: »Ich bin nie in die Stadt gefahren, um mir Giacometti anzuschauen.«

»Sei still, Blanche!«, kam mein Onkel mir zu Hilfe. »Ich will Martys Meinung hören. Wie kommen diese Künstler damit durch?«

»We-we-weiß ich ne-ne-nicht«, stotterte ich. »Ich habe nur gesagt, dass ich mit Ge-Ge-Grace Paley zu Abend ge-ge-gessen habe, de-de-der Autorin. Wir ...«

»Was hat sie geschrieben, Marty?«, mischte sich meine Tante ein, die auch helfen wollte. »Lass mich nachdenken. Wir hatten sie auf der Liste für das Elderhostel-Seminar ›Zeitgenössische jüdische Autoren‹.«

»Du meinst das in New Hampshire?«, fragte mein Onkel. »Bei dem Seminar war ich nicht.«

»Du warst bei dem Computerkurs.«

»Nein, das war in Montreal. Marty, erinnerst du dich, wie wir dich in Montreal besucht haben?«

»Wie war der Buchtitel? Es fällt mir nicht mehr ein. Irgendwas mit *Mann*.«

»*Family of Man*?«, war der Vorschlag meiner Mutter.

»Das ist ein Bilderbuch, ich meine etwas anderes.«

»Es ist aber ein schönes Buch. *Family of Man.* Ich hab es Esthers Nichte zur ihrer Bar Mizwa geschenkt«, beharrte meine Mutter.

»Ist das Wort *Mann* in einem Buchtitel jetzt nicht verboten?«, ätzte mein Onkel und ließ mich und die moderne Kunst links liegen, um sich einer männlich chauvinistischen Causa zu widmen. »*Mann* ist jetzt ein schmutziges Wort. Marty, wie gefällt es dir, ein schmutziges Wort zu sein?«

Bevor ich überhaupt ein Wort zur Verteidigung des Feminismus sagen konnte, hatte meine Tante die Erleuchtung: »Ich hab's! Das Buch. *The Little Disturbances of Man.*«

»Von Paley?« Meine Mutter wollte endlich Klarheit schaffen.

»Hab ich doch gesagt, Grace Paley«, sagte meine Tante stolz.

»Hat es dir gefallen?«, fragte ich, in der Hoffnung, das Gespräch wieder dahin zu steuern, wo ich es haben wollte.

»Wir sind nicht dazu gekommen«, antwortete meine Tante und meinte die Lesung aus dem Buch bei dem Seminar, nicht das längst vergessene Thema Grace Paley.

Solche Gespräche bringen mich auch heute, im Alter von 55 Jahren, noch zur Verzweiflung. Man stelle sich die Frustration eines fünf- oder zehnjährigen Kindes vor, das ernsthaft versucht, sich vor seiner Familie mit einem berühmten Freund zu brüsten und dabei in einem Wirrwarr von Worten untergeht, als befände es sich in einem Loriot-Sketch.

Wie schon gesagt, weiß ich nicht, ob meine Familie sich immer so unterhalten hat. Ich bin sicher, dass meine Eltern, als ich noch klein war und sie besorgt über mein Sprechen waren, mir mehr Zeit gegeben haben, damit ich etwas sagen konnte. Aber als ich ein Teenager war, war diese Form der Unterhaltungen die Norm bei Familienzusammenkünften. Wenn mich Freunde besuchten, waren sie oft begeistert von den unerwarteten und ulkigen Wendungen, die die Gespräche meiner Familie nahmen. Und einige von ihnen – obwohl sie damit die gleiche, falsche Beobachtung machten wie Wendell Johnson – sagten: »Kein Wunder, dass du stotterst!«

Man kann daraus mit Sicherheit einige Lehren ziehen, nicht nur jene, dass es zwecklos ist seinen Eltern imponieren zu wollen, indem man wichtige Namen erwähnt. Die Erkenntnis ist, dass Kinder Gehör finden wollen und dass sie eine ganz klare Bestätigung brauchen, dass sie tatsächlich gehört werden. Einige Psychoanalytiker würden mein Stottern als Versuch interpretieren, dass ich nach Aufmerksamkeit heischte oder das Abgleiten von meinem Thema vermeiden wollte, indem ich die Unterhaltung absichtlich verlangsamte und so alle Aufmerksamkeit auf mich lenkte. Das mag eine gute Erklärung für meine damals offensichtliche Frustration sein, nicht aber für mein Stottern.

Was meine Kindheit angeht, kann ich mich am besten an die Reaktionen anderer Erwachsener auf mein Stottern erinnern. Ich bin davon überzeugt, dass sie in ihrer Unwissenheit und mit all ihren guten Absichten meinem Sprechen eher geschadet haben. Mrs. Feldman, eine Lehrerin, die unsere Nachbarin in der Bronx war und mit deren Sohn Stevie ich nach der Schule spielte, sagte mir immer, ich solle eine Pause vor dem Sprechen machen und bis zehn zählen, bevor ich anfing. Stellen Sie sich einmal vor, was das für ein aufgeregtes Kind bedeutet, das etwas im Kopf hat und es unbedingt loswerden will. Entgegen dem Wunsch zu sagen, was mir durch den Kopf ging, wurde mir geraten zu warten und stattdessen bis zehn zu zählen. Ich war nicht dumm. Ich konnte Mrs. Feldman gehorchen und trotzdem sagen, was ich wollte, indem ich so schnell ich konnte bis zehn zählte. Manchmal mogelte ich, indem ich Zahlen ausließ, wie bei »eins-zwei-drei-fünf-zehn«. Meine Weigerung (oder war es wirklich mein Unvermögen?) vor dem Sprechen zu warten und zu zählen, ließ mich noch schlimmer stottern, besonders, wenn die einschüchternde Mrs. Feldman vor mir stand, deren gut gemeinte Ratschläge mich unter noch stärkeren Druck setzten und deren Perfektionsanspruch an mein Sprechen ich nie erfüllen konnte.

Erwachsene versuchten immer mir zu helfen, flüssig zu sprechen. Wenn ich mitten im Satz einen Block hatte und kein Wort herausbekam, schlugen sie mir beispielsweise vor eine Pause zu machen, tief durchzuatmen und noch einmal von vorn anzufangen. »Und jetzt«, sagten sie dann und sprachen langsamer, um es mir vorzumachen, »ver- ... -suuuu- -ch ... eeess ... et- ... -waaaas ... laaaang- ... -saaa- ... -mer.« Da ich immer alle zufrieden stellen wollte, gleichzeitig aber auch ungeduldig war, meine Gedanken endlich aussprechen zu können, begann ich, wie immer, mit der Feldmanschen Methode, indem ich so schnell wie möglich zählte »eins-zwei-drei-fünf-zehn« und dabei versuchte tief Luft zu holen, wie es mir empfohlen worden war. In meiner Eile, all das schnell zu erledigen, damit ich endlich mit dem Sprechen beginnen konnte, verhedderte ich mich oft in der Reihenfolge und holte tief Luft, während ich noch beim Zählen war. Wenn ich dann meinen Fehler bemerkte, fing ich mit dem Zählen wieder von vorn an und vergaß dabei das Atmen. Sobald ich dann die Zehn erreicht hatte und endlich bereit zum Sprechen war, hielt ich die Luft an und konnte kein Wort hervorbringen.

Atmen konnte ich eigentlich immer schon sehr gut. Wenn ich nicht sprach, schien mein Atem genauso automatisch zu funktionieren wie der von anderen. Einatmen, ausatmen, ein, aus. Ich habe in meinem ganzen Leben keinen Atemzug ausgelassen und bin der lebende Beweis dafür. Aber jedes Mal, wenn ich mich auf das Atmen konzentrierte, begann die Verwirrung. Keiner meiner Freunde schien Probleme mit der Koordination von Sprechen und Atmen zu haben. Wenn sie sprechen wollten, sprachen sie einfach. Wenn ich dagegen etwas sagen wollte, musste ich mich auf meine Atmung konzentrieren, bis Zehn zählen und mir dabei die ganze Zeit Sorgen machen, wie das, was ich sagen wollte, herauskommen würde. Und selbst wenn ich mich voll auf alles konzentriert hatte, stotterte ich meistens trotzdem noch. Wessen Schuld war das? Ich bekam gute Ratschläge von Erwachsenen, die es gut mit mir meinten und die mit Sicherheit mehr über das Sprechen wussten als ich. Und ich war nicht in der Lage, ihre einfachen Anweisungen zu befolgen und es richtig hinzukriegen.

Abgesehen davon, dass ich dadurch schließlich nur noch widerwillig Ratschläge annahm, wurde auch mein aus dem Rhythmus gebrachtes Atmen zu einem Teil meiner Sprechbemühungen, und ich hielt oft die Luft an, wenn ich zu reden anfing. Und da ich den Atem anhielt, musste ich ihn herauspressen, um die Luft aus meinen Lungen entweichen zu lassen und den Block zu durchbrechen. Dadurch lief der Vorgang des Sprechens schließlich immer ungeduldiger ab. Stottern verlängert die Sprechdauer. Da ich weder meine noch die Zeit meines Zuhörers vergeuden und auch nicht riskieren wollte, dass dieser sich ungeduldig von mir abwendet, sah ich mich gezwungen, das Zählen, Atmen und Reden so schnell wie möglich hinter mich zu bringen. Das Schlimmste war, dass diese Anstrengungen, die das Gegenteil von normalem und entspanntem Sprechen darstellen, tatsächlich zu funktionieren schienen. Wie sehr ich auch stotterte, irgendwann bekam ich meine Wörter heraus und war unglaublich erleichtert. Zu meiner Veranlagung zum Stottern kamen also die schlechten Sprechgewohnheiten hinzu, die Sprechtherapeuten als sekundäre Merkmale des Stotterns bezeichnen.

Diese erlernten Angewohnheiten werden durch die Reaktion von erwachsenen Zuhörern herbeigeführt – zwar nicht immer und ausschließlich, wie Johnson behauptet hatte, aber doch zu einem wesentlichen Teil. Sind diese sekundären Merkmale erst einmal fest in die Sprechmuster eines Stotterers integriert, machen sie die Kommunikation mühsamer, erschweren jede Behandlung und verstärken den Teufelskreis des Stotterns.

10. Zwei Arten der Therapie

Ich war bereits acht oder neun Jahre alt, als meine Eltern mit mir zum Sprechtherapeuten gingen. Vermutlich war mein Stottern zu jenem Zeitpunkt bereits zu einem so unauslöschlichen Teil meiner Gehirnstruktur und meiner Persönlichkeit geworden, dass ich wohl auf kein Therapieprogramm erfolgreich angesprochen hätte. Bevor ich zu dieser Sprechtherapie ging, war ich von einem Kinderpsychologen zum anderen geschickt worden, die meinen Eltern Johnsonsche Ratschläge gaben wie »bauschen Sie's nicht auf« und »er wird da schon herauswachsen«. Doch in meinem Falle geschah das nicht. Was sie für entwicklungsbedingte Sprechunflüssigkeiten gehalten hatten, sollte sich als echtes Stottern erweisen.

Das Bemerkenswerte an Sprechtherapieprogrammen war bis vor kurzem, dass sie sich alle mehr oder weniger auf einen bestimmten Teil der Stotterproblematik konzentrieren und andere Behandlungsmethoden ignorieren und manchmal sogar kritisieren. Die erste Einrichtung für Sprechtherapie, die ich besuchte, war das inzwischen nicht mehr bestehende *National Institute for Speech Disorders*, am Irving Place in New York City, das sich schwerpunktmäßig mit der Behandlung von Vermeidungsverhalten und Stressreduktion beschäftigte. Das Therapiekonzept war an sich nicht schlecht. Ein Schuljahr lang fuhr meine Mutter mich zweimal wöchentlich nach dem Unterricht dorthin. Einzeltherapie gab es nicht. Ich war mit ungefähr zwölf anderen Kindern in einer Gruppe zusammen, was sich als hilfreich erweisen sollte. Es ist wichtig, stotternde Kinder in einem unterstützenden Umfeld zu verbaler Interaktion zu ermutigen. Ich persönlich hatte nie einen Mangel an Freunden, einige Kinder aber vermeiden es Freundschaften zu schließen, entweder aufgrund eines übertriebenen Beschützerinstinkts ihrer Eltern oder aber aus eigener Schüchternheit, verbunden mit der Angst vor Sprechsituationen. Diese Zurückgezogenheit ist symptomatisch für Vermeidungsverhalten; sie ist eine Reaktion, um Stottern zu vermeiden.

Am *National Institute* begannen wir jede Sitzung mit Atemübungen und dem Aufsagen der fünf Vokale *a*, *e*, *i*, *o*, *u*. Das tiefe Atmen sollte uns entspannen und in die Lage versetzen, die Vokale in Verbindung mit den Atemzügen auszusprechen, um uns ein Gefühl für flüssiges Sprechen zu vermitteln. Es funktionierte tatsächlich. Selbst heute kann ich die bei diesen Übungen erzeugte Ruhe spüren. Das Aufsagen der Vokale kann jedoch auch starke und beunruhigende Emotionen freisetzen, die mit meinem inneren Ringen mit der Therapie zu tun haben. Die Übungen lassen ein Gefühl der Unschuld und Zuversicht aufkommen. Ein Gefühl wie einst an der Mutterbrust, so beruhigend, weil ich die Vokale sagen kann und dabei empfinde, flüssig zu sprechen. Doch hat dieses Gefühl der Zufriedenheit auch einen bitteren Beigeschmack. Wenn ich die Vokale flüssig sprechen kann, warum nicht auch Konsonanten und ganze Worte?

Ich erinnere mich hauptsächlich daran, dass wir in diesen frühen Therapieprogrammen ein Ratespiel, das *Hangman* genannt wurde, spielten. Eines der Kinder dachte sich ein Wort aus und die anderen versuchten es zu erraten, indem sie Fragen stellten, die langsam und ruhig vorzutragen waren. Der therapeutische Zweck dieses Spiels war, uns innerhalb der Gruppe aufstehen und sprechen zu lassen, so als wären wir nicht im Therapiezentrum sondern in der Schule. Wir sollten natürlich langsam sprechen und erhielten dafür eine Menge positiver Unterstützung von den anderen Kindern und den Therapeuten, selbst wenn wir stotterten. Obwohl ich niemals fähig war, mein flüssiges Sprechen auch außerhalb der Therapie fortzusetzen, war die Therapie an sich nicht unsinnig. Stotternde Kinder brauchen Gelegenheiten vor anderen zu sprechen, um Selbstvertrauen zu entwickeln. Sie benötigen angstfreie Situationen, in denen sie langsames Sprechen praktizieren können und von niemand zur Eile gedrängt oder gar ausgelacht werden. Kurz und gut, sie brauchen die alltäglichen Sprecherfahrungen, die für andere Kinder selbstverständlich sind.

Leider waren zwei wöchentliche Therapiesitzungen nicht ausreichend, meine tagtäglichen Erfahrungen mit Sprechversuchen in der gehetzten und gestressten Außenwelt zu überwinden. Es besteht kein Zweifel, dass viele der Kinder, die an der Therapie des *National Institute* teilnahmen, vom Stottern befreit wurden. Manche hätten es sicher auch von alleine überwunden, aber anderen wiederum wurde ganz bestimmt durch die Therapie geholfen. Mein Stottern dagegen wurde immer schlimmer. Also wechselte ich nach einem Jahr am *National Institute* zu einem privaten Therapeuten namens Charles Pellman in Manhattan. Mindestens fünf Jahre lang besuchte ich Charlie zweimal pro Woche und dann nicht mehr ganz so regelmäßig, weil sich keine Besserung einstellte. In den ersten paar Jahren brachte mich meine Mutter hin, bis ich alt genug war, alleine die U-Bahn nach Manhattan zu nehmen. Sie war anfänglich bei jeder Sitzung dabei und es muss quälend langweilig für sie gewesen sein, ganz zu schweigen von der gefühlsmäßigen Tortur, wenn Charlie ohne viel Erfolg versuchte, meine Sprechweise umzustrukturieren, so dass ich in einer langsamen und bedächtigen Art zu sprechen lernte.

Während der 1940er und 50er Jahre gab es, wie auch heute, zwei Ansätze in der Sprechtherapie. Der eine war die bereits erörterte Iowa-Therapie, die hauptsächlich auf der Lehre von Charles Van Riper basiert. Ihr Ziel war nicht, den Stotternden zu einer flüssigen Sprechweise zu bringen, sondern ihm zu helfen, sein Stottern zu kontrollieren beziehungsweise zu modifizieren. Die andere Methode zielte auf flüssiges Sprechen ab. In den 1970er und 80er Jahren wurde dann einer Methode viel Beachtung geschenkt, die heute als Fluency Shaping (systematischer Aufbau flüssigen Sprechens) bekannt ist, und einige Therapeuten schrieben ihr hohe Erfolgsraten zu, was aus heutiger Sicht verfrüht erscheint.

Pellmans Methode war eine frühe Version des Fluency Shaping. Seine Zielsetzung war, meine Stottergewohnheiten systematisch zu analysieren und die korrekten Mechanismen flüssigen Sprechens wiederherzustellen. Zu Beginn jeder Sitzung machten wir die gleichen Vokalübungen, die ich am *National Institute* gelernt hatte: tief einatmen und beim Ausatmen *a*, *e*, *i*, *o*, *u* sagen. Wie bei allen Therapieprogrammen wurde großer Wert auf langsames Sprechen gelegt und auf das, was Pellman »Kontinuität« nannte: Der Auslaut eines Wortes wird gehalten und gleitend, also ohne Unterbrechung des

Luftstroms, in den Anlaut des folgenden Wortes übergeführt.

Nach den Vokalübungen zum Aufwärmen übten wir bestimmte Konsonanten. Der Hauptzweck dabei war, jeden Laut in der korrekten Art und Weise zu artikulieren, das heißt meine Zunge und meine Lippen richtig zu formen und zu bewegen. Am Nutzen dieser Übung habe ich meine Zweifel. Die Annahme war vermutlich, dass ich die Konsonanten nicht richtig artikulieren konnte. Doch das konnte nicht stimmen. Denn wenn ich flüssig sprach, war ich in der Lage, völlig richtig zu artikulieren, wie jeder andere normal flüssig Sprechende, mühelos und ohne besondere Konzentration. Warum war ich also beim Stottern nicht in der Lage, Laute zu artikulieren, die ich normal aussprechen konnte, wenn ich nicht stotterte?

Manche Stotterer haben gewisse Buchstaben, bei denen sie selten stottern, sowie auch besonders gefürchtete Worte, bei denen sie buchstäblich erwarten zu stottern. Mein Stottern war nie so vorhersagbar. Rückblickend fällt mir kein Konsonant ein, der mir nicht irgendwann einmal Probleme bereitet hätte. Bei Verschlusslauten wie *b* und *p* waren meine Lippen oft wie zugeschweißt. Bei anderen Konsonanten kam es meist zu einer Wiederholung des Schwa-Lautes: *se-se-se, le-le-le*. Manchmal hatte ich Probleme mit einem Konsonanten, dann wieder mit einem anderen. Vorauszusagen ob ich irgendeinen Laut würde aussprechen können oder nicht, wäre ein reines Lotteriespiel gewesen. Beim *h*-Laut zum Beispiel, der wie ein Vokal ein aspirierter Laut ist, hatte ich während meiner Therapiesitzungen kaum je Schwierigkeiten. Am Telefon jedoch, wenn ich »Hallo« sagen musste, wurde er zum unüberwindbaren Hindernis, dem ich nur aus dem Weg gehen konnte, indem ich nicht ans Telefon ging.

Charlie gab mir kleine Starter-Tricks an die Hand, um schwierige Konsonanten in den Griff zu bekommen. Dem englischen *w*-Laut, (der ähnlich dem deutschen *u*-Laut mit stark gerundeten Lippen ausgesprochen wird), sollte ich mich mit einem lang gezogenen *uuu* annähern und dann ins *w* gleiten wie in *uuu-we* oder *uuu-was*, wenn ich englische Wörter wie *we* oder *was* sagen wollte. Den *j*-Laut (in der englischen Schreibweise meist *y*) sollte ich über einen verlängerten *iii*-Laut wie in *iii-yes* oder *iii-your* einleiten. Doch manchmal blockierte ich schon bei den Vokalen. Ich war dann nicht in der Lage, das zum *w* hinführende *uuu* zu sagen oder ich blockierte bereits beim *iii*-Laut und bekam das *j* nicht heraus. Es gibt nur eine begrenzte Anzahl von Strategien und Techniken, um dem Stottern Herr zu werden, und wenn auch sie nicht mehr funktionieren, dann haben sich die Möglichkeiten erschöpft.

In jeder einstündigen Sitzung begannen wir mit dem Üben einzelner Konsonanten und gingen dann zu ganzen Wörtern mit diesen Konsonanten über und schließlich zu vollständigen Sätzen, die Wörter enthielten, die mit diesen Konsonanten anfingen. Es gab nur sehr wenig Konversationstraining oder Übungen für spontanes Sprechen. Jungen im Teenageralter oder jünger gehen in der Regel verbal nicht sonderlich aus sich heraus und Übungen solcher Art hätten vielleicht ohnehin nichts gebracht. Für mich ergab sich am Ende jeder Sitzung die Gelegenheit, beim Sprechen Emotionen zu zeigen, und zwar wenn ich die Gedichte im hinteren Teil meines Therapiebuches lesen durfte. Dieselben Gedichte Woche für Woche und Jahr für Jahr. An eines kann ich mich immer noch erinnern. Es fing etwa so an:

Herzen geh'n leicht auf wie Türen
Doch gilt's die kleinsten Schlüssel aufzuspüren.

Nur fand ich nie den Schüssel zum flüssigen Sprechen; Therapie war daher für mich eine zeitraubende Frustration.

Als ich zur Sprechtherapie ging, kamen gerade die ersten Tonbandgeräte zur allgemeinen Verwendung auf den Markt. Charlie empfahl meinen Eltern eines zu kaufen, so dass ich mir beim Üben den Klang meiner Stimme anhören könne. Das Tonbandgerät, eines der ersten einfachen aber riesigen Modelle mit einer großen 20er Spule, wurde für mich zu einem Folterinstrument. Denn ein Tonbandgerät trennt die Stimme von allen emotionalen und kognitiven Elementen, die am Prozess des Sprechens und Zuhörens beteiligt sind. Als ich mich sprechen hörte, war ich über den Klang meiner Stimme entsetzt. Selbst wenn ich Charlies Techniken anwandte und auf passable Art flüssig sprach, waren mir meine Stimme, das Timbre, der Tonfall und ganz einfach alles an meiner Art zu sprechen zuwider.

Als Therapiemittel wirkte das Tonbandgerät wie ein Folterwerkzeug. Es machte mir deutlich, wie es sich anhörte, wenn ich sprach, wodurch der Selbsthass, den ich empfand, wenn ich über mein Stottern nachdachte, nur noch verstärkt wurde. Noch schlimmer war für mich, dass das Tonbandgerät außerdem zu einem Spielzeug für andere wurde. Meine Freunde wollten immer Bandaufnahmen machen. Für die ist es einfach, dachte ich, sie klangen nicht so scheußlich beim Abspielen wie ich. Interessanterweise schien es meine Freunde nicht zu kümmern, dass ich bei den Aufnahmen fast immer stotterte. (Vielleicht waren sie von ihrer eigenen Stimme so angetan, dass sie meiner nicht viel Aufmerksamkeit schenkten.) Nur ich selbst empfand Befremden beim Anhören meiner Stimme. Meine Erfahrung mit dem Tonbandgerät zeigt also einerseits, dass stotternde Menschen überaus kritisch auf ihr eigenes Sprechen reagieren, und andererseits, dass gewisse Aspekte des Stotterns gelernte Verhaltensweisen sind.

Wie ich dieses Tonbandgerät gehasst und gefürchtet habe! Allein der Gedanke, dass jemand es einschalten wollte, erfüllte mich mit Grauen. Meine erste Reaktion war gewöhnlich Vermeidungsverhalten. Ich tat alles Mögliche, um nicht auf das Band sprechen zu müssen, aber den wirklichen Grund dafür, nämlich, dass mir der Klang meiner eigenen Stimme zuwider war, gab ich nicht zu. Stattdessen erfand ich alle möglichen Ausreden, an denen man meine Verzweiflung ablesen kann. Ich sagte zum Beispiel, ich müsse zur Toilette; dann blieb ich so lange dort und las irgendein Heft, bis ich sicher sein konnte, dass ich meinen Einsatz am Mikrofon verpasst hatte. Oder aber ich täuschte vor, dass ich mich nicht wohl fühlte oder Kopfschmerzen hatte, und bat dann meine Freunde nach Hause zu gehen. Ich verinnerlichte meine Angst vor dem Tonbandgerät derart, dass sie ein Eigenleben in mir entwickelte. Das Tonbandgerät wurde für mich zum Inbegriff der Demütigung, was den Klang meiner Stimme betraf. Sogar heute noch empfinde ich beim Anblick eines Tonbandgeräts ein mulmiges Gefühl. Wenn ich gebeten werde, auf eine Tonbandkassette zu sprechen, schnellt mein Stresspegel nach oben und das Gefühl, ein hilfloser, fürchterlich klingender Stotterer zu sein, überwältigt mich. Ich bin dann wieder jenes Kind, das panische Angst zu sprechen hat und den Klang der eigenen Stimme hasst.

Weil mir mein stotterndes Sprechen so zuwider war und ich nie das Gefühl hatte, in der Therapie Fortschritte zu machen, war ich nicht motiviert an meinem Stottern zu arbeiten. Wenn ich etwas bedaure, dann ist es, dass ich nie dazu angeregt wurde, die Verantwortung für meine Fortschritte selbst zu übernehmen. Ich hatte immer den Eindruck, dass alles, was mit meinem Stottern zusammenhing, in den Händen meines Therapeuten lag. Vielleicht kann man aus dieser Erfahrung eines Jugendlichen Lehren ziehen.

Eine Lehre wäre, die Bedeutung des Therapeuten auch darin zu sehen, dass er seinen Patienten, auch jenen im Kindesalter, ein Gefühl aktiver Beteiligung vermitteln sollte. Ein Therapeut kann Jugendlichen zu der Einsicht verhelfen, dass sie genauso wie andere junge Menschen, die Selbstbestimmung erreichen möchten und auch erreichen können, die Kontrolle über das eigene Sprechen haben. Mehr noch, ein Therapeut muss nicht als Autorität in Erscheinung treten, die dem jungen Menschen von besorgten Eltern vorgesetzt wird, sondern eher als Partner, der mit dem Jugendlichen auf vorteil- und gewinnbringende Art zusammenarbeitet.

Die zweite Lehre wäre, die Therapie so zu strukturieren, dass man auf kleine Erfolge und nicht nur auf Langzeitziele hinarbeitet. Kinder wie auch Erwachsene müssen sehen, dass sie Fortschritte machen und dass die Arbeit, die sie in der Therapie leisten, sie wirklich voranbringt. Das flüssige Sprechen eines Kindes, das die jeweilige Technik anwendet, sollte gelobt und gewürdigt werden als Errungenschaft und als Anreiz für künftige Erfolge. Die Unfähigkeit flüssig zu sprechen beziehungsweise die Sprechtechniken erfolgreich anzuwenden, sollte man zumindest Kindern nachsehen. Niemand ist perfekt und das Kind kann es beim nächsten Mal besser machen. Erwachsene hingegen können angeregt werden, ihre unflüssigen Phasen zu analysieren. Was war das Besondere an der Situation, das diese Anspannung auslöste? Was ging schief beim Formen der Worte, das zum Blockieren führte?

Die meisten stotternden Menschen lernen während einer Therapie flüssig zu sprechen, da die unbekannten Faktoren der Außenwelt eliminiert sind, der Therapeut ein Verbündeter wird und es dadurch einfacher ist, langsam zu sprechen und die erlernten Techniken für flüssiges Sprechen anzuwenden. Aber sobald wir den Therapieraum verlassen und in die »reale Welt« zurückkehren, kommt das Stottern wieder. Ich habe nie über längere Zeit flüssig gesprochen, doch während meiner Sitzungen mit Charlie, wenn ich langsam sprach und meine Worte entsprechend dehnte, brachte ich gelegentlich ein oder zwei Sätze perfekt heraus. Warum machten wir weiter? Ich denke, wir wurden von widersinniger Hoffnung und ziellosem Optimismus angetrieben. Was war die Alternative, einfach aufgeben?

Meine Mutter, die mit ansah, wie ich mich in der Therapie abmühte, hatte eine realistische und daher tolerante Einstellung zu den Dingen. Mein Vater dagegen war ganz dem positiven Denken verschrieben und gab nicht auf. Also hielt ich durch. Ich ging zweimal wöchentlich zu Charlie Pellman, denn das war eben mein Programm jeden Dienstag und Donnerstag nach der Schule. Mein Stottern aber schien zu sehr

Teil meiner selbst zu sein und so hatte ich nur wenig Vertrauen in die Therapie. War ich realistisch – oder war es Gleichgültigkeit? Ich wollte einfach mit meinen Freunden am Süßwarenladen herumhängen oder auf der Straße Ball spielen, da ich wusste, dass ich mich in solchen Situationen wohl fühlen würde.

Eines der Probleme mit *Fluency-Shaping*-Programmen ist, dass für viele Stotterer das Ziel flüssig zu sprechen von vornherein zum Scheitern verurteilt ist. Wenn man sich flüssiges Sprechen als Ziel setzt, dann ist jedes gestotterte Wort ein Beweis des Versagens. Mehr noch, wie alle Therapietechniken, sollen Techniken zur Erlangung flüssigen Sprechens einem Menschen helfen, die Auswirkungen von Stress auf das Sprechen zu kontrollieren. Jedoch erzeugt dieses Ziel an sich bei vielen Menschen Stress. Die Furcht vor der Niederlage macht alles nur noch schlimmer. Jedes Mal, wenn man in einer *Fluency-Shaping*-Übung spricht, geht es um Erfolg oder Misserfolg. Manche Patienten reagieren positiv auf die Herausforderung, besonders wenn sie hohe Erfolgsquoten haben. Andere wiederum, und zu diesen würde ich mich zählen, verzagen. Bei der von Charlie Pellman angewandten Therapie ging es um nichts anderes als flüssiges Sprechen. Meine Erfolge waren rar und Niederlagen an der Tagesordnung.

In der Iowa-Therapie hingegen wird betont, dass flüssiges Sprechen nicht das primäre Therapieziel ist. Die von Van Riper entwickelte Therapie zielt darauf ab, das Stottern einer Person zu modifizieren, und zwar durch die Konzentration auf drei Bereiche, in denen Fortschritte erzielt werden können.

1. Die durch Stottern erzeugte Angst, Scham und Furcht wird abgebaut und Patienten lernen, sich selbst und das eigene Stottern zu akzeptieren.
2. Patienten versuchen die Art des eigenen Stotterns zu modifizieren beziehungsweise zu kontrollieren, was ihnen eine Annäherung an flüssiges Sprechen – oder flüssiges Stottern, wie Van Riper es nannte – ermöglicht.
3. Den Patienten, selbst jenen, die im Allgemeinen recht flüssig sprechen, werden Möglichkeiten der Eigentherapie an die Hand gegeben, so dass sie mit dem zwangsläufigen Auftreten von Stottern besser zurechtkommen.

In Van Ripers Therapieprogramm gibt es keine schnelle Art, zum Erfolg zu kommen und keine Garantie für eine Heilung. Bezug nehmend auf seine eigene Erfahrung in privaten Schulen zur Behandlung des Stotterns erklärte er, dass Schnellkuren auch schnell zu Rückfällen führten. Um eine dauerhafte Verbesserung zu erzielen, müssten stotternde Menschen ihre Einstellung zu ihrem Sprechen und auch ihre Technik zu sprechen verändern. Obwohl er selbst zu einem flüssig kommunizierendem Menschen wurde, bestand er immer darauf, dass man Stottern nicht heilen könne, dass man nur lernen könne es zu kontrollieren. Kurz vor seinem Tod im Jahr 1994 schrieb er im Alter von 85 Jahren in einem Brief an den Selbsthilfe-Newsletter *Letting Go*:

> *Im Laufe meines Berufslebens habe ich mit Tausenden von Stotterern gearbeitet, viel Forschung betrieben und mehrere Bücher sowie zahlreiche Artikel zum Thema veröffentlicht. Wichtiger*

noch ist die Tatsache, dass ich selbst all die Jahre gestottert habe und so gut wie alle Arten von Therapien ausprobierte, von der Rhythmikkontrolle und Entspannungsübung, dem langsamen Sprechen und der Atemtechnik bis zur Psychoanalyse und Hypnose. All diese Methoden halfen mir nicht, eine flüssige Sprechweise zu erlangen, die mehr als nur temporär gewesen und nicht von Rückfällen abgelöst worden wäre. Dennoch gelang es mir schließlich, sehr flüssig zu sprechen, obgleich ich weiterhin stotterte.[1]

Er half seinen Patienten, sich über ihr Vermeidungsverhalten klar zu werden und ihr Stottern zu akzeptieren; er verlangte, der erste Schritt ihres Therapieprogrammes müsse sein, unverhüllt zu stottern und offen darüber zu reden. Er bestand darauf, dass sie telefonierten, Angestellte in Geschäften ansprachen, Fremde nach dem Weg fragten und sich allen verbalen Interaktionen stellten, denen sie sich in der Regel entziehen würden. Das Ziel war, durch eine Rationalisierung des Problems den Bann zu brechen und die Angst zu besiegen. War das Stottern erst einmal zum Thema gemacht, konnte man sich objektiv damit auseinandersetzen.

Van Riper und andere Befürworter der Iowa-Therapie forderten ihre Patienten auf, ihr Stottern genauestens zu analysieren und sich zu Experten in Bezug auf ihre eigene Sprechweise zu machen. Wie unterschied sich ihr Handeln bzw. die Situation, in der sie stotterten, von Situationen, in denen sie flüssig sprachen? Gleichermaßen wurden sie aufgefordert, die Reaktionen ihrer Zuhörer beim Stottern zu analysieren. Die meisten stellten fest, dass ihre nicht-stotternden Zuhörer toleranter auf ihr Stottern reagierten als sie selbst. Doch war das Konzentrieren auf den Zuhörer nur ein erster Schritt, eine Übergangsphase in dem Bestreben, die Empfindlichkeit in Bezug auf die Reaktionen des Zuhörers abzubauen. Van Ripers Lehre war darauf ausgerichtet, seine Patienten unempfindlich zu machen; sie sollten sich geistig von ihren Zuhörern distanzieren, Ablenkungen ignorieren und beim Sprechen die Kontrolle behalten können, ungeachtet aller Vorgänge um sie herum.

Van Ripers Hauptansatz zur Modifizierung des Stotterns war absichtliches Stottern: Anstatt das Stottern vermeiden zu wollen, stottert der Patient absichtlich, auf kontrollierte und, so hofft man, flüssige Weise. Wenn man zum ersten Mal davon hört, kommt einem die Idee von absichtlichem Stottern absurd vor. Man geht zur Therapie, um das Stottern loszuwerden. Wie sollte also absichtliches Stottern das Problem lösen? Dazu gibt es eine Reihe von logisch verknüpften Antworten. Erstens wird durch absichtliches Stottern das destruktive Vermeidungsverhalten ausgeschlossen. Denn zwingt man sich zum Stottern, bringt man damit das schwierige Problem, sein Stottern vor anderen offen einzugestehen, automatisch zur Sprache. Außerdem verringert sich die Angst und somit auch der Stress, der mit der Bemühung einhergeht, das Stottern zu verbergen.

Gleichzeitig lernt man, durch absichtliches Stottern sein natürliches Stottern zu modifizieren und somit auf verschiedene Arten zu kontrollieren. Wenn man lernen kann, absichtlich und flüssig zu stottern, hat man theoretisch den eigenen Sprechvorgang unter Kontrolle. Die Methode ist eine alternative Herangehensweise, um flüssiges Sprechen zu ermöglichen. Wenn man flüssig stottern kann, dann sollte man auch in der Lage sein flüssig zu sprechen. Absichtliches Stottern kann auf verschiedene Arten praktiziert werden. Van Riper brachte seinen Patienten das Dehnen ihrer Worte bei. Sie lernten ihr Sprechen zu verlangsamen und ihre Silben zu dehnen, wenn sie einen Block kommen fühlten. Anstatt se-se-so zu spe-spe-spe-sprechen (man beachte den unnötigen Schwa-Laut *e* in den gestotterten Silben), verlangsamt der Patient die Sprechgeschwindigkeit und deeeehnt ... diiiie ... Sssssiiiil ... ben ... deeeerart. Dabei wird langsam und gleichmäßig ausgeatmet und ein Wort mit dem nächsten verbunden (diese Technik ähnelt dem Pellman-Konzept der »Kontinuität«).

Viele Menschen stottern auch bei ihren Versuchen absichtlich zu stottern, zum Beispiel nach der Wortdehnung, wenn sie den folgenden Konsonanten artikulieren wollen. Der einfallsreiche Van Riper, immer experimentierfreudig und darauf aus, den individuellen Bedürfnissen seiner Patienten nachzukommen, empfahl drei weitere Techniken zur Modifizierung des Stotterns:

Nachbesserung[2]: Manchmal ist eine Blockade nicht zu verhindern. Doch kann man in diesem Fall pausieren und die Spannung abklingen lassen. Dann wiederholt man das Wort, das den Block ausgelöst hat, mit bewusstem und kontrolliertem Stottern, um so zu beweisen, dass man ein Wort, bei dem man soeben blockiert hat, durch absichtliches Stottern artikulieren kann.

Pull-Out: Anders als bei der Nachbesserungsmethode, in der das gestotterte Wort abgebrochen und dann wiederholt wird, löst sich der Stotterer aus der Blockierung, indem er direkt in verlangsamtes und gedehntes Sprechen übergeht.

Vorbereitende Einstellung: Um einem erwarteten Block entgegen zu wirken, versucht der Patient, sobald er ihn kommen spürt, sich dem Wort mit gedehntem Sprechen zu nähern.

Van Ripers Therapie war kein festgeschriebenes Regelwerk. Er betrachtete diese Techniken als Therapiewerkzeuge, nicht als Anleitungen zu sicherem Erfolg. Wenn zum Beispiel die Technik der Nachbesserung bei einigen Patienten nicht wirkte, bestand er nicht auf ihre Anwendung. Das Ziel war nicht die Beherrschung der Technik *per se*, sondern die Beherrschung des kontrollierten Sprechens – mit welchen Mitteln auch immer.

Ein Nachteil der Van-Riper-Methoden ist das erforderliche Ausmaß an Konzentration bei der Anwendung der Techniken. Man nähert sich einem gefürchteten Wort – was tut man am besten? Versucht man das Stottern durch eine vorbereitende Einstellung abzuwenden? Oder versucht man, das Wort in Angriff zu nehmen und es im Falle eines Blocks mittels eines Pull-Out zu Ende zu sprechen? Oder verwendet man eine Nachbesserung, falls diese Methode nicht funktioniert?

Der Versuch, das eigene Sprechen zu kontrollieren, kostet viel Energie. Im Hinblick darauf entwickelte Wendell Johnson seine eigene Form des absichtlichen Stotterns. Wenn sich Stottern (oder in Johnsons eigener diagnosogenen Terminologie das, was der Zuhörer als Stottern definiert hat) durch absichtliches Stottern vermeiden lässt, dann müsste sich stotterfreies Sprechen erreichen lassen, indem die Kontrolltechniken ignoriert werden und man umso betonter und bewusster stottert. Johnson verzichtete also auf all die komplizierten Strategien von Van Riper, sowohl in seinen Therapiemethoden als auch in seiner eigenen Sprechweise, und propagierte eine Form des absichtlichen Stotterns, die als *Bounce* bekannt werden sollte.

In der *Bounce*-Technik wird der erste Laut oder die erste Silbe eines Wortes absichtlich wiederholt. Anstatt zum Beispiel bei dem Wort *Baby* unkontrolliert zu stottern, wie bei *be-be-bey-be-bi*, spricht der Stotterer in der *Bounce*-Methode *bey-bey-bey-bi-bi*, wiederholt also bewusst und langsam (beziehungsweise absichtlich stotternd) die zwei Wortsilben mit den schwierigen *b* Verschlusslauten. Wie die *Bounce*-Technik eingesetzt wird, kann ganz nach Belieben gewählt werden. Man kann den *Bounce* zum Beispiel nur bei der ersten Silbe durchführen und *bey-bey-bi* sagen oder bei der zweiten Silbe absichtlich stottern und *bey-bi-bi-bi* sagen. Das Wichtige bei der Methode ist, dass Stotterer selbst entscheiden können, wie viele Wiederholungen notwendig und wo diese anzusetzen sind, um das Wort flüssig herauszubringen. Wie Van Riper hatte auch Johnson die Absicht, seinen Patienten durch Modifizieren ihres Stotterns zu einer kontrollierten Sprechweise zu verhelfen. Während Van Riper seine Patienten an ihrer Kontrolltechnik arbeiten ließ (eine Anstrengung, die eine große Portion Selbstdisziplin und Konzentration erforderte), war Johnson der Ansicht, dass sich die Kontrolle einfacher erreichen ließe, wenn seine Patienten von vornherein absichtlich stotterten.

Wie aber bestimmt jeder stotternde Mensch, der eine Therapie durchgemacht hat, weiß: Was in der Therapie funktioniert, lässt sich nicht ohne weiteres in der Welt der schnell Sprechenden, der ungeduldigen Zuhörer, der Autoritätspersonen und der öffentlichen Szenarien umsetzen, in einer Welt also, in der Worte Bedeutungen haben und ›wie‹ man spricht genauso viel zählt wie ›was‹ man sagt. Absichtliches Stottern, auf welche Art auch immer man es versucht, ist schwierig. Als ich in den frühen 1960er Jahren in Dr. Bloodsteins Therapieraum im Brooklyn College zum ersten Mal mit dieser Technik in Berührung kam, fand ich diese Vorstellung sehr abwegig. Obwohl ich seine Praxis aus eigenem Wunsch besuchte (ich war damals 23 Jahre alt), war ich immer noch in der Verleugnungsphase, was mein Stottern betraf, und zu stolz zu zeigen, dass ich absichtlich stottern musste, um mein natürliches Stottern zu kontrollieren.

Das Verrückte an der Sache, wenn ich jetzt darüber nachdenke, war aber nicht das absichtliche Stottern, sondern meine Einstellung dazu. Ich selbst war das Problem, nicht die Methode absichtlich zu stottern. Ich stotterte lieber in unkontrollierter Weise mit störenden, angespannten Blockaden, anstatt flüssig und ohne Blockaden mit kontrollierten Wiederholungen. Diese absurde Einstellung hatte mehr mit dem Machtanspruch meiner Identität und meinem Stolz zu tun als mit meiner natürlichen Veranlagung zum Stottern. Wenn ich normal stotterte, wusste ich, wer ich war. Wenn ich absichtlich stotterte, war das nicht mehr der Fall. Absichtliches Stottern war ein Eingeständnis, dass meine Sprechweise verbessert werden musste. Ich verleugnete lieber vor mir selbst, dass mir mein Stottern tatsächlich höchst unangenehm war, als dass ich die Verantwortung übernommen hätte, die Art meines Stotterns auf positive Weise zu verändern.

ANMERKUNGEN

[1] »Eine Nachricht von Charles Van Riper«, *Letting Go*, April 1991.

[2] Der deutsche Begriff wurde von A. Starke in seiner Übersetzung des Buches von Van Riper (1973) für den Originalbegriff »Cancellation« eingeführt (Anm. d. Übers.).

11. Das zweischneidige Schwert der Verleugnung

Dieselben Kinderpsychologen, die meinen Eltern fälschlicherweise rieten, meinem Stottern nicht allzu viel Bedeutung beizumessen, da es sich wahrscheinlich von selbst geben würde, gaben ihnen auch den Rat, mich in allem zu unterstützen, was ich gut konnte und gerne tat. Mein Selbstvertrauen zu hegen und zu pflegen und mich in meinem Selbstwertgefühl zu bekräftigen, war ein guter Rat und meine Eltern nahmen ihn ernst. Daher hielten sie mich nie von den Dingen ab, die ich tun wollte, selbst wenn das, was ich am liebsten tat – nämlich mich mit meinen Spielkameraden an der Ecke Creston Avenue und 178te Straße in der Bronx herumtreiben – eigentlich nicht ihren Vorstellungen entsprach.

Wendell Johnson sprach von »kultureller Vererbung«, einer von Generation zu Generation weitergegebenen Einstellung zum Sprechen und anderen Dingen. Ich habe, wie schon erwähnt, einen natürlichen, unkomplizierten Optimismus geerbt, der mir nicht nur ein Gefühl der Zugehörigkeit zu meiner Kultur gab, sondern auch den Glauben, dass ich anderen um nichts nachstand. Ich hatte mein Vergnügen daran, wenn ich an einer Unterhaltung teilnehmen konnte, ob sie an der Straßenecke oder am Küchentisch stattfand. Die Realität war jedoch, dass mir der größte Teil der Welt verschlossen blieb, weil ich keinen Zugang zu ihr hatte. Mein Verlangen nach Wortgefechten wurde durch die von mir empfundene verbale Unzulänglichkeit gedämpft. Ich war nicht bereit vor jemandem zu stottern, der nicht schon von meinem Stottern wusste. Und da ich selbst vor jenen, die mich kannten, nur ungern stotterte, betrachtete ich mich wie ein Kind, das nicht zu allem und jedem Zugang hat. Und dennoch ruhte ganz tief im Inneren meiner Seele das Bewusstsein, dass dieser Zugang nicht wirklich verbaut war. Meine Sprechangst war nur eine recht dünne Wand, die mich behinderte. Dahinter aber lag ein Zugehörigkeitsgefühl, das ich automatisch von meinen Eltern übernommen hatte. Das in mir vorhandene Sprechverlangen war allgegenwärtig und es wollte immerzu heraus. Um also mit meiner Sprechangst und meinem gleichzeitigen Sprechbedürfnis fertig zu werden, lernte ich vorsichtig zu leben, mich auf das zu konzentrieren, was ich problemlos bewältigen konnte, mich also vor Demütigungen zu schützen, denen ich ausgesetzt war, sooft ich den Mund aufmachte, und meinen Einstieg in die Konversation selbst zu wählen.

Kinder sind unverwüstlich. Sie wissen, wie sie sich zu schützen haben und wie sie mit den Dingen fertig werden. Meine Bewältigungsstrategie war, meine eigenen Grenzen genau zu kennen, innerhalb dieser aber mein Bestes zu geben und alles andere zu vermeiden. Da ich clever und auch sportlich war, machte ich offensichtlich den Eindruck, immer gut zurecht zu kommen: Ich war gut in der Schule und im Sport, immer guter Dinge, nie ohne Spielgefährten und immer von Freunden umringt. Aber ich riskierte nichts. Ich schloss Freundschaften und begnügte mich dann damit. Ich blieb einer Vergangenheit treu, in der ich mich eingerichtet hatte und wünschte mir, dass sich niemals etwas ändern würde.

Viele stotternde Menschen erinnern sich, wie sie von anderen Kindern ausgelacht und geärgert wurden. Besonders Männer erzählen, wie sie als Jungen ihre Fäuste gebrauchten, weil sie sich nicht mit Worten wehren konnten. In seinem Buch *Tangled Tongue*[1], einem autobiografischen Werk zum Thema Stottern, schreibt Jock Charlisle: »Kleine Jungen mit ausgeprägtem Stottern neigen dazu, ihrer Frustration auf explosive Weise Luft zu machen und auf den nächstbesten Peiniger einzuschlagen. Mein Vater war verständlicherweise ungehalten, als er von den Eltern eines Jungen eine gehörige Zahnarztrechnung für die Wiederherstellung seiner Vorderzähne erhielt, da er den Fehler gemacht hatte mein Stottern nachzuäffen.«

»Wenn man mich hänselte, schlug ich zu«, schreibt ein College-Student namens Jason. »Warum? Weil ich mich nicht wie alle anderen mit Worten verteidigen konnte. Ich lernte also, mich bei einer Konfrontation mit den Fäusten zur Wehr zu setzen, weil mir die nötige Zungenfertigkeit fehlte.«[2]

Als eines der jüngsten Kinder in meiner Straße war ich irgendwie der Liebling der älteren und fühlte mich immer sicher. Ich kann mich nicht erinnern, dass ich mich je wegen meines Stotterns hätte verteidigen müssen. Ich erinnere mich aber sehr wohl daran, dass meine älteren Freunde mich aufhetzten, mich mit anderen Kindern anzulegen. Mit meinen Freunden auf meiner Seite (und weil ich sie zufrieden stellen wollte) hielt ich mich aus solchen Kämpfereien auch nicht heraus. Einmal stachelten sie mich zu einer Schlägerei mit einem übergewichtigen Jungen namens Bobby an. Während meine Freunde sich nie über mein Stottern lustig machten, zumindest nicht in meiner Gegenwart, verspotteten sie Bobby andauernd, weil er dick war. Die älteren unserer Clique schauten gerne dabei zu, wie wir es ausfochten, da wir so unterschiedliche Kampfstile hatten. Ich war mager, hatte aber flinke Hände, wie ein richtiger Boxer. Bobby bewegte sich schwerfällig, doch wenn er es schaffte, mich auf den Boden zu kriegen und auf mir zu sitzen, ging mir die Luft aus. In einer unserer zahlreichen Schlägereien gelang es mir, ihn mitten ins Gesicht zu treffen. Blut quoll ihm aus der Nase und er fiel auf die Knie. Meine Freunde hielten meinen Arm triumphierend hoch und nannten mich den Champion der Creston Avenue. Bobby schlich heulend alleine davon. Als ich später darüber nachdachte, was passiert war, kamen auch mir die Tränen. Statt meinen Sieg auszukosten, identifizierte ich mich mit meinem Opfer. Vermutlich rationalisierte ich die Dinge damals nicht wie heute, doch war mir anscheinend bewusst geworden, dass ich als stotterndes Kind den Angriffen anderer ebenso ausgesetzt war wie mein dicker Freund Bobby.

Alles in allem aber schienen meine Jugendjahre recht unbehelligt verlaufen zu sein, auch in Situationen, in denen meine älteren Beschützer nicht um mich waren. Mein Schulweg führte an einer katholischen Schule vorbei. In den frühen 1950er Jahren waren stereotype Vorstellungen in Bezug auf Religion noch viel weit verbreiteter als heute und es gehörte daher zur Normalität des Alltags, dass die katholischen Kinder den jüdischen Kindern, die auf dem Schulweg bei ihnen vorbeigehen mussten, auf erpresserische Weise Geld abverlangten. Einer der Anführer der katholischen Bande, ein strammer irischer Junge namens Tommy O'Connor, war besonders berüchtigt. Vielleicht weil ich weder weglief noch heulte oder nachgab, wenn seine Bande mich anhielt, oder aber vielleicht weil ich stotterte, machte sich Tommy O'Connor zu meinem Beschützer. Er grüßte mich freundlich, wenn ich vorbeiging. »He Marty, du bist okay«, rief er dann jedes Mal aus, um mir auf die damals übliche Art sein Wohlwollen mitzuteilen. Derartige Erfahrungen ließen mich mein Stottern einigermaßen milde sehen. Solange ich mich innerhalb meiner sicheren und genau definierten Grenzen bewegte, hatte ich nicht das Gefühl, dass es mir unüberwindbare Probleme bereitete.

Die Menschen benutzen Sprache aus den verschiedensten Gründen, nicht nur zum Zweck der Kommunikation und Information. Für manche Leute ist Sprechen eine direkte Fortsetzung ihres Egos. Sie sprechen um anzugeben, in einer bestimmten Situation zu dominieren oder um das Thema einer Unterhaltung zu bestimmen. Für viele redselige Menschen ist Sprechen ein Verteidigungsmechanismus. Sie sprechen nicht so sehr, um mit anderen zu kommunizieren, sondern um zu verhindern, dass ihnen selbst persönliche, intime und die Wahrheit zutage bringende Fragen gestellt werden. Aus Angst vor dem Kontakt halten sie andere durch einen Redeschwall auf Abstand. Ich habe einen Freund, dessen unterhaltsame Nonstop-Kommentare über das Leben anderer die Leute daran hindern, ihm selbst persönliche Fragen zu stellen. Ich habe andere Freunde, die dauernd Witze reißen. Ich höre mir ihre Tiraden gerne an, doch komme ich diesen Menschen nicht wirklich nahe. Ihr humoristisches Talent wird zur Barriere, die mich und andere auf Distanz hält.

Für mich war Sprechen immer ein Mittel, um mit anderen Kontakt aufzunehmen. Manche Menschen, für die Sprechen etwas Selbstverständliches ist, können durch Berührung, ihr Auftreten, ein freundliches Lächeln oder durch Blickaustausch Kontakt herstellen. Ich habe auch heute noch, obwohl weniger ausgeprägt als früher, das Bedürfnis, Kontakt durch Sprechen herzustellen. Sprechen, und selbst gestottertes Sprechen, ist für mich eine Bestätigung, dass ich lebe. Mein Schweigen ist mir daher ebenso zuwider wie mein Stottern. Mein Stottern ist eine Tatsache, Schweigen jedoch ist ein Eingeständnis, dass das Stottern sich auf mein Leben auswirkt. Als der Schweigsame in einer lautstarken Unterhaltung fürchtete ich oft, ins Nichts zu verschwinden, wenn ich nicht auch das Wort ergriff. Ich war also gezwungen zu sprechen, auch wenn es nur ein kurzes zustimmendes Knurren oder ein Aufmerksamkeits heischendes »He, ich bin auch noch da!« war.

Als Erwachsener werden mir hin und wieder Komplimente gemacht für meine präzisen Formulierungen, für meine Unumwundenheit und Sachlichkeit. Diese Eigenschaften – soweit man sie mir wirklich zuschreiben kann – sind das Ergebnis der in meiner Jugend entwickelten Bewältigungstaktiken. So sehr ich den Wunsch oder vielmehr das Bedürfnis zum Sprechen hatte, so wollte ich dennoch das, was ich zu sagen hatte, so schnell wie möglich erledigen. Der Versuch, mehr als einen Satz auf einmal herauszubringen, war immer riskant. Ich benutzte also weder ausgefallene Worte, die mich zum Stottern gebracht hätten, noch hielt ich langatmige Reden, die die Aufmerksamkeit auf mein unflüssiges Sprechen gelenkt hätten.

Die Herausforderung lag für mich darin, den Moment meines Einsatzes zu bestimmen. Ich wollte die Anerkennung der anderen in einer Konversation gewinnen, ohne ihre Aufmerksamkeit auf das störende Stottern zu lenken. Ich wusste zum Beispiel, dass ich nicht stotterte, wenn ich meine Gedanken für den Schluss der Ausführungen anderer aufhob. Mir war damals nicht bewusst, dass ich damit das Prinzip der Maskierung benutzte, um meinen bescheidenen Beitrag zur Unterhaltung zu leisten. Stotternde Menschen stottern gewöhnlich nicht, wenn sie ihre eigene Stimme nicht hören. Indem ich mich in die Unterhaltung einfädelte, während ein anderer noch redete, konnte ich die Stimme des anderen zur Tarnung meiner eigenen Stimme nutzen. Auf diese Weise konnte ich ein paar Worte flüssig sprechen und mein Selbstvertrauen festigen, sodass ich manchmal sogar einen ganzen Satz flüssig herausbrachte. Doch wollte ich nie allzu große Wagnisse eingehen.

Meinen Einsatz an das Ende der Ausführungen eines anderen anzukoppeln, war aber immer mit dem Risiko verbunden, die sprechende Person zu unterbrechen. Da man mir gute Manieren beigebracht hatte (und ich angesichts meiner durch Stottern verursachten Unsicherheit nie auffallen wollte) vermied ich, anderen das Wort abzuschneiden und sie zu verärgern. Also versuchte ich mich ganz gezielt und präzise in Unterhaltungen einzuschalten. Das führte dazu, dass ich ausgesprochen sensibilisiert auf die Sprechmuster anderer reagierte und zu erkennen lernte, wann ihre verbalen Energien zu Ende gingen und ich unbeschadet einsteigen konnte. (Gleichzeitig aber bin ich sehr ungeduldig und kann auch heute noch wütend werden, wenn ein Sprecher meinem Ermessen nach am Ende seiner Rede angelangt ist und trotzdem weiter redet.) Ich erkannte auch, dass Leute es gern haben, wenn man ihnen beipflichtet. Deshalb fingen meine kurzen Beiträge auch immer mit einer enthusiastischen Zustimmung dessen an, was die von mir unterbrochene Person soeben geäußert hatte.

Wenn meine zustimmenden Äußerungen auch von der Tatsache ablenkten, dass ich andere unterbrach, so limitierte dieser Sprechstil doch gewaltig die Substanz meiner Beiträge. Um überhaupt zu Wort zu kommen, musste ich mit einer positiven Feststellung aufwarten. Ich konnte mich nicht aufs Argumentieren einlassen, anderer Meinung sein oder irgendetwas sagen, das nicht mit dem allgemeinen Tenor der Unterhaltung übereinstimmte. Zur Darlegung meiner eigenen Sichtweise, wäre die Verwendung mehrerer Worte erforderlich. Ich traute mir jedoch nicht zu, meinen eigenen Standpunkt in flüssiger Sprechweise zu verteidigen, und glaubte außerdem, dass mein Stottern meine Argumente schwächen würde. Ich bezweifelte, dass jemand, der nicht flüssig sprechen konnte, ernst genommen würde. Mein Sprechstil verlieh mir wohl den Eindruck, ein sehr umgänglicher und konform denkender Mensch zu sein. Hätte jemand gesagt: »Wissen Sie, dass die Erde flach ist«, wäre ich genau an dem Punkt in den Satz eingefallen, wo der Sprecher vom fl... zum ...ach übergeht und hätte beflissen zugestimmt. Ob die Aussage, die ich bekräftigte, richtig oder falsch, intelligent oder dämlich war, spielte für mich keine Rolle. Es ging mir einfach darum etwas zu sagen und so mit einem anderen Menschen Kontakt aufzunehmen. »Ich denke, also bin ich«, sagte der französische Philosoph René Descartes. »Ich spreche, also bin ich«, sage ich darauf. Ich bestätige meine Existenz, indem ich an einer Unterhaltung teilhabe.

Im Prinzip handelte es sich um eine Art der Kompensierung. Weil ich das Sprechen fürchtete, nahm es einen übermäßig hohen Stellenwert ein. Da ich nicht artikuliert sprechen konnte, suchte ich nach Möglichkeiten, mich symbolisch zu äußern. Dabei ging es mir weniger darum, was ich sagte, sondern vielmehr, dass ich etwas sagen konnte – egal was. Hauptsache, ich wurde gehört. Meine verzweifelte Vorstellung, dass ich mich irgendwie in Nichts auflösen würde, wenn ich mich nicht durch mein Sprechen behaupten könnte, hatte eine positive Auswirkung. Während viele Stotterer Sicherheit im Schweigen finden und ihre Kindheit durchleben, indem sie so wenig wie eben möglich reden, gab mir das Entsetzen vor dem eigenen Schweigen den Mut zu sprechen. Mein Beitrag zu einer Unterhaltung, wie geringfügig er auch immer sein mag, gibt mir heute noch Auftrieb und ich fühle mich nachher wie Gene Kelly in »Singing in the rain«.

Was manche als tendenziöses Vermeidungsverhalten in mir interpretierten, sah ich dagegen als meine Entschlossenheit, aus allem das Beste zu machen. Indem ich mich auf meine Stärken konzentrierte, das heißt indem ich herausfand, was ich gut konnte und mich dann auf genau das beschränkte, war es mir möglich, all die selbst auferlegten Beschränkungen zu ignorieren. Es gab so viele Dinge, die ich einfach nicht tat. Ich sprach nicht mit Fremden. Ich redete nur ungern mit Erwachsenen oder Autoritätspersonen und Leuten, die über mein Stottern nicht Bescheid wussten. Wie bereits erwähnt, führten meine Eltern ein reges gesellschaftliches Leben und schleppten mich immer zu Wochenendbesuchen bei ihren Freunden mit. Das ging nie ohne Streit ab, denn ich ließ mich nur höchst ungern vom Spiel mit Freunden an der Straßenecke wegholen – von Situationen also, in denen ich mich wohl fühlen konnte, was mein Sprechen anging. Ich fühlte mich so sicher in dem begrenzten Bereich, dass ich keine Notwendigkeit sah, mich über diese Grenzen hinaus zu begeben und meinen Horizont zu erweitern oder gar eine Verbesserung anzustreben. Innerhalb der Sicherheitszone, die ich mir geschaffen hatte, konnte ich mir einreden mit allem zurecht zu kommen.

Der Sprechtherapeut Woody Starkweather fand eine treffende Beschreibung für meine Bewältigungsstrategien. »Die meisten Stotternden, mit denen ich zu tun hatte«, so schrieb er in einer Internet-Diskussion,

> *sind aufgrund ihres Stotterns so verletzt, beschämt und verängstigt, dass sie eine Reihe von Verteidigungsmechanismen entwickeln, um ihren Kummer auf ein Minimum zu beschränken. Eine der häufigsten dieser Verhaltensweisen ist Selbstverleugnung. Manchmal können diese Leute dem Schmerz nur entkommen, indem sie so tun, als sei er nicht vorhanden, oder aber sie retten sich in ablenkende Gedanken und konkurrierende Gefühle. Oder sie versuchen andere Wege zu finden, während dieser schwierigen Momente einfach nicht anwesend zu sein; Momente, in welchen einem nichts über die Lippen kommt oder das, was herauskommt, peinlich und angstbesetzt ist. Das einzige Problem mit der Verleugnungsstrategie ist, dass sie einen zwar vor dem Schmerz schützt, aber auch eine Auseinandersetzung mit der Problematik verhindert.*[3]

Verleugnung, so wie ich sie erlebte, ist sowohl ein Akt der Tapferkeit als auch ein Akt der Selbstzerstörung. Indem ich mich auf das konzentrierte, was ich gut konnte, grenzte ich die Auswirkungen des Stotterns auf mein Leben ein. Ich stärkte dadurch mein Selbstvertrauen und gelangte zu einer positiven und optimistischen Einstellung. Es gibt viele Stotterer, die als Kinder von ihren Schwierigkeiten überwältigt wurden und sich als Erwachsene nur an jene Schwierigkeiten erinnern. Ich selbst erinnere mich nur an gute Dinge. Wie schon in meiner Jugendzeit fällt es mir auch heute nicht schwer zu leugnen, dass mein Stottern zu Entbehrungen geführt und mir Kummer und Leid bereitet hat.

In einer alten Fernsehserie mit Steve Allen spielte ein bekannter Komiker, Don Knotts, die Rolle des »Mannes auf der Straße«. Knotts trat mit hervortretenden Augäpfeln vor die Kamera, den Kopf heftig schüttelnd, den ganzen Körper von Zuckungen befallen, als zapple er wie wahnsinnig unter elektrischen Schlägen von Megavoltstärke. Steve Allen, der einen Zeitungsreporter spielte, fragte Knotts, ob er nervös sei. Daraufhin wurde Knotts für einen kurzen Augenblick ganz ruhig, als wäre der elektrische Strom plötzlich abgeschaltet worden, und antwortete mit gespieltem Erstaunen darüber, wie ihm jemand eine so unwesentliche Frage stellen konnte, mit einem kurzen »Nö«. In dieser sehr lustigen Szene erkannte ich sofort mein eigenes Verleugnungsverhalten.

Ob das Stottern ein Problem für mich ist?

Die meiste Zeit meines Lebens beantwortete ich diese Frage stets mit unechter Gefasstheit und eingeübter Gelassenheit. Ich ließ mein charmantestes Lächeln spielen und schluckte meine Lüge hinunter: »Ne-ne-ne-nö!«

Die Leute bekundeten dann, wie tapfer ich sei und wie wunderbar sie es fänden, dass ich, obwohl ich eine so schwerwiegende Behinderung hätte, mich davon nicht unterkriegen ließe.

Empfand ich ihre Komplimente als wohltuend?

Klar!

Glaubte ich sie?

Nö.

Und sobald der Glanz meines Täuschungsmanövers verblasst war, machte sich die harte Wahrheit bemerkbar. Ich fühlte mich dumm, erniedrigt, beschämt und verängstigt. Nicht nur, weil ich stotterte, sondern auch weil mir das Lügen so leicht fiel. Die ehrliche Antwort wäre gewesen, dass mein Stottern ein mein Leben beherrschendes Faktum war. Es war mein Schatten, ein Gespenst, die innere Dunkelheit. Irgendwie hatte ich aber auch Glück dabei. Ich stotterte immerhin so oft, dass ich mich von den tagtäglichen Stotterblockaden nicht mehr deprimieren ließ. Wenn ich auch mein Stottern nicht verbergen konnte, so konnte ich zumindest versuchen, den Kummer, den es mir bereitete, zu verheimlichen. Dazu musste ich mich abhärten, ähnlich einer jungen Pflanze, die sich Wind und Wetter anpassen muss, um nicht einzugehen. Also lernte ich mein Leid zu verdrängen und meine Gefühle zu unterdrücken. Ich lernte auch, mich peinlichen Situationen so schnell wie möglich zu entziehen. Wie der große Ali lernte ich, »wie ein Schmetterling zu tänzeln«, um den harten Schlägen, die das

Leben austeilt, auszuweichen.

Meine Verleugnungstaktik hielt mich zwar davor ab, mich gänzlich zurückzuziehen und mich meinen Stotterängsten hinzugeben, aber sie führte auch dazu, dass ich mehrere Gelegenheiten zur Verbesserung meines Sprechens nicht wahrnahm. Mein Sprechtherapeut wollte zum Beispiel, dass ich täglich eine halbe Stunde langsames und flüssiges Sprechen übe. Das machte ich aber nicht. Ich kam nicht über die erste Übung hinaus, in der ich die fünf Vokale *a*, *e*, *i*, *o* und *u* langsam aussprechen musste, ohne dabei anzufangen zu weinen. Denn Sprechübungen kamen dem Eingeständnis gleich, dass ich ein Problem hatte, dass ich irgendwie ein Sonderfall war. Sprechübungen untergruben auch das positive Selbstbild, das ich unbedingt aufrecht erhalten wollte. Sie bedeuteten die Konfrontation mit einer Realität, die ich nicht wahrhaben wollte.

In meinem Denken gab es einen konkreten Unterschied zwischen Peinlichkeit und Demütigung. Eine peinliche Situation war für mich etwas, das ich schnell abschütteln und vergessen konnte – zum Beispiel wenn ich vor einem Unbekannten ins Stottern geriet oder jemand beim Telefonieren mit mir den Hörer auflegte oder mich einfach stehen ließ, wenn ich mitten im Gespräch zu stottern anfing. So etwas war mir zwar unangenehm, aber mein Selbstvertrauen kam schnell wieder zurück. Demütigung hingegen empfand ich als tiefe Verletzung. Auslösend war oft nicht eine Stottersituation direkt sondern das Gefühl, als Stotterer erkannt worden zu sein, als eine Person mit einer Behinderung, als Mensch mit einem Fehler. Die Beschämung als solcher identifiziert zu werden, das »S« quasi um den Hals hängen zu haben, war so übermächtig, dass sie sich tief in mein Bewusstsein eingrub. Wenn ich mir eine solche Situation, in der ich mich gedemütigt fühlte, nach vierzig Jahren wieder ins Gedächtnis rufe, so fühle ich jetzt noch, welchen Schlag es mir innerlich versetzte und wie sich mein Magen zusammenzog.

Das Demütigende an einer Situation konnte etwas ganz Alltägliches wie ein kurzer Blick in meine Richtung sein. Als Jugendlicher schaute ich mir mit einer Freundin den britischen Film *I'm All Right, Jack* an. In einer Szene dieser Komödie stottert ein alter, zerfurchter Gewerkschafter ganz fürchterlich in einem so gut wie unverständlichen Versuch, seine Zustimmung für den Streik zu artikulieren. Die Szene ist ein billiger Seitenhieb gegen die breite Masse der Gewerkschaftsmitglieder und vermittelt, dass sie ihre Gründe für das Streiken nicht wirkungsvoll artikulieren können. Doch nicht die regressive politische Aussage des Films war es, die mich traf. Was mich zutiefst verletzte war, dass meine Freundin mich aus den Augenwinkeln beobachtete um herauszufinden, wie ich auf den Stotterer im Film reagierte. Sie hatte offensichtlich richtig eingeschätzt, dass ich mich mit ihm identifizierte und war ganz einfach neugierig auf meine Reaktion. Wäre ich damals schon fähig gewesen, mich mit meinen Gefühlen hinsichtlich des Stotterns auseinanderzusetzen, hätte ich sie vielleicht nach dem Kino in eine faszinierende und unsere Freundschaft festigende Unterhaltung hineingezogen. Der Gedanke an diese Möglichkeit vielleicht zu sagen, »Mir gefiel die Art nicht, wie sie den Stotterer im Film eingesetzt haben«, ging mir durch den Kopf, doch ich verwarf ihn schnell wieder. Stattdessen interpretierte ich ihren Blick so, als wolle sie sich vergewissern, dass ich von der Darstellung auch tatsächlich so peinlich berührt war, wie ich es ihrer Ansicht nach (beziehungsweise der Ansicht nach, die ich auf sie projizierte) auch sein sollte.

Ich ließ mir nichts anmerken. Meine übliche Reaktion war, jegliche Emotionen durch stählerne Härte zu unterdrücken. »I'm all right, Lynn«, gab ich ihr ganz im Sinne des Films durch meine eisige Körpersprache zu verstehen. Aber ich fühlte mich nackt und bloßgestellt, als wären alle meine Versuche mein Stottern zu verbergen nun durchschaut. Obwohl ich im Gespräch mit ihr oft gestottert hatte und mich nicht der Illusion hingab, mein Stottern wäre ihr verborgen geblieben, konnte ich nicht akzeptieren, dass sie mich als den erkannte, der ich war. Und ich war – oder genauer gesagt, ich glaubte ich war – ein Stotterer und sonst nichts. Obwohl sie und ich im selben Apartmentblock wohnten und unsere Familien befreundet waren, riskierte ich niemals wieder eine Unterhaltung mit ihr. Sie wusste von meinem dunkelsten Geheimnis – nicht dass ich stotterte, sondern dass ich mich schämte einzugestehen, dass ich unter meinem Stottern litt.

Warum bestand ich so beharrlich auf meinem Optimismus, leugnete so hartnäckig, dass ich Probleme hatte? Ich weiß nicht, von wem ich meine positive Einstellung hatte, außer vielleicht von meinem Vater. Er war ein großzügiger Mensch und dabei ein geschickter Orchestrator: Von seinem Podium aus versuchte er mit dem Taktstock in der einen und der Brieftasche in der anderen Hand das Leben seiner Mitmenschen zu dirigieren. Negativität ließ er nicht gelten; er bezeichnete sie als etwas, das »seinen Plänen entgegen lief«. Er fand es schwierig Rückschläge zu akzeptieren, ob sie sein eigenes Leben oder meine Sprechfertigkeit betrafen.

Mein Vater, so glaube ich, wünschte sich seinen Tod im Alter von 65 Jahren herbei, weil er nicht mit der schmerzlichen Erfahrung zerschlagener Illusionen und einem gebrochenen Herzen fertig werden konnte. Zuerst war es sein Protegé, sein junger Geschäftspartner, den er als frisch qualifizierten Jura-Diplomanden direkt von der Universität in die Firma aufgenommen und dann beim Fälschen der Bilanzen und Stehlen von Firmengeldern ertappt hatte. Dann war es der Tod meiner Schwester Ruth, die im Alter von 35 Jahren an Krebs starb. Mit diesen beiden Schicksalsschlägen, besonders dem Tod meiner Schwester, verlor er seinen Glauben an Gott und sein Interesse am Leben. Mit seiner Art von Optimismus zu leben ist vergleichbar mit dem Versuch, auf dem Akrobatenseil Fahrrad zu fahren. Man darf nicht anhalten und hinunterschauen. Um das Gleichgewicht zu halten, muss man nach vorn schauen und ohne Unterbrechen in die Pedale treten. Mein Vater hörte auf in die Pedale zu treten und stürzte ab. Ich trete weiterhin die Pedale.

Ich hatte den Elan meines Vaters, doch war er gedrosselt durch ein Gefühl stiller Verzweiflung. Mir hat immer gefallen, was Jack Kennedy gesagt hatte: »Life is unfair«. Ich gehöre einer anderen Generation an. Ich hatte die Unterstützung von guten Psychotherapeuten (die aus der Psychotherapie resultierende Einsicht und Selbsterkenntnis sind Dinge, die von Männern der Generation meines Vaters abgelehnt wurden) sowie von guten Freunden. Wichtiger noch ist aber, dass mich mein Stottern härter und gegen Schmerz unempfindlicher gemacht hat. Ich lebe in der ständigen

Erwartung, dass der Zuhörer bei meiner ersten Blockierung entweder lacht oder sich abwendet, oder etwas tut, das mich peinlich berührt, oder schlimmer noch, mich demütigt. Aber man kann so nicht leben, besessen von dem Gedanken, dass überall Niederlagen lauern. Also habe ich gelernt, aufkommende Gefühle der Hoffnungslosigkeit abzuschütteln – und kann es recht meisterlich.

In einem Basketballspiel verschenkte ich einmal drei Würfe, die uns wegen Fouls der gegnerischen Mannschaft zukamen und durch die wir das Spiel hätten gewinnen können. Als der dritte Ball vom Netzrand abprallte, fing ich an zu lachen. Mein Trainer bekam einen Wutanfall, doch ich wusste, warum ich lachte. Hätte ich es nicht getan, wäre ich in Schuldgefühlen untergegangen. Außerdem hatte ich meine Prioritäten. Was sind schon drei verpfuschte Würfe verglichen mit ständigem Versagen beim flüssigen Sprechen, tagaus, tagein? Und was sind schon ein paar unflüssige Sprechepisoden, verglichen mit den Freuden und Wundern des Lebens?

Mein Vater, der nie mit ansah, wie ich mich in der Therapie abquälte, glaubte immer, dass der Durchbruch bei meinem Stottern nun endlich kommen würde. In gewissem Sinne entwickelte ich meinen verzweifelten Optimismus und den Hang zur Verleugnung vermutlich seinetwegen. Jedes Mal, wenn ich in seiner Gegenwart einen flüssigen Satz herausbrachte, nahm er es als Beweis dafür, dass mein Sprechen besser wurde. Und jedes Mal, wenn ich in seiner Gegenwart stotterte, was meistens passierte, empfand ich es als erneutes Versagen, da ich seine Hoffnungen und Erwartungen wieder enttäuscht hatte. Besonders schlimm war für mich, dass er Geschichten von Kindern sammelte, die ihr Stottern überwunden hatten (was vielen ja tatsächlich gelingt). Ich nehme an, dass er aus seiner Sicht versuchen wollte, mich von der Möglichkeit der Heilung zu überzeugen. Aus meiner Sicht jedoch bestätigten diese Geschichten nur die Hoffnungslosigkeit meiner eigenen Situation.

War es meine Negativität, ein ödipales Bedürfnis ihm in allem zu widersprechen, oder war es eine realistische Einschätzung meiner Sprechfähigkeit? Ich wusste, womit ich konfrontiert war, und wollte keinem blinden Optimismus anheim fallen. Ich war tatsächlich in vielen Dingen nicht seiner Meinung, glaube aber nicht, dass ich einfach nur negativ sein wollte. Ich wusste, dass ein paar flüssig gesprochene Worte nicht den Anfang einer echten Besserung bedeuteten. Ich kannte meine Grenzen, wusste, in welchen Situationen ich eine Chance hatte flüssig zu sprechen und in welchen ich wahrscheinlich stottern würde. Ich wusste auch, in welchen Situationen ich es riskieren konnte zu sprechen und in welchen ich auf Sicherheit gehen und mich überhaupt nicht äußern sollte. Es ärgerte mich, dass mein Vater sich nicht mit meiner Sprechproblematik auseinandersetzte, aber alle möglichen Gründe fand, um behaupten zu können, mein Sprechen hätte sich verbessert.

Der Optimismus meines Vaters führte dazu, dass ich eine gewisse Skepsis in Bezug auf flüssiges Sprechen entwickelte und mit Zurückhaltung reagierte, wenn es um die Veränderung meiner Sprechweise ging. So lange mein Stottern konstant war, fühlte ich mich sicher. Aber schon ein paar flüssig herausgebrachte Worte weckten in meinem Vater die Erwartung, dass flüssiges Sprechen für mich tatsächlich im Bereich des Möglichen liege. Darüber hinaus führten seine Erwartungen dazu, dass sich das

Wissen um mein Versagen fest in meinem Denken etablierte und ich dieses Versagen noch dazu als meine eigene Schuld ansah. Wenngleich er mich durch seine Einstellung antrieb Dinge auszuprobieren, an die ich mich angesichts meines auf Selbstschutz bedachten Verhaltens niemals herangetraut hätte, führte er mich dadurch zwangsläufig immer wieder auf eine Niederlage hin. Und je mehr ich auf seine Dynamik einging, desto mehr ergriff der Gedanke von mir Besitz ein Stotterer zu sein.

Um mir ein starkes und positives Selbstbewusstsein zu schaffen, musste ich den Schmerz, den Stottern (und verpatzte Basketballwürfe) mir bereiteten, niederkämpfen beziehungsweise in seine Versenkung zurückdrängen, wann immer er in Erscheinung zu treten drohte. Aber mit dem Älterwerden sind die Verleugnungsmechanismen schwächer geworden und der ein halbes Leben lang unterdrückte Kummer und Schmerz kommt häufiger in mir hoch. Zusehends fehlt mir die Energie und der Wunsch, diese Gefühle wieder zu verdrängen. Indem ich während meiner Jugend viele Erinnerungen an Stotterepisoden verdrängte, legte ich mir mein privates Repertoire an Legenden zurecht, das mir über schwierige – und in der Regel unflüssige – Phasen meines Erwachsenenlebens hinweghalf. Doch hatte das seinen Preis: ein Abstumpfen der Gefühle, ein Unempfindlichwerden gegenüber dem eigenen Leiden, eine Intellektualität, die meine Gefühle dominiert. Die Bewältigungsstrategien, die ich als Kind beherrschte, sind mir noch sehr geläufig, wenn ich sie auch nicht mehr brauche. Die Angst zu sprechen und die Scham als jemand erkannt zu werden, der einen Fehler hat, sind nicht mehr da – dennoch ist es ein Kampf, mich wirklich von ihnen zu befreien.

Anmerkungen

[1] Jock Carlisle, *Tangled Tongue: Living with a Stutter*. Reading, MA: Addison-Wesley, 1986. S. 26.

[3] Jason Tharaldson, Internet-Beitrag, Stutt-L, 15. Januar 1996.

[2] Internet-Beitrag, Stutt-L, 30. November 1995.

12. Sprechen oder nicht sprechen, das ist die Frage

In die Schule ging ich fast ebenso gern, wie ich an der Straßenecke mit Freunden herumhing. Oder gaukelt mir mein selektives Gedächtnis da etwas vor?

Nein, ich glaube die Erinnerung trügt mich nicht. Die Schule war für mich eine positive und glückliche Zeit, außer wenn ich in der Klasse etwas vorlesen oder aufsagen musste. Zum Lesen aufgerufen zu werden oder eine Frage beantworten zu müssen erlebte ich als derart qualvolle und peinigende Erfahrung, dass es mich wundert, solch gute Erinnerungen an die Schule zu haben und diese Zeit nicht als bleibenden Schrecken zu empfinden. Das ist wohl dem Verleugnungsverhalten zuzuschreiben, von dem ich mich ganz habe einnehmen lassen, oder meiner unermesslichen Gabe überall das Positive zu sehen.

Es ist nicht nur meine Erinnerung, ich glaube es war auch wirklich so: Das Wichtigste in meiner Schulzeit war für mich gute Noten zu bekommen, viele Freunde zu haben und im Sport Höchstleistungen zu erbringen, und auf Grund meiner Fähigkeiten konnte ich trotz meiner Sprechweise ein Gefühl der Selbstsicherheit entwickeln. Wenn ich Bälle in den Korb beförderte, bei einem Räuber-und-Gendarm-Spiel mitmachte, meinen Lehrern zuhörte, wenn sie im Unterricht von anderen Ländern und Zeiten sprachen, wenn ich Helden- oder Abenteuerbücher las oder Prüfungen schrieb – was mir tatsächlich Spaß machte – vergaß ich, dass ich stotterte. Mein Selbstwertgefühl wurde ungemein gestärkt, wenn ich bei Spielen auf dem Pausenhof regelmäßig als einer der ersten gewählt wurde. Ich denke, es hatte wohl mit meinem eigenen Problem zu tun, dass mir unsportliche Schüler Leid taten, die nicht oder zuletzt gewählt und dann in die hintersten Bereiche des Spielfelds verwiesen wurden. Ich empfand Mitgefühl, doch auch Erleichterung, dass ich nicht einer von ihnen war. Stottern mag mir das Sprechen erschwert haben, doch die Kinder, die bei den Spielen übergangen wurden, müssen wohl eine größere Demütigung erfahren haben. Behinderung ist natürlich relativ. Man wird oft dazu verleitet, das eigene Ego zu stärken, indem man die Schwierigkeiten anderer überbewertet. Meine Sprechweise mag unflüssig sein, sagte ich mir, doch bin ich zum Glück weder ein Stubenhocker noch humorlos, fett, dumm oder ungeschickt. Niemand ist perfekt – wir alle haben das eine oder andere Problem.

Mündliche Übungen und Diskussionen in der Klasse bedeuteten immer aussichtslose Situationen für mich. Wenn ich mich meldete, um eine Frage zu beantworten, und dann dabei stotterte, so empfand ich das als Versagen und kam mir obendrein blöd vor, selbst wenn ich die richtige Antwort gegeben hatte. Auf der anderen Seite fühlte ich mich frustriert und genauso blöd, wenn ich mich nicht meldete, obwohl ich die Antwort wusste. Manchmal wurde ich aufgerufen und hatte eigentlich die richtige Antwort, sagte aber etwas anderes, weil ich wusste, dass ich bei der richtigen

Antwort ins Stottern geraten würde. An bestimmten Tagen mussten wir laut vorlesen. Wir wurden entweder der Sitzordnung nach oder in alphabetischer Reihenfolge vom Lehrer aufgerufen und jeder Schüler musste ein oder zwei Absätze vorlesen. Ich schielte dann mit einem Auge ständig auf die Uhr und zählte mit dem anderen die Kinder, die vor mir dran waren. Würde es läuten, bevor ich an die Reihe kam? Würde es einen Probealarm geben? Vielleicht einen Bombenalarm? Würden die Russen eine Atombombe über der Bronx abwerfen und mich erlösen? Ohne die geringste Rücksicht wünschte ich das Ende der Welt herbei – alles war mir recht, wenn mir nur das Sprechen erspart bliebe.

Jeder wusste, dass ich stotterte, und die meisten Kinder in der Klasse mochten mich gern. Niemand spottete, niemand kicherte oder rutschte ungeduldig auf dem Stuhl herum. Es war nicht die Reaktion der anderen, die ich fürchtete, sondern meine eigene.

Während ich darauf wartete aufgerufen zu werden und von der Uhr ablas, wie viele Minuten mir noch blieben, baute sich die Aufregung in mir derart auf, dass mein Körper sich verkrampfte und ich vollkommen unter Stress stand. In dieser Verfassung wäre es bestimmt auch den meisten normal Sprechenden schwer gefallen flüssig zu sprechen. Das Ergebnis dieses angespannten Wartens war, dass ich noch schlechter als sonst sprach. Der Versuch, mit zusammengebissenen Zähnen und starrem Kiefer Laute herauszubringen und dabei meine stark zitternden Lippen unter Kontrolle zu bringen, war jedes Mal eine zermürbende Erfahrung.

Gewöhnlich brauchte ich nur einen Absatz zu lesen, bevor der Lehrer zu meiner Erleichterung das nächste Kind aufrief: »Mach du ‘mal weiter.« Es kam dann jedoch zu keiner Abreaktion in mir, zu keinem Gefühl, etwas erreicht oder zu Ende gebracht zu haben. Ich saß nur da, schwitzend und zitternd und hörte den anderen Kindern nicht mehr zu. Doch erstaunlicherweise verflogen solche Empfindungen sehr schnell und hatten sich bei Beginn der nächsten Unterrichtsstunde in Nichts aufgelöst. So rettete mein Hang zur Verleugnung mich davor gänzlich zu verzweifeln. Wenn ich dann wieder mit meinen Freunden auf der Straße spielte, war mir, als hätte das alles nie stattgefunden.

Wenn ich eingeteilt war, in der Klasse ein mündliches Referat zu halten, blieb ich an solchen Tagen meist aus Krankheitsgründen zu Hause. Meine Mutter machte mir dabei nie Schwierigkeiten, obwohl sie mir dann am Nachmittag nicht erlaubte, mit meinen Freunden zu spielen, wenn ich auf wundersame Weise plötzlich wieder ganz gesund war. Ich akzeptierte den Kompromiss. Wenn ich mich krank stellte, so musste ich das also einen ganzen Tag lang durchziehen. Rückblickend erstaunt es mich, dass mich nie jemand deswegen zur Rede stellte. Der Lehrer schien nie wahrzunehmen, dass ich nur dann fehlte, wenn ich ein Klassenreferat halten sollte. Meine Mutter, die meine Täuschungsmanöver mit Sicherheit durchschaute, zwang mich nie zu erklären, warum ich zu Hause bleiben wollte. Ich vermute, dass wir es uns alle einfach machen wollten: Ich brauchte nicht zu sprechen, der Lehrer musste mir nicht zuhören und meine Mutter musste sich nicht mit mir herumstreiten – beziehungsweise sich nicht mit einem weiteren Aspekt meiner unflüssigen Sprechweise auseinandersetzen.

Die meisten Kinder erfinden irgendwann einmal eine Krankheit, um einer Klassenarbeit auszuweichen, auf die sie sich nicht vorbereitet haben, oder um sonst irgendeine unangenehme Sache zu vermeiden. Ich akzeptiere solche Ausreden, solange sie nicht zur Gewohnheit werden und das Kind in der Schule gut mitkommt. Ich finde, jedes Kind sollte einmal zu Hause bleiben dürfen, wenn es sich vor irgendeinem schulischen Engpass sorgt. Als meine Tochter im Grundschulalter war und ein oder zwei Mal frühmorgens sagte, dass sie sich krank fühlte, ihr aber nichts anzusehen war, erinnerte ich mich an meine eigene Erfahrung. Ich fragte sie, ob ihr irgendetwas in der Schule Sorgen machte oder ob es vielleicht mit dem Schulbus zu tun hätte. Sie gestand dann, dass sie sich vor jemandem in der Schule fürchtete. In solchen Situationen stellte ich ihr frei, ob sie zu Hause bleiben und damit dem Problem aus dem Weg gehen wollte oder ob sie zur Schule gehen und sich damit auseinandersetzen wollte. Fast jedes Mal entschied sie sich dann für die Schule. Sobald über ein Problem gesprochen wird, verliert es an Stellenwert, und Kinder fühlen sich besser, wenn sie den Entschluss gefasst haben, etwas dagegen zu unternehmen.

Mich hat allerdings nie jemand wegen meiner Sprechangst angesprochen. Ich wusste, dass ich ein Feigling war, konnte mir aber nicht anders helfen. Es war natürlich ein Vorteil, dass ich sowohl die Angst auslösenden Momente sowie auch die Grenzen meines Mutes selbst kannte, doch bedaure ich sehr, dass ich nie die Gelegenheit hatte, mir meine Probleme von der Seele zu reden oder gar meine Entschlossenheit auf die Probe zu stellen. Es kommt selten vor, dass ein Kind sich seiner Verstörtheit bewusst ist und diese auch noch von alleine zur Sprache bringt und sich so damit konfrontiert. Meine Eltern, meine Lehrer und sicherlich auch mein Therapeut hätten mich darauf hin ansprechen können; nicht um zu drohen oder zu strafen, sondern um herauszufinden, was getan werden könnte, um meinen Stress zu verringern und es mir leichter zu machen, vor der Klasse einen – wenn auch unflüssigen – mündlichen Beitrag zu leisten.

Mein Fall wurde einmal auf schonende und diskrete Weise in der Schule erörtert. Doch auch das bedeutete nicht, dass sich praktikable und zufrieden stellende Lösungen automatisch finden ließen. Auf Anraten meines Sprechtherapeuten Charlie Pellman hatten meine Eltern sich an meine Lehrerin Mrs. Bruno gewandt, die sich daraufhin einverstanden erklärte, mich nicht in der Klasse aufzurufen und mich nur nach meinen schriftlichen Leistungen und meiner Aufmerksamkeit, nicht aber nach meiner mündlichen Mitarbeit zu beurteilen. Und so kam es, dass ich die ganze vierte Klasse absolvierte, ohne auch nur ein einziges Mal zum Sprechen aufgefordert zu werden.

Natürlich war ich erleichtert, dass ich nie aufgerufen wurde und somit nie aufstehen und vor den anderen stottern musste. Aber mein Schweigen führte zu einer anderen Art von Stress: Das einzige Kind zu sein, das nicht vorlesen musste, war demütigend. Hatte ich früher den Moment gefürchtet, an dem ich zum Lesen aufgerufen wurde, so fürchtete ich nun den Moment, an dem ich übersprungen wurde und der Nächste drankam, so als ob ich, der ich doch ziemlich gut lesen konnte, solange es nicht ums laute Vorlesen ging, nun unsichtbar geworden wäre. Genau das hatte ich mir zwar immer gewünscht, merkte aber nun, dass es in einer gewissen Weise sogar schlimmer war. Auch wenn ich den ganzen Unterricht hindurch nichts sagen musste, wollte ich nicht einfach abschalten und zum Fenster hinaussehen. Ich verfolgte weiterhin mit Interesse und Aufmerksamkeit, was gesagt wurde. Oft hatte ich das Gefühl, dass ich zu den Diskussionen in der Klasse etwas beitragen konnte. Die Antwort auf eine Frage zu wissen und nicht die Gelegenheit zu haben, sie zu geben, war demütigend. Zu schweigen war also ebenso frustrierend für mich wie zu sprechen.

Trotzdem brachte ich meine ersten Grundschuljahre spielend hinter mich. Wie viele intelligente Kinder im New Yorker Privatschulsystem bestand auch ich den Test für die »Special Progress Class«, die Klasse für Begabtere, welche die normalerweise dreijährige Junior High School in zwei Jahren absolvieren. Im akademischen Bereich fiel mir alles leicht, bei sozialen Kontakten aber sah es anders aus. In der High School waren die meisten Kinder in meiner Klasse ein Jahr älter als ich. Und als ich dann am College war, konnte ich mich als Sechzehnjähriger gar nicht mehr zurechtfinden: Der Nachteil, jünger als die anderen zu sein, wirkte sich in Verbindung mit meinen Sprechschwierigkeiten noch stärker aus.

In der Junior High School las ich John Steinbecks »Von Mäusen und Menschen.« Die Hauptfiguren dieses Romans sind Lenny und George. George ist ein gut aussehender, kluger und schlagfertiger Typ, der sich immer einen Platz in der Welt schaffen kann. Lenny hingegen ist gutmütig, aber begriffsstutzig, unbeholfen und ganz von George abhängig. Ich identifizierte mich mit beiden, sowohl Lenny als auch George. Wie George fühlte ich mich begabt und selbstbewusst. Wenn es mir gerade gut ging, meinte ich sogar, ein gewisses Charisma, eine ruhige, ausgeglichene Ausstrahlung an mir zu erkennen. Gleichaltrige schauten zu mir auf; ich besaß die Mentalität eines Tonangebers, nicht die eines Mitläufers. Doch wenn ich stotterte oder sprechen wollte und dann doch schwieg, brachen meine Gefühle der Selbstsicherheit in sich zusammen. In solchen Momenten wurde ich schlagartig zu Lenny – ich fühlte mich dämlich und linkisch, langsam und hilflos, abhängig von anderen, weil ich nicht fähig war, meine eigene Meinung zu sprechen.

Wie ich doch mit allen Mitteln versuchte, Lenny in mir niederzukämpfen, ihn zu erdrücken! Mit all meiner Kraft wollte ich verhindern, dass er für meine Mitmenschen sichtbar wurde. Tief in meinem Innern jedoch lernte ich ihn lieben, wenn auch nur widerwillig. Es hatte etwas schmerzlich Schönes, mich als eine Mitleid erregende Figur wie Lenny zu sehen. Lenny erlaubte mir in Selbstmitleid zu verfallen und ihn als Ausrede für alle möglichen Missgeschicke heranzuziehen. Ich konnte mich in meiner Unzulänglichkeit einrichten und im Schweigen Erfüllung finden. Steinbecks Lenny, oder ich als Lenny – das war eben eine traurige und hilflose Gestalt. Und dann gab es schließlich jene wunderbaren Momente des Triumphs, wenn ich mich als der famose George neu erschuf. Hätte ich mich nicht zeitweise wie Lenny gefühlt, wäre die Identifizierung mit George nicht immer wieder ein solch aufbauendes Erlebnis gewesen.

13. Ein unabsichtlicher Ellbogenhieb oder ein Akt Gottes?

Mit der Vollendung meines dreizehnten Lebensjahres stand mir die Bar Mizwa bevor. Der Gedanke, dieser Zeremonie irgendwie auszuweichen, ging mir nicht aus dem Kopf. Aber das war natürlich völlig ausgeschlossen. Alle meine Freunde machten diese Feier durch. Ich zog also in jenem Jahr Samstag für Samstag einen kratzenden Anzug aus reiner Wolle an, ging in die Synagoge und hörte zu, wie meine Freunde bei ihrer Bar Mizwa aus der Thora vorlasen, um nach jüdischer Sitte in die Reihen der Männer aufgenommen zu werden. Ich fühlte mich nicht wie ein Mann und glaubte auch nicht, dass dieses Ritual mich zu einem machen würde. Ich war damals recht unsicher in Bezug auf mein Aussehen; ich bildete mir ein, einen Eierkopf zu haben, und meinte, mein Bürstenhaarschnitt würde meine großen Zähne und meine übergroßen Ohren noch mehr in Erscheinung treten lassen. Und noch dazu stotterte ich. Wie konnte ich mich im Tempel erheben und die Gebete aufsagen?

Mein sehnlichster Wunsch war also, irgendwie um meine Bar Mizwa herumzukommen. Ich wollte mich krank melden, ein Bein brechen, von einem Auto angefahren werden, oder hoffte, dass die Russen diese Bombe abwarfen. Hätte ich mich aber entschlossen nicht teilzunehmen, welche Begründung hätte ich angeben können? Sich mit einem verdorbenen Magen krank zu stellen und so einem mündlichen Referat in der Klasse zu entgehen, war eine Sache, doch mich der Bar Mizwa zu entziehen – wie konnte ich das meinen Freunden begreiflich machen? Hätte ich zugegeben, dass ich an der wichtigsten Feier im Leben eines jüdischen Jungen wegen meines Stotterns nicht teilnehmen konnte, wäre das dem Zugeständnis gleichgekommen, dass das Stottern mein Leben dominierte. Vor meinen Freunden zu stottern, war ich gewöhnt. Das passierte die ganze Zeit und es schien ihnen egal zu sein. Mein unflüssiges Sprechen aber einzugestehen, es beim Namen zu nennen und zuzugeben, dass es mein Leben beeinflusste, das hätte ich nicht ertragen.

Es war allerdings bestimmt nicht nur der Konformitätszwang meinen Altersgenossen gegenüber, der zu meiner Einsicht führte, dass sich das Bar Mizwa-Datum nun einmal nicht aus meinem Kalender streichen ließ. Ich spürte, dass die Teilnahme an diesem uralten Ritual mehr als reine Tradition bedeutete. Meine Familie gehörte nicht zu den eifrigen Tempelgehern. Mein Vater lehnte, wie ich schon erwähnte, den streng orthodoxen Glauben seines Vaters, eines Rabbiners, ab. Mehr noch, er hatte sich entschlossen, es in weltlichen Dingen zu etwas zu bringen. Nur an den allerhöchsten Feiertagen gingen wir daher in die Synagoge und selbst dann kamen wir regelmäßig zu spät – gerade als die Gebete bereits vorbei waren, der Rabbi aber mit der Predigt noch nicht begonnen hatte. Es war also eher gesellschaftlicher Zugzwang als religiöse Gefühle, wodurch meine Familie für das bevorstehende Ereignis so enthusiastisch gestimmt war.

Mein Vater war stolz auf sein Leben. Es war die klassische Erfolgsstory eines New Yorker Juden der zweiten Generation. Im New Yorker Judenviertel in Armut geboren hatte er es zu einem erfolgreichen Juristen gebracht. Damals verstand ich das alles nicht, doch heute ist mir klar, dass er seinen Aufstieg als Teil eines gemeinschaftlichen und nicht bloß seines persönlichen Erfolgs empfand. Seine Klienten, die ebenfalls aus religiöser Orthodoxie und Immigrantenarmut herausgefunden hatten, gehörten zum Kreis unserer Freunde. Unsere Familien gingen gemeinsam zum Essen aus, machten Wochenendausflüge und fuhren zum Urlaub nach Miami Beach. Sie freuten sich über die Erfolge der anderen und nahmen Anteil an ihrem Leid. Meine Bar Mizwa und besonders aber der für den darauf folgenden Tag geplante Galaempfang sollte die Errungenschaften meines Vaters würdigen. Alle Verwandten, einschließlich der Cousins zweiten Grades und entfernter Onkel und Tanten, von denen ich so gut wie nie etwas gehört und die ich nie kennen gelernt hatte, alle unsere Nachbarn, Freunde und alle Klienten meines Vaters würden zugegen sein, um sein *Nachas*, sein Glück, an diesem Feiertag zu teilen. Dies bedeutete, dass ich – stotternd oder nicht – in eine Rolle gedrängt wurde, die seinen Erfolg gewissermaßen symbolisieren sollte.

Falls meine Eltern je irgendwelche Zweifel gehegt hatten, ob ich die Sache auch gut hinter mich bringen würde, so ließen sie mich davon nichts merken. Das Wunder aller Wunder würde geschehen, versicherten sie mir, und ich würde meine Gebete schon irgendwie ohne Stottern vorlesen. Ich würde mich als der Held erweisen, für den man mich allerseits hielt, anstatt, wie ich es befürchtete, Schande zu bereiten. Meine Eltern versuchten, mir die Sache einfach zu machen. Während die meisten meiner Freunde nach der Schule am Hebräisch-Unterricht teilnahmen, um sich vorzubereiten, erhielt ich Privatunterricht von einem unserer Verwandten, einem jungen, umgänglichen Rabbiner namens Leonard Pearl, der genau verstand, welcher Herausforderung ich mich gegenüber sah. Es wurde also beschlossen, mir die übliche Bar Mizwa-Rede zu erlassen, in der man die Anwesenden willkommen heißt und irgendetwas Sinnreiches von sich gibt, um die neu erlangte Reife zu demonstrieren. Ich würde nur die Gebete sagen müssen. Und diese Gebete wurden als Sprechgesang in hebräischer Sprache vorgetragen, die ich nicht verstand. Da man beim Singen den Atem weiterführt und die Stimme von Melodie und Rhythmus getragen wird, können Stotterer oftmals flüssig singen. Wenn man mich zum Beispiel unter der Dusche mein »shoo-bi-doo« singen hörte, hätte man nicht gedacht, dass ich sonst stotterte. Und da Hebräisch für mich nur Kauderwelsch war und daher keine Emotionen auslöste, die meinen Stress erhöhen könnten, musste es doch im Bereich des Möglichen liegen, dass ich wie Ella Fitzgerald mit vokalartistischen Improvisationen aufwarten konnte oder zumindest so wie »Scatman« John Larkin, der Jazzpianist und Sänger, der auch stottert.

Andererseits bestand natürlich auch die Möglichkeit, dass mein Auftritt daneben ging und zwar gewaltig daneben.

Das *Concourse Center of Israel* war einer der größten Synagogen in der Bronx. Der Vater meiner Mutter war einer der Gründungsväter des Tempels, meine Onkel waren angesehene Mitglieder im Herrenclub, meine Tanten in der Frauenvereinigung. Meine Familie saß ganz vorn in der ersten Reihe, direkt unterhalb des Podiums. Da es eine konservative Synagoge war, saßen die Frauen getrennt auf der linken Seite oder außer Sichtweite in den oberen Galerien, während die Männer die Bänke im Zentrum und auf der rechten Seite besetzten. Die Wände der Synagoge waren aus hellem Marmor – nicht bloß beschichtet sondern aus massiven Steinplatten. An beiden Seiten waren farbige Bleiglasfenster, auf welchen Szenen aus dem Alten Testament dargestellt waren. Eine imposante Anzahl wuchtiger Kronleuchter spiegelte ihr goldenes Licht an den Marmorwänden. Wenn meine Familie und ich wie üblich mitten während des Gottesdienstes ankamen und im Mittelgang zu den uns vorbehaltenen Sitzen nach vorne gingen, so empfand ich das immer als höchst ungebührlich. Der Jüdische Gott ist ein gerechter Richter – und unsere Respektlosigkeit, die wir durch unser regelmäßiges Zuspätkommen erwiesen, ist ihm bestimmt nicht entgangen.

An meinem Bar Mizwa-Tag, am 14. November 1953, kamen wir frühzeitig an. Die Synagoge war bereits voll; neben den üblichen Mitgliedern der Versammlung, die gekommen waren, um den Enkel des Gründers in ihre Reihen aufzunehmen, waren auch die Klienten meines Vaters, unsere Nachbarn und Freunde, mein Sprechtherapeut mit Ehefrau und unser Dienstmädchen da. Im Verlaufe der Zeremonie wurde der Thoraschrein geöffnet und die Thora, die Schriftrolle mit den fünf Büchern Mose, feierlich herausgehoben; daraufhin wurde ich zum Gebetspult nach vorn gerufen. Meine Mutter saß da in ihrer Nerzstola, zu ihrer Linken meine Tante Freda im Fuchspelz und zu ihrer Rechten meine Großmutter in einem schlichten Stoffmantel. Alle drei, wie meine Mutter mir später erzählte, waren wie gelähmt angesichts ihrer Befürchtungen und hielten sich gegenseitig bei den Händen. Das ohnehin blasse Gesicht meines Vaters war noch fahler und der Schweiß rann ihm von der Stirn. Meine Mutter beobachtete ihn von der anderen Seite der Synagoge und sorgte sich um sein Herz ebenso wie um meinen Auftritt.

Ich nahm meinen Platz in der Männerrunde, die um das Gebetspult stand, auf welchem die Thora nun flach wie ein offenes Buch ausgelegt war. Da war Rabbi Berman, Kantor Wolfe, Herr Rosenfeld, der Präsident der Synagoge, der meine Familie gut kannte, und der alte Küster, Herr Shuldiner, mit seinem weißen Schnurrbart und schelmisch funkelnden Augen. Was mir von jenem Moment ganz besonders in Erinnerung geblieben ist, war die feuchtwarme Ausdünstung der Wollgewänder um mich herum und der scharfe Geruch von Rasierwasser. Und unter mir und auf der Galerie über mir warteten zweitausend Anwesende auf mein erstes Wort.

Wie die meisten jüdischen Gebete begann der erste Segen, den ich vortragen musste, mit dem gefürchteten *b*-Wort *Baruch* und ging »Baruch atoy adonoi, elohaynu melech, har-oh-lum« (Gelobt seist Du, oh Herr, mein Gott). Es war wirklich unmöglich, diese erste Lobpreisung in hoffnungsvoller Unbekümmertheit anzugehen. Schon Wochen vorher hatte ich Alpträume, dass ich nicht fähig sein würde, *Baruch* zu sagen, ohne dabei zu stottern, und dass es vollkommen zwecklos wäre, über mögliche Annäherungsversuche und Techniken nachzudenken. Nur allzu gut wusste ich, dass ich bei wichtigen *b*-Wörtern wie *Bagels*, *Basketball*, den Namen meiner Freunde *Barry* und *Bobby* und beim Wort *bye*, zum Beispiel beim Verabschieden am Telefon, immer stotterte. Wenn ich bei Streitigkeiten mit meinen Eltern eine eigensinnige Haltung einnahm und meinem Widerspruch durch ein entschlossenes *but* ausdrücken wollte, kam es meist als ein zögerliches »be-be-but« heraus.

Ich konnte mir nur vorstellen, dass es ein Fiasko werden würde. Um allein den ersten Laut des ersten Wortes im ersten Gebet zu bewältigen, musste ich die komplizierten Abläufe zur Bildung des *b*-Lautes mit logistischer Präzision koordinieren. Zuerst galt es, die richtige Stellung der Sprechwerkzeuge zu finden. Das *b* erfordert ein sachtes Zusammenkommen von Ober- und Unterlippe. Bei zuviel Druck werden die Lippen zusammengepresst und es kann kein Laut entstehen. Bei zu wenig Druck entsteht bei mir ein Tremor und ich klinge wie das stotternde Schweinchen Dick. Eine Absurdität, sich das – unkoschere! – Schweinchen Dick beim Verlesen eines Gebets in einem jüdischen Tempel vorzustellen.[1]

Als nächstes käme das Problem der Phonation – also des vokalischen Stimmeinsatzes. Wenn man den Atem anhält, kann man nicht sprechen, aber genau das tun viele Menschen, wenn sie sich aus Angst verkrampfen. Also dürfte ich das Atmen nicht vergessen; nicht nur das Einatmen, was nicht sehr schwer fällt, sondern auch das Ausatmen, denn nur beim Ausstoßen der Luft kann man einen Laut hervorbringen. Doch angenommen meine Stimmbänder wären komplett blockiert – ein weiteres Symptom des Stotterns, das sich durch Stress und Anspannung enorm verstärkt – der natürliche Impuls wäre, den Block zu durchbrechen, indem ich versuche, mit aller Kraft die Luft auszustoßen. Aber durch diese Anstrengung würde sich meine Spannung nur erhöhen, meine Stimmbänder verhärten und mein Mund erstarren. Der Versuch, einen Laut derart mit Gewalt auszustoßen, würde auch meine Kiefer noch fester zusammenpressen. Also müsste ich Panik vermeiden und langsam ein- und ausatmen, so dass meine Stimmbänder entsprechend entspannt blieben, um sich in Anpassung an die stets wechselnden Laute zu öffnen und zu schließen. Gleichzeitig müsste ich Mund, Lippen und Kiefer entspannen, um die verschiedenen Vokale und Konsonanten zu artikulieren, die auf das gefürchtete *Baruch*-Wort folgten.

Leute, die flüssig sprechen, müssen sich natürlich über dergleichen keine Gedanken machen. Sie müssen wohl darüber nachdenken, was sie sagen werden – und es kann immer noch etwas Lächerliches oder Dummes dabei herauskommen. Aber sie brauchen nicht zu überlegen, wie sie sprechen, wie sie nun zunächst diesen und dann jenen Laut hervorbringen werden. Sie beschließen etwas zu sagen und sie tun es. Die Tatsache allein, dass Stotterer sich mit dem physischen Vorgang der Lauterzeugung herumquälen müssen, erzeugt ein Bewusstsein in uns, dass wir anders sind. Dieses Gefühl nährt unsere Sprechangst und erhöht den Stress, der dann wiederum dazu führt, dass der Vorgang des Sprechens gestört wird.

Selbst wenn es mir gelänge, die *Ba*-Silbe von *Baruch* erfolgreich herauszubringen, bedeutete das noch lange nicht, dass der Rest problemlos vonstatten gehen würde. Denn sofort, ohne mich auch nur einen Moment lang fassen beziehungsweise umstellen zu können, würde ich auf das *r* in *-ruch* übergehen müssen. Das englische *r* ist ein weich gesprochener Konsonant und mit weichen Konsonanten hatte ich schon immer Schwierigkeiten gehabt. Andererseits, wenn ich *Baruch* schaffte und meinen Atemzug gleichmäßig und ruhig weiterfließen lassen könnte, würde ich wahrscheinlich auch das *atoy* herausbringen und, ungeachtet des schwierigen *d*-Lautes, sogar das *adonoi* und dann auch noch das *elohaynu*. Dann jedoch stünde mir *melech*, ein verhasstes *m*-Wort bevor. *M* ist der erste Buchstabe meines Namens und ich hatte *immer* Schwierigkeiten meinen Namen zu sagen, obwohl ich mir nicht sicher war, ob es der *m*-Laut oder mein Name war, denn hätte ich einen anderen Namen wie zum Beispiel Harry, Sam oder Joe gehabt, hätte ich vermutlich bei diesen Konsonanten genauso gestottert.

Das war der Stoff meiner Alpträume. Träume drücken aber nur Befürchtungen aus; sie bedeuten noch lange nicht, dass diese auch tatsächlich eintreten werden. Als ich also in diesem gesegneten Augenblick am Gebetspult stand und meinen Mund noch nicht aufgetan hatte, war meine Welt noch heil. Ich war ein Stotterer, ja, doch sah man mir das nicht an und ich stotterte nicht dauernd. Und so führte ich also mit selbstsicherer Bewegung die Quasten meines Gebetsmantels an meine Lippen, küsste sie ehrfurchtsvoll und brachte sie dann, wie Rabbi Berman es tat, mit der geöffneten Thora in Berührung. Körperliche Gesten waren etwas, das ich immer zusammenbrachte. Jahrelang hatte ich vor dem Spiegel gestanden und geübt cool auszusehen. Nun erhob ich meinen Blick von der Thora und richtete ihn auf das Meer von glühenden Gesichtern vor mir. Ich vergaß auch nicht tief Luft zu holen und begann auszuatmen. Meine Stimmbänder jedoch waren wie zugeschnürt und da kein Laut herauskam, pressten sich meine Lippen zusammen. So stand ich nun auf dem Podium in diesem Gotteshaus, Moses ohne seinen Aaron, völlig blockiert beim ersten Laut meines Bar Mizwa-Gebetes, krampfhaft bestrebt das *b*-Wort herauszubringen, aber genau diese Anstrengungen vereitelten alle meine Versuche.

Es hat mich immer erstaunt, wie klar ich inmitten eines Stotterblocks denken konnte. Ich konnte Lincolns Gettysburg-Rede im Geiste aufsagen, die Top Ten der Hitparade wiedergeben oder mich in Selbstmitleid meiner eigenen Version des alten *Negro Spiritual* »Nobody knows the trouble I'm in« hingeben, das wir in der Schule gelernt hatten. Was ich während eines Blocks aber nie konnte war, einen Ausweg finden. Ich war nicht imstande mir zum Beispiel zu sagen, »He, so geht's nicht. Entspann' die verkrampften Lippen, lass das Kinn locker, hol' wieder Atem und versuch's noch 'mal.« Stattdessen tat ich instinktiv das Allerschlimmste, das man in dieser Situation tun konnte: Ich versuchte mit Gewalt, meinen Stimmbändern einen Laut abzuzwingen, presste dabei aber meine Kiefer und Lippen noch fester zusammen.

Während mein Block sich verstärkte, wurde mir bewusst, wie eine Sekunde nach der anderen verstrich. Ich wusste, wenn ich nicht gleich meinen Redefluss fände, würde ich wahrscheinlich bei jedem weiteren Wort stottern. Meine Lesung enthielt ungefähr dreitausend hebräische Worte und dreimal so viele Silben. Da ich mich schon einige Male in solchen Situationen befunden hatte, wusste ich genau wie meine Zuhörer reagieren würden. Ich konnte ihr Unbehagen förmlich spüren. Sie wurden unruhig, husteten und blickten einander peinlich berührt an. Würde der Rabbiner seinen Arm um mich legen und mich an meinen Platz zurückverweisen? »Bar Mizwa wegen Stottern vorzeitig beendet«? Ich wäre erlöst aber auch gedemütigt. Oder würde er mich weiterstottern lassen, so dass meine Unzulänglichkeit mir mit jedem gestotterten Wort eine neue Blöße gab? Ich hätte am liebsten das Gebetspult Hals über Kopf verlassen und wäre durch die Hintertür geflüchtet; doch wie schnell und wie weit hätte ich laufen müssen, um der Schande zu entkommen?

Dann – ob es nun aus Frustration war, Ärger oder einer begnadeten Einsicht, die nur durch eine göttliche Intervention hatte entstehen können – gab mir plötzlich Herr Shuldiner mit seinem Ellbogen einen kräftigen Hieb zwischen die Schulterblätter. Durch den Schlag löste sich meine Spannung und ich ließ die Luft entweichen. Meine Stimmbänder öffneten sich, meine Kinnladen lockerten sich und der *b*-Laut kam über meine Lippen. Bevor ich mich von dem Schreck über diesen Schlag in den Rücken erholen konnte, hatte ich »*-ruch atoy adonoi*« bereits hinter mir und »*melech, har-oh-lum*« rollte mir über die Zunge. Ich hatte meine Stimme und damit auch den Rhythmus des Gebetes gefunden. Mit klarer Altstimme sang ich *allegro* einen Segen nach dem anderen, gewann mit jedem flüssigen Wort an Selbstsicherheit und war dann imstande, ohne zu stocken direkt in den Thoratext überzuleiten.

Ich erinnere mich kaum, was dann weiter geschah, außer dass ich mich wie in Trance fühlte, selbstsicher, als würde ich mit meinem Fahrrad angeberisch auf dem Mittelgang der Synagoge auf und ab fahren und meiner Mutter zurufen: »Guck 'mal, Mama, freihändig!« Nur einmal warf ich einen kurzen Blick auf mein Publikum, ein Meer von glitzernden Brillengläsern, dunklen Anzügen und Pelzmänteln, und ich erinnere mich, dass ich in jenem Moment den Klang meiner eigenen, klaren Stimme vernahm. Sie schien von jemand anderem zu kommen und ich war über ihre Reinheit und Flüssigkeit erstaunt; doch ich war auch kritisch: Der Sprechgesang, so sagte ich mir, war etwas zu schnell. Und dann – gelobt seist du oh Herr mein Gott – war es vorüber.

Der Rabbiner, der Kantor, der Präsident der Synagoge und der gelobte Herr Shuldiner, alle schüttelten mir die Hand. Der Rabbiner hielt noch eine kurze Rede; irgendjemand, ich glaube es war der Präsident, gab mir ein Buch und danach führte mich Herr Shuldiner zu einem Sitzplatz im rückwärtigen Bereich des Podiums. Meine nächste Erinnerung ist, dass ich dort saß und am ganzen Körper schlotterte; Knie, Ellbogen und alle meine Muskeln und Gelenke zuckten und zitterten, und es schüttelte mich regelrecht. War es nun ein unabsichtlicher Ellbogenhieb gewesen oder ein Akt Gottes – ich wusste, dass ich nur ganz knapp einem Trauma entkommen war, das mein Leben nachhaltig geprägt hätte. Wenn Reden in der Öffentlichkeit einen Aspekt männlicher Reife darstellte, dann konnte ich mich auf ein Leben in Angst gefasst machen.

Am Sonntag hatten wir den Galaempfang im Riverside Plaza Hotel in Manhattans damals sehr vornehmer Upper West Side. Natürlich spielte eine Drei-Mann-Band auf: Saxofon, Schlagzeug und Kontrabass. Der Kontrabassspieler war gleichzeitig der Showmaster, er gab Witze in Jiddisch zum Besten und sang in einer recht guten Dean Martin Imitation *Besame Mucho*. Ich tanzte mit meiner Großmutter, meiner Mutter, meiner Schwester und all meinen Tanten, aber mit keinem der Mädchen in meinem Alter, die eingeladen waren, weil sie meine Cousinen oder die Töchter von Nachbarn, Klienten oder Freunden waren. Sie alle saßen artig in ihren Taffettakleidchen an ihren

Tischen, jeweils allein. Der Barkeeper schob mir mit den Worten »für den Bar Mizwa-Jungen« einen Highball zu und meine Freunde und ich verschwanden in regelmäßigen Abständen auf die Herrentoilette, um die Schatzscheine zu zählen, die mir von den Gästen in die Hand gedrückt wurden. Nachdem die flambierte Eisbombe feierlich serviert worden war, überbot sich die Band mit »Tzena Tzena«; alle waren mitgerissen, bildeten einen Kreis und tanzten eine wilde Hora. Bei dem ekstatischen Wirbeln und Drehen flog mein *Yarmulke* im Bogen davon, genauso wie Willie Mays Kappe einmal flog, als er beim Baseball einen ganz hohen Ball im Mittelfeld abwehrte.

Für einen Jungen wie mich konnten die Dinge nicht besser werden. Aber trotz allem gab es gewisse Bilder, die unauslöschlich in meinem Gedächtnis eingebrannt waren, wie zum Beispiel Ralph Branca, der am 5. Oktober 1951 mit hängenden Schultern und den Kopf in den Händen vergraben im Umkleideraum des New Yorker Giants Stadion saß. Bis zum Tag meiner Bar Mizwa war das einzige Wunder, das auch wirklich Bedeutung für mich hatte, Bobby Thomsons legendärer Home-Run gewesen, mit dem er jenes Endspiel der Baseball-World-Series zwischen den Giants und den Dodgers entschieden hatte. Mit Bobby Thomson konnte ich Wunder nachvollziehen, mit Ralph Branca Demütigung und Niederlage. Meine eigene Bar Mizwa empfand ich als ein Wunder und, was für mich noch wichtiger war, als persönlichen Triumph. Doch ich wusste, wie knapp ich der Niederlage entronnen war. Wenn ich also heute Bobby Thompson war, so konnte ich leicht morgen Ralph Branca sein, soviel war mir klar. Ich konnte mich nicht darauf verlassen, auf Dauer von Gott oder Herrn Shuldiner beschützt zu werden. Das Leben war wunderbar, doch lauerten Gefahren und Fallgruben, wo immer und wann immer ich den Mund aufmachte.

Anmerkung

[1] Vgl. Kapitel 1, Anmerkung 3.

14. Denn sie wollen wissen, was sie tun

Im September 1955, gerade als ich auf die High School kam, schloss sich meine Familie dem Exodus des Mittelstandes in die Vororte an. Wir zogen nach White Plains, einer kleinen aber expandierenden Stadt in Westchester County, etwa 45 Minuten mit dem Auto von unserem Apartment in der Bronx entfernt. Unser neues Heim war in einem Apartmentgebäude mit einer großen Rasenfläche davor, auf der ein Schild mit »Betreten verboten« stand, was aber anscheinend nicht für Hunde galt. Einen Häuserblock entfernt von meinem neuen Zuhause gab es eine Schule. In der Hoffnung, dass mein Leben weiter in seinen bisherigen Bahnen verlaufen würde, dribbelte ich meinen Basketball auf den Schulhof hinüber. Aber es tauchten keine anderen Kinder auf. Während der ersten Tage in White Plains warf ich allein meine Bälle in den Korb, dann gab ich es auf. Wie ich bald herausfand, ging es in Vororten anders zu als in der Bronx. Die Kinder verbrachten ihre Freizeit hier bei Freunden und nicht an öffentlichen Plätzen wie Schulhöfen, Süßwarenläden oder auf der Straße. Alles ging förmlich und geregelt zu. Wir wurden Mitglieder in einem feinen Country Club und in einem jüdischen Tempel, der alle möglichen Aktivitäten für Jugendliche anbot: Tanzen, Jugendtreffs und jeden Donnerstagabend ein Basketballspiel.

Ich fühlte mich in White Plains wie ein Fisch in der Wüste, wie ein Kaktus in einem Sumpfgebiet, wie ein christlicher Fundamentalist in einer Schwulenbar. Nicht nur, dass ich mich dem Vorstadtleben nicht anpasste, ich wehrte mich richtig dagegen. Mein Vater warf mir eine negative Einstellung vor und er hatte Recht. Ich weigerte mich, im Country Club Golf zu spielen oder mir mit den anderen Jugendlichen am Swimming-Pool des Country Clubs die Zeit zu vertreiben. Mein Vater spielte mit den Eltern einiger dieser Kinder Golf und ließ seine Beziehungen spielen, um mir eine Einladung zu ihren Pokerspielen jeden Freitag zukommen zu lassen. Er bot mir sogar das Geld zum Setzen an, aber ich nahm weder sein Geld noch die Einladung an. Ich weigerte mich auch, an Tanzstunden im Tempel teilzunehmen oder an den Tanzabenden, den so genannten »Cotillions«, die in einem der Hotels im Ort veranstaltet wurden.

Ich war mitten in meiner »großen Trotzphase«. Dickköpfig, wie ich war, wollte ich nichts mit den Dingen zu tun haben, die mein Vater für mich wollte. Ich gab kein bisschen nach. Für meine Eltern war mein Starrsinn ebenso unverständlich wie respektlos. Sie hatten die harten Zeiten und die Ungewissheit der Wirtschaftskrise und des Krieges überstanden und nun machte sich ihre Mühe bezahlt. Wie andere wohlhabende weiße Amerikaner konnten sie nun endlich die Früchte ihrer harten Arbeit ernten. Wie undankbar ich ihnen erschienen sein musste! In den Country Club ging ich nur zum Schwimmen und zum Tempel nur, um Basketball zu spielen. Je mehr mein Vater versuchte, meinen Umgang mit den »Elite«-Kindern (das waren sie zumindest seiner Meinung nach) der Leute im Country Club zu fördern, desto trotziger wurde ich.

Meine Eltern glaubten, dass die Ursache für meine »Anpassungsschwierigkeiten« in White Plains mein Stottern wäre. Ich, der arme Stotterer! Es läge am Stottern, dass ich Anschlussschwierigkeiten hatte. Tatsächlich fühlte ich mich von den Kindern, die meine Eltern gerne als meine Freunde gesehen hätten, abgewiesen und reagierte darauf meinerseits mit Ablehnung. Meine Eltern hatten also nicht ganz unrecht und manchmal, verwirrt und überempfindlich wie ich war, glaubte ich es selbst. Solch vereinfachende, oberflächliche Sichtweise hilft aber niemandem. Es steckte mehr hinter meinem Leben und meinen Erfahrungen in White Plains als nur meine Sprechschwierigkeiten. Zum einen hatte ich in der Junior High School ein Jahr übersprungen und war nun ein Jahr jünger als die anderen Zehntklässler. Ich war jetzt ein Teenager und sozialer Umgang wurde wichtig. Wie bei anderen Teenagern stieg mein Hormonspiegel explosionsartig an, so dass ich in meinem körperlichen Wachstum in die Höhe schoss.[1] Ich entwickelte Minderwertigkeitskomplexe in Bezug auf mein Aussehen. Früher hatte ich mich stark und in mir selbst wohl gefühlt, aber jetzt kam ich mir schlaksig und ungeschickt vor. Meine Ohren standen von meinem recht eiförmigen Kopf ab wie bei Bugs Bunny und meine Mannschaftskameraden im Cross-Country Team nannten mich daher »Langohr«. Aber alle biochemischen Faktoren waren eine Lappalie im Vergleich zu meiner Furcht, in eine neue Stadt umzuziehen, an eine neue Schule zu gehen und neue Freunde finden zu müssen. Wahrscheinlich beeinflusste der Umzug mein Sprechen viel mehr als meine Hormonschübe. Da ich aber immer sehr gut im Leugnen war und daher nicht zugab, dass meine Sprechweise mir jemals Probleme einbrachte, kann ich mich nicht erinnern, ob mein Sprechen in White Plains besser oder schlechter wurde.

Ich kann mich jedoch sehr wohl an den Verlust von Selbstvertrauen und Selbstbewusstsein erinnern. Beim Sport machte sich das zuerst bemerkbar. In der Bronx und im Sommercamp war ich immer einer der ersten gewesen, die bei Mannschaftssportarten als Mitspieler ausgesucht wurden. Ich war absolut treffsicher beim Wurf aus dem Stand und kriegte einen tollen Hakenwurf zustande. Sprungwürfe kamen damals gerade erst in Mode und ich übte sie und wurde immer besser. Zu meiner Zeit konnten auch weiße Jungs springen und im Sommer vor unserem Umzug nach White Plains hatte ich oft ganz allein die gesamte gegnerische Mannschaft beim Basketball im Sommercamp übertroffen. Aber Basketball bedeutete für mich mehr als nur erstklassig zu werfen. Ich liebte das ganze Spiel, das Zusammenwirken der Spieler, sich gegenseitig den Ball zuzuspielen, hart zu verteidigen, den gegnerischen Spielern vor dem Gesicht herumzufuchteln, die Freude des Herumlaufens und Springens, die Kollisionen mit anderen Spielern und mit den Ellenbogen beim Werfen unter dem Korbbrett zusammenzuprallen. Aber mit dem Verlust meines Selbstvertrauens war auch meine Fähigkeit als Spieler dahin. Anstatt selbst zu werfen, gab ich den Ball weiter. Anstatt den Ball instinktiv abzuspielen, wie es professionelle Spieler oder mein großes Vorbild, der Spieler *Tricky* Dick McGuire von den *New York Knicks* taten, begann ich darüber nachzudenken, was ich mit dem Ball tun sollte, hielt ihn zu lange fest und warf ihn dann ungeschickt der anderen Mannschaft in die Hände. In der Bronx hatte ich mich immer instinktiv auf den Ball zu bewegt. Jetzt versuchte ich, mich unsichtbar zu machen und mich so zu platzieren, dass ich nicht aktiv am Spiel teilnahm. Meine Mannschaftskameraden spielten mir den Ball nicht mehr zu und das war eine Erleichterung. Wenn sie es doch taten, behandelte ich den Ball wie eine heiße Kartoffel und gab ihn so schnell wie möglich zurück. Ein gutes Spiel bedeutete für mich nicht mehr, möglichst viele Punkte zu erzielen, sondern so wenig Ballkontakt wie möglich zu haben. Ich begann mich vor dem Spielen zu fürchten und hörte schließlich ganz damit auf. Ich erinnere mich nicht, wie es damals um mein Sprechen stand, aber auf dem Basketballplatz zeigte ich die Art Vermeidungsverhalten, die Stotterern wohl bekannt ist. Wenn ich nicht spreche, dann stottere ich nicht. Wenn ich den Ball nicht berühre, kann ich nichts Falsches damit machen.

In der Schule erlitt ich ähnliche Rückschläge. In der elften Klasse wurde ich einer Geschichtsklasse für wenig begabte Schüler zugewiesen, was ich immer noch nicht verstehe. Ich hatte die erforderlichen Schulnoten und die Intelligenz, um in eine fortgeschrittene Klasse zu kommen. War es nur ein Irrtum der Schulverwaltung? Oder hatten die Lehrer mich so eingeschätzt? Meine Eltern beschwerten sich und die Lage wurde bereinigt, aber ich fühlte mich durch diesen Fehler gedemütigt – falls es wirklich ein Fehler gewesen war. Tatsächlich habe ich dann im College mit Geschichte als Hauptfach abgeschlossen und hatte nur selten etwas Schlechteres als eine Eins. Ich wurde in die Phi Alpha Theta gewählt, eine landesweite, ehrenamtliche Gesellschaft für Geschichte, und wäre wahrscheinlich Geschichtslehrer geworden, wenn da nicht mein Stottern gewesen wäre. Geschichte war ein wunderbares Fach. Zwar sagte ich nie etwas im Unterricht, aber in den Prüfungen glänzte ich, besonders bei Aufsatzfragen. Ich las die Fragen und schrieb meine Antworten nieder, ohne auch nur nachzudenken. Seite für Seite legte ich meine Argumente dar, mit der gleichen Gelassenheit, mit der begabte Jazzpianisten improvisieren. Aufsatzschreiben war eine erstaunliche Erfahrung für mich. Mit einem blauen Heft und einem Bleistift war ich auf einmal wortgewandt und flüssig!

In anderen Fächern fühlte ich mich schon eher wie ein Stotterer. Ich konnte mich nicht mehr wie in der Grundschule einfach krank melden lassen, wenn eine mündliche Prüfung stattfand. Französisch war besonders schwer. In den anderen Klassen konnte ich einfach schweigen. Ich bildete mir ein, dass die Lehrer mich nicht so oft aufriefen wie die anderen, und ich meldete mich auch nicht, selbst wenn ich eine Antwort wusste. In den Französischstunden hingegen sah ich stets die Guillotine vor mir. Mündliche Beiträge waren ein wichtiger Teil des Unterrichts und es gab keine Möglichkeit sie zu vermeiden.

Einige stotternde Menschen machen die Erfahrung, dass sie beim Sprechen in einer Fremdsprache flüssiger sind. Allerdings hat diese Sicherheit in einer anderen Sprache eher mit ihrem Selbstbild zu tun als mit dem eigentlichen Sprechvorgang. Das Sprechen einer Zweitsprache hat keine direkte Wirkung auf die Sprechkoordination. Einige Schauspieler können zum Beispiel ihr stotterndes Selbst beiseite lassen und sich als eine flüssige Person sehen. Ähnlich können Stotterer beim Lernen einer zweiten Sprache völlig in dieser neuen Sprache aufgehen und sich selbst zum Beispiel als flüssig sprechender Franzose sehen. Ich glaube, dass sowohl ein Schauspieler als auch jemand, der eine Fremdsprache spricht, in der angenommenen, flüssigen Persönlichkeit ein Selbstvertrauen finden, das den Stress neutralisiert, den sie gewöhnlich beim Sprechen in der Erstsprache empfinden (in der sie, wie ihre Erfahrung zeigt, zum Stottern verdammt sind). Ich konnte mich selbst nie als mondäner, weltgewandter Franzose sehen, außer in meinen Fantasievorstellungen. Wenn ich allein in meinem Zimmer war, konnte ich mir vorstellen, ich sei mein alter Nachbar Everett Cooper, der sich selbst als André Phillipe sah, wie er seinen einzigen, nicht gerade sehr bedeutenden Hit sang: »I can't think of anyone else but you, chérie …«. Ich konnte mir sogar vorstellen, ich sei Maurice Chevalier, wie er sein berühmtes Lied »Louise« sang. In meiner Fantasie konnte ich mit Zylinder und Spazierstock eine Tanznummer aufs Parkett legen. Aber niemand hörte je meine Chevalier-Imitation, genauso wie auch nie jemand hörte, wie ich den tiefen Bariton des Jazzsängers Billy Eckstine nachahmte, mit Songs wie »I Apologize« und »Bring Back the Thrill« (die ich gerne unter der Dusche sang). Es war mir nicht möglich, öffentlich eine Persönlichkeit darzustellen, die sich so von meiner eigenen unterschied – nicht einmal zum Spaß! Ich hielt das für ein Eingeständnis, dass ich mit meinem wirklichen Selbst unzufrieden war. Ich konnte es nicht tun. Ich konnte mir nicht vorstellen, jemand anders zu sein als ich selbst, der sture, stotternde Marty Jezer mit seinen Bugs Bunny-Ohren.

Die einzige Hilfe, die ich in der Schule für mein Stottern erhielt, war in Form einer Förderklasse für öffentliches Sprechen. Die Lehrerin wusste nicht viel über Stottern und ich kann mich nicht daran erinnern, wie sie mir geholfen hat.[2] Ich erinnere mich jedoch noch gut an einen anderen Schüler in dieser Klasse, einen großen, ungelenken Jungen in meinem Alter, der mit hoher Piepsstimme sprach. Außerdem hielt James beim Sprechen seine Arme steif an der Seite, ohne sich jemals zu bewegen. Da ich selbst immer bemüht war cool zu erscheinen, tat James mir Leid. Nicht so sehr wegen seiner hohen Stimme – die Lehrerin half ihm dabei, seinen Tonfall tiefer anzusetzen – sondern weil er beim Sprechen albern und unbeholfen aussah. Sein Anblick veranlasste mich dazu, mich selbst zu betrachten. Wenn ich schon mein Stottern nicht mildern konnte, so konnte ich doch wenigstens kontrollieren, wie ich beim Sprechen aussah.

Viele stotternde Menschen spannen beim Reden ihren Körper an oder benutzen, wie ich schon beschrieben habe, Körperbewegungen, um ihre Blocks zu überwinden. Häufig vermeiden stotternde Menschen auch Blickkontakt mit ihren Zuhörern oder sie verdecken ihren Mund in der vergeblichen Hoffnung, Blocks zu kaschieren. Obwohl ich letzteres selbst hin und wieder tat, ist es nie zu einer Gewohnheit geworden.

Ich wollte auf keinen Fall wie James aussehen und machte mich deshalb bewusst daran, mein Aussehen beim Sprechen zu verbessern. Ich erzog mich dazu, Leuten in die Augen zu schauen, wenn ich sprach. Und ich lernte es, meine Spannung zu lokalisieren. Wie angespannt ich auch um Mund und Kiefer sein mochte und, bei einem wirklich schweren Block, um meinen Kehlkopf herum (man konnte sehen, wie meine Halsmuskeln versuchten, meine Stimmbänder zu lösen), den Rest meines Körpers konnte ich entspannen. Das war nicht immer einfach. Wenn ich angespannt war und den Atem anhielt, verhärtete sich mein Brustkorb wie eine Ritterrüstung (oder, wie die Reichianer es nannten, ein »Brustpanzer«). Manchmal, besonders im Sitzen, spannten sich meine Füße beim Sprechen an. Nach dem Sprechen konnte ich sehen, wie meine Füße angewinkelt nach oben standen, und ich musste mich daran erinnern, dass das nicht normal war, musste sie bewusst entspannen. Aber ich war bemüht, eine gelassene, entspannte Haltung zu zeigen und die Spannung in meinen Füßen zum Ausdruck zu bringen war eine Möglichkeit, mein Problem zu verbergen. Ich lernte, mich beim Sprechen durch Armbewegungen auszudrücken, um die körperliche Anspannung auf ein Minimum zu beschränken. Diese Körperbewegungen verringerten nicht nur die Spannung, sondern halfen mir auch, mein Sprechen rhythmisch zu gestalten.

Aber sobald ein Problem gelöst scheint, taucht ein anderes auf. Ich war wirklich stolz darauf, mein Aussehen beim Stottern geändert zu haben. Mir war bewusst, dass ich beim Sprechen viel besser aussah als der flüssig sprechende aber linkisch wirkende James. Ich empfand Genugtuung, dass ich nicht wie ein Stotternder aussah. Aber als dieses Gefühl des Triumphs nachließ, setzten die Zweifel ein. Es lag doch eine gewisse Logik darin, es war doch natürlich wie ein Stotterer auszusehen, wenn man stotterte. Von meinem Stottern abzulenken, indem ich mich wie ein gelassener, flüssig sprechender Mensch gab, führte zu einem Konflikt zwischen der Realität und meinem Selbstbild.

Es dauerte lange Zeit, bis ich diesen Konflikt lösen und mich mit meiner äußeren Erscheinung abfinden konnte. Es gibt noch immer Situationen, die mir Probleme bereiten. Wenn ich mich einem Fremden vorstelle und wir uns die Hände geben, schütteln wir dann solange Hände, bis mein Block überwunden ist, oder kann ich das Händeschütteln eher beenden und meine Hand zurückziehen, bevor ich meinen Vornamen aussprechen kann? Für Stotterer ein wohl bekanntes Dilemma.

In der High School wurde ich mit solchen Problemen dann wieder leichter fertig. In meiner Suche nach Vorbildern orientierte ich mich erst an John Wayne, dessen maskuline Schweigsamkeit Bände sprach, und dann an Marlon Brando in seinem Film »Der Wilde«. Seine übellaunige, undeutliche Art gab meiner eigenen Sprechaversion etwas Lässiges, einen gewissen Sex-Appeal (so glaubte ich jedenfalls). Und dann war da natürlich James Dean ...

Es gab auch andere, echte Erfolgserlebnisse. Im Biologieunterricht mussten wir alle einen Absatz über die Entstehung des Lebens auswendig lernen und aufsagen. Es begann mit »Ontogenese rekapituliert Phylogenese«. Wie viele stotternde Menschen konnte ich sehr gut Wortersetzungen vornehmen, aber bei dieser Aufgabe war das ausgeschlossen. Wir waren dreißig Schüler in der Klasse und das Aufsagen jedes Textstückes, so hatte ich gemessen, dauerte etwa drei Minuten. Dazu kamen zehn Minuten, während Mrs. Robertson die Anwesenheit prüfte und die Vorträge einleitete, und je eine weitere Minute für Bemerkungen zwischen den einzelnen Vorträgen. Ich rechnete aus, dass es drei Tage dauern würde, bis alle Schüler drangekommen waren. Es wäre mir lieber gewesen, als einer der ersten dranzukommen und die Sache hinter mich zu bringen, aber ich war erleichtert, als der erste und der zweite Tag vergingen, ohne dass ich aufgerufen wurde. Falls Mrs. Robertson mich vergessen hatte, so sollte mir das recht sein. Aber was, wenn sie mich mit Absicht überging? Das wäre peinlich gewesen (da ich annahm, dass alle in der Klasse es gemerkt hätten), aber auch eine Erleichterung. Schließlich kam ich aber doch dran. Mrs. Robertson fragte mich, ob ich es überhaupt tun wollte. Das war vermutlich gut gemeint, aber ich wünschte, sie hätte mich unter vier Augen gefragt. Aus Stolz versicherte ich ihr, dass ich meinen Teil aufsagen wollte.

Ich begann mit zitternden Händen. Kein Mr. Shuldiner saß neben mir, um mir seinen Ellenbogen in die Rippen zu stoßen, und ich fühlte mich sehr allein. Meine Angst war so überwältigend, dass ich in einen Trancezustand zu verfallen schien. Es war fast wie eine Out-of-Body-Erfahrung. Auf einmal schien eine flüssige Person aus meinem Mund zu sprechen. Ich hörte die Worte, aber sie schienen nicht von mir zu kommen. Als ich fertig war, gratulierte mir die Lehrerin für meine Sprechflüssigkeit und für meinen Mut. Vielleicht hat sogar die Klasse applaudiert – nicht zum Spott, sondern in Anerkennung meines Triumphs und, so könnte ich mir vorstellen, aus Erleichterung. Das Gefühl des Erfolges hielt jedoch nicht lange an. Wie bei meiner Bar Mizwa hatte ich es irgendwie geschafft flüssig zu sprechen, aber wie, das war mir ein Rätsel. Ich konnte mich nicht daran erinnern, wie ich mich fühlte, wenn ich flüssig sprach, denn diese Flüssigkeit schien nicht von mir zu kommen. Ich begann, mich vor flüssigem Sprechen zu fürchten. Wenn ich stotterte, wusste ich wer ich war. Aber wenn ich flüssig sprach, fühlte ich mich entfremdet. Sprechflüssigkeit führte zu Problemen. Es entstanden Erwartungen, von denen ich wusste, dass ich sie nicht erfüllen konnte.

In der High School war ich nicht völlig ohne Freunde. Ich war schon immer von Natur aus viel zu gesellig und umgänglich gewesen, um mich durch meine Sprechangst zu lange in selbst auferlegtes Schweigen zurückzuziehen. In der Bronx war ich jemand gewesen, zu dem die anderen Kinder aufgesehen hatten. Ich war immer mitten drin im Geschehen, wenn die interessanten Kinder etwas unternahmen. Ich hatte mich nicht sonderlich darum bemüht, ich fühlte mich lediglich von diesen Kindern angezogen und trat unter ihnen mit Selbstbewusstsein auf. Im Gegensatz dazu schloss ich in White Plains bewusst Freundschaften mit Kindern, die in keiner Weise den Ton angaben. Eine meiner liebsten Erinnerungen an White Plains ist der Abend, an dem ich mich aus irgendeinem Grund mit einem strebsamen Klassenkameraden herumtrieb, der im Schulorchester Posaune spielte. Wir schlenderten stundenlang herum und redeten ausführlich über Musik, Ideen, unsere Ziele und unsere Ängste (obwohl ich bezweifle, dass ich meine Sprechangst und mein Stottern erwähnte). Wir waren zuvor nicht befreundet gewesen und verbrachten auch nach diesem Abend nie wieder Zeit miteinander, aber wir vertrauten uns gegenseitig einige der Geheimnisse unseres Lebens an, auf eine tiefsinnige und wundervolle Art. Diese Erfahrung bewegte mich so sehr, dass ich danach immer wieder Kontakt zu Menschen suchte, die zu ähnlicher Offenheit und Ehrlichkeit imstande waren. Ich halte diese Art vertrauensvoller Gespräche für die wertvollsten Erfahrungen meines Lebens.

Die High School in White Plains hatte Dutzende von Fahrradständern, aber trotzdem fuhren alle im Auto zur Schule. In der Bronx hatte ich mit meinen Freunden ganztägige Fahrradausflüge unternommen, aber in White Plains war ich einer von wenigen, die mit dem Fahrrad zur Schule fuhren. Einmal fuhr ich mit ein paar anderen bis nach Bear Mountain. Wir radelten mehr als hundert Meilen innerhalb von sechzehn Stunden, das letzte Stück sogar im Dunkeln. Die Kinder aus dem Country Club wären mit dem Auto in zwei oder drei Stunden dort und wieder daheim gewesen. Aber für mich war die Radtour ein Abenteuer. Was kümmerte es mich, dass einige mich den »Fahrradjungen« nannten.

Es gab vermutlich auch andere Hinweise darauf, dass ich nicht richtig dazupasste. Und mit meiner Einstellung war ich nur zu sehr geneigt, die geringste Unstimmigkeit als schroffe Ablehnung überzubewerten. Als ich auf dem Heimweg von der Schule mein erstes Schneegestöber in White Plains erlebte, begann ich, Schneebälle auf eine Gruppe von Kindern zu werfen, mit denen ich Freundschaft schließen wollte. In der Bronx hätte so eine Herausforderung zu einer wilden Schneeballschlacht geführt, aber die Kinder aus White Plains guckten mich an, als sei ich von einem anderen Stern, und warfen nicht zurück.

Mir ist bewusst, dass meine Wahrnehmung dieser Kinder wahrscheinlich verzerrt war. Ich neigte dazu, auf andere zu projizieren, was ich mir selbst nicht eingestehen wollte. Ich hasste mein Stottern und verleugnete die Auswirkungen, die es hatte, und bildete mir ein, dass die Fehler, die ich in mir selbst sah, Urteile von anderen darstellten. Die Kinder im Country Club nannte ich Langweiler und Angeber und viele von ihnen waren das auch wirklich. Aber ich war nie zuvor jemandem bewusst aus dem Weg gegangen. Meiner Ablehnung dieser Kinder lag zwar ein gewisses Prinzip zugrunde (ich stimmte mit den Privilegien nicht überein, auf die sie aufgrund ihres Wohlstandes ein Anrecht zu haben meinten), aber mein Vermeiden war auf andere Faktoren zurückzuführen. Ich unterdrückte meine natürliche Freundlichkeit und versuchte verzweifelt, in keiner Weise aufzufallen. Ich glaube nicht, dass ich tatsächlich jemals vorsätzlich ausgegrenzt wurde. Für die Kinder, die ich so verachtete, war ich vermutlich einer der Neuen in der Schule, einer von vielen Neuen. Es lag an mir, mich zu behaupten. Ich schützte mich, indem ich mir diese Möglichkeit verbaute.

Mein Vater hatte sich gegen seine orthodox-jüdische Vergangenheit aufgelehnt. In ähnlicher Weise rebellierte ich jetzt gegen seine Bestrebungen, der oberen Mittelschicht anzugehören. Meine Eltern waren der Ansicht, dass mein Stottern zu meiner rebellischen Haltung beitrug, wohingegen ich fand, dass mein Stottern mich in meinem Drang zur Rebellion behinderte und mich sehr viel vorsichtiger machte, als ich es gerne gewesen wäre.

Wie bei so vielen High-School-Schülern in den 1950er Jahren begann auch meine Rebellion mit Rock and Roll. In der Schule hörte ich die anderen über einen Diskjockey namens »Moondog« und seine nächtlichen Rock-and-Roll-Partys auf dem Radiosender *WINS* reden. Moondogs wirklicher Name war Alan Freed. Er war der erste Diskjockey, der hauptsächlich schwarze Rhythm and Blues-Musik (der er den Namen »Rock and Roll« gab) für ein vorwiegend weißes Publikum spielte. Ich ging zu seinem ersten Rockkonzert im Brooklyn Paramount Theater. Für mich und für jeden anderen kreischenden weißen Teenager im Auditorium war das eine neue Welt.

Wilde Gitarren- und Saxofonsolos und Sängergruppen wie die Drifters, die Penguins und die Moonglows, die in ihren schnittigen Anzügen zu gewagter Choreografie tanzten – kitschig, witzig, extravagant und absurd. In White Plains trug ich hochgeschlossene Hemden und Hosen mit Schnallenbund. Warum die Schnallen? Sollten sie uns zurückhalten und einschränken? Für mich war Rock and Roll eine emotionale Befreiung. Diese Musik stand außerdem für rassische Gleichstellung. Man muss sich erinnern, es war die Zeit, bevor durch Rosa Parks die Bürgerrechtsbewegung wirklich ins Licht der Öffentlichkeit geriet. Abgesehen vom Baseballsport herrschte damals in Amerika noch strikte Rassentrennung. Das Publikum im Paramount Theater bestand vorwiegend aus weißen Teenagern wie mir. Aber die Musik, ebenso wie die meisten der Künstler, war schwarz. Rock and Roll stellte unsere gesellschaftliche Realität auf den Kopf und war zusammen mit dem berühmten schwarzen Baseballspieler Jackie Robinson Wegbereiter für den befreienden Geist der Bürgerrechtsbewegung, die das Land bald grundlegend ändern sollte.

Nach Alan Freeds Sendung gab es auf WINS »The Birdland Show«, ein oder zwei Stunden lang fantastischen Modern Jazz. Diese Sendung stellte den Anfang meiner lebenslangen Leidenschaft für Jazz dar. Sie führte mich in die Welt ernsthafter, schwarzer Kultur und weckte meine Sensibilität und mein Verständnis für die Frage der Bürgerrechtsbewegung. Im September 1957 versuchten neun afroamerikanische Kinder sich in eine nur von Weißen besuchten High School in Little Rock, Arkansas einzugliedern. Sie stießen auf eine gewalttätige Gruppe von Weißen, die, ermutigt von Staatsgouverneur Orval Faubus, schwarze Kinder vom Besuch dieser Schule abhalten wollten. Ich war von diesem Ereignis zutiefst schockiert und trat der NAACP, der *National Association for the Advancement of Colored People*, bei. Konnte ich die Unterdrückung der Afroamerikaner besser nachempfinden, weil ich eigene Probleme als stotternder Mensch hatte? Ich weiß es nicht, aber 1957 machte ich mir mehr Sorgen um die Situation der Schwarzen als um meine eigene als Stotterer.

Im selben Jahr, als wir nach White Plains zogen, verließ meine Schwester das Haus, um ins College zu gehen. Es gab also keine Abende mehr mit ihren Freunden um unseren Küchentisch. Da ich mich immer zu Menschen hingezogen fühlte, die reden konnten, vermisste ich ihre Gesellschaft. Ich entdeckte Jean Shepherd, der spät abends über den Radiosender WOR, der den Großteil des Nordostens abdeckte, einen Monolog hielt. Er redete stundenlang und ohne Pause über seine Kindheit und Jugend in Chicago, über Jazz, Poesie, Greenwich Village, Jazzmusiker und die Gefahren des schleichenden *Meatballism*, seiner Bezeichnung für den Konformismus der Gesellschaft, die ein Schlagwort der 50er Jahre wurde. Wie alle großen Radiopersönlichkeiten gelang es Jean Shepherd, eine Atmosphäre der Vertrautheit zu schaffen. Wenn ich ihm zuhörte, wie er so dahinsinnierte, war es als säße er mit mir am Küchentisch. Er redete, ich hörte zu und hatte das Gefühl ich gehörte auch dazu. Er redete über ein Amerika, das mich an mein Leben in der Bronx erinnerte, über Leute, die kreativ waren, die ihre Zeit nicht mit Fernsehen oder Golfspielen verbrachten, sondern Ideen diskutierten und wissbegierig und abenteuerlustig waren, entschlossen, den Dingen auf den Grund zu gehen.

Da mich Jazz interessierte, nahm ich an einem Kurs für Musiktheorie teil. Der Lehrer gab uns auf, eine Konzertkritik zu schreiben. Mein Cousin »Big Marty« (er war älter, aber ich war größer) nahm mich zu einem Konzert von Erroll Garner in der Town Hall in New York mit. Es war 1955 oder 1956 und Garner wurde gerade auch außerhalb der Jazzwelt bekannt. Das Konzert war fantastisch und ich beschrieb in einem meiner Meinung nach brillanten, kritischen Essay seinen Stil – die rhythmischen Akkorde, die er mit der linken Hand spielte, und die mit rechts gespielten Oktaven und Tremolos – und seinen Rang unter den Jazzpianisten. Der Lehrer gab meinen Aufsatz ohne Benotung zurück. Ich solle über ernsthafte Musik schreiben, sagte er, nicht über Jazz. Ich war überzeugt, dass Jazz ernsthafte Musik und Erroll Garner des Schreibens würdig sei. Außerdem war ich überzeugt, dass dieser Lehrer ein Dummkopf war und dass die Dinge, die mich interessierten, mehr bedeuteten als nur Ablehnung und unbedachte Rebellion.

Ich widersprach meinem Lehrer und widersetzte mich meinem Vater in allen Dingen. Er wollte, dass ich mich fürs College in Harvard bewarb, und als zweite Wahl, aus Gründen, die mir immer noch unerklärlich sind, an der Emory Universität in Atlanta, die er das »Harvard des Südens« nannte. Mir war bewusst, dass meine Noten (in Englisch und Geschichte hatte ich meist ein ›A‹ oder ›B‹, da ich diese Fächer mochte; und in den Naturwissenschaften, Mathematik und Französisch meist ein ›C‹ oder ›D‹, da mir diese Fächer nicht lagen und ich sie auch nicht verstand) für Harvard nicht ausreichten. Mein Vater wollte trotzdem, dass ich mich bewarb und für ein Vorstellungsgespräch anmeldete. Ich hasste Vorstellungsgespräche und wollte nicht an mehr teilnehmen, als unbedingt notwendig war. Ich war immer der Meinung, mein Vater zwang mir Harvard nur auf, damit er seinen Kunden und seinen Freunden im Club erzählen konnte, wir wären für das Vorstellungsgespräch nach Cambridge gefahren. Mit meinem typischen Starrsinn weigerte ich mich jedoch.

Emory war eine interessantere Alternative. Mein Vater behauptete, die Universität habe eine gute medizinische Fakultät. Obwohl er die traditionelle Einstellung seines Bruders Abe verachtete, schätzte er den Beruf seines Bruders mehr als seinen eigenen. Er wollte unbedingt, dass ich Arzt werde. Natürlich wollte ich von seinen Ratschlägen nichts wissen. Mir gefiel Geschichte, nicht Biologie, und außerdem konnte ich mir wirklich keinen stotternden Doktor vorstellen. Allerdings konnte ich mir genauso wenig einen stotternden Rechtsanwalt, Lehrer oder Geschäftsmann vorstellen. Meistens vermied ich es, über meine künftige Karriere nachzudenken. Ironischerweise wäre ich, wenn ich wirklich an die Emory Universität gegangen wäre, bei den ersten Sit-Ins und dem Beginn der Bürgerrechtsbewegung der 60er Jahre dabei gewesen. Ich wäre Aktivist geworden, was sich ohnehin als meine Berufung herausstellten sollte, Stottern hin oder her. Aber ich gönnte meinem Vater nicht die Genugtuung, mich beim »Harvard des Südens« zu bewerben. Ich wollte noch nicht einmal die Unterlagen anfordern.

Wieder muss ich mich fragen, ob ich damals versuchte realistisch zu sein oder eine weitere Herausforderung vermeiden wollte. Verstieg sich mein Vater in Wunschvorstellungen, ich könne im College seiner Wahl aufgenommen werden, oder versuchte er, mit der bestmöglichen Absicht, mich von meiner großen Vorsicht abzubringen? Es hätte uns beiden gut getan, über solche Fragen zu reden. Aber wir wussten nicht, wie wir uns hätten unterhalten sollen. Keiner von uns kannte die Sprache, die man dazu benutzte. Stattdessen stritten wir uns. Ich glaube, als es um die College-Frage ging, war ich der Realist, vielleicht mehr, als es gut für mich war. Ich wollte mich keiner Herausforderung stellen. Ich wollte eine bequeme Nische finden und das College so unauffällig wie möglich hinter mich bringen.

Meine Sprechweise war eine zu große Belastung geworden. In der Zeit, als wir uns über das College stritten, ging ich einmal ins Schlafzimmer meiner Eltern, als mein Vater und meine Mutter im Bett lagen. Ich wollte meinen Vater etwas fragen – ich erinnere mich nicht mehr, was es war – aber ich konnte die Wörter nicht aussprechen. Es war ein wirklich unvergesslicher Block, ein echter Kieferbrecher: ein wiederholter Schwa-Laut und dann nichts mehr. Mein Vater reagierte mit einem Blick, den ich als Entsetzen interpretierte. Dann hielt er sich die Hand über die Augen, was ich wiederum als einen Versuch auslegte, meinen Block nicht wahrhaben zu wollen. Ich schaffte es nicht, das zu sagen, was ich hatte sagen wollen, aber die Erinnerung an meinen Vater, wie er sich die Augen zuhielt, hat mich bis zum heutigen Tag nicht losgelassen. Im Nachhinein habe ich versucht, ihn nicht so ohne weiteres zu verurteilen. Er war vielleicht müde und hatte sich nur die Augen gerieben. Aber ich bezweifle das. Es scheint mir wahrscheinlicher, dass er tatsächlich die Augen vor meinem Stottern verschließen wollte. Aber verdammt noch einmal, das hätte ich schließlich auch selbst gerne getan.

Ich reagierte auf diesen Vorfall wie auf andere Ereignisse, durch die ich mich verschmäht fühlte. Ich ging ins Badezimmer, stellte mich vor den Spiegel und schnitt Grimassen – verzerrte, entstellte, hässliche Gesichter. Ich zog meine Ohren lang, streckte die Zunge heraus, verzog meinen Mund, bleckte die Zähne und blies die Wangen auf. Ich veränderte mein Gesicht von normal zu grotesk, von Dr. Jekyll zu Mr. Hyde. Ich machte Gesten, als würde ich mir eine mit der Faust ins Gesicht schlagen, und hielt einen Finger an meine Schläfe, als würde ich an der Pistole abdrücken. Tod stellte ich mir als ewigen Schlaf vor, als friedlichen Zustand ohne Sprechen und Demütigungen.

Innerhalb von Sekunden aber hatte ich mich abreagiert, meine Wut verflog, ich war geläutert. Wie immer ging ich dann in mein Zimmer und spielte meine Jazzplatten: Count Basie, »Jazz at the Philharmonic«, Charlie Parker, Louis Armstrong, Erroll Garner. Da ich meinen eigenen Problemen nicht ins Gesicht sehen wollte, vertiefte ich mich so gut ich konnte in den Schmerz und die Schönheit schwarzer Amerikaner. Wenn es mir wirklich schlecht ging, hörte ich mir Joe Williams an, wie er den Blues zur Begleitung der Count Basie Band sang: »Speaking of bad luck and trouble, and you know I've had my share.«[3] Ich selbst hatte auch genug Pech und Probleme, aber die fast majestätische Würde der Basie Band zusammen mit Joe Williams absoluter Weigerung sich selbst zu bemitleiden, half mir über mein Selbstmitleid hinweg. Das Gefühl der Erhabenheit, der emotionalen Transzendenz, ist stark und mitreißend. Ein gewisses Muster begann sich in meinen Empfindungen auszuprägen. Ich begann,

Blues-Stimmung und Traurigkeit zu mögen, denn ich wusste, es würde mir gelingen, sie beim Anhören von Jazzmusik zu überwinden und durch den darauf folgenden Höhenflug von Transzendenz konnte ich mich in einen Zustand der Zufriedenheit versetzen.

1958 schenkte meine Schwester mir eine gebundene Ausgabe von Jack Kerouacs »Unterwegs«. Dieses Buch gab meinem Leben Sinn. Ich würde ein Beatnik werden und mein Leben nur noch der Wahrheit, Poesie und Kunst widmen. Ich besuchte jetzt das Lafayette College in Easton, Pennsylvania etwa zwei Stunden Auto- oder Zugfahrt von New York entfernt. An den Wochenenden begann ich, mich abends in Greenwich Village herumzutreiben. Ich war ein regelmäßiger Besucher von Buch- und Plattenläden. Mit Allen Ginsbergs Gedichtband »Howl« (dt.Titel: »Das Geheul«) ostentativ in die Brusttasche gesteckt, versuchte ich interessant auszusehen und Mädchen aufzugabeln. Aber was sollte es denn? – Ich hatte kein einziges Mal die Nerven jemanden anzusprechen. Wenn ich auch den Mund nicht aufkriegte, so hielt ich doch die Augen offen. Ich war voller Wissbegier und Aufregung und mir gefiel, was ich sah.

Meine Mutter und mein Vater besprachen sich mit meinem Onkel Abe und kamen zu dem Schluss, dass meine Sprechweise für mein rebellisches Verhalten verantwortlich war. Aber sie glaubten auch, dass es nur eine vorübergehende Phase sei, aus der ich schnell herauswachsen würde. Meine Auflehnung nahmen sie nicht ernst, auch dann nicht, als sich die Anzeichen mehrten, dass ich mit meiner Einstellung nicht allein war und dass viele (vielleicht sogar Millionen) meiner Altersgenossen mein Unbehagen über die Vorstadtkultur der 50er Jahre teilten. Und nur sehr wenige von ihnen stotterten. Ein gewisses Machtgefühl lag darin, nach einem anderen Trommelschlag zu marschieren (oder in meinem Fall sachte aufzutreten). Es steigerte mein Selbstvertrauen. Damals konnte ich es natürlich noch nicht wissen, aber ich bewegte mich damit ganz im Sog der Geschichte.

Was sich vor meinen Augen abspielte, war die Geburtsstunde der 1960er Jahre: die Bürgerrechtsbewegung, die Kontrakultur, Rock and Roll, politischer Aktivismus, Feminismus, die Politik der Identität, die Idee persönlicher und politischer Liberalisierung. Je mehr mir bewusst wurde, dass andere mein Gefühl der Rastlosigkeit teilten, desto selbstbewusster und rebellischer wurde ich.

Meine Rebellion, wenn es auch eine bescheidene war, warf aber auch einige Unsicherheiten auf. War meine Ablehnung der »Glanzzeiten« der 50er Jahre eine sorgfältig durchdachte philosophische Haltung oder nur durch meine Sprechweise bedingt? War sie ein Resultat intellektueller Stärke oder persönlicher Schwäche? Widersetzte ich mich der ehrbaren Gesellschaft, die mich umgab, weil ich Schwierigkeiten hatte mich anzupassen? Oder hatte meine Rebellion Substanz? War sie ein Resultat meiner Integrität oder, wie mein Vater mir häufig vorwarf, nur eine negative Einstellung gegenüber allem, was er für gut hielt? Speziell diese Frage beschäftigte mich dauernd und vieles, was ich in den darauf folgenden zehn Jahren tat, sollte (vor allem mir selbst) beweisen, dass ich den Erwartungen meiner Eltern gerecht werden konnte. Ich redete mir ein, ich müsse erst Erfolg haben, um das Recht zu erwerben, ein Rebell zu sein.

Das Problem betraf nicht nur mich. Anpassung war während meiner Jugend ein großes Thema. Nichtanpassung, Nonkonformität, wurde als negativ, feindselig und selbstzerstörerisch angesehen. Rebellen waren Versager. Der psychiatrischen Fakultät zufolge waren sie außerdem Neurotiker.[4] Es war nicht einfach, in den 50er Jahren ein Rebell zu sein, vor allem dann nicht, wenn man zunächst einmal anstelle einer Causa nur eine Veranlagung zum Stottern hatte ...

Ich ließ mich jedoch nicht unterkriegen und machte meine Rebellion zur Lebensart.

Anmerkungen

[1] Wachstumsschübe bei Jungen treten in Verbindung mit extrem hohen Testosteronpegeln auf. Einige Studien zeigen, dass Testosteron durch seinen Einfluss auf die biochemischen Prozesse des Gehirns die Neigung zum Stottern erhöht.

[2] Sprechtherapeuten, die für Schulen arbeiten, haben in den USA nicht automatisch Erfahrung in der Behandlung von Stottern. Um diese Situation zu beheben, hat die *American Speech-Language-Hearing Association* ein landesweites Programm gestartet, um Spezialisten für den Bereich Stottern auszubilden. Die besten Therapien für Kinder im Schulalter werden noch immer vorwiegend von Universitäten und Krankenhäusern angeschlossenen Sprechkliniken angeboten.

[3] Peter Chapman, »Everyday«, Arc Music, BMI.

[4] Wenn die Gesellschaft korrupt ist, sollte dann das Individuum rebellieren? Mit dieser Frage hatte der Psychologe Abe Maslow die etablierte Psychologenwelt herausgefordert. Er war ein Begründer der humanistischen Psychologie und war Schulkamerad meines Vaters auf der traditionellen jüdischen Jeshiva-Schule gewesen (sein Bruder war ein Klient meines Vaters). Im Gegensatz zu meinem Vater und den meisten Psychologen, die Rebellion als ein Symptom von Neurosen sahen, stellte Maslow die Vermutung auf, dass sie stattdessen ein Zeichen geistiger Gesundheit sei. »Vielleicht«, so sagte er (und schien damit mir und Tausenden anderer junger Rebellen, die sich dem konformistischen Druck der 50er Jahre widersetzten, aus der Seele zu sprechen), »ist es besser für einen Jugendlichen, *bei den benachbarten Snobs oder Mitgliedern der ansässigen Gesellschaftsklubs unbeliebt zu sein*« (Hervorhebung von mir). Abraham Maslow, »*Toward a Psychology of Being*« (Princeton, NJ: Van Nostrand, 1968), S. 7-8.

15. Sex, Lügen und das Telefon

Wenn es um Verabredungen, Sex, Ehe und Liebe geht, denkt ein stotternder Mensch zunächst einmal ans Telefonieren. Für die meisten stotternden Menschen ist das Telefon das am meisten gefürchtete und schwierigste verbale Kommunikationsmittel. Es ist heutzutage fast unmöglich, eine Beziehung zu haben oder auch einfach nur ein normales Leben zu führen, ohne ein Telefon zu benutzen. Für die meisten stotternden Menschen hat in irgendeinem Moment ihres Lebens die Furcht vorm Telefonieren ihre Handlungen wesentlich beeinflusst und eingeschränkt. Allein der Gedanke, den Hörer abzunehmen und »Hallo« zu sagen, erfüllt uns mit Entsetzen.

Meine größte Furcht war, dass das Telefon klingeln würde, wenn ich allein zu Hause war. Manchmal hob ich ab. Wenn ich es nicht tat, stellte ich den Fernseher oder den Plattenspieler leiser, schaltete das Licht aus und blieb in meinem Zimmer. Ich wollte nicht, dass die Nachbarn das Telefon hörten (was sie überhaupt nicht konnten), merkten, dass ich zu Hause war, und dachten: »Aha! Marty hat Angst ans Telefon zu gehen.« Ein unbeantwortetes Telefon scheint ewig zu klingeln. Es klingt wie der Bohrer beim Zahnarzt. »Gleich vorbei«, sagt der Zahnarzt dann meistens, aber dieses »gleich« scheint zehn lange Minuten zu dauern.

Zunächst ist es schwer zu verstehen, dass Telefonieren so ein Problem darstellt. Am Telefon kann man vom Gesprächspartner nicht gesehen werden, so dass man die körperlichen Aspekte des Stotterns verbergen und die nötigen Körperbewegungen anwenden kann, die beim Herausbringen der Worte helfen. Man kann aufstampfen, die Arme schwingen, das Gesicht verziehen und die Worte mit aller verfügbaren Kraft herauspressen – der Zuhörer kann es nicht sehen. Auch ein Block sollte in einem Telefongespräch unsichtbar bleiben. Wenn der Zuhörer den Block nicht sieht, hört er nur die Pause zwischen den Worten. Er könnte also annehmen, der Gesprächspartner spreche sehr bedacht und wähle seine Worte sorgfältig. Warum sollte er auf einen Stotterer schließen?

Telefonieren sollte für Stotterer eigentlich ein Kinderspiel sein, aber das ist es nicht. Ich glaube das liegt daran, dass am Telefon das Sprechen die gesamte Kommunikation tragen muss. Ein Mensch am Telefon ist praktisch körperlos. Weder gutes Aussehen hilft am Telefon, noch physische Ausdrucksfähigkeit, Körpersprache oder ein gewinnendes Lächeln. Es kommt nur auf den Klang der Stimme an. Beim Telefonieren entsteht ein unglaublicher Druck auf den empfindlichsten Teil des Kommunikationsrepertoires eines stotternden Menschen.

Charles Van Riper, der ein glückliches, schaffensreiches Leben führte, hätte es eigentlich besser wissen sollen, aber auch er nannte Stottern einmal »eine Behinderung des sozialen Lebens«.[1] Eines der Klischees über stotternde Menschen (das von Psychoanalytikern gefördert wird, worauf ich später näher eingehen werde) ist, dass sie Versager sind, die nicht mit Menschen umgehen können. Dieses Klischee ist deshalb besonders schmerzlich, weil viele stotternde Menschen es irgendwann selbst glauben. Wenn ich samstagabends zu Hause blieb, während jeder andere Teenager (so glaubte ich zumindest) sich irgendwo amüsierte und herumflirtete, fühlte ich mich wie ein gesellschaftlich Ausgestoßener – einsam, ungeliebt, ausgeschlossen, ungewollt.

Es gibt keine wissenschaftlichen Studien, in denen das Leben von stotternden Menschen mit dem von Nicht-Stotterern verglichen wird. Wenn man sich Selbsthilfegruppen für Stotterer ansieht, kann man feststellen, dass die Mitglieder Freunde oder Freundinnen haben, heiraten, Kinder bekommen, sich scheiden lassen, wieder heiraten und sich auch sonst durchs Leben schlagen, wie andere es auch tun. Aber wahrscheinlich sind Selbsthilfegruppen nicht repräsentativ für alle stotternden Menschen. Sie bestehen aus Leuten, die aktiv etwas gegen ihr Stottern unternehmen und bis zu einem gewissen Grad die sozialen Schwierigkeiten, unter denen die meisten stotternden Menschen leiden, überwinden konnten.

Es gibt Stotterer, denen ihre Sprechweise nichts ausmacht oder die so erfolgreich gelernt haben, ihre Behinderung zu überwinden, dass sie keine Selbsthilfegruppen brauchen. Genauso gibt es auch Stotterer, die ein isoliertes Leben führen und ihr Problem als unüberwindbar ansehen. Aber es gibt auch flüssig sprechende Menschen, die ein trauriges und einsames Leben führen und sich vor den Risiken, die jede zwischenmenschliche Beziehung mit sich bringt, fürchten. Schließlich hat jeder seine Fehler. Die meisten Leute meinen, sie seien zu dick, zu dünn, zu klein, zu groß, zu hässlich, zu ungeschickt, zu linkisch, zu sehr dieses oder jenes – sie werden nie der Perfektion gerecht, die sie in anderen zu sehen glauben. Stotternde Menschen wissen nur zu gut, wie einfach es ist, der Angst vor sozialer Unzulänglichkeit nachzugeben. Dass viele von uns es anscheinend dennoch schaffen, ein normales Maß an sozialem Umgang zu haben, verdanken sie nur ihrem Mut, ihrer Ausdauer und dem unersättlichen menschlichen Wunsch einen Partner zu finden.

Man stelle sich die verbalen Hürden einer erfolgreichen Beziehung vor, besonders in einem Zeitalter, in dem ein so großer Teil der Kommunikation telefonisch abläuft. Zunächst einmal die Schwierigkeit, sich einem Fremden vorzustellen (oder von einem Freund vorgestellt zu werden), der das größte Geheimnis noch nicht kennt, das kein Geheimnis mehr sein wird, sobald man den Mund aufmacht. Oder man möchte überhaupt das erste Treffen verabreden. Viele Menschen fürchten in so einer Situation eine Abfuhr zu erhalten. Ein Stotterer jedoch fürchtet sich vor dem Fragen selbst. Wir haben solche Angst, bei der Frage zu stottern, dass keine Kraft übrig bleibt, sich auch noch um die Antwort zu sorgen.

Angenommen, diese anfänglichen Schwierigkeiten werden überwunden. Eine Freundschaft beginnt, die Beziehung entwickelt sich, man verliebt sich. Dann sieht man sich mit den Kommunikationsanforderungen einer Liebesbeziehung konfrontiert: intime Gespräche, das Anvertrauen tiefster Geheimnisse und der eigenen Lebensgeschichte. Small Talk, Liebeserklärungen, Bettgeflüster. Stellen Sie sich vor, Ihrem oder Ihrer Liebsten süße Worte ins Ohr zu flüstern und dabei auf einmal zu blockieren. Man könnte sich vielleicht aus der Situation retten, indem man dem Objekt seiner Zuneigung zärtlich ins Ohr haucht. Nur hält man beim Blockieren meistens mit vollen Lungen die Luft an, man widersetzt sich dem Kommunikationsdrang, lässt einfach nichts aus sich heraus. Liebe dagegen bedeutet unter anderem es zu wagen loszulassen, sich dem anderen gegenüber offen zu legen und auszudrücken – und ein- und auszuatmen.

Mein Stottern hat sich häufig als verlässlicher Liebesdetektor erwiesen. Zu meinem großen Erstaunen konnte ich immer – selbst als Teenager, als meine Befangenheit und Schüchternheit am größten waren – flüssig mit Mädchen flirten. Natürlich basierte meine Art zu Flirten auf meiner Art zu reden. Am besten lief es in Gruppen, in denen ich nicht selbst das Gespräch beginnen musste. Wie immer hielt ich mich im Hintergrund und fügte etwas hinzu, wenn andere ihre Sätze beendeten. Ich kommentierte ihre Aussagen eher, als dass ich selbst kühne Behauptungen aufgestellt hätte. Nur wenn mir ein Mädchen wirklich gefiel, begann ich zu stottern. Und je mehr sie mir gefiel, desto wahrscheinlicher war es, dass ich stotterte.

Flirten war das Einzige, was ich tun konnte, ohne mich durch mein Stottern behindert zu fühlen. Beim Flirten konnte ich mich selbst neu gestalten und jemand werden, der ich normalerweise nicht war. Ein chemischer Faktor kam hinzu, die physiologische Reaktion auf meine natürliche Anziehung zum anderen Geschlecht: Erröten, ein Gefühl prickelnder Erregung, aufgeweckte, fast elektrifizierte Haltung, Körperbewegung und Einstellung. Breitbeinig dastehend bewegte sich mein Körper im Rhythmus meiner Erregung und vibrierte mit Enthusiasmus. Ich »tanzte meinen *soft step*«, so nannte ich es, wenn ich mich gleichsam von außerhalb meines eigenen Körpers beobachtete. Lange glaubte ich, dass ich diese wiegenden Bewegungen machte, weil es irgendwie sexy war. Jetzt ist mir klar, dass meine Körperbewegungen mir zum flüssigeren Sprechen verhalfen. Rhythmische Bewegungen helfen stotternden Menschen oft über einen Block hinweg. Mein eigener Flirt-Stil hatte also einen Zweck, der mir aber damals nicht bewusst war.

In meiner Jugend verfolgte ich beim Flirten nicht unbedingt das übliche Ziel. Für mich war das Vergnügen sehr persönlich: Ich hatte Freude am Geselligsein; ich konnte meine sozialen Ängste und die durch das Stottern bedingte Schüchternheit überwinden; ich fühlte eine Begeisterung, wenn ich einem normalerweise verborgenen Teil meiner Persönlichkeit Ausdruck geben konnte; ich fühlte einen wilden Stolz, wenn ich meine sexuelle Ausstrahlung ganz unverhohlen wirken ließ. Das Flirten fiel mir schwerer, sobald ich eine Verbindung zu der anderen Person entwickelt hatte. Sobald wir richtig kommunizierten, war ich wieder in meinem alten Ich, wiedervereint mit dem stotternden Teil meiner Persönlichkeit. Dann war mir wichtig, was ich sagte, und nicht, wie ich es sagte oder wie ich mich dabei bewegte.

Im ersten Entwurf dieses Buches schrieb ich an dieser Stelle: »Natürlich war ich, wenn ich diese flirtende Persönlichkeit annahm, durch und durch unecht; ich verstellte mich.« Bei genauerem Nachdenken bin ich aber nicht mehr so sicher. Wer kann sagen, ob diese oder jene Identität nicht genauso wirklich ist wie die, die wir üblicherweise annehmen? Was ist falsch daran, aus sich herauszugehen und den Casanova zu spielen oder, wie in meinem Fall, die Figur eines vor sich hingrummelnden Helden wie John Wayne, Marlon Brando oder James Dean? Das gleiche gilt für Frauen, die mit Hilfe der

Mode ihr Aussehen oder ihre Identität mit jedem Kleiderwechsel neu erfinden können. Mein Problem war, dass ich mir nie sehr lange vorstellen konnte, jemand anderer zu sein. Ich war eben ich: stinklangweilig, stotternd, nichts Besonderes. Abgesehen von den paar Malen, bei denen ich die Motorradjacke meines Freundes Jay auslieh, fühlte ich mich auch nur in einfacher, unauffälliger, praktischer Kleidung wohl. Jeans, Chino-Hosen, Polohemden oder T-Shirts – ich bevorzugte einen Anti-Stil. Hin und wieder war mein Anti-Stil gerade in, aber das kümmerte mich nicht.

Genauso wie ich mich mit anderen Bekleidungsstilen nicht wohl fühle, kann ich einfach nicht aus meiner Haut und mir vorstellen, ich sei eine andere Persönlichkeit. Außer beim Flirten kann ich nicht schauspielern oder eine neue Identität annehmen. Ich glaube, das hat mit meinem Stottern zu tun. Jedes Bemühen, aus mir selbst herauszugehen, wenn auch nur zum Spaß, sehe ich nicht nur als Ablehnung meiner selbst, sondern auch als Ablehnung meines Stotterns. Wenn ich versucht bin, mich kühl und gelassen zu geben, höre ich eine innere Stimme (die wohl mir gehören muss, denn sie hört sich nicht wie die meiner Eltern an), die hämische Kommentare abgibt.

»Was ist los, bist du nicht mit dir zufrieden?«

Worauf ich sofort und trotzig erwidere: »Doch, ich bin zufrieden! Ich will niemand anders sein als ich selbst!«

Meine erste Freundin hatte ich mit dreizehn im Sommercamp. Dort war es leicht, eine Freundin zu finden, da es keine Telefone gab und Kinder sich automatisch in Gruppen zusammenfanden. M. und ich fühlten uns zueinander hingezogen und sonderten uns einfach vom Rest der Gruppe ab. Zum Ende der Ferien fuhren wir beide wieder nach Hause, sie nach Long Island und ich nach White Plains. Wir wohnten recht weit voneinander entfernt, so dass sich ein Wiedersehen während des Schuljahres schwierig gestalten würde. Für mich war das nicht weiter schlimm. Ich ging zur Schule, traf mich mit Freunden, nahm an Freizeitaktivitäten teil, war in der Cross-Country- und der Schwimmmannschaft und nahm am Hallensport teil. M. wiederzusehen stand nicht gerade ganz oben auf meiner Liste. Ich hätte sie natürlich trotzdem anrufen können, nur um zu hören, wie es ihr ging und was sie so tat. Ich wusste, dass es sich gehört hätte sie anzurufen, und außerdem mochte ich sie wirklich und hätte mich gerne bei ihr gemeldet. Aber mir wäre im Traum nicht eingefallen, es tatsächlich zu tun. Ein Mädchen anzurufen, selbst eines, das mich kannte, kam für mich einer Besteigung des Mount Everest gleich – es war etwas, das ich unmöglich schaffen konnte. (In den frühen 1950er Jahren, noch vor der Frauenbewegung, hätte kein Mädchen je einen Jungen angerufen – und so lag es einzig und allein bei mir, telefonischen Kontakt aufzunehmen.)

Im darauf folgenden Winter fand das jährliche Treffen meines Camps im Ballsaal eines New Yorker Hotels statt. Ich freute mich darauf M. wiederzusehen. Zufällig trafen wir uns im Fahrstuhl auf dem Weg nach oben. Wir sahen einander an und sagten »Hallo«. Ich wollte wirklich nett zu ihr sein und unsere Freundschaft wieder aufleben lassen. Dazu hätte ich aber bekennen müssen, dass ich sie nie angerufen hatte und hätte ihr auch den Grund dafür erklären müssen. Es war ein schwieriger

Moment. Ich war ängstlich und ziemlich aufgeregt. Ich wusste, dass ich mich dafür entschuldigen musste, nie angerufen zu haben; ich wusste aber auch, dass ich das nicht tun konnte ohne zu stottern. Obwohl sie von meinem Stottern wusste, hatte ich nie mit ihr darüber gesprochen. Also starrte ich die Tür an und sagte nichts. Als sich die Fahrstuhltür öffnete, gingen wir beide unseres Weges, sie zu ihren Freundinnen und ich zu meinen Freunden. Wir haben nie mehr miteinander gesprochen oder uns gesehen.

Vielleicht gehe ich hier mit mir selbst etwas zu hart um. Hätte ich die Situation besser gemeistert, wenn ich vollkommen flüssig hätte sprechen können? Natürlich hätte ich nach dem Sommercamp bei ihr anrufen und im Fahrstuhl mehr als nur »Hallo« sagen können. Aber unsere Begegnung wäre trotzdem voller Verlegenheit gewesen. Wie die meisten dreizehnjährigen Jungen besaß ich wenig Geschick im Umgang mit anderen und war wahrscheinlich noch gar nicht reif genug für eine Freundin. Aber meine Unbeholfenheit damals auf die meinem Alter entsprechende Unreife zurückzuführen kam natürlich nicht in Frage. Stattdessen führte ich sie auf mein Stottern zurück und belastete damit meine Einstellung zum Sprechen noch mehr.

Dieses Verhaltensmuster wurde zur Norm. Mädchen lernte ich meist kennen, wenn ich mit anderen unterwegs war oder wenn Freunde ein »Blind Date« für mich arrangierten. Bis ins Erwachsenenalter rief ich nie ein Mädchen an, um mich zu verabreden. Ich war immer darauf angewiesen, Mädchen durch andere kennen zu lernen. Wenn das geschah, machte ich alles richtig. Ich konnte mich gelassen benehmen und, wenn nötig, den starken, schweigsamen Typ spielen. Da ich nicht sprechen wollte, lernte ich zuzuhören (oder zumindest so auszusehen, als würde ich zuhören), was vielen Mädchen zu gefallen schien. In der Zeit vor der Frauenbewegung wurde von Jungen erwartet, sich höchst ausführlich über ihre Interessen auszulassen. Von Mädchen wurde erwartet, dass sie artig zuhörten, egal ob das Thema sie nun interessierte oder nicht. Ich muss wohl etwas Neues gewesen sein. Für mich war es eine Erleichterung, wenn die Mädchen die Gelegenheit ergriffen und ins Rampenlicht traten, so dass mein Schweigen nicht weiter auffiel. Leider war es egal, was für einen Eindruck ich beim ersten Treffen oder »Blind Date« hinterließ, denn um ein weiteres Treffen zu verabreden, hätte ich das Mädchen anrufen müssen. Und ich blieb lieber samstagabends allein zuhause, als das auf mich zu nehmen.

Jedoch ist der Drang jugendlicher Bedürfnisse ein starker Motivator, stärker als die Tendenz eines Stotterers, das Sprechen zu vermeiden. Mein Wunsch, mit anderen zu kommunizieren, war schon immer stärker als mein Drang mich zurückzuziehen. Wenn mir ein Mädchen gefiel, gelang es mir meistens, ihr näher zu kommen. Manchmal brauchte ich Monate, bis ich die Nerven hatte (und der Wunsch dringend genug geworden war) sie anzusprechen. Da ich das Telefon nicht benutzen konnte (oder wollte), musste ich komplizierte Pläne ausarbeiten, um sie zufällig zu treffen. Genaue Recherchen waren dafür notwendig – ich überwachte sie wie ein Undercover-FBI-Agent. Ich musste ihren Stundenplan herausfinden, was sie nach der Schule machte, wann sie nach Hause kam, wann und wo sie einkaufen ging, so dass ich dann – was für eine Überraschung – zufällig auch da sein konnte. Ich meisterte die Kunst, Leute ganz zufällig zu treffen. Es wirkte spontan und ungezwungen, aber zur richtigen Zeit am richtigen Ort zu sein erforderte so viel strategische Planung wie ein militärischer Feldzug.

In der Junior High School begegnete ich meiner großen Jugendliebe, Ros. Sie war die Freundin der Freundin eines Freundes. Wir waren alle zusammen ausgegangen und ich war als eine Art »Blind Date« mit dabei. Mein Freund und seine Freundin zogen sich zum Schmusen zurück und ließen uns beide allein. Ich weiß nicht mehr, was ich zu ihr sagte oder ob ich überhaupt etwas sagte. Manchmal funkt es einfach – Leute verlieben sich aus völlig unerfindlichen Gründen. Schließlich küssten wir beide uns auch. Alle Teenager mögen es zu schmusen (und in den 50er Jahren, jedenfalls in meinen Kreisen, blieb es auch beim vollkommen unschuldigen Schmusen und Küssen). Aufgrund meines Stotterns mochte ich es besonders. Wenn ich meine Freundin küsste, brauchte ich mich nicht mit ihr zu unterhalten.

Später begleitete ich sie nach Hause. Wir standen eine halbe Stunde lang auf der Straße vor ihrem Haus, guckten uns tief in die Augen und verabschiedeten uns. Ich war von diesem Moment so mitgerissen, dass ich sie fragte, ob wir uns wiedersehen könnten, bevor sie im Haus verschwand.

»Hast du Lust, morgen was zu machen? Ich könnte um sieben vorbeikommen«, sagte ich – die Zeit hatte ich bewusst nicht offen gelassen, damit ich sie nicht noch anrufen musste.

Sie sagte ja und so kam es zu meinem ersten Date mit Ros, ohne dass es eines Telefons bedurft hätte. Wir gingen zwei Jahre lang fest miteinander. Ich glaube, einmal rief ich sie an, weil ich eine Verabredung absagen musste. Ich fürchtete diesen Telefonanruf. Meine Angst verfolgte mich den ganzen Tag. Ich fühlte mich wie ein Gefangener im Verließ in einem Zeichentrickfilm, wo die Wände sich langsam nach innen bewegen. Was für Alternativen hatte ich? Ich konnte vorgeben, den Anruf vergessen zu haben, sie einfach stehen lassen und dann die Konsequenzen tragen. Außer ihrem Ärger und meinem eigenen Gefühl versagt zu haben, hätte dies eventuell auch noch bedeuten können, dass ich ihr gegenüber endlich mein Stotter-Problem hätte eingestehen müssen. Liebe und Stolz sind starke Gefühle. Ich schob den Anruf solange wie möglich vor mir her und griff schließlich doch zum Hörer. Ich zitterte, als ich anrief. Ich sagte, was nötig war, und legte auf. Es war mir entsetzlich peinlich, dass ich so kurz und knapp gewesen war. Aber ich hatte auch ein Gefühl der Erleichterung und des Triumphs. Selbst eine Stunde später hatte ich immer noch weiche Knie.

Ich glaube nicht, dass Ros und ich je über mein Stottern sprachen. Wir sprachen auch nicht darüber, warum sie mit ihrem Onkel und ihrer Tante in New York lebte, während ihre Eltern in Kalifornien waren. Ich kenne niemanden in meiner Altersgruppe, der als Teenager in den 50er Jahren ernsthafte Gespräche geführt hätte. Der Anti-Intellektualismus der McCarthy-Ära war hinderlich für Gespräche über Politik. Während der Präsidentschaftswahlen 1956 verteilte ich Prospekte für Adlai Stevenson, aber ich diskutierte Politik nie ernsthaft mit Ros oder mit meinen anderen Freunden, außer wenn wir erwähnten, dass wir alle für Stevenson waren. Keiner meiner Freunde, am allerwenigsten Ros, teilte mein wachsendes Interesse an Jazz. Allerdings habe ich wohl auch nie versucht, sie dafür zu begeistern. Es gefiel mir, ein heimliches Leben zu führen, mit Vorlieben und Interessen, die niemand kannte. Es war einfacher Selbstgespräche zu führen als mit Freunden zu reden.

Überdies besaßen diejenigen von uns, die in den 50er Jahren aufwuchsen, weder die Worte, um ihre Emotionen auszudrücken, noch das psychologische Verständnis, diese zu gebrauchen. Psychologie war Sache der Experten. Hatte man ein Problem oder fühlte sich nicht gut, konnte man, vielleicht mit Hilfe der Eltern, einen Experten zu Rate ziehen – in der Regel den Hausarzt, der von Psychologie oder Stottern nicht viel wusste, aber trotzdem vorgab, er wisse, was zu tun sei. Eine andere Möglichkeit war, Kolumnen wie »Dear Abby« oder »Ann Landers« zu lesen. Diese Ratgeberseiten gewannen damals zunehmend an Beliebtheit. Mädchen konnten auch Magazine wie »Mademoiselle« oder »Seventeen« lesen, wo auf ziemlich oberflächliche Weise »persönliche Probleme« behandelt wurden.[2]

Wenn meine Freunde und ich typisch für diese Zeit waren (und ich glaube, in dieser Hinsicht waren wir es), dann wurde im Stillen gelitten. Damals wie heute haben die meisten Teenager ähnliche Ängste, aber da wir nie darüber sprachen, wussten wir nicht, dass es anderen ähnlich ging. Meine Freunde und ich trafen uns meistens in Gruppen und die Unterhaltung bestand darin, uns gegenseitig mit spaßhaften Beleidigungen und spontanen Witzeleien zu übertreffen. Ich konnte mich bemerkbar machen, indem ich über die Witze anderer lachte und meine Kommentare dazu abgab. Wenn wir alleine waren, redeten Ros und ich nur selten. Meistens schmusten wir, womit ich sowohl meine Angst vorm Reden umgehen als auch meine sexuellen Bedürfnisse befriedigen konnte.

Damit eine Beziehung bestehen bleiben kann, ist es unerlässlich, so früh wie möglich über das Stottern zu sprechen. Man muss keine lange Leidensgeschichte erzählen. Eine einfache, vielleicht humorvolle Andeutung genügt, um den Partner wissen zu lassen, dass man sich nicht für das Stottern schämt und bereit ist, darüber zu sprechen. Hätte ich mit Ros offen darüber gesprochen und auch über all die Ängste und Befürchtungen, die damit einhergingen, wäre das Telefonieren kein Problem und unsere Beziehung sehr viel enger gewesen. Und vielleicht hätte sie dann als Reaktion auf meine Offenheit über ihre eigenen Ängste und Befürchtungen geredet. Aber je länger ich schwieg, desto länger musste ich meine Lüge leben.

Stotternde Menschen reden häufig nicht über ihr Stottern, nicht einmal mit ihren Partnern. Ich habe von Männern und Frauen gehört, die Wortersetzungen benutzen und lange Sprechpausen einlegen, um ihr Stottern zu verbergen, und die nie mit ihren Partnern darüber sprechen, noch nicht einmal, wenn sie verheiratet sind. Je länger das Schweigen anhält, umso notwendiger wird es, das Problem zu verbergen. Manchmal verursacht dieses Verbergen so viel Stress, dass dadurch Stottern erst richtig ausgelöst wird. Oft ist einem Partner klar, dass der andere stottert, und das wird nicht weiter als schlimm empfunden. Aber indem er sich am Verhalten des Stotterers orientiert, wird der Partner zum Komplizen in der Verleugnung. Der Druck auf beide wird dann immer stärker.

Als Shakespeare schrieb »der Strom der treuen Liebe rann nie sanft«, hätte er an Stotterer denken können. Man begegnet einem Mann oder einer Frau, verliebt sich und überwindet die Furcht vor der Frage »W-w-willst d-d-du m-m-mich heiraten?« Selbst das Ja-Wort wird zum Hindernis, das es zu überwinden gilt. 1963, als ich dreiundzwanzig war, heiratete ich Nancy, die Schwester eines Freundes. Als ich ihr begegnete, wohnte sie im Haus gegenüber und so musste ich mich ihr nie vorstellen oder sie je anrufen. Als Nancy und ich begannen ans Heiraten zu denken, begann ich, mir wegen des Heiratsgelöbnisses Sorgen zu machen. Meine Furcht, beim Ja-Wort zu stottern, drängte alle anderen Befürchtungen über die Ehe in den Hintergrund. Damals dachte ich, diese Furcht sei persönlich und außergewöhnlich. Anscheinend geht es jedoch vielen Stotterern, die heiraten wollen, ähnlich. Einige Paare planen im Voraus und sagen ihre Gelöbnisse gleichzeitig. Eine Frau, die befürchtete, beim Aussprechen ihres eigenen Namens zu stottern, kürzte die Gelöbnisworte einfach. Anstelle von »Ich, Jane, nehme dich, John …«, sagte sie »Ich nehme dich, John ….«. Damit die Änderung unauffällig blieb, sagte John nur: »Ich nehme dich, Jane ….« Ein anderes Paar beschloss, das Gelöbnis zu flüstern, und sie fanden es intim und romantisch.

Zwei andere Bräutigame lösten ihr Problem auf folgende Weise:

Der Pfarrer kürzte das Gelöbnis auf nur noch etwa drei Worte pro Satzglied und sprach sehr langsam. Er erkannte wohl, dass ich unter diesen Umständen damit fertig werden konnte. Ich wünschte nur, alle meine anderen Bekannten hätten soviel Verständnis.

Ich musste dem Pfarrer etwa vier oder fünf Sätze nachsprechen. Einmal musste ich eine ›gehaltvolle Pause‹ von etwa drei Sekunden einlegen. Das hört sich nicht besonders viel an, aber wenn man darüber nachdenkt, können drei Sekunden sehr lang sein! Irgendwie brachte ich schließlich die Worte hervor. Ich fragte mich, was die Leute wohl dachten, ob sie glaubten, ich hätte plötzlich Zweifel und zögerte deshalb. Oder glaubten sie, ich konnte mir die Worte nicht merken, obwohl der Pfarrer sie doch vor wenigen Sekunden vorgesagt hatte. Einige der Anwesenden sprachen mich später darauf an. Sie meinten, ich müsse wohl sehr nervös gewesen sein, aber ich entschloss mich, ihnen die Wahrheit zu sagen, dass ich stottere und deshalb pausiert hatte. Ich war wirklich stolz darauf, es zugegeben zu haben.

Meine Trauung wurde von einem Friedensrichter in New York vorgenommen, der einige Jahre später (etwa zur selben Zeit, als Nancy und ich uns trennten) wegen gewisser Unregelmäßigkeiten angezeigt wurde und ins Gefängnis kam. Beim Ja-Wort stotterte ich zwar nicht, aber man könnte wohl sagen, dass ich mich praktisch durch die Ehe stotterte. Ich musste mich mit meiner Unreife und meinen durch das Stottern hervorgerufenen Ängsten erst konfrontieren, bevor ich zu einer wirklichen, erwachsenen Beziehung fähig war.

Anmerkungen

[1] Van Riper, *The Nature of Stuttering*, S. 2.

[2] 1955, als ich in der Junior High School war, schlug die Autorin einer Anleitung über das Familienleben ihren Lesern vor, »getrennt aufzuschreiben, was Angehörige der beiden Geschlechter jeweils in ihrer Heimatstadt tun können«. Die Autorin selbst zählte die folgenden Aktivitäten auf: »Mädchen können ihre Nägel polieren, ihr Haar aufdrehen, sich miteinander über mädchenhafte Dinge unterhalten, vorgeben krank zu sein und entweder Röcke oder Hosen tragen.« Dahingegen konnten Jungen »später nach Hause kommen, sich rasieren, grobe Ausdrücke benutzen, sich mit einem Mädchen verabreden und ohne Badeanzug im Swimmingpool schwimmen.« Eine ehrliche Unterhaltung über die eigenen Gefühle war auf keiner der beiden Listen enthalten. Evelyn Millis Duvall, *Family Living* (New York: Macmillan, 1955), S. 32.

16. Begegnung mit der Freudschen Schule

Psychoanalytiker haben Stotterern mit Worten angetan, was Chirurgen wie der gute Dr. Dieffenbach (jener Zungenverstümmler) früher mit dem Skalpell vollbrachten. Freud war klug genug die Frage offen zu lassen. Er lehnte es ab, eine definitive Lösung für die Ursache oder die Heilung des Stotterns zu formulieren. Seine Anhänger waren weniger zurückhaltend. Ein bekannter Freudscher Theoretiker, Isador H. Coriat, beschrieb Stottern als »eine Psychoneurose, verursacht durch das Fortbestehen im späteren Leben von frühem, prägenitalem oralem Stillen sowie oral-sadistischen und anal-sadistischen Faktoren.«[1]

Ein anderer Freudianer, Dr. Otto Fenichel, fixierte sich auf anale Fixierungen. Kinder, die mit der Gewöhnung an die Toilettenbenutzung Schwierigkeiten haben, könnten diese mit der Darmentleerung verbundenen Ängste auf ihren Mund übertragen. Stottern sei demnach eine Art verbale Verstopfung. So sehr wir es auch versuchen, es kommt nichts heraus. Außerdem glaubte Fenichel, und andere mit ihm, dass Stotterer das Sprechen als feindliches Verhalten sähen. Für den Stotterer seien Worte Waffen. In Fenichels analer Weltinterpretation »... bedeutet das Ausscheiden oder Einbehalten von Worten das Ausscheiden oder Einbehalten von Kot«, so seine gewählte Ausdrucksweise.[2] Dieser Theorie nach schämen wir Stotterer uns unserer Feindseligkeit (in der Befürchtung, unsere Zuhörer mit Scheiße zu bekleckern) und unterdrücken deshalb unsere feindseligen Gefühle, indem wir unsere Sprache blockieren – was im Hinblick auf Fenichels Diagnose durchaus vorteilhaft sein könnte.

Während der 1950er Jahre und bis in die 60er Jahre hinein wurden die Neo-Freudianer innerhalb der psychoanalytischen Tradition in Amerika zu begeisterten Vertretern des Konformismus. Sie beschrieben Stottern als antisoziales Verhalten. Stotterer gehörten demnach in dieselbe Kategorie wie Feministinnen, Homosexuelle, Radikale und Intellektuelle. In der Tat wurde jeder, der ein bisschen Individualität und Unabhängigkeit zeigte (und dessen Eltern sich den Besuch beim Psychiater leisten konnten), als emotional gestört diagnostiziert. »Stotterer haben eine ›geschwächte Persönlichkeit‹«, befand Dominick A. Barbara, Leiter der Sprachabteilung in der von der bekannten Psychoanalytikerin Karen Horney gegründeten Klinik. »Der Stotterer stottert nicht nur mit dem Mund sondern mit dem ganzen Körper«, so schrieb er. Stottern »wird in erster Linie durch die Furcht des Stotterers hervorgerufen, sich in der Welt, in der er lebt, zurechtzufinden und durch seine chaotischen Versuche sich anderen anzupassen. Der chronische Stotterer wirkt in den meisten sozialen Situationen unsicher, sehr ängstlich, extrem erregbar und emotional unreif und in Situationen, die Sprechen erfordern, krankhaft ängstlich.«[3]

In ihrem 1960 veröffentlichten Buch *Stuttering and Personality Dynamics* bekräftigten Albert T. Murphy und Ruth M. Fitzsimons dieses Urteil noch weiter. Über stotternde Männer schrieben sie: »Die Wahrnehmung seiner Umgebung und der Menschen und Objekte darin kann verzerrt sein. Oft ist Stottern ein Ausdruck von zugrunde liegender

Verwirrung, Zweifeln, Ängsten und Gefühlen der Unzulänglichkeit. Ursprünglich ist es eine emotionale Reaktion auf Druck durch die Eltern oder durch die Umwelt, die Konsequenz von Konflikten aus unpersönlichen Beziehungen.«[4]

Uns diese von Psychoanalytikern aufgestellte Liste von Neurosen anzuhören, wie wir Stotterer es jahrelang haben tun müssen, gibt uns ein Anrecht darauf wütend zu sein, sogar feindselig, und von Psychoanalytikern konkrete Beweise zu verlangen, ob sie eigentlich wissen, worüber sie reden. Aber in der traditionell gehandhabten Psychoanalyse hat der Analytiker immer das letzte Wort. Wenn der Patient Ärger kundtut, bestätigt dies nur die Diagnose. Ich stelle mir vor, wie ich auf Dr. Coriats Couch liege und zuhöre, wie er meine oral-sadistischen und anal-sadistischen Zwangsneurosen beschrieb.

»Und was zum Teufel soll das bitte heißen?«, sage ich und stehe mit wutrotem Gesicht von der Couch auf. Als Psychiater stellt Dr. Coriat aber eine Autoritätsperson für mich dar und deshalb stottere ich wahrscheinlich bei jedem dieser Wörter.

»Da haben wir‘s«, denkt er sich, während er seinen Bart streicht und mich zurück aufs Sofa verweist. »Sie fühlen Feindseligkeit und deshalb stottern Sie. Darüber sollten wir reden.«

Stotternde Menschen sind nun einmal eben ganz unterschiedlich geartet. Es gibt vermutlich auch zornige, feindselige, verhaltensgestörte und, um es den Neo-Freudianern einzugestehen, anal fixierte. Aber genauso sind andere unter uns nett, freundlich, selbstlos, einfühlsam, erfolgreich und ausgeglichen. Die Stellung eines Psychiaters ist der eines Polizisten nicht unähnlich. Polizisten befinden sich hauptsächlich in einer Welt von Kriminellen und so ist jeder Fremde, der ihnen begegnet, ein potenzieller Missetäter. Ähnlich ist es auch bei den Psychoanalytikern. Fünfzig Minuten jeder Arbeitsstunde sprechen sie mit Leuten, die wegen echter (oder eingebildeter) sozialer und psychologischer Probleme zu ihnen gekommen sind. In einer von Neurosen definierten Umgebung scheint jeder, der ein Problem hat – und wer hätte schließlich keine – neurotisch zu sein. Und einige sind es auch wirklich, einschließlich einiger Stotterer.

Natürlich gibt es auch beim Stottern psychologische Faktoren, aber das bedeutet nicht, dass Stottern eine Kategorie abnormaler Psychologie ist. Jeder Stotterer, der je eine Sprechtherapie gemacht oder einen Psychologen zu Rate gezogen hat, wird sich an endlose Rorschach- und Persönlichkeitstests erinnern, die zu machen waren. Vorhandene Untersuchungsdaten und -ergebnisse belegen eindeutig, was Dr. Bloodstein folgendermaßen zusammenfasst:

> *Erstens sind Stotterer nicht typischerweise verhaltensgestört, außer in dem Maße, wie es durch ihre Sprechprobleme erzeugt wird. Zweitens zeigen Stotterer selten Symptome einer der bekannten Psychoneurosen (Angstneurosen, Depression, Hysterie, Zwangsneurosen und so weiter), die in vielen Persönlichkeitstest so klar zum Vorschein kommen. Drittens zeigen Stotterer keine einheitlichen Charakterzüge oder Persönlichkeitsmerkmale.*

Die Stotterer unter uns, so stellt Bloodstein abschließend fest, »unterscheiden sich voneinander im gleichen Maße wie jede andere Gruppe von Individuen.«[5] Mit anderen Worten, die weit ausholenden und unbewiesenen Verallgemeinerungen psychoanalytischer Theorien sind reine Erfindung und haben weder mit Stottern noch mit den Persönlichkeiten derjenigen, die mit dieser Behinderung kämpfen müssen, zu tun.

Ich war bei drei verschiedenen Psychoanalytikern – nicht freiwillig, wie ich hinzufügen sollte, sondern weil meine Eltern der Ansicht waren, ich bräuchte Hilfe, und Sprechtherapie meine Sprechweise nicht verbessert hatte. Dass ich nicht aus eigenem Willen zur Psychoanalyse ging, wirkte sich natürlich gegenteilig darauf aus. Ich war zwar bereit, zweimal die Woche zu Gesprächen zu gehen, aber die Erfahrung war für mich nicht weiter von Bedeutung. Man kann einem Menschen Änderungen nicht aufzwingen. Eigene Motivation muss vorhanden sein. Als ich jedem dieser Psychiater meine Lebensgeschichte erzählte, blieb ich passiv, anstatt aktiv dazu beizutragen.

Ein zweiter negativer Faktor war meine Konfusion über Sinn und Ziel der Konsultationen. Meine Eltern glaubten, sie könnten zwei Probleme auf einen Streich lösen. Wurde ich aber nun wegen des Stotterns zum Psychiater geschickt oder weil meine Eltern mich für neurotisch unangepasst hielten? Ich wusste es nicht und die Analytiker klärten mich nie darüber auf. Ich vermute, sie glaubten an eine Verbindung zwischen beiden Problemen und dass mein Stottern auf eine negative Einstellung zurückging.

Drei Jahre auf der Couch während meiner College- und Hochschulzeit machten mich zum Experten für geschwisterliche Rivalität und meine Autoritätsangst, aber ich stotterte noch genauso stark wie zuvor, besonders, wenn ich auf der Couch lag. Die armen Ärzte, die sich meine Kämpfe mit anhören mussten, konnten mir Leid tun. Es fehlte mir nie an Worten, es war mir sogar unangenehm, wenn mir nichts einfiel, da ich das Geld meines Vaters nicht verschwenden wollte. Aber fünfzig Minuten lang praktisch Monologe zu führen war physisch anstrengend. Nach jeder Sitzung war ich völlig erschöpft, nicht so sehr wegen dem, was ich gesagt hatte, sondern von der Anstrengung zu sprechen.

Völlig nutzlos war diese Erfahrung sicher nicht. Wir untersuchten meine Beziehungen zu meiner Schwester, meinem Vater, meiner Mutter und zur Gesellschaft. Meine Mutter war überzeugt, dass Geschwisterrivalität mein Hauptproblem war. Das wusste sie, weil mein Vater einen der Psychiater anzurufen pflegte, um zu fragen, wie ich vorankam. Dabei soll dahingestellt bleiben, dass jegliche Antwort auf so eine Frage eine schwere Verletzung des Berufsethos war (mein Psychiater war nicht berechtigt, meinem Vater überhaupt etwas zu sagen). Ich beneidete den armen Doktor um nichts, der mit den bohrenden Fragen meines Vaters über meine Fortschritte konfrontiert wurde und ihm Rechenschaft ablegen musste. Diese Ärzte waren alle wirklich nette und weichherzige Leute. Wie meine Mutter behauptete, sagten die Ärzte meinem Vater, ich beneidete meine Schwester, weil sie mehr Aufmerksamkeit bekam als ich. In dem Jahr, in dem ich meine Bar Mizwa hatte, wäre sie aufs College gegangen. In dem Jahr, in dem ich aufs College kam, hätte sie geheiratet. Ich nehme an, die Ärzte sagten meinem Vater nur das Offensichtliche, oder mein Vater wiederholte nur das, was für ihn Sinn ergab, wenn er es meiner Mutter erzählte.

Es ist typisch für ältere Geschwister, die Geburt der jüngeren nicht gut aufzunehmen, und für jüngere Geschwister, zu den älteren aufzublicken. Und das tat ich auch wirklich. Wie ich schon beschrieben habe, bewunderte ich die Freunde meiner Schwester, die mich wiederum akzeptierten – zumindest nahmen sie mich auf Fahrradausflüge, zu Basketballspielen und zum Schlittschuhlaufen mit. Vielleicht lag es daran, dass ich nie viel sagte, nie lästig wurde und sie mich deshalb nie bestechen mussten, sie in Ruhe zu lassen. Außerdem war meine Schwester der Mensch, der den größten Einfluss auf mich hatte. Ich bewunderte ihre Intelligenz und war von ihrem athletischen Können inspiriert. Ich wurde sogar ein guter Wettschwimmer, weil ich ihren besonderen Schmetterlingsstil imitierte. Meine Schwester war die einzige Person, die mir bei meinen Sprechübungen helfen konnte, ohne dass ich dabei in Tränen ausbrach. Ich hatte genug Respekt vor ihr, um nicht so ohne weiteres damit aufzuhören. Ich bin sicher, dass ich auch manchmal Groll gegen sie hegte. Einmal warf ich ihr als Kind ein Metallspielzeug an den Kopf und verletzte sie so sehr, dass die Wunde genäht werden musste. Ich hatte damals aber auf eine Provokation ihrerseits reagiert – der Grund ist längst vergessen – und nicht aus unterschwelligem Groll gehandelt.

Unter allen Geschwistern herrscht eine gewisse Rivalität. Hatte meine Abneigung gegen meine Schwester als Zweijähriger, als ich gerade zu sprechen anfing, dazu geführt, dass ich bei Wörtern blockierte und zum chronischen Stotterer wurde? Selbst wenn es so gewesen sein sollte, was ich bezweifele, warum äußerte sich meine Abneigung als Stottern? Andere Kinder empfinden Abneigung gegenüber ihren Geschwistern und reagieren sie ab, wie ich es auch tat. Aber ich begann zu stottern und die meisten Kinder tun das nicht. War es wirklich die Rivalität, die ich vielleicht zwischen mir und meiner Schwester sah, die das Stottern hervorrief? Oder war meine Neigung zum Stottern angeboren und waren die völlig normalen Probleme, die ich mit meiner Schwester erlebte, nur einer von vielen sozialdynamischen Prozessen, die als Auslöser wirkten?

Stottern kann wie ein psychologisches Problem aussehen, weil Stotterer häufig in bestimmten Situationen Schwierigkeiten erleben – beim Sprechen mit einer Autoritätsperson, beim öffentlichen Sprechen, beim Stellen von Fragen, beim Vorstellen Fremden gegenüber, beim Mitteilen des eigenen Namens. Aber viele Leute haben in derartigen Situationen Angst. Stotterer sind nicht die Einzigen, die nervös werden, wenn sie mit einem Lehrer sprechen, etwas mit dem Chef diskutieren oder sich einem Fremden vorstellen müssen, der nicht besonders freundlich und ein wenig Furcht einflößend wirkt. Viele Leute wälzen sich vor einer öffentlichen Rede schlaflos im Bett. Sie zittern, wenn sie vor einem Richter stehen, oder erröten und werden nervös, wenn sie von der Polizei für zu schnelles Fahren angehalten werden.

Sind es wirklich unsere Gefühle, die einige von uns zum Stottern bringen oder ist es unsere Unfähigkeit, mit diesen Gefühlen umzugehen, ohne dass unsere Sprechfähigkeit beeinflusst wird? Gefühlsreaktionen auf bestimmte Situationen beginnen in der Kindheit und stellen erlerntes Verhalten dar. Schließlich ist eine Autoritätsperson kein abstraktes Monster, sondern jemand, mit dem wir im täglichen Leben Umgang haben. Eine Autoritätsperson ist jemand, von der wir glauben, wir müssten sie beeindrucken. Einige Autoritätspersonen (Polizisten und Richter) repräsentieren physische und politische Macht. Aber die wirkliche Macht von Autoritätspersonen liegt darin, dass sie Urteile über uns fällen können. Lehrer können uns beispielsweise im Examen durchfallen lassen und Richter können uns ins Gefängnis stecken.

Die meisten Kinder betrachten die meisten Erwachsenen als Autoritätspersonen. Vom Standpunkt eines Kindes, das immer nach oben guckt, sind Erwachsene fast etwas Gottähnliches. Sie verfügen über die ganze Macht – physisch, emotional, sprachlich, wirtschaftlich, kognitiv und politisch. Kinder sind manchmal in der Lage Erwachsene zu manipulieren, aber die Erwachsenen haben den Verstand, den Manövern des Kindes zu widerstehen, ob sie ihn nun gebrauchen oder nicht. Erwachsene sagen Kindern, was sie tun sollen: Mach das – mach das nicht, ja – nein, gut – schlecht, warte – geh weiter.

Die intensiven und vielschichtigen Gefühle, die ein Kind in Gegenwart einer Autoritätsperson empfindet, stellen eine psychologische Dynamik dar. Kinder fühlen Angst, Wut, Ehrfurcht oder Frustration, wenn sie Erwachsenen gegenübertreten. Sie möchten ausweichen, gefällig sein oder sich selbst schützen. Sie möchten, auf welche Art auch immer, die Begegnung hinter sich bringen. Diesen starken Gefühlen des Kindes haftet nichts Außergewöhnliches, Krankes oder Neurotisches an. In Anbetracht der ungleichen Machtverteilung sind sie völlig normal. Einige Kinder reagieren mit Stottern auf Begegnungen mit Autoritätspersonen. Für die meisten ist Stottern eine Entwicklungsphase, aus der sie von alleine herauswachsen. Ein kleiner Anteil jedoch wird zu chronischen Stotterern. Wird das Stottern durch die Reaktion auf Autoritätspersonen hervorgerufen? Oder durch die Unfähigkeit, die heftigen, aber natürlichen Gefühle zu verarbeiten, die die meisten Kinder, flüssig sprechend oder nicht, in solchen Situationen empfinden?

Was genau geschieht, wenn ein stotterndes Kind mit einer Autoritätsperson konfrontiert wird, von der es Verurteilung oder Missbilligung über seine Sprechweise erwartet? Ein Erwachsener hat eine Frage gestellt oder das Kind hat das Gefühl, etwas Wichtiges sagen zu wollen. Das Kind ist unsicher – weiß es die richtige Antwort? Ist das, was es sagen möchte, intelligent? Wird der Erwachsene zuhören oder sich abwenden? Das Kind möchte ordentlich sprechen, hat aber Angst, das nicht zu schaffen. Es möchte nichts sagen, aber weiß, dass es das nicht kann. Das Kind ist verwirrt, Emotionen steigen in ihm auf und führen zu Aufregung. Andere würden in solch einer Situation vielleicht erröten oder anfangen zu zittern, dieses Kind jedoch stottert.

Und das Stottern eskaliert. Wenn das Kind das nächste Mal einer Autoritätsperson begegnet, erinnert es sich an die vorherige Erfahrung und daran, wie schwer das Sprechen war. Die Erinnerung an dieses Ereignis verstärkt die Furcht bei der neuen Begegnung. Negative Erfahrungen mit Autoritätspersonen kommen laufend hinzu und diese negative Entwicklung eskaliert immer mehr. Wenn das Kind einmal erwachsen ist, ist die assoziative Verbindung von Autoritätspersonen und Stottern fest im Gehirn verankert.

Umgang mit Autoritätspersonen ist nur einer von vielen psychologischen, dynamischen Prozessen, welcher die Veranlagung eines Kindes zum Stottern anregen und dann durch Erfahrung (gelerntes Verhalten) zu schwererem, chronischem Stottern weiter führen kann. Öffentliches Sprechen, sich mit jemandem verabreden, mit einem Vorgesetzten reden, ein Bewerbungsgespräch führen – diese und andere alltägliche Situationen sind für die meisten Leute schwierig, aber nur diejenigen mit einer entsprechenden biologischen Veranlagung werden in solchen Situationen stottern.

Das Gehirn ist ein lebender Organismus. Jede Sprecherfahrung, ob positiv oder negativ, verändert die neurologischen Verbindungen. Stresskontrolle und Sprechkontrolle können erlernt werden und dabei helfen, Stress in einer Sprechsituation zu überwinden. Auch die Selbstkenntnis, die in einer Psychotherapie gewonnen wird, kann helfen. Als Erwachsener stottere ich, wenn ich mit Autoritätspersonen konfrontiert bin. Wenn ich meine Furcht vor der Autorität überwinden kann (indem ich mir klarmache, dass ich es bin, der der Autoritätsperson Macht über mich gibt), stottere ich weniger. Durch die Überwindung meiner Furcht sinkt das Stressniveau und die Sequenzen der Gehirnwellen, die meinen Sprechvorgang steuern, können regelmäßiger verlaufen.

Psychotherapie oder psychologische Beratung können stotternden Menschen helfen, aber die Psyche eines Stotternden ist in keiner Weise abnormal. Stottern ist kein Symptom von Verhaltensstörungen, Neurosen oder Persönlichkeitsstörungen. Psychologische Beratung sollte sich auf Selbstverständnis und Selbstbewusstsein konzentrieren anstatt zu versuchen, tiefschürfende Ursachen aufzudecken. Beratung oder Psychotherapie sollten uns verstehen helfen, was beim Stottern vorgeht, wie unser Stottern unser Verhalten beeinflusst und wie wir unsere Zuhörer wahrnehmen (oder verzerrt wahrnehmen). Außerdem brauchen viele stotternde Menschen Hilfe bei Bewältigungsstrategien und Sozialverhalten. Wir brauchen praktischen Rat über Ausbildung, Beruf und Beziehungen. Wir brauchen Unterstützung und Hilfe, um unsere Ängste zu überwinden – Ängste, die auf alltäglichen Erfahrungen beruhen, nicht auf Kindheitstraumata oder unsinnigen Einbildungen.

Als ich Ende der 50er und Anfang der 60er Jahre in meiner Pubertät war, gab es diese Art von praktischer, existenzieller (sich mit der Gegenwart befassenden) Psychotherapie nicht. Sie passte nicht in das Macho-John-Wayne-Weltbild, in dem Männer nicht klagen. Es gab damals nicht einmal ein Wort dafür, wenn jemand Hilfe suchte.

Ein Lehrer am Lafayette College, an dem ich 1961 meinen Abschluss machte, versuchte mir zu helfen. Sam Pascal war Spanischprofessor und Vorstand des Neusprachlichen Instituts und hatte nur einen Arm. Ich glaube, es war eine Kriegsverletzung aus dem Zweiten Weltkrieg. Obwohl ich nie Unterricht bei ihm hatte, hielt er mich oft im Flur an, um nach meinem Befinden zu fragen. Vielleicht hatte er mich stottern gehört oder jemand hatte es ihm erzählt. Einmal lud er mich in sein Büro ein, um zu plaudern. Ich erinnere mich nicht, ob er über mein Sprechen redete, aber wenn er es getan hätte, hätte ich gelogen und ihm gesagt, dass es mich nicht störte. Seine Tür stehe mir immer offen, sagte er, aber ich nahm seine Einladung nie an.

Ich nahm an, dass er mir helfen wollte, aber sein Interesse verstärkte nur meinen Stolz. Der Gedanke daran, dass er möglicherweise etwas Verbindendes in unseren jeweiligen Behinderungen sah, schreckte mich ab. Mein Widerstand wurde bestärkt, als ich zufällig ein Gespräch zwischen ihm und meinem Spanischlehrer, Mr. Ruggario, hörte. Ich ging hinter ihnen in der Eingangshalle des Verwaltungsgebäudes und sie sprachen über mich. Bevor ich mich umdrehen und weglaufen konnte, hörte ich, wie Dr. Pascal sagte, ich bekäme in allen meinen Fächern gute Noten und Mr. Ruggario sollte alles daran setzen, damit meine Note in Spanisch für das Abgangszeugnis ausreichend wäre.

Es ist ein merkwürdiges Gefühl, einem Gespräch über sich selbst zuzuhören. Ich reagierte mit zwei Extremen. Zunächst war ich erleichtert. Wie ich schon erwähnte, können einige Stotterer Fremdsprachen flüssig sprechen, aber ich hatte nicht den Mut, über meinen eigenen Schatten zu springen. Ich steckte in meiner eigenen Identität fest und konnte mich nicht als Señor Jezer sehen und schon gar nicht als ein verwegener Don Juan. Ich war immer Marty Jezer, der auf Spanisch genauso stotterte wie auf Englisch, ganz so wie er zuvor drei Jahre lang in der High School auf Französisch gestottert hatte.

Fremdsprachen lagen mir nicht. Das ist allerdings kein gemeinsames Charaktermerkmal für stotternde Menschen; viele von ihnen sind zweisprachig. Für mich war Sprechen immer gleich Sprechen und es war mein Schicksal, in jeder Sprache zu stottern. Für viele stotternde Menschen ist ein Fremdsprachenkurs eine der stressreichsten akademischen Erfahrungen. Die Aussprache muss gelernt, Konversation geübt und Texte müssen laut vorgelesen werden. Der Spanischunterricht hing wie eine dunkle Wolke über meiner ansonsten glücklichen und erfolgreichen Collegezeit. Ich fürchtete mich vor den Stunden und ging so selten hin, wie die Vorschriften es gestatteten.

Ich redete nie mit Mr. Ruggario über meine Angst zu sprechen – unverständlich, aber absolut typisch für mich. Ich kann mich erinnern, dass er ein wirklich netter Kerl war. Er verdiente zusätzliches Geld, indem er bei Schwimmwettkämpfen als Schiedsrichter fungierte. Einmal lobte er mich sogar vor der ganzen Klasse für mein Durchhaltevermögen, als ich beim 200-Meter Schmetterling einen unerwarteten Sieg davongetragen hatte. Wirkliches Durchhaltevermögen demonstrierte ich jedoch, indem ich weiter zu seinen Stunden kam. Komplimente für meine Erfolge beim Schwimmen hörte ich mir gerne an, aber hätte er mich dafür gelobt, wie ich meine Sprechschwierigkeiten zu überwinden versuchte, hätte ich mich bloßgestellt gefühlt und wahrscheinlich eine Ausrede gefunden, um nicht zu den nächsten paar Stunden kommen zu müssen.

Es machte mir nie etwas aus, wenn ich auf mein Stottern angesprochen wurde. Was ich nicht ertragen konnte war die Annahme, dass es für mich ein Problem sei und andere mir vielleicht helfen könnten. Wenn man etwas verleugnet, wenn man Gefühle unterdrückt, die man sich eingestehen und ausleben sollte, verrennt man sich in merkwürdige psychologische Manöver. Meine Weigerung, Hilfe für mein Stottern zu akzeptieren (oder, wie ich das Akzeptieren von Hilfe interpretierte, ein

Opfer zu sein), verschlechterte meine Situation. Meine Erleichterung, in Spanisch sicher eine ausreichende Note zu bekommen, verwandelte sich rasch in Paranoia. Ich bildete mir ein, die Verschwörung zwischen Dr. Pascal und Mr. Ruggario, mir ein unverdientes »Ausreichend« in Spanisch zu geben, entstand nicht aufgrund ihres Wunsches, meine akademische Laufbahn zu erleichtern, sondern um mich aus dem Sprachinstitut zu entfernen, wo mein Stottern im Unterricht dreimal pro Woche für sie genauso unangenehm gewesen sein muss wie für mich. Schlimmer noch, ich sah ihre Besorgnis um mich als Beweis, dass sie mein Stottern bemerkt und beschlossen hatten, ich müsse anders behandelt werden als alle anderen.

Wie viel besser wäre meine Collegezeit gewesen, besonders der Spanischunterricht, wäre ich Dr. Pascal gegenüber offen gewesen und hätte zugegeben, dass mein Stottern das Spanischlernen schwierig machte. Vielleicht hätte sich eine Lösung gefunden. Stolz, wie ich war, hätte ich wahrscheinlich trotzdem darauf bestanden, den Kurs normal weiter zu besuchen, aber ich hätte mein Geheimnis preisgegeben. Dr. Pascal und Mr. Ruggario wären meine Verbündeten geworden und hätten mir bei meinen Schwierigkeiten mit dem Kurs geholfen.

Was für ein dickköpfiger Esel ich war. Sie boten mir Hilfe an, aber ich interpretierte das als Mitleid – und ich wollte nie etwas mit jemandem zu tun haben, von dem ich glaubte, er bemitleide mich. Ich bestand die Spanischprüfung, was ich Sam Pascal zu verdanken hatte. Ich zeigte meine Dankbarkeit, indem ich ihm für den Rest der Collegezeit aus dem Weg ging, wie ich allen aus dem Weg ging, die mir zu helfen versuchten.

Heutzutage lehnt der Großteil der Psychoanalytiker und Psychotherapeuten, die etwas über das Stottern wissen, die Ideen der frühen Neo-Freudianer ab – ebenso, wie sie den Gedanken ablehnen, dass Homosexualität, Feminismus, Nonkonformität und so weiter Symptome von Geisteskrankheiten seien. Aber alte Anschauungen sind oft schwer auszumerzen und können immer noch Schaden anrichten. Die Psychologin Joy Brown, Moderatorin einer beliebten Radiotalkshow, erhielt einen Anruf von einer Frau, die sich Sorgen machte, weil ihr Mann angefangen hatte zu stottern. »Was bedeutet das? Was soll ich machen?«, wollte die Anruferin wissen. Sie solle ihrem Mann helfen, die Ursache für seine unterdrückte Wut zu finden, riet ihr Dr. Brown. Unterdrückte Wut, Fenichels Kot – das sei die Ursache des Stotterns, sagte Joy Brown damit ihrer landesweiten Zuhörerschaft.

Es macht mich sehr ärgerlich, dass Millionen von Menschen über das Stottern falsch informiert werden. Es erinnert mich an meine letzte Begegnung mit der alten Schule der Psychoanalytiker. Ich war Anfang zwanzig und lebte in New York City. Tagsüber arbeitete ich als Werbetexter, nachts führte ich ein unkonventionelles Schriftstellerdasein. Mein Vater hatte von einem Psychoanalytiker in der Park Avenue gehört, dessen Spezialgebiet Stottern war, der – genau wie Bob Arnold mit seiner Amoco-Tankstelle – der »Beste auf seinem Gebiet« sein solle.

Nach ein paar Sitzungen mit diesem Doktor begann ich, mich unbehaglich zu fühlen. Ich machte, was von mir erwartet wurde, wie ich zumindest glaubte. Ich erzählte die alte Litanei über meine Schwester, meine Mutter und meinen Vater. Der neue Arzt reagierte in keiner Weise und gab mir keinerlei Hinweise oder Richtlinien. Er saß still und unbeweglich in seinem bequemen Sessel. Langweilte ich ihn? Waren meine Anekdoten so wirkungslos? Wie konnte ich seine Aufmerksamkeit wecken? Ich hatte das alles schon einmal durchgekaut. Es war reine Zeitverschwendung, ich brauchte das wirklich nicht. Nach der vierten Sitzung nahm ich endlich meinen Mut zusammen und verkündete: »Das hier bringt mir nichts und ich werde nicht mehr herkommen.« Er lächelte mich gelassen an und sagte: »Darüber sollten wir reden.« Ich sprang von der Couch auf und rannte zur Tür hinaus. Es war die beste Therapiesitzung, die ich je erlebt habe. Ich fühlte mich frei, gereift, erwachsen.

Er wird natürlich in meiner Reaktion irgendein schweres psychologisches Problem konstatiert haben und vielleicht hatte er Recht. Jemand, der stottert und davon nicht neurotisch wird, muss wirklich verrückt sein!

Anmerkungen

[1] Isadore H. Coriat, 1943, zitiert bei Van Riper, *The Nature of Stuttering*, S. 13.

[2] Otto Fenichel, zitiert bei Van Riper, *The Nature of Stuttering*, S. 268.

[3] Dominick A. Barbara, *The Psychodynamics of Stuttering* (Springfield, II.: Charles C. Thomas Publishers, 1982), S. 5.

[4] Albert T. Murphy and Ruth M. Fitzsimons, *Stuttering and Personality Dynamics* (New York: Ronald Press, 1960).

[5] Bloodstein, *Stuttering*, S. 25.

17. Noch mehr Sprechtherapie – Gute Zeiten, schlechte Zeiten

Obwohl ich den Freudianern den Rücken gekehrt hatte, war ich nach wie vor bestrebt, etwas für mein Sprechen zu tun. Irgendwo hatte ich gehört, dass ein gewisser Dr. Oliver Bloodstein, einer der führenden Leute auf dem Gebiet, am Brooklyn College ein Therapiezentrum hatte. Durch Nancy ermuntert meldete ich mich an. Sie wollte versuchen das Rauchen aufzugeben, ich das Stottern. Unsere gegenseitigen Vorsätze waren ehrlich gemeint und doch steckte eine gewisse Räson dahinter. Rauchen ist ein erlerntes Verhalten; da aber Nikotin ein Suchtmittel ist, wird das Verlangen mit der Zeit in die neurologischen Schaltkreise des Gehirns einprogrammiert. Mit anderen Worten, die Veranlagung zur Sucht existiert auf neurologischer (und möglicherweise auch auf genetischer) Ebene und wer dem Tabak verfällt, ist neurologisch für Nikotin anfällig.

Diejenigen, die das Rauchen aufgeben wollen, müssen lernen, den umweltbedingten Stressauslösern zu widerstehen, die sie zum Anzünden einer Zigarette bewegen. Um ihr Suchtverhalten zu überwinden, müssen sie jedoch auch einen physiologischen Entzug durchmachen. In gewisser Weise muss der Stotterer, der mit dem Stottern aufhören will, den gleichen Lernprozess bewältigen. Stotterer müssen die Stressfaktoren neutralisieren, die ihre Sprechunflüssigkeiten auslösen, und somit die neurologischen Verbindungen verändern, die zwar keine Sucht, aber eine Veranlagung zum Stottern hervorrufen.

Ein ganzes Jahr lang nahm ich zweimal in der Woche an Dr. Bloodsteins Sprechtherapie in Brooklyn teil. Ich verbrachte eine Stunde pro Woche mit einer angehenden Sprechtherapeutin, von der ich ein Arbeitsbuch mit dem Titel *Know Thyself: An objective Approach to Stuttering and Other Problems* (dt.: »Erkenne dich selbst – ein objektiver Ansatz bei Stottern und anderen Problemen«) bekam. Einer der Autoren ist Bryng Bryngelson, ein Mitarbeiter von Wendell Johnson an der Universität Iowa. Das Hauptanliegen des Buches ist sich selbst zu verstehen und zu akzeptieren. Als Leser sollte ich mich selbst objektiv betrachten und eine Liste meiner persönlichen Stärken und Schwächen aufstellen. Ziel dieser Übung war, mein Stottern von meiner persönlichen Identität zu trennen und den Unterschied zwischen »Ich bin ein Stotterer« und »Ich bin ein Mensch, der stottert« zu erkennen. Das war das erste Mal, dass ich über diesen Unterschied überhaupt nachdachte, doch mir leuchtete die Bedeutung sofort ein und ich reagierte mit Begeisterung. Ich sträubte mich allerdings gegen einen weiteren Hauptzweck der Therapie: Im Vorwort ihres Handbuches schreiben die Autoren: »Das Ziel dieses Buches ist Menschen zu helfen, besser mit jenen Schwierigkeiten zurechtzukommen, die oft als ›Behinderungen‹ bezeichnet werden«. Ich war aber noch nicht bereit zuzugeben, dass ich eine Behinderung hatte. Meine Weigerung zu akzeptieren, dass ich eine Behinderung hatte, beeinträchtigte auch meine Einstellung gegenüber anderen Aspekten von Bloodsteins Therapieprogramm.

In den Gruppentherapiesitzungen, die Bloodstein selbst leitete, wurden wir ermuntert, offen mit anderen Menschen über unser Stottern zu sprechen, uns mit unserer Angst vor dem Stottern in der Öffentlichkeit zu konfrontieren und sie somit zu verringern. In meinen Einzeltherapiestunden lernte ich absichtliches Stottern und sollte die *Bounce*-Technik anwenden, jedes Mal wenn ich während der wöchentlichen Sitzungen sprach. Doch das brachte ich nicht über mich. Ich dachte immer noch, dass der Sinn der Therapie die Heilung meines Stotterns war und daher konnte ich einfach nicht absichtlich stottern, nicht einmal im Therapieraum.

Anstatt mich während der Therapiestunden auf mein Sprechen zu konzentrieren, fing ich an, mich mit den anderen Patienten zu vergleichen. Einige von ihnen stotterten ziemlich schwer. Sie taten mir Leid, aber ich war auch erleichtert, dass es Leute gab, die noch schlechter sprachen als ich. Einer der Patienten war ein junger Elektriker. Er hatte eine sichere und gut bezahlte Stelle, bei der er nicht viel reden musste. Ich beneidete ihn. Ich selbst war immer von meinen Eltern (und meinen Lehrern) in die Richtung intellektueller Arbeit gedrängt worden, wobei verbale Fähigkeiten äußerst wichtig sind. Indem ich mich gezwungenermaßen in Situationen begab, in denen ich reden musste, hatte ich mir jedoch soziale Fähigkeiten angeeignet, die er nicht hatte. In seiner kleinen Welt verschärfte sich seine Angst vor dem Sprechen nur noch. Er machte sich Sorgen um sein Privatleben, beispielsweise ein Mädchen anzusprechen und irgendwann zu heiraten. Ich hatte die gleichen Ängste, aber da ich in einem Umfeld lebe, in der Reden absolut notwendig ist, hatte ich inzwischen Wege gefunden, diese zu überwinden.

Meine Therapieerfahrung bei Dr. Bloodstein half zwar meinem Sprechen nicht (und auch Nancy hat übrigens nicht mit dem Rauchen aufgehört), aber ich glaube, ich lernte dadurch viel über mich selbst und erhielt eine Vorstellung über die Komplexität des Problems. Wäre ich fünf Tage in der Woche zur Sprechtherapie gegangen, um mich wirklich auf die Beherrschung des absichtlichen Stotterns zu konzentrieren, wäre ich vielleicht erfolgreicher gewesen. Hätte ich mich für Vollzeit-Therapie entschieden und alle meine anderen Aktivitäten auf Eis gelegt, hätte ich vielleicht ebenfalls besser abgeschnitten. Wirklich erfolgreiche Sprechtherapie für Erwachsene erfordert hundertprozentigen Einsatz. Ich war damals voll berufstätig und darüber hinaus auch in der Bürgerrechts- und Friedensbewegung aktiv. Vielleicht war ich einfach rundum zufrieden mit meinem Leben und mein Leidensdruck war nicht stark genug, um mich ganz der Verbesserung meines Sprechens zu widmen.

Die Teilnahme am Therapieprogramm des Brooklyn College war meine eigene Entscheidung gewesen. Ein Jahr später hörte ein Freund meines Vaters von einem gewissen Dr. William C. Kerr, der auf der britischen Kanalinsel Jersey lebte. Er war angeblich irgendein Experte und hatte eine Heilmethode für das Stottern entwickelt. Mein Vater forderte weitere Information an und erhielt das Versprechen von Dr. Kerr (und ich meine sogar die Garantie!), dass er mich »innerhalb von vierzehn Tagen« von meinem Stottern heilen würde. Mein Vater bezahlte und ein paar Monate später saß ich in einer Maschine nach London, um von dort einen Anschlussflug nach Jersey zu nehmen.

Innerhalb der vier Wände von Dr. Kerrs Therapiezimmer war ich, so wie er versprochen hatte, von meinem Stottern geheilt. Wir nahmen in einer Gruppe von zehn Leuten an Kerrs dreiwöchigem Kurs teil und er schaffte es, uns allen solche Angst einzujagen, dass sich der Erfolg innerhalb von wenigen Tagen einstellte und wir flüssig sprachen. Eine gewisse Vernunft war dem Wahnsinn des Herrn Doktor Kerr natürlich nicht abzusprechen. Erst einmal brachte er uns dazu, langsam zu sprechen, eine Grundvoraussetzung für jede Sprechtherapie. Dann brachte er uns bei, Stress durch geistige Stärke zu neutralisieren – eine gute Idee, aber angesichts seiner einschüchternden Methoden nicht leicht in die Tat umzusetzen. Er wollte uns wie Soldaten der britischen Armee trainieren. Wie die englischen Rotröcke im amerikanischen Unabhängigkeitskrieg, die als Kanonenfutter in die Schlachten bei Bunker Hill und New Orleans geschickt wurden, sollten wir in Sprechsituationen hineinmarschieren und durch schiere Willenskraft den Stress ignorieren. Kerr war unser Feldwebel und wir seine Infanterie. Er schrie uns seine Befehle ins Gesicht: »Wie heißen Sie? Wo wohnen Sie?«

»Me-Me-Me-Mein N-Name ist Me-Me-Marty J-J-J-Jezer. I-Ich wo-wo-wohne i-i-i-in ... U-U-U-Und ich ha-ha-habe me-me-me-mein Ge-Gehirn völlig u-u-u-unter Ko-Ko-Kontrolle.«

Das geringste Stocken rief seine Wut hervor. Er schrie uns nicht nur an, wobei seine feuchte Aussprache uns direkt ins Gesicht traf, er packte uns auch am Kragen, um die stotternde Weichheit aus uns herauszuschütteln.

Kerr schien Stottern als Schwäche anzusehen, als etwas Unmännliches. Uns die Kunst der Konversation beizubringen, interessierte ihn nicht. Kerr schien der Ansicht, dass spontanes Sprechen Frauensache sei. Männer, die ihren Verstand unter Kontrolle hatten, verschwendeten ihre Energie nicht mit nutzlosem Geplapper. Wir sollten solange still sein, bis wir etwas Wichtiges, eben Männliches, zu sagen hatten: eine Anweisung, eine Behauptung, eine Ankündigung, einen Befehl. Wenn wir sprachen, hatten wir aufrecht dazustehen, Hände an der Seite, Bauch 'rein, Brust 'raus. Der Druck, flüssig zu sprechen und wie kleine aufziehbare Zinnsoldaten zu reagieren, machte die meisten von uns sprachlos.

Nach etwa einer Woche lud er die mit ihm befreundeten »Hohen Tiere« des Ortes ein, vor denen wir sprechen sollten: den Anwalt, den Arzt, den Pastor und seine Frau. Kerr starrte uns mit seinen stahlblauen Augen an und wir begannen unsere Pflichtübung: Name und Adresse?

»Mein Name ist Marty Jezer und ich habe meinen Geist völlig unter Kontrolle.« Unsere Sprechflüssigkeit im Therapiezimmer beeindruckte zweifellos Kerrs Gäste, wir als seine Patienten waren jedoch von unserer Heilung nicht so überzeugt.

Mein Anschlussflug nach London ging zwei Tage nach dem Ende der Therapie. Den Extratag in Jersey verbrachte ich mit Kerr in seinem Golfclub, wo ich für ihn und seinen Pastorfreund den Caddie spielen durfte. Ich wurde als einer der eben geheilten Patienten vorgestellt und da ich gut dressiert war, konnte ich meinen Namen und mein Herkunftsland aufsagen. Ich hätte erwartet, dass ein Amerikaner in ihrer

Mitte doch eine gewisse Neugier auslösen würde, Fragen über amerikanische Politik und Kultur, das Tagesgeschehen, meine Ansichten über so bekannte Golfspieler wie Ben Hogan, Sam Snead, Arnold Palmer oder Ken Venturi (ebenfalls ein Stotterer!), oder zumindest höfliche Nachfragen über meine Mutter, meinen Vater oder etwaige Geschwister. Ich bin ein freundlicher Mensch und wäre man mir nur ein wenig entgegengekommen, hätte ich den Spielern Komplimente zu ihren hervorragenden Golftechniken gemacht oder zumindest einen harmlosen Kommentar zum Wetter oder dem Golfplatz abgegeben. Doch der britische Klassendünkel und meine Angst, ein Gespräch anzufangen und damit Sprechunflüssigkeiten zu riskieren, machten mich sprachlos. Kerr und sein Kirchenkamerad ließen mich in keinem Zweifel darüber, dass ich ihr Caddie war und nicht etwa ein ihnen gleichgestellter Mitmensch. Kerr musste natürlich sein Versprechen einhalten. Rein technisch war ich auf der Insel Jersey sprechflüssig. Ich aber wusste genau, dass ich immer noch ein Stotterer war und dass ich, sobald ich von Kerrs Anwesenheit befreit war, wieder wie früher sein würde: spontan, redselig, kontaktfreudig und eben ein Stotterer.

Während des Rückfluges nach New York hatte ich Angst, dass mich mein Sitznachbar anreden würde und ich der Tatsache ins Auge sehen müsste, das Geld meines Vaters komplett verschwendet zu haben. Ich sah mich immer noch als Stotterer; je weiter ich mich von Kerrs Einfluss entfernte, umso schwieriger fiel mir die Vorstellung, dass ich meinen Geist auch nur im Geringsten unter Kontrolle hatte. Wie konnte ich meinen Eltern am Flughafen gegenübertreten? Selbst nur Hallo zu sagen erschien mir schon als eine unüberwindliche Hürde. Im Stillen übte ich immer wieder die Begrüßung. Ruhig bleiben, nicht aufregen, mich auf meine Worte konzentrieren, nicht auf ihre Reaktionen. Tief einatmen, mit dem Ausatmen beginnen, die Konsonanten vokalisieren: Das »Hallllll-« zur Not strecken und dann behutsam in das »oooo« gleiten. Dieses eine Wort und die, die danach kommen sollten, erschienen mir so unendlich schwierig, eigentlich unmöglich. Es sei denn, ich konnte wie durch ein Wunder irgendwie doch noch die Kontrolle über meinen Geist wiedererlangen. Ich versuchte, mir den Blick von Kerrs eiskalten blauen Augen vorzustellen. Aber ich hatte die Angst vor ihm auf dem Golfplatz in Jersey verloren.

Ich weiß immer noch nicht recht, was bei meiner Ankunft geschah. Meine Mutter erinnert sich, dass ich angeblich durch den Zoll ging und sie ohne zu stottern begrüßte. Was aber bedeutete »ohne Stottern«? Ich bin mir sicher, dass ich so wenig wie möglich sprach. Vielleicht gelang mir ein flüssiges »Hallo«, aber ich erinnere mich nicht. Was immer ich jedoch sagte, meine Eltern waren beide überwältigt. Den Erzählungen meiner Mutter nach war mein Vater angesichts meiner Sprechflüssigkeit so gerührt, dass er auf die Toilette verschwinden musste (oder war es eine Telefonzelle – ich habe die Einzelheiten der Geschichte vergessen), um seine Freudentränen zu verbergen.

Wir gingen zum Mittagessen in das Flughafenrestaurant, soviel weiß ich noch. Ich erinnere mich aber nicht, wie ich gesprochen habe. Die Macht der Erwartung kann vermutlich die objektive Realität der Wahrnehmung außer Kraft setzen. Aus dem starken Wunsch meiner Eltern, ich sollte flüssig sein, entstand in Verbindung mit meiner Wortkargheit die Illusion, dass ich tatsächlich flüssig sprechen konnte. Ich bin zu dem

Schluss gekommen, dass Sprechflüssigkeit oft nur in den Augen (und Ohren) des Zuhörers existiert. Eltern, deren Kinder eine Sprechtherapie machen, wollen an den Erfolg dieser Therapie glauben, nicht nur dem Kind zuliebe, sondern auch um sich selbst zu beweisen, dass sich ihr Einsatz gelohnt hat. Stotterer, die an einer Therapie teilnehmen, wollen oft noch verzweifelter an den Erfolg glauben. Ich jedenfalls wollte glauben, dass ich wieder so flüssig wie auf Jersey sprechen konnte.

Vor meiner Abreise hatte Kerr mich damit beauftragt, die gute Nachricht in Amerika zu verbreiten. Ich sollte mich mit Dr. Howard Rusk, dem medizinischen Redakteur der *New York Times* in Verbindung setzen, um ihm mitzuteilen, dass Dr. William Kerr aus Jersey eine Heilmethode gegen das Stottern gefunden hätte. Ich tat meine Pflicht, zumindest in der typischen Art eines stotternden Menschen. Ich rief Dr. Rusk nicht an, denn hätte ich am Telefon gestottert, hätte dies ja meine Botschaft kompromittiert. Stattdessen schrieb ich ihm, wie es jeder vernünftige Stotterer getan hätte. In meinem Brief erklärte ich, dass Dr. Kerr mein Stottern geheilt hätte und dass ich bereit sei, ihn zu treffen und ihm meine Sprechflüssigkeit einmal vorzuführen.

Was hatte ich mir eigentlich dabei gedacht? Dass dies eine Wiederholung meiner Bar Mizwa-Feier würde? Dass ich in Rusks Praxis marschieren und plötzlich flüssig sprechen würde? Es war absurd. Die ganze Geschichte mit Dr. Kerr war völlig absurd. Glücklicherweise ließ sich Dr. Rusk keinen Bären aufbinden. Er schrieb mir eine freundliche aber unverbindliche Antwort und wünschte mir alles Gute mit meiner Sprechflüssigkeit. Ich hatte meine Pflicht Dr. Kerr gegenüber getan.

Allmählich wurde klar, dass Dr. Kerr mich nicht geheilt hatte, oder vielmehr, dass ich wieder einmal in einer Therapie versagt hatte, wie ich dies in meiner üblichen Art interpretierte. Mit meinen Eltern sprach ich nie darüber, solange mein Vater noch lebte. Erst 25 Jahre später, als ich meine Mutter in der Vorbereitung für dieses Buch über Kerr befragte, erfuhr ich, dass sie glaubten, ich sei geheilt worden. Ich verdrängte sehr bald jegliches Gefühl von Schmerz und Demütigung, das aus meiner Erfahrung mit Kerr herrührte. Meine Erfahrung mit ihm stufte ich genauso wie jene mit den Freudianern ein. Ich gab sowohl Therapien auf als auch die Hoffnung, je flüssig sprechen zu können. Ich fing an, mein eigenes Leben zu leben, samt Stottern.

18. Die reale Welt

Wir Stotterer nennen die Welt außerhalb des Therapieraumes oder der Selbsthilfegruppe die »reale Welt«. Sie ist der Ort, wo Sprechen zum Überleben notwendig ist, wo Zeit Geld ist, wo andere Menschen kaum darauf warten, bis ein unflüssiger Sprecher seinen Block überwunden hat oder sich kaum dafür interessieren, was man zu sagen hat, wenn man es nicht schnell genug sagen kann. In der realen Welt ist man auf sich selbst gestellt. Es gibt keine Eltern, die einem das Telefonieren abnehmen (obwohl sich später vielleicht ein Ehepartner für solche Dienste zur Verfügung stellt). Man *muss* eine Arbeit und eine Wohnung finden, seinen Lebensunterhalt verdienen und auf eigenen Füßen stehen. Da gibt es Telefonate, die man erledigen *muss*, Leute, mit denen man sprechen *muss*, Unterhaltungen, die man führen *muss*, Wörter, die man nicht vermeiden kann. Bei der Ausführung dieser Erwachsenenpflichten ist die Situationsabhängigkeit des Stotterns besonders grausam. Im Allgemeinen machen die Menschen eine Ausnahme, wenn es sich um eine schwere oder offensichtliche Behinderung handelt (oder aber sie scheuen Personen mit solchen Behinderungen ganz). Wenn jemand aber einen Moment flüssig spricht und im nächsten stottert, wissen die meisten Nichtstotterer jedoch nicht so recht, was sie davon halten oder wie sie reagieren sollen. Nach vier Jahren College und eineinhalb Jahren Uni war ich auf das wirkliche Leben völlig unvorbereitet.

Als meine Studentenzeit zu Ende ging, verfiel ich in tiefe Depressionen. Niemand wusste, wie schlecht ich mich fühlte, weder meine Zimmergenossen, noch meine Freunde, Eltern oder Lehrer, und selbst der Psychoanalytiker nicht, bei dem ich in Behandlung war (der zweite von dreien). Ich konnte meine Gefühle verbergen, da ich darin geübt war, ein Lächeln aufzusetzen und auf andere zu reagieren, anstatt mich selbst zu behaupten. Was ich nach meinem Studium mit meinem Leben anfangen sollte, war die schwierigste Entscheidung, mir der ich bis dahin konfrontiert war.

Ich wusste schon immer, was ich *nicht* konnte; ich hatte aber keine Ahnung, was ich tun *könnte*. Schon als Kind hatte ich den Traum von einer Sportlerkarriere aufgegeben, da ich wusste, dass ich das Interview nach dem Spiel nicht packen würde. Auch als Komiker hätte ich, wie ich schon sagte, mir mein Brot nicht verdienen können. Andere Berufe, die die meisten Jungen irgendwann einmal in Erwägung ziehen, wie Arzt oder Rechtsanwalt, musste ich mir wohl auch aus dem Kopf schlagen. Ich hätte vermutlich Uhrmacher werden können, solange ich jemanden hatte, der den Verkauf erledigte.

Da ich fest davon überzeugt war, nie eine feste Anstellung zu bekommen, ersparte ich mir, ernsthaft auf Arbeitsuche zu gehen. Als ich in Boston Journalismus studierte, besorgte mir mein Zimmerkollege einen Teilzeitjob als Ghostwriter für einen Arzt. Zwei oder drei Mal in der Woche begleitete ich ihn auf der Fahrt zu seinen Patienten (das war im Jahr 1962 und es gab noch Ärzte, die Hausbesuche machten). Während wir durch Boston fuhren, diktierte er mir die Artikel. Die meisten waren für Männermagazine: »Wie Sie garantiert Ihre Potenz erhöhen«; »Wie Sie Ihren Partner befriedigen«; »Was jedermann über seine Prostata wissen muss« – und so weiter. Danach kehrte ich nach Hause zurück und schrieb die Artikel nach meinen Notizen.

Des Öfteren, wenn ihm die Ideen ausgingen und er nichts mehr zu diktieren hatte, unterhielten wir uns. Oder vielmehr, er redete und ich hörte zu, was mir gut passte, da ich pro Stunde bezahlt wurde. Obwohl ich mich nicht erinnern kann, jemals etwas Weltbewegendes gesagt zu haben, muss ich wohl Eindruck auf ihn gemacht haben, denn er bemerkte, dass ich einen guten Lehrer abgeben würde. Ich hielt das natürlich für völlig abwegig, aber er glaubte offensichtlich, dass ich flüssig genug sprechen konnte, um eine Klasse zu unterrichten. Ich wäre tatsächlich ganz gerne Lehrer geworden, genauer gesagt, Professor für amerikanische Geschichte. Ich konnte mir jedoch in meinen wildesten Träumen nicht vorstellen, jemals vor eine Klasse treten zu können.

Meine Selbstzweifel hinsichtlich eines Berufes und meiner Fähigkeit, je ordentlich Geld zu verdienen, gehen auf frühe Erfahrungen zurück. Als Kind hatte ich einen Job als Zeitungsjunge und trug die Bronx-Ausgabe der *New York Times* aus. Einmal in der Woche musste ich das Geld bei meinen Kunden einsammeln. Nachdem ich geklingelt hatte, sollte ich mich als »Zeitungsjunge« vorstellen. Manchmal bekam ich das Wort nicht heraus und musste am nächsten Tag wiederkommen. Mit der Verrechnung war ich daher immer im Verzug. Ich sollte außerdem von Tür zu Tür gehen und um neue Kunden werben. Der Zeitungsjunge, der die meisten Abonnenten hatte, bekam eine Belohnung, aber mein Name stand auf der Liste immer ganz unten. Wenn ich an diese Zeit zurückdenke, wundert es mich nur, dass ich diesen Job tatsächlich gewollt hatte und es schaffte, Stottern hin oder her, mein Geld einzukassieren.

Während der Zeit an der High School bewarb ich mich um Nachmittagsjobs. Der zuständige Lehrer vermittelte Namen und Telefonnummern von Leuten, die zum Beispiel ihren Rasen gemäht haben wollten. Wenn der Kunde bei mir in der Nähe wohnte, ging ich einfach hin und erledigte den Job. Musste ich vorher anrufen, ließ ich es bleiben. Nachdem dies einige Male der Fall war, hörte ich auf, mich für die Jobs zu bewerben. Ich bin mir sicher, der Lehrer hätte für mich angerufen oder mir dabei irgendwie geholfen, aber ich schämte mich zu sehr, ihn um seine Hilfe zu bitten. Ich bin auch nie bei einem Berufsberater gewesen. Lafayette College hatte einen hervorragenden Berufsvermittlungsdienst, aber ich war kein einziges Mal dort.

Durch einen seiner Kunden hatte mir mein Vater einmal einen Job als Schwimmbetreuer in einem Zeltlager in den Pocono Mountains besorgte. Da ich nur Aushilfsbetreuer war, war ich in der Schlafbaracke der Sechs- und Siebenjährigen untergebracht. Ich war ruhig, freundlich und machte gerne bei ihren Spielen mit und so kam ich gut mit ihnen aus. Am Beckenrand redete ich nicht viel, sondern demonstrierte eher Schwimmbewegungen – als Schwimmlehrer kam ich gut an.

Jede zweite Nacht hatte ich ein paar Stunden Dienst, nachdem alle Lichter aus sein mussten. Eines Nachts machten ein paar Zwölfjährige Radau. Ich musste immer wieder in ihre Schlafbaracke gehen, um die Lage zu beruhigen. Einer der Jungen, Billy, war ein richtiger kleiner Tyrann. Die Kinder hatten Angst vor ihm und alle Betreuer hassten ihn. Er war der Typ, der von seinen Eltern jeden Wunsch erfüllt bekam und der von anderen die gleiche Unterwürfigkeit erwartete. Er war der Anführer und um die Situation unter Kontrolle zu bringen, musste ich zunächst ihn beruhigen. Er spürte instinktiv die Schwächen anderer Menschen und meine hatte er schnell gefunden. Als ich anfing zu stottern, etwa so: »B-B-B-Billy, s-s-s-sei st-still«, fing er an, mich nachzuäffen. Die anderen Kinder kicherten und waren dann still. Sie und ich wussten, dass wir uns auf gefährliches Glatteis begaben. Ich war älter, stärker, reifer und hatte die Autorität eines Betreuers. Wie weit konnte er mich in die Enge treiben?

Nicht mein Stottern an sich war hier das Problem, sondern es war meine Einstellung dazu, die die Situation hervorgerufen hatte. Wäre ich bereit gewesen, über mein Stottern zu sprechen, hätte ich wahrscheinlich die Oberhand behalten. Sicher hätten ein paar Kinder hinter meinem Rücken über mich gelacht. Aber da ich im Großen und Ganzen beliebt war, hätten die anderen Kinder solchen Spott nicht unterstützt. Wenn einmal eine grundsätzliche menschliche Beziehung hergestellt ist, wird man generell von anderen Menschen akzeptiert. In der Bronx wurde ich manchmal von Kindern, die mich nicht kannten, verspottet. Doch meine Freunde verteidigten mich dann: »He, das ist überhaupt nicht komisch, der kann nicht anders. Der redet eben so, weil er stottert.« Ich sehe mich nicht gerne als hilflos und die Worte »er kann nicht anders« taten weh. Aber stärker als der Schmerz war die Erleichterung darüber, akzeptiert zu werden. Die neuen Kinder gaben sich damit zufrieden, dass es eine Erklärung für mein Stottern gab und ich nicht einfach ein Versager war, und legten sodann das gleiche Beschützerverhalten an den Tag wie meine Freunde.

Indem ich versuchte, mein Stottern zu verbergen, gab ich Billy die Macht über die Situation. Aufgrund meiner Sprechunflüssigkeiten konnte ich weder logisch mit ihm argumentieren noch konnte ich mit Strafen drohen. Die Macht einer Drohung ist immer nur so groß wie die Illusion der Autorität. Indem er mein Stottern nachäffte, war er in der Lage, meine Autorität zu untergraben. Wie hätte ich ihm überhaupt effektiv drohen können? Vielleicht damit, dass er an bestimmten Aktivitäten nicht teilnehmen dürfte, aber da er meine Schwäche spürte, hätte er es mit Sicherheit darauf ankommen lassen. Drohungen sind schließlich nur dann wirkungsvoll, wenn sie auch tatsächlich ausgeführt werden können. »B-B-B-Billy, w-w-wenn d-d-d-du so w-w-w-weiter m-m-machst, gibt's m-m-morgen kein Kanufahren / Schwimmen / Waldlauf / Abendessen / Mittagessen / Frühstück / Kontakt mit anderen ...« Wie weit hätte ich gehen können, bevor meine Androhungen absurd wurden?

Am Ende gab ich in meiner Verzweiflung zu, dass ich stotterte und dass ich es nicht sehr witzig fand, wenn man mich deshalb auslachte. Wahrscheinlich hielten die anderen Jungen aufgrund dieses Eingeständnisses dann zu mir und wünschten sich vermutlich, dass ich die Situation in den Griff bekam. Schließlich hatte die Konfrontation sie eingeschüchtert und außerdem wollten sie seinetwegen keinen Ärger bekommen. Billy jedoch war nicht bereit klein beizugeben und provozierte mich weiter, um zu sehen, ob ich das Strafmaß erhöhen würde. Schließlich trat ich einen taktischen Rückzug an, indem ich erklärte, dass ich in zehn Minuten wiederkommen würde und erwartete, dass bis dahin alle schliefen. Genauso war es dann auch; die

Kraftprobe hatte Billy erschöpft. Gleichzeitig aber hatte sie mein Selbstbewusstsein als Betreuer unterminiert. Obwohl ich mit niemandem über dieses Ereignis sprach, hatte wohl eines der Kinder einem anderen Betreuer die Geschichte erzählt. Bei dem Betreuertreffen ein paar Tage später merkte der Leiter an, dass wohl einige der Betreuer für den Job nicht gerade geeignet waren. Obwohl er keine Namen nannte, wusste ich, dass nur ich gemeint sein konnte.

Auch eine positive Erfahrung machte ich in jenem Sommer. Eines der Kinder in dem Sommerlager, Howie, weigerte sich zu schwimmen. Den halben Sommer verbrachte ich damit, ihn überhaupt ins Wasser zu kriegen, und die andere Hälfte, ihn ins Tiefe zu bekommen, wobei ich ihn immer noch festhalten musste. In der letzten Sommerwoche wurde ein Lagerwettbewerb veranstaltet, an dem alle teilnehmen mussten. Wir meldeten Howie für eine Länge an, wobei wir nicht erwarteten, dass er teilnehmen würde. Aber Howie wollte nicht ausgeschlossen werden und nahm seinen Platz am Startblock ein. Ich stand neben ihm, falls er ins Wasser fallen und voller Panik mit den Armen um sich schlagen sollte. Er fiel aber nicht, sondern sprang beim Startschuss kopfüber ins Wasser und gelangte planschend und spritzend bis ans andere Ende. Ich war überglücklich zu sehen, wie dieser Junge seine Angst überwand. Howies Schwimmen, die Sache mit Billy und meine Schwärmerei für ein Mädchen, mit dem ich die ganzen zwei Monate des Sommerlagers kein Wort wechselte, sind meine einzigen Erinnerungen an den Sommer 1959.

Ich verkündete einmal meinem Vater gegenüber, dass ich mir aus Geld nichts machte. Da ich zu jenem Zeitpunkt gerade Jack Kerouacs *Unterwegs* und David Thoreaus *Walden* gelesen hatte, fühlte ich mich zu dem Kommentar beflügelt, dass ich zwar Schriftsteller werden wollte, aber kein kommerzieller. Das hieß, ich würde nur schreiben, was ich wollte, und ansonsten mit meinen Freunden herumhängen und sozial und politisch aktiv sein. Wahrscheinlich wollte ich mit meiner Bemerkung meinen Vater nur ärgern, dennoch sollte dies der einzige Karriereplan sein, den ich je fasste.

Ich wollte schon immer Schriftsteller werden. Ich hatte schon immer das Gefühl, mich mitteilen zu wollen, und das Schreiben ist eine eindeutige Entschädigung für einen stotternden Menschen (es ist aber auch eine ganz persönliche Lösung, denn prozentual gibt es wahrscheinlich nicht mehr Stotterer als Flüssigsprechende, die schreiben). Wenn ich mich krank stellte, um in der Schule einem mündlichen Test zu entgehen, stellte meine Mutter eine Schreibmaschine an mein Bett und ich tippte Artikel für meine »eigene« Zeitung. Zeitunglesen war etwas, das ich liebend gerne tat. Mein Vater brachte jeden Abend drei oder vier der New Yorker Zeitungen von der Arbeit nach Hause – die *New York Times*, *New York Post*, *Herald Tribune* und die *New York World Telegram and Sun*. Ich breitete sie auf dem Boden aus und las alles – die Comics, die Kommentare, die Kolumnen, die Nachrichten, die Sportseiten. Ich überlegte, ob ich Journalist werden sollte, aber als ich erfuhr, dass man in diesem Beruf fremde Menschen interviewen und die Arbeit hauptsächlich aus Telefonieren besteht, strich ich diesen Beruf von meiner Liste.

Romane müssten eigentlich die ideale Lösung für einen stotternden Schriftsteller sein, aber ebenso wenig, wie ich mir eine Vorstellung von mir selbst als nichtstotterndem Menschen machen konnte, konnte ich mir das Leben erfundener Personen vorstellen oder mir eine fiktive Handlung ausdenken. Am Lafayette College allerdings machte ich mir einen Namen als Verfasser von äußerst kritischen und meinungsstarken Artikeln für die Studentenzeitung. Am Abend, bevor ich den Artikel abgeben musste, setzte ich mich an die Schreibmaschine und verwandelte mich in Marty den Furchtlosen, Kämpfer für Gerechtigkeit und Verkünder der Wahrheit. Ich wunderte mich selbst über meine Verwegenheit und Sprechflüssigkeit, denn während des Schreibens sagte ich die Worte laut vor mich hin (was ich heute noch mache, wenn ich schreibe). Ich wollte politischer Essayist werden, ein Kolumnist, ein Meinungsmacher, jemand, der die Leute aufrüttelt und mitreißt. Bei der Abschlussfeier überreichte mir der Präsident des Colleges mein Diplom und flüsterte mir zu, dass er sich auf meine zukünftigen Artikel und Schriften freute. Es war eine Überraschung für mich, dass andere Leute – wichtige Leute – sich für das interessierten, was ich schrieb.

Ich absolvierte zwar ein Journalistikstudium, aber mehr oder minder nur, um meinen Eintritt in das Berufsleben aufzuschieben. Bei der Auswahl der Universität ergaben sich zwei interessante Möglichkeiten. Sowohl die Universität Iowa als auch die Universität Boston boten gute Studiengänge für Journalistik an. Die Universität Iowa hatte außerdem eine berühmtes Institut für Sprechtherapie, das von Wendell Johnson gegründet war und von dem ich schon gehört hatte. Da ich mir als New Yorker Jude ein Leben in Iowa aber nicht vorstellen konnte, fiel meine Wahl auf die Boston University. Ich ließ also die Gelegenheit vorbeigehen, Sprechtherapie und Journalistik in einem Doppelstudium zu kombinieren und vielleicht den Zusammenhang zwischen den beiden Gebieten zu untersuchen. Stattdessen suchte ich meinen zweiten Psychoanalytiker auf, thematisierte auch bei ihm meine Schwester und meinen Vater und studierte Journalistik ohne die leiseste Ahnung, wie ich jemals mit meinem Stottern in diesem Beruf arbeiten sollte. Ich lernte schnell, dass man als Journalist nicht nur schreiben, sondern auch sprechen können muss. Eine meiner ersten Studienarbeiten sollte ein Artikel über billige japanische Importware sein (dies war in der Zeit vor Sony und Toyota). Wäre ich furchtlos und unternehmungslustig gewesen, hätte ich ganz einfach die japanische Botschaft angerufen, die Industrie- und Handelskammer und noch ein paar Kaufhäuser, um ein paar solide Fakten und nützliche Kommentare zu sammeln. Stattdessen stöberte ich in einem Billigladen und schrieb etwas über Plastiksandalen und andere japanische Produkte, die es dort zu kaufen gab. Wem wollte ich eigentlich etwas vormachen? Um als Redakteur Erfolg zu haben, muss man ganz unten anfangen, Erfahrung als Reporter sammeln und all die alltäglichen Aufgaben bewältigen, die Sprechen erforderlich machen, und von denen ich mir nicht vorstellen konnte, dass ich sie je schaffen könnte.

Es gibt erfolgreiche Journalisten, die stottern. Der bekannte amerikanische Essayist Edward Hoagland, der nur wenige Jahre älter ist als ich, war sowohl Journalist als auch Romanschriftsteller. Journalismus fand er am schwierigsten. »Manche Leute redeten einfach nicht mit mir, weil ich behindert war«, erzählte er mir einmal bei einem Essen in einem Restaurant in Vermont, wo er unterrichtet.[1] Hoagland stottert eindeutig, hauptsächlich mit holprigen Wiederholungen der ersten Silbe, die nachlassen, je mehr er sich entspannt. »Diese Leute dachten, oder sagten sogar: ›Sie sind ja gar kein richtiger Journalist, Sie können ja nicht ordentlich reden, wie wollen Sie schreiben können?‹ Mein Zugang zu den Menschen war eingeschränkt; ich kam nicht an sie heran. Ich kriegte sie nicht ans Telefon, weil ich mit ihren Sekretärinnen schon nicht reden konnte. ... Manchmal reagierten die Leute aber auch positiv. Sie hatten schließlich schon mit vielen Reportern gesprochen, die harte Typen waren, aalglatte Kerle, und dann sagten sie sich: ›He, dieser Typ ist nicht so wie die anderen Journalisten. Vielleicht hat er ein Herz, weil er behindert ist.‹ ... Also waren sie bereit mit mir zu sprechen. Man muss es eben versuchen.«

Im heutigen wettbewerbsbetonten Markt wird von Autoren nicht nur erwartet, dass sie schreiben, sondern auch, dass sie ihre Bücher vermarkten. Obwohl Hoagland zu einem der angesehensten amerikanischen Autoren gehört, sind seine Bücher keine Bestseller, zum Teil deshalb, weil er sich weigert, Radio- oder Fernsehinterviews zu geben. Er mache das »prinzipiell« nicht, sagte er. Das Marketing hätte die ganze Welt des Schreibens verdorben. Ich bin ganz seiner Meinung, weiß aber gleichzeitig, dass meine eigene negative Einstellung zu Interviews nicht auf Prinzipien zurückzuführen ist sondern auf mein Stottern. Ich weiß, dass meine Bücher sich nur begrenzt verkaufen, weil ich mich zum Beispiel weigere, an Literaturdiskussionen im Rundfunk teilzunehmen.

Obwohl Hoagland als Buchautor nicht öffentlich spricht, hat er schon immer sein Einkommen dadurch aufgebessert, dass er kreatives Schreiben unterrichtet, und zur Zeit tut er das am Bennington College in Vermont. In seiner ersten Lehrstelle hatte er nicht das Bedürfnis, Erklärungen zu seinem Stottern abzugeben. »Es war offensichtlich; ich brauchte nicht zu sagen: ›Ich stottere‹, denn ich stotterte ja.« Um sein unflüssiges Sprechen wettzumachen, steigerte er sich gleich zu Beginn in eine Begeisterung, die es ihm ermöglichte, die ersten 20 Minuten eines jeden Seminars zu überstehen. »Ich war wie elektrisiert«, erzählte er mir, »und dadurch wurden die Studenten inspiriert, obwohl es für einige das Gegenteil bewirkte.« Manche Studenten sagten ihm, dass sie es als »unerträglich« empfänden ihm zuzuhören. Andere schienen ihn wegen seines Stotterns zu bewundern. Sie wollten Schriftsteller werden, um ihre eigenen Lebensängste zu bewältigen, vermutet Hoagland. Sie fühlten sich zu ihm hingezogen, weil er genauso sensibel schien wie sie selbst, seine Probleme jedoch meisterte.

Später, als er als Lehrer mehr Erfahrung hatte, sprach er mit seinen Studenten über sein Stottern. »Ich wollte ihnen zeigen, dass es nach außen hin schlimmer schien als es eigentlich für mich persönlich war«, erzählte er. »Ich erklärte ihnen: ›Ich stottere schon seit über 40 Jahren und deshalb habe ich mich daran gewöhnt. Sie sind es nicht gewöhnt und daher ist es für Sie schlimmer als für mich. Machen Sie es sich leichter, indem Sie keine Energie auf Mitleid verschwenden. Versuchen Sie einfach zu verstehen, was ich sage.‹«

Hoagland glaubt, dass sein Stottern ihn in seiner Karriere als Lehrer behindert hat. »Eine richtig gute Stelle, zum Beispiel als Professor mit einem schönen Gehalt, blieb mir versagt«, erzählte er mir. »Ich war und bleibe dazu verdonnert, Seminare zu halten. Vorlesungen, wie ein Professor sie vor Hunderten von Studenten hält, kann ich nicht machen. Und jemand, der so wie ich immer nur kleine Klassen unterrichten kann, wird nie gut bezahlt.« Dennoch hat Hoagland nie unter dem Hochschulniveau unterrichten wollen. »An der Hochschule gibt es so etwas wie Anstand und Höflichkeit; jüngere Schüler würden mich nur auslachen«, sagte er.

Ich bewundere Ed Hoagland als Autor und als Stotterer mit Zivilcourage. Er bahnte sich seinen Weg als Journalist und nahm das Risiko auf sich, mit fremden Menschen zu sprechen, Interviews zu halten und die Leute zu motivieren, ihm ihre Geschichten zu erzählen. Ich konnte mir nicht vorstellen, mich jemals selbst in solche gewagten Situationen zu begeben. Ich schlug es mir aus dem Kopf, je Journalist zu werden.

Da ich dennoch schreiben wollte, schien die einzige Alternative ein Job in der Werbebranche. Ein gewisser Zynismus reizte mich an diesem Gebiet. Wenn es mir schon versagt war Artikel zu schreiben, die auf der Fähigkeit basierten, die Wahrheit zu Tage zu fördern, dann würde ich eben mein Geld damit verdienen – und zwar weitaus mehr als ein Journalist – Unwahrheiten zu erfinden. Zu der Zeit durchlief die Werbebranche eine besonders kreative Phase. Die Werbetexter begannen subtilen Humor einzusetzen (so wie in der »klein ist klasse«-Werbung für den Volkswagen Käfer), anstatt weiterhin, ohne eine Miene zu verziehen, Dinge zu behaupten, die intelligente Konsumenten schon immer als unverfrorene Lügen erkannt hatten. Kreative Leute begannen in die Werbung einzusteigen und ich dachte, es wäre sicher aufregend, einfallsreiche Werbetexte zu schreiben.

Im Frühjahr 1963 verließ ich Boston ohne meinen Hochschulabschluss und zog in die New Yorker East Village, um zwei Ziele zu verfolgen. Bei Tag wollte ich am Erfolg der Werbewelt der Madison Avenue teilhaben und bei Nacht mich ganz der hippen Subkultur der East Village hingeben. Jeden Morgen kaufte ich also die *Times* und überflog die Sportseiten, um dann gleich die Stellenangebote im Marketingbereich durchzulesen. Dann machte ich mich auf den Weg zu den Vorstellungsgesprächen, in meinem olivgrünen Anzug und Händen, an denen noch die frische Druckerschwärze der Zeitung haftete. Ich hatte einiges vorzuweisen – gute Noten, gute außerschulische Leistungen (Kolumnist der Studentenzeitung, Vizekapitän der Schwimmmannschaft), und ein annehmbares Äußeres – bis ich den Mund aufmachte. In den Arbeitsvermittlungsbüros war man immer freundlich zu mir. Einige der Vermittler befragten mich sogar zu meinem Stottern und nickten zustimmend, wenn ich behauptete, dass es meiner Meinung nach meine Arbeit nicht beeinträchtigen würde. Sie schüttelten mir die Hand und sagten, dass ich von ihnen hören würde, falls ein weiteres Gespräch notwendig sei. Aber dazu kam es nie. Ich war sicher, dass die Leute meine Bewerbung in den Papierkorb beförderten, sobald ich die Agentur verlassen hatte, oder sie, falls sie ihrem Vorgesetzten beweisen mussten, dass sie auch wirklich Bewerber befragt hatten, sagten, sie hätten da wohl jemanden interviewt, der zwar schreiben konnte aber stotterte und daher wohl nicht anstellbar sei. Ich glaubte, dass es nur so sein konnte. Obwohl ich meine Stellensuche routinemäßig fortsetzte, hegte ich nicht die geringste Hoffnung, jemals Arbeit zu finden. Meine tägliche Erfahrung bestätigte mich nur in meiner Verzweiflung.

Schließlich traf ich einen ehrlichen Mann. Oder vielleicht war er ein richtiges Schwein, ich bin mir bis heute nicht so ganz im Klaren darüber. Er erzählte mir, er sei Schauspieler, aber er arbeite in einer Personalagentur, weil Jobs als Schauspieler schwer zu finden seien. Er sah sich meinen Lebenslauf und einige meiner Probetexte an, fand, dass ich wohl schreiben konnte, und stellte mir Fragen über mein Stottern. Wir sprachen über meine Therapieerfahrung und meine Einstellung zu meinem Stottern. Ich merkte, dass er sich für mich interessierte, denn die Unterhaltung nahm seine Zeit in Anspruch. Dann sagte er etwas, was mir bis dahin niemand gesagt hatte: »Ich will 'mal ganz ehrlich mit Ihnen sein. Sie sind wirklich bestens qualifiziert für einen Werbetexter. Aber in dieser Branche braucht man auch ein gewisses Image. Talent und Kreativität machen bei den Werbechefs nicht so viel Eindruck wie Anpassungsvermögen. Sie wollen sich mit allen, die sie anstellen, wohl fühlen und sie wollen, dass ihre Angestellten so sind wie sie selbst.« Er könne mir leider nicht helfen, fuhr er fort, solange ich mir nicht selbst helfe. »Tun Sie etwas für Ihr Stottern und kommen Sie dann wieder. Sie werden nie einen Job in der Werbebranche kriegen, bevor Sie nicht richtig sprechen können.«

Sein Ton war sanft und ich glaubte, viel Verständnis und Mitgefühl herauszuhören. Beim Abschied schüttelte er mir herzlich die Hand. Ich dankte ihm für seinen Rat. Ich hatte das Gefühl, er sagte mir die Wahrheit und versuchte mir zu helfen. Er wünschte mir Glück. Erst, als ich wieder auf der Straße stand, ging mir auf, was er mir eigentlich gesagt hatte. Mit seinem Urteil, dass ich wegen meines Stotterns ungeeignet sei, in seiner Welt zu arbeiten, versagte er mir praktisch einen Platz in der Arbeitswelt schlechthin. Ich wünschte, ich könnte sagen, dass ich vor Wut kochte. Aber ein Teil von mir glaubte, dass er Recht hatte. In gewisser Weise war ich erleichtert, dass jemand, der etwas davon verstand, mir bestätigte, was ich schon lange vermutete: Ich war vielleicht als Arbeitskraft unbrauchbar, aber wenigstens litt ich nicht an Verfolgungswahn. Angesichts dieser gegensätzlichen Reaktionen fühlte ich mich wie betäubt. Ich gab jegliche Hoffnung – und jeden Wunsch – auf eine Karriere in der Werbung auf. Dennoch war ich entschlossen, mir selbst (und meinen Eltern, die damals noch immer mitten in meinem Gehirn ihren Richterplatz innehatten) zu beweisen, dass ich in dieser Welt doch noch Erfolg haben konnte.

Seit der Einführung des Antidiskriminierungsgesetzes für Behinderte in Amerika im Jahr 1992 hat sich die reale Welt für Stotterer etwas verändert. Hätte es dieses Gesetz 1963 schon gegeben, hätte ich die Personalagentur, die mich für unvermittelbar hielt, verklagen können und so vielleicht eine Entschädigung oder einen Job bekommen. Hätte man mir eine Stelle angeboten, hätte ich mich sicherlich bewährt und wäre von meinen Kollegen akzeptiert worden. Aber bei der Bewerbung zählt nur der erste Eindruck. Ein toller Lebenslauf, eine beeindruckende Arbeitsmappe, gute Referenzen, hervorragende Abschlusszeugnisse – all das zählt zwar, nützt aber gar nichts, wenn man beim ersten Vorstellungsgespräch nicht flüssig sprechen kann. Ich kenne Stotterer, die sich einen *Edinburgh Masker* gekauft haben – ein elektronisches Gerät, das vielen Stotterern zu flüssigerem Sprechen verhilft; ich benutze selbst so ein Gerät. Sie benutzen es nur für Vorstellungsgespräche, in der Hoffnung, dass ihr Stottern kein ernstes Hindernis mehr darstellen würde, sobald ihnen die Stelle zugesagt wird und sie ihre Fähigkeiten unter Beweis stellen können.

Als ich meine Karriere antreten wollte, gab es jedoch noch keinen *Edinburgh Masker*. Da ich bei Vermittlungsbüros kein Glück hatte, änderte ich meine Strategie und bewarb mich direkt bei Firmen. Ich schickte meinen Lebenslauf und hoffte, dass man mich zum Vorstellungsgespräch einladen würde, falls der Firma mein Hintergrund gefiel. Ich hatte die eigenartige Zuversicht, dass eine Chance für mich bestünde, wenn ich einen potenziellen Arbeitgeber persönlich treffen und meine Arbeiten herzeigen könnte.

Der Haken war das Telefonat. Wenn ich zufällig zu Hause war, um den Anruf entgegenzunehmen, wäre es mir gelungen, einen Termin für ein Vorstellungsgespräch zu vereinbaren, ohne zu offensichtlich zu stottern. Was aber, wenn ich eine schriftliche Einladung bekam und die Firma anrufen musste? Dann müsste ich mich mit Telefonisten und Sekretärinnen herumschlagen und meinen Namen und den Grund meines Anrufs angeben. Es war schwer genug, nur ein Hallo herauszubekommen, ohne zu blockieren.

Die ganze Situation war so völlig absurd, dass sie mir eine gewisse Freiheit gab. Wenn die reale Welt mich nicht haben wollte, fühlte ich mich auch nicht gezwungen, ihre Regeln einzuhalten. Ich hatte einen Freund namens Mitchell, der mir einen Gefallen schuldete. Er hatte sich für einen Job als Redakteur bei einem Gesundheitsmagazin beworben und ich hatte ihm auf gefälschtem Briefpapier eine Referenz ausgestellt, die das Personalbüro nie überprüft hatte. Also bat ich ihn, eventuelle Telefonate für mich zu übernehmen. Es war zwar etwas problematisch, dass er Engländer war und daher mit einem völlig anderen Akzent sprach – aber was blieb mir anderes übrig?

Als ich mich um eine Stelle als Werbetexter beim Kaufhaus Gimbel bewarb, antwortete die Firma mit der Bitte, mich zwecks Vereinbarung eines Vorstellungsgesprächs telefonisch zu melden. Mein englischer Freund erledigte das für mich und vereinbarte einen Termin. Ich ging mit meiner Arbeitsmappe unter dem Arm hin und bekam den Job. So sehr ich den Erfolg des Täuschungsmanövers genoss, revidierte ich gleichzeitig meine Meinung über die Welt, zu der ich so unbedingt gehören wollte.

Ich schrieb Werbetexte für Konsumgüter, für Spielzeug, Elektroartikel und dergleichen. Die Arbeit war einfach und fiel mir leicht. Die anderen Werbetexter machten lange Mittagspausen und waren oft so sternhagelvoll, dass sie nachmittags nicht mehr viel auf die Reihe brachten. Ich dagegen war nüchtern und immer bereit einzuspringen. Die Frauen in der Modewerbung ließen mich manchmal ihre Texte schreiben. Meinen besten Werbespruch schrieb ich für einen Schuh.

Zu der Zeit heiratete ich auch Nancy, aus ähnlichen Gründen, aus denen ich unbedingt in der Werbung arbeiten wollte, nämlich um mich meinen Eltern und mir selbst gegenüber zu beweisen. Nancy und ich liebten uns zwar, zumindest anfangs, aber mein Ehering, den ich mit Stolz trug, symbolisierte nicht so sehr die Liebe eines Ehepaares als vielmehr Respekt und Leistung in den Augen der Welt.

Standesmäßig ist allerdings das Schreiben von Werbesprüchen für den Einzelhandel die allerunterste Sprosse der Karriereleiter. Nach ein paar Jahren kündigte ich, um eine Anstellung beim Crowell-Collier Verlag als Mitverfasser der *Merit Standard Encyclopedia* anzunehmen. Ich schrieb die meisten Einträge über amerikanische Geschichte. Die Arbeit forderte mich und machte mir Spaß. Noch besser war es, dass sich meine gesamte Forschungsarbeit durch das Heranziehen von Büchern bewerkstelligen ließ. Ich hatte zwar ein Telefon auf meinem Schreibtisch, musste es aber nie benutzen. In meinen Augen war ich ein gemachter Mann. Ich hatte eine Frau, die mich liebte und eine Arbeit, die mir Spaß machte. Wäre ich klug und realistisch gewesen, hätte ich mich bei Crowell-Collier fest eingerichtet und mit dem Verfassen von Nachschlagewerken Karriere gemacht. Aber ich war weder klug noch realistisch.

Anmerkung

[1] Edward Hoagland, Interview mit dem Verfasser, Bennington,Vermont, USA, 9. Dezember 1994.

19. Auf der Suche nach meiner Stimme

Im Frühjahr 1963, als ich noch in Boston gelebt und meiner Zukunft voller Verzweiflung entgegen gesehen hatte, rief mich mein englischer Freund Mitchell an. Er wollte mich einem Autor namens Paul Johnson vorstellen, der gerade einen Tatsachenroman über einen wilden Streik der Bergbauarbeiter in East Kentucky schrieb. Er suchte jemanden, der ein Auto hatte und ihn dorthin fahren konnte, damit er seine Nachforschungen betreiben konnte. Dies war der Anruf, auf den ich gewartet hatte – der Anruf, der mein Leben für immer verändern sollte.

Ich wusste übrigens schon, wer Paul Johnson war. Ich hatte ihn ein paar Monate zuvor schon einmal gesehen. Wir waren uns zufällig in einem Aufzug begegnet, auf dem Weg zu einer Party. Er sprach mit einer außerordentlich hübschen Frau, die sich an ihn schmiegte und dabei zu ihm aufsah und ihm zuhörte. Der Anblick erfüllte mich mit Anerkennung, denn Paul stotterte, und zwar ordentlich. Ich hatte noch nie jemanden so offen stottern gehört und war erstaunt, dass jemand, der so sprach wie ich, tatsächlich eine so schöne Freundin haben konnte. Auf der Party sprach ich nicht mit Paul, sondern stand wie gewöhnlich in einer Ecke und versuchte, möglichst nicht aufzufallen. Ab und zu beobachtete ich ihn. Er schien alle Leute zu kennen; zumindest kam es mir vor, als ob er sich jedes Mal, wenn ich zu ihm hinsah, gerade angeregt mit jemand anderem unterhielt. Ich wollte ihn gerne kennen lernen, aber ich wusste nicht, wie ich das machen sollte. Was sollte ich sagen? »H-h-h-hallo, i-i-i-ich he-heiße Me-me-me-Marty, u-u-und wi-wir ha-haben etwas ge-ge-gemeinsa-sa-sam«?

Ich besaß damals einen blauen VW Käfer. Ich hatte mein Studium an der Boston University zu Ende gebracht und da ich hinsichtlich meiner Doktorarbeit noch recht unentschlossen war, erklärte ich mich einverstanden, den Chauffeur zu spielen. Ich fuhr also nach New York zu Paul, seiner Frau Rebecca (der hübschen Frau von der Party) und ihren drei Söhnen, Chris, Victor und Nels und schloss mich ihrem Freundeskreis an, der hauptsächlich aus jungen Schriftstellern, Dichtern und Künstlern bestand. Wir gingen ab und zu ins Kino, aber die meisten Abende und Wochenenden verbrachten wir bei jemandem zu Hause, meistens bei Paul und Rebecca in ihrem Haus in Brooklyn, und wir redeten. Es war ganz so wie früher, als wir bei meiner Mutter in der Küche saßen und Waffeln aßen. Die Unterhaltung hörte nicht auf. Sobald jemand ein Buch, einen Film, einen Künstler oder einen Politiker erwähnte, hielt jemand (meistens Paul) einen Vortrag zum Thema. Das führte unweigerlich zu Argumenten und Gegenargumenten, die mal ernst, mal witzig, dann wieder intellektuell oder auch komplett verrückt waren, und manchmal auch ein bisschen zu weit gingen. Diese Debatten faszinierten mich und mir wurde bewusst, dass ich durch einen glücklichen Umstand meinen Weg in einen neuen Lebensabschnitt gefunden hatte.

Paul stotterte anders als ich. Während meine Verspannungen sich in meinem Kiefer befanden, waren seine hauptsächlich auf seine Lippen konzentriert. Wenn ich blockierte, brachte ich keinen Ton heraus und fing an, nach Luft zu schnappen.

Paul hingegen wiederholte zwar viele Konsonanten, aber es gelang ihm jedes Mal weiterzusprechen. Während ich schon alle möglichen Therapien hinter mir hatte, war er noch nie in Therapie gewesen (abgesehen von einer Kurzzeitbehandlung an einer Privatschule) und hatte auch nicht das geringste Interesse, sich einer Therapie zu unterziehen. Paul schien sein Stottern egal zu sein; er betrachtete es mehr als Charaktereigenschaft und nicht als Behinderung. Ich war derjenige, der das Thema ansprach. Wir waren gerade in der U-Bahn auf dem Weg von seiner Wohnung in Brooklyn nach Manhattan und die Fahrt schien unendlich langsam voranzugehen. »Gut, dass die Bahn so langsam fährt«, sagte ich, »da können wir unsere Unterhaltung auch zu Ende bringen.« Paul sagte später, dass ich mit meiner scherzhaften Bemerkung der erste Stotterer gewesen sei, der sein Stottern ansprach. Dass auch ich noch nie mit einem anderen Stotterer das Thema Stottern angepackt hatte, ist bezeichnend für die Isolation, in der stotternde Menschen vor dem Beginn der Selbsthilfebewegung in den 1970er Jahren lebten.

Paul hat schon immer behauptet, ich sei sein Vorbild, weil ich so offen über mein Stottern spreche und sogar darüber Witze mache. Ich hingegen sehe Paul als mein Vorbild. Er redet zwar nicht über sein Stottern, aber er redet und es scheint ihm nichts auszumachen, dass er so offensichtlich stottert.

Auf der Fahrt in das östliche Kentucky hockten wir zu viert in dem kleinen VW – Paul, der fast zwei Meter groß ist, ein Künstler namens Eric, der ebenfalls leicht stotterte, und David, der Geschichte studierte und den Paul als Interviewer mitgebracht hatte. Ich fuhr die meiste Zeit, Paul redete die meiste Zeit. Nachts saß er im Beifahrersitz und hielt lange Monologe über Filme, Bücher, Leute und seine Lebensgeschichte. Er wollte mich beim Fahren wach halten, sagte er.

Während der Interviews stellte David nicht immer die Fragen, auf die Paul Antworten haben wollte, und so fing er selbst an, die Fragen zu stellen. Sein Stottern schien ihn nicht einzuschüchtern. Es schien aber auch die Menschen auf beiden Seiten des Streiks nicht zu stören, weder die Bergleute, noch die Bergwerkbetreiber, die Polizei, die städtischen Abgeordneten, die Redner oder die Geschäftsleute. Ich machte kaum den Mund auf. Es war ja schon schlimm genug, dass einer von uns stotterte, aber wie hätten wir dagestanden, wenn sich herausstellte, dass drei von den vier Fremden in dem kleinen blauen VW mit New Yorker Kennzeichen stotterten! Es hätte schon ein komisches Bild abgegeben und außerdem unserer Glaubwürdigkeit geschadet.

Die frühen 1960er Jahre waren eine Zeit, in der Bürgerrechtskämpfer in den Südstaaten noch verprügelt und verhaftet und manchmal auch ermordet wurden. Wir identifizierten uns mit ihnen und sahen sie als Helden an. Die Bergleute empfingen uns zwar mit offenen Armen, aber so manche in East Kentucky betrachteten uns wie eben diese Bürgerrechtler. Ein Minenbesitzer zum Beispiel gab mir zu verstehen, dass wir keinerlei Recht hätten, uns in ihre Angelegenheiten einzumischen. Der Polizeichef der Stadt Hazard hielt unseren VW an und nahm uns alle mit auf seine Station zum Verhör. Er zog eine Ausgabe der Zeitung »Village Voice« hervor und wollte wissen, ob wir dieses »Kommunistenblatt« läsen. Ein Sheriff, den Paul interviewen wollte, drohte uns zu verhaften – ohne ersichtlichen Grund. Als wir vorbrachten, dass uns nach der amerikanischen Verfassung Rechte zustünden, erwiderte er: »Ihr befindet euch hier in Perry County, Jungs, und in Perry County bin ich die Verfassung.«

An dem Abend, als wir von Hazard wegfuhren, beladen mit unseren Tonbandaufzeichnungen der Interviews, mit Dokumenten und Fotos, folgte uns eine ganze Reihe von Zivilfahrzeugen stadtauswärts, angeführt von dem unverkennbaren Wagen des Polizeichefs. Wir hatten ganz schön Angst. Wir stellten uns vor, wie unsere Leichen in einen stillgelegten Minenschacht geworfen und nie wieder gefunden würden. Zum Erstaunen meiner Freunde (und meinem eigenen) drehte ich plötzlich impulsiv und hämisch grinsend mitten auf der Straße um und fuhr zurück zum Hauptquartier der Gewerkschaft. Die Kolonne folgte uns. Schließlich wurden wir von einem Wagen mit einer Schar Bergarbeiter, die ihre Gewehre aus den Autofenstern hielten, sicher bis an die Staatsgrenze begleitet. Wenn wir uns die Behauptung der Psychiater in Erinnerung rufen, dass Stottern eine Nervenkrankheit sei, in der sich eine feindselige Einstellung der Gesellschaft gegenüber widerspiegelt, muss ich sagen, dass ich mit gutem Grund feindselig eingestellt war gegenüber diesem kleinen Polizeistaat, den einige dieser Minenbesitzer und deren Handlanger in der Verwaltung sich damals in East Kentucky eingerichtet hatten. Und was die Nervosität angeht, fand ich meine Art eigentlich ziemlich cool, so wie ich die Polizeiverfolgung quer durch die Stadt angeführt hatte.

Die Reise zerstörte allerdings das positive Bild, das ich bis dahin von Amerika hatte. Weder hatte ich jemals eine solche Armut gesehen noch einen so offenen Konflikt zwischen Gut und Böse. Ich war in der so genannten *New-Deal*-Ära aufgewachsen, einer Zeit des wirtschaftlichen Aufschwungs und sozialer Reformen, ich glaubte an die wohlwollende Gerechtigkeit der Regierung, zumindest der amerikanischen Regierung. East Kentucky zerstörte meine Illusion. Danach konnte ich nicht mehr so einfach nach Boston zurückkehren, um meine Doktorarbeit zu Ende zu schreiben. Ich zog nach New York, um mich Pauls Freundeskreis von Künstlern und politisch interessierten Leuten enger anzuschließen. Ich fing meinen Job bei Gimbel an, heiratete Davids Schwester Nancy und trat dann 1965 meine Stellung bei dem Lexikonverlag an. Obwohl mir das Schreiben über amerikanische Geschichte viel Spaß machte, fand mein wirkliches Leben in der avantgardistischen Kultur- und Politszene in der East Village statt. Fast jeden Abend trafen wir uns im Hause eines Freundes, kochten Spaghetti, tranken billigen Wein und diskutierten bis spät in die Nacht.

Ich hatte das Glück, dass Paul bei diesen Treffen im Mittelpunkt stand; sein Stottern erleichterte mir meinen Weg. Am Anfang sprach ich nicht viel, sondern machte mich wieder einmal als guter Zuhörer bei allen beliebt. Wie immer, wartete ich auch hier immer auf die beste Gelegenheit, einen geistreichen Kommentar beizusteuern. Zumindest am Anfang war ich bemüht, nicht gleich meinen Mund aufzureißen, sondern ich wog meine Kommentare vorsichtig ab, bevor ich mich äußerte. Wenn ich jedoch etwas Wichtiges zu sagen hatte, war der Zwang zu sprechen stärker als die Angst, die Sicherheit meines Schweigens zu verlassen. Daher sagte ich selten etwas Dummes. Immer, wenn ich etwas zu sagen hatte, war dies ein wertvoller Beitrag zur Diskussion. Nach und nach lernten meine Freunde meine Kommentare zu schätzen und hörten mir aufmerksam zu. Einer meiner Freunde, der Autor Donald Newlove, gestand mir einmal, dass er mich und Paul um unser Stottern beneidete, da es uns half, uns klar und verständlich auszudrücken. Seiner Meinung nach hatten wir offensichtlich Zeit, uns unsere Wortwahl gut zu überlegen, weil es so lange dauerte, bis wir überhaupt ein Wort herausbrachten. Eine Freundin von damals versicherte mir, dass Leute, die mich kennen, mein Stottern nicht »hörten«. Ihre Aufmerksamkeit konzentriere sich auf das, was ich sagen wollte, und daher nähmen sie meine Behinderung Stottern nicht bewusst wahr.

Solche Kommentare habe ich nie verstanden. Ich habe versucht, Don und den anderen zu erklären, dass ich zwar langsam spreche, aber deshalb nicht wortgewandter oder klarsichtiger bin. Dass ich nur widerwillig spreche, hat zwar den Effekt, dass ich mich nicht oft durch unüberlegte oder unangebrachte Äußerungen bloßstelle, aber das ist schließlich noch lange nicht dasselbe wie eine klare Ausdrucksweise. Das Gegenteil ist der Fall, denn wenn ich blockiere, ist mein Gehirn durch die Anspannung meiner Sprechlähmung wie erstarrt und steht in dem Moment in keinerlei Verbindung mit meinem Gedankenprozess oder dem Gesprächsgegenstand. Meine flüssig sprechenden Freunde behaupten zwar, dass auch sie sich Gedanken über den Sprechvorgang machen und auch darüber, wie sie von anderen wahrgenommen werden, doch sind für sie solche Gedanken Nebensächlichkeiten. Für mich und für die meisten anderen Menschen, die stottern, ist der Sprechvorgang und die Reaktion unserer Zuhörer aber von solch großer Bedeutung, dass wir dadurch in unserer Fähigkeit, überhaupt Worte zu artikulieren, gebremst werden.

Wie man sich äußert, hat allerdings ganz offensichtlich nichts zu tun mit der Produktion von gedanklichen Ideen. Das Tempo und die Ausführlichkeit meiner Ideen versetzen mich manchmal selbst in Erstaunen. An Vokabular hat es mir nie gefehlt. Wenn ich nicht gerade schlafe, ist mein Gehirn so gut wie immer aktiv und ruht kaum. Ich bin ein verbaler und kein visueller Mensch. Ob ich still in Gedanken versunken dasitze, meine Gedanken ausspreche oder sie für ein Buch oder einen Artikel aufschreibe, immer arbeite ich mit Worten. Ein wunderschöner Sonnenuntergang ist für mich nur schön, weil ich ihn mit Worten beschreiben kann. Ein Gemälde mag mich tief bewegen, aber nur, weil ich die Worte gefunden habe, um die Gründe dafür zu beschreiben. Nicht immer ist mir dieses Chaos in meinem Kopf willkommen, denn manchmal bin ich nicht in der Lage, etwas zu genießen, weil ich ständig den Drang habe, es zu beschreiben. Zum Beispiel gab ich den Wunsch auf, Jazzkritiker zu werden, als mir klar wurde, dass ich – statt dieser wunderbaren Musik einfach zuzuhören und sie zu genießen – sie permanent analysierte und nach Worten suchte, um sie zu beschreiben. Manchmal wünsche ich mir, dass die Worte einfach wegblieben und mein Gehirn einmal Pause machen könnte. Dennoch bin ich in dem Lärm meiner Gedanken unwahrscheinlich flüssig; erst wenn ich zu sprechen anfange, setzt das Chaos ein.

Mit der Unterstützung meiner neuen Freunde begann sich mein Selbstbild zu ändern. Ich sah, dass ich Ideen hatte, die andere Leute hören wollten, egal, wie lange es dauerte, bis ich sie artikuliert hatte. Zwar kann ich nicht behaupten, ich sähe mich nicht länger als Stotterer, denn das ist für mich ein lebenslanger Kampf. Angeregt durch Paul sah ich jedoch mein Stottern nicht mehr als etwas, wofür ich mich schämen muss, sondern einfach als einen interessanten Teil meiner selbst. Trotz meiner Unflüssigkeiten hörten andere Menschen mir zu – noch aufmerksamer vielleicht als flüssig sprechende Menschen, zumindest erschien es mir manchmal so. Ich war jetzt nicht mehr bloß der Begleitkommentator in den Gesprächen anderer Leute. An richtig guten Tagen fühlte ich mich als jemand Besonderes. Wie Paul war auch ich ein Stotterer, aber einer, bei dem sich das Zuhören meist lohnte.

Natürlich wollte mir noch lange nicht jeder zuhören – die Gefahr einer Zurückweisung lauerte in jedem Gespräch. Fremden gegenüber war ich nach wie vor misstrauisch, besonders auf Partys, wenn sie auf mich zukamen und sich vorstellten, nur um sich sofort wieder abzuwenden, sobald ich meine Begrüßung herausgestottert hatte. Die Augen der Menschen waren vielsagend für mich. Hielten sie meinem Blick stand oder sahen sie sofort weg, sobald ich zu reden anfing? Ich fixierte meine Augen oft ganz fest auf ihre und hoffte dadurch, dass die Kraft meines Blickes von der Schwäche meines Sprechens ablenken würde. Ein Freund gab mir den Rat, keine allzu hohen Erwartungen auf Partys zu haben. »Selbst wenn du nur ein Gespräch geführt oder nur mit einer einzigen Person Kontakt geknüpft hast, solltest du das bereits als Erfolg betrachten«, empfahl er mir. An diesen Rat halte ich mich heute noch. Ich kann zwar auf intellektueller Ebene diejenigen, die sich von mir abwenden, als gefühllose Rüpel abschreiben und mir sagen, dass sie meiner nicht würdig sind, aber innerlich tut ihr Desinteresse doch weh.

Allerdings sollte ich sie nicht pauschal verurteilen, ohne mein eigenes Verhalten unter die Lupe zu nehmen, denn auch ich habe mich manchmal der gleichen Unhöflichkeit schuldig gemacht, wenn ich meinem Freund Paul zuhörte. Ich gebe es nur äußerst ungern zu, aber manchmal machte mich Pauls Stottern ganz verrückt. Ich biss die Zähne zusammen, wenn er mal wieder mit den Worten rang, um nicht auszusprechen, was ich dachte, nämlich: »Spuck's endlich aus, Paul!« Paul ist zwar geduldiger als ich, aber ich vermute, dass ihn meine Blocks auch manchmal gestört haben.

Obwohl ich damals diese Verbindung nicht bewusst herstellte, glaube ich, dass mein Stottern irgendwie dazu beitrug, dass ich mich mit der Bürgerrechtsbewegung so stark identifizierte. Durch meine eigene häufige Erfahrung von Zurückweisungen war ich empfindlich geworden, selbst wenn ich das stets verleugnet hatte. Ich reagierte daher mit Abscheu auf die Unterdrückung, die die Schwarzen durch die so genannten »Jim Crow«-Gesetze zur Rassentrennung erleben mussten. Als im Februar 1960 vier schwarze Studenten an einer Esstheke in einem Kaufhaus in Greensboro, North Carolina, einen Sitzstreik hielten und Bedienung verlangten, wusste ich instinktiv, dass die Protestaktion dieser Studenten auch etwas mit mir zu tun hatte. Allerdings brauchte ich weitere vier Jahre, bevor ich meine Gedanken in Taten umsetzte.

Als ich 1964 der integrationistischen Organisation *Congress of Racial Equality* (CORE) beitrat, bereitete ich meine Frau Nancy darauf vor, dass ich nun wahrscheinlich auch an Sit-ins teilnehmen würde und womöglich verprügelt und verhaftet werden könnte. Dabei war ich einerseits überdramatisch und andererseits verschwieg ich ihr meine wirklichen Ängste. Was mich nämlich tatsächlich davon abgehalten hatte, in der Bewegung aktiv zu werden, war die Furcht, einem Polizisten meinen Namen und meine Adresse sagen und im Gerichtssaal eine Aussage machen zu müssen. Ich stellte mir vor, wie ich mit viel Mut und Energie zivilen Ungehorsam leistete, dann aber kaum meinen Namen aussprechen und schon gar nicht meine Ideen artikulieren könnte. Ich hatte Angst, dass mein Stottern nicht nur meine noblen Taten zunichte machen würde, sondern sich auch negativ auf das Image der Bürgerrechtsbewegung auswirken könnte. Ich wollte mich zwar für die Menschenwürde der afro-amerikanischen Bevölkerung einsetzen, war aber noch nicht in der Lage, meine eigene Würde unter Beweis zu stellen.

Als ich mich der Bürgerrechtsbewegung anschloss, ging gerade ihre idealistische, rassenübergreifende und gewaltfreie Zeit zu Ende. Etwa ab 1965 gaben die Schwarzen in der Bewegung uns Weißen zu verstehen, dass wir in unsere eigenen Gemeinden zurückkehren und den Rassismus von dort aus bekämpfen sollten. Sie begannen, das negative Bild, das andere von ihnen hatten, ostentativ zurückzuweisen, Rassenstolz zu bejahen und sich selbst achtend in einem positiven Licht sahen. Der Slogan »Black is beautiful« erschien uns Weißen zumindest damals als eine Verschärfung der Rassentrennung. Doch wurden dadurch auch andere Minderheiten angeregt, sich mit volksläufigen Meinungen und stereotypen Vorstellungen auseinanderzusetzen, die sie beleidigten. Schließlich begannen auch behinderte Menschen, die gesellschaftlichen Wertvorstellungen ihnen gegenüber zu hinterfragen. Die Bürgerrechtsbewegung rief einen jeden dazu auf, sich zu behaupten und volle Gleichberechtigung zu fordern, Stotterer eingeschlossen. Diese Selbstbestätigung, die den Kern der Selbsthilfebewegung für stotternde Menschen bildet, kann auf jene afroamerikanischen Aktivisten zurückverfolgt werden, die in den frühen 60er Jahren für ihren Rassenstolz einstanden.

Schließlich begann zu dieser Zeit auch der Vietnam-Krieg, die Schlagzeilen zu dominieren. Die Idee, sich auf der anderen Seite des Ozeans in einen fremden Bürgerkrieg einzumischen, lehnte ich ab. Damals hatte ich noch meine Stellung bei dem Lexikonverlag und hatte so Zugriff auf Bücher über Vietnam. Ich las auch viele Bücher über Militärgeschichte und Auslandspolitik. Meine Freunde und ich diskutierten viel über den Krieg, der offensichtlich durch Nationalismus angeheizt wurde. Die Vietnamesen hatten einen zähen Unabhängigkeitskrieg gegen Frankreich und China geführt und würden auch für ihre Unabhängigkeit von Amerika kämpfen. Ich schrieb an meine Kongressabgeordneten, die Senatoren, und an den Vizepräsidenten Hubert Humphrey, den ich persönlich als liberalen Helden ansah. Der Krieg eskalierte weiter und darüber hinaus begannen die Kriegsbefürworter – zu denen damals alle Spitzenpolitiker wie auch die Medien zählten –, sich abfällig über den Charakter und den Patriotismus der Kriegsgegner zu äußern.

Das Thema dieses Buches ist Stottern und nicht die 60er Jahre oder die Antikriegsbewegung. Was ich darüber zu sagen habe, steht in meiner Abbie Hoffman Biografie, *American Rebel* (Rutgers University Press). Dass ich in der Organisation der Antikriegsbewegung und während der kulturellen und politischen Umwälzungen der 60er Jahre eine Rolle gespielt habe, ist in vielen journalistischen und historischen

Berichten dokumentiert. Es erstaunt mich jedoch heute wie damals, dass jemand wie ich, der kaum ein flüssiges Wort herausbekam, in der Lage war, inmitten der tosenden Streitgespräche dieser bemerkenswerten Zeit Gehör zu finden. Als ich 1965 politisch aktiv wurde, war die Bewegung noch recht unbedeutend. Sie war aber offen, demokratisch und neuen Ideen gegenüber aufgeschlossen. Die Zeiten änderten sich, wie Bob Dylan in seinem Lied »The times they are a-changin'« feststellte. Es war eine Zeit der neuen Möglichkeiten und mein leidenschaftlicher Wunsch ein Kriegsende mit herbeizuführen wurde so stark, dass ich trotz der Wahrscheinlichkeit, öffentlich reden zu müssen, weder weglief noch mich versteckte.

Im Herbst des Jahres 1965 gründeten wir die Zeitschrift *WIN*, die den Untertitel *Peace and Freedom Through Nonviolent Action* führte. In den ersten zwei Jahren war Paul der Herausgeber und ich schrieb die meisten Artikel. Ich war immer noch beim Lexikonverlag angestellt und so kam es, dass ich tagsüber über amerikanische Geschichte schrieb und abends für eine Zeitschrift, die erst Geschichte machen wollte. 1967 wurde mir die Stellung beim Verlag gekündigt und ich widmete meine gesamte Zeit der Antikriegsbewegung. Außer für *WIN* schrieb ich nun auch für die Nachrichtenagentur *Liberation News Service,* die eine radikale Alternative zur *Associated Press* darstellte, und eine Zeitlang auch für *Liberation*, ein etabliertes pazifistisches Blatt. Ich schrieb nicht nur über die Antikriegsbewegung, sondern plante auch Antikriegsdemonstrationen, an denen ich ebenso teilnahm. Mein Wochenlohn in dieser Zeit betrug 55 Dollar. Wir alle legten unsere bescheidenen Mittel zusammen und hielten uns so gemeinsam über Wasser, so wie die Beatles in ihrem Lied »With a little help from my friends« sangen. Wir gingen alle mit unserer Arbeit ein gewisses Risiko ein, aber ich sah die Gefahr eher in einem verbalen Kontext als in einem körperlichen. Ich hatte keine Angst vor Schlagstöcken oder Tränengas (beides erlebte ich auf Antikriegsdemonstrationen in New York, Washington und Chicago), oder vor einer Gefängnisstrafe für passiven Widerstand (was mir viermal passierte). Meine große Furcht war immer noch, einem Polizeibeamten bei meiner Verhaftung meinen Namen und meine Anschrift nennen zu müssen und dann vor Gericht auszusagen. Der Grund dafür war nicht, dass ich mich für meine Aktivitäten schämte, ganz im Gegenteil, ich war enorm stolz darauf. Was ich nicht ertragen konnte, war die Enthüllung meiner persönlichen Schwäche – bei meiner Verhaftung zu stottern. Mein Hang zur Verleugnung hatte eine Eigendynamik angenommen und die Kluft zwischen meinem selbstbewussten und meinem stotternden Ich vertiefte sich. Je zufriedener ich mit meinem Leben war, umso mehr wollte ich meine fehlerhafte Sprechweise verleugnen.

Genauso wie *WIN* und *Liberation*, war ich ein Befürworter der Kriegsdienstverweigerung – nicht etwa sie einfach zu umgehen wie Präsident Clinton unter anderen, sondern den Einberufungsbefehl öffentlich zu verweigern und mich dann der Strafe zu stellen. Wenn nur genug junge Männer den Kriegsdienst öffentlich verweigerten, so glaubten wir – und anscheinend das Pentagon auch –, dass die Regierung einen Weg finden müsste, den Krieg zu beenden. Für diejenigen von uns, die nicht wehrpflichtig waren, warf der Aufruf zur Kriegsdienstverweigerung allerdings ein moralisches Dilemma auf. Wir erwarteten von anderen, das Risiko einer eventuell fünfjährigen Gefängnisstrafe einzugehen – eine Gefahr, der wir uns nicht selbst aussetzen mussten.

Meine Musterung hatte 1963 stattgefunden, als nicht viele Wehrdienstpflichtige gebraucht wurden und die Armee sich die Leute aussuchen konnte. Damals wäre ich der Armee freiwillig beigetreten, wenn man mich genommen hätte. Ich bin mir nicht sicher, ob ich wegen Farbblindheit oder wegen meines Stotterns ausgemustert wurde (meine Klassifizierung war 1Y, im Falle eines nationalen Notstandes allerdings 1A, das heißt wehrfähig). Ich hatte zwar damals wie auch heute keine Probleme rot und grün zu unterscheiden, aber bei meiner ärztlichen Untersuchung bei der Einberufung konnte ich die Farben auf dem Test für Farbblindheit nicht erkennen. Ich wurde ausgemustert und zu einem Psychologen geschickt, der mich stottern hörte und sofort nach Hause schickte. Während der Wehrpflichtjahre hatte die Armee angeblich keine festen Regeln, was Stottern anging. Ich bin inzwischen Stotterern begegnet, die eingezogen wurden, und auch solchen, die ausgemustert wurden. Einer nahm sogar an einem Stottertherapieprogramm des Militärs teil.

Diejenigen von uns, die 1966 die Kriegsdienstverweigerung befürworteten, aber nicht selbst wehrpflichtig waren, fanden, dass wir uns selbst dem Risiko aussetzen mussten, bevor wir Wehrdienstpflichtige zur Verweigerung drängten. Ich schickte daher meinen Einzugsbefehl ein paar Mal an die Behörde zurück (er wurde mir jedoch immer wieder zurückgesandt) und half bei der Organisation einer Protestaktion, bei der 175 junge Leute ihre Einzugsbefehle öffentlich verbrannten. In einer öffentlichen Stellungnahme (in der Anthologie *We Won't Go* nachgedruckt) hatte ich folgendes geschrieben:

> *Seinen Einberufungsbefehl zu vernichten und das eigene Gewissen über ein staatliches Diktat zu stellen, gehört zu einer der vornehmsten Traditionen des menschlichen Miteinanders. Dieses Land wurde nicht von gesetzes- und staatstreuen braven Bürgern geschaffen. Seine Existenz und seine Größe verdankt Amerika vielmehr jenen, die sich, wie es beispielsweise die Quäker taten, durch zivilen Ungehorsam dem Druck der Puritaner widersetzten und sich weigerten, ihre eigenen Überzeugungen den Interessen der religiösen Machthaber jener Zeit preiszugeben; und auch die Puritaner selber hatten sich ja offen der britischen Autorität entgegengestellt. Unser Land wurde geschaffen von … jenen Söhnen und Töchtern der Freiheit, die … im Hafen von Boston Teekisten über Bord warfen; von jenen Gegnern der Sklaverei, die das Gesetz zur Bestrafung entflohener Sklaven und ihrer Helfer einfach ignorierten; von Sklaven selber, die sich weigerten, weiterhin wie Sklaven behandelt zu werden; von Arbeitern, die dem Gesetz zum Trotz darauf bestanden, sich in Gewerkschaften zusammenzuschließen; von Afroamerikanern, die sich nicht länger auf die hinteren Plätze in den Bussen verbannen ließen. …*
> *Den Leuten, die mir vorwerfen, ich hätte keinen Respekt vor Gesetz und Ordnung und würde mein Land nicht lieben, antworte ich schlicht: »Jefferson, Tom Paine, Garrison, Thoreau, die Freedom Riders, das sind meine Landsleute, die ich liebe und deren Sache auch meine Sache ist.«*[1]

Kühne Worte, damals. Aber ich habe sie geschrieben und nicht gesagt. Hätte ich sie bei den öffentlichen Protestaktionen sagen müssen, wäre ich zu Hause geblieben.

Das Verbrennen eines Einzugsbefehls war eine Strafhandlung. Wir argumentierten hingegen, dass es nonverbale Meinungsäußerung sei – und für mich zumindest traf das auf jeden Fall zu. Ich hatte schon immer eine große Vorliebe für politisches Theater. Eine einzige dramatische Geste war meiner Ansicht nach mehr wert als tausend Worte, besonders, wenn *ich* sie aussprechen sollte.

Als Ergebnis meiner Antikriegsaktivitäten suchte mich das FBI auf und ich wurde unter Strafandrohung geladen, in einer Ermittlung zu Kriegsdienstverweigerung vor den Geschworenen des Bundesgerichtes auszusagen. Anstatt zum Gerichtstermin zu erscheinen, schrieb ich einen Brief an die Geschworenen, in dem ich ihnen nahe legte, die Politiker zu verhören, die diesen Krieg angezettelt hatten, und nicht die Leute, die gegen den Krieg protestierten. Ganz so mutig, wie ich mich auf dem Papier anhörte, fühlte ich mich zwar nicht, aber ich hatte mehr Angst, vor Geschworenen aussagen zu müssen, als davor, wegen Missachtung des Gerichts eine Strafe aufgebrummt zu bekommen. Die meisten Stotterer werden wohl mit mir einer Meinung sein oder zumindest verstehen können, dass Nichterscheinen eine realistische Alternative ist, wenn man in einer stressgeladenen Situation im Gerichtssaal sprechen soll. Am Ende wurde das Verfahren noch vor meinem Zeugentermin eingestellt. Der Generalbundesanwalt Ramsey Clark war inzwischen gegen den Krieg und die Kriegsdienstverweigerer hatten so viel Sympathie in der Bevölkerung gewonnen, dass die Regierung nicht mehr viel Aufhebens um die Sache machen konnte.

Doch ich hatte nicht immer so viel Glück. Das FBI, unter der Leitung von J. Edgar Hoover, waltete eine Stufe über dem Gesetz. Hoovers Leute schikanierten viele von uns in der Antikriegsbewegung und verschwendeten Steuergelder, um sämtliche unserer Bewegungen zu verfolgen. Jedes Mal, wenn ich auf einer Demonstration war, hatte ich einen Geheimagenten des FBI auf meinen Fersen, der die Behörde von meiner Anwesenheit unterrichtete. Das FBI hatte sogar einen Agenten, der unsere Zeitschrift *WIN* las und seinen Vorgesetzten in der Behörde eine Zusammenfassung zukommen ließ. Meine Akte beim FBI umfasst etwa 125 Seiten. Auf den meisten ist verzeichnet, dass ich auf dieser Demonstration und bei jener Zusammenkunft zu finden war, mit anderen Worten, es wurden Berichte über meine völlig legalen Handlungen verfasst. Am 11. Juli 1968 wurde im New Yorker Büro des FBI eine 18 Seiten lange Akte über mich angelegt, in der ich als »äußerst talentierter Autor« beschrieben werde. Man wusste darin auch zu berichten, dass kein Informant in der kommunistischen Partei je von mir gehört hatte, dass ich eine Brille trug und dass ich »stotterte und stammelte«.

Die Kriegsbefürworter ließen sich kaum je auf eine echte Diskussion mit uns ein. Sie versuchten stattdessen, die Antikriegsbewegung lächerlich zu machen, indem sie uns als komische Käuze und Kommunisten abstempelten. Da ich sehr patriotisch gesinnt war, empfand ich diese Darstellungen als beleidigend. Weil unsere Integrität ständig in Frage gestellt wurde, dachte ich um so mehr über meine Rolle in der Bewegung nach. Als Ergebnis davon glaubte ich mit noch mehr Überzeugung, dass die Position der Kriegsgegner patriotisch motiviert sowie intellektuell und moralisch vertretbar war.

Wobei mir jedoch die innere Überzeugung fehlte und ich mich höchst unsicher fühlte, das war unser Image. Wenn ich mit Paul zusammen war, fand ich den Gedanken zwar recht gewagt, dass wir zwei Stotterer uns tatsächlich mit der Regierung der Vereinigten Staaten angelegt hatten, wusste aber, dass wir dabei auch etwas erreicht hatten. Dann wieder deprimierte mich die Vorstellung, dass zwei Stotterer, die ein bekanntes Antikriegsblatt herausgaben, geradezu ein gefundenes Fressen für die Propaganda der Regierung waren, die Bewegung bestünde aus Verlierern und Außenseitern. Es war ein völlig schizophrenes Gefühl. Auf der einen Seite glaubte ich an meine Ziele und war mir meiner Sache sicher. Ich hatte noch nie zuvor so viel Selbstvertrauen gehabt. Andererseits fiel es mir nicht leicht, die Stimmen jener Autoritätspersonen in meinem Kopf zum Schweigen zu bringen, die schon immer meinen Weg zu größerem Selbstverständnis zu behindern wussten. Meine Familie war zwar inzwischen genau wie ich gegen den Krieg, teilte allerdings nicht mein persönliches Engagement an dem Protest. Dennoch hörte ich das warnende Flüstern meiner Eltern, meines Onkels Abe und meiner Tante Helen im Kopf, die meine rebellische Natur meinem Stottern zuschrieben und sehnsüchtig hofften, dass ich aus dieser »Phase« bald herauswachsen würde. Aber schlimmer waren die vermeintlichen Stimmen der Psychoanalytiker, dieses selbstgefälligen Standes, die die Ansicht vertraten, dass meine Opposition zur Regierungspolitik nichts anderes war als die feindselige Reaktion eines Stotterers.

Aus meiner Perspektive boten die 60er Jahre gewisse Vorteile für Menschen, die stottern. »Good Vibrations« zum Beispiel, der Hit der Beach Boys, beschrieb ziemlich genau die Art von Beziehungen, die zumindest Leute meiner sozialen Gruppe zueinander pflegten. Nonverbales Verhalten wurde als zwischenmenschliches Kommunikationsmittel genauso wichtig wie Sprache. Eine energiegeladene Ausstrahlung spielte eine große Rolle – und sie entstand nicht unbedingt durch verbale Energie. Eine positive Gesinnung, Toleranz, Respekt anderen gegenüber, Sinn für Humor, die Bereitschaft, mit anzupacken und das zu tun, was eben getan werden musste, all diese Eigenschaften waren in den 60er Jahren enorm wichtig. Wie ich schon sagte, konnte ich nicht den schweigsamen starken Typ abgeben, der in den 50er Jahren so bewundert wurde, aber dafür konnte ich den sanften, sensiblen, coolen Typ spielen, der in den 60er Jahren gefragt war. Ich hatte immer gedacht, ich müsste mir Gehör verschaffen, um meinen Hang zum Schweigen auszugleichen. Was für eine Erleichterung, nun für meine Unauffälligkeit und meine Gelassenheit bewundert zu werden! Endlich wurde meine Scheu zu sprechen zur positiven Charaktereigenschaft. Ein schweigsamer Typ, der eine positive Energie ausstrahlte, wurde bemerkt – und konnte sogar verführerisch sein. Was für eine Erkenntnis! Allein durch gefühlvolles Schweigen konnte ich Frauen auf mich aufmerksam machen.

Natürlich konnte ich diese Rolle nicht lange spielen. Dank meines neu entdeckten Selbstbewusstseins musste ich sofort meinen Senf dazugeben, sobald sich irgendwo eine interessante Unterhaltung anbahnte. Meine Bereitschaft zum Sprechen war ebenso eine neue Erfahrung wie meine jüngst gefundene Zufriedenheit im Schweigen. Allerdings konnte ich nur in meiner eigenen, realitätsfremden Fantasie als gesprächig bezeichnet werden, denn im Vergleich zu meiner früheren Schweigsamkeit war alles relativ. Ich war immer noch sehr vorsichtig. Die Entscheidung, wann ich etwas sagen und wann ich mein Stottern durch Schweigen verbergen sollte, blieb nach wie vor kritisch. Mein Selbstbild ging daher wie ein Pendel einmal in die eine Richtung, dann wieder in die andere – je nachdem was an verbalem Einsatz gerade erforderlich war.

In der Bewegung war es üblich, sich zu Beginn einer jeden Versammlung vorzustellen. Mir war das einfach zuwider, besonders bei Treffen, wo sowieso jeder jeden kannte. Wenn es ein großes Treffen mit vielen neuen Leute war, verschwand ich manchmal zum richtigen Zeitpunkt auf die Toilette, oder ich kam erst herein, wenn die Vorstellungsrunde gerade zu Ende war, atemlos eine Entschuldigung für mein Zuspätkommen murmelnd. Wenn ich Glück hatte, stellte mich der jeweilige Vorsitzende dann sogar selbst vor.

Für flüssig sprechende Menschen ist das vermutlich nur eine Bagatelle. Stotterer, zumindest diejenigen, die ihr Stottern nicht eingestehen wollen, müssen dagegen alle möglichen logistischen Anstrengungen vornehmen. Für mich war die Erkenntnis deprimierend, dass ich trotz meiner teilweise abgelegten Sprechängste immer noch die gleichen Vermeidungstaktiken benutzte, die ich schon als Teenager praktiziert hatte, als ich im Restaurant sofort auf die Toilette verschwand, sobald ich den Kellner erspäht hatte. Ich wusste genau, wo meine Grenzen waren, gleichzeitig aber wollte ich sie durchbrechen. So definierte ich diese Grenzen immer wieder von neuem und erwog dabei, wie weit ich sie überschreiten konnte. Unter Bekannten war ich bereit zu sprechen, es sei denn, es waren mehr als, sagen wir, sieben Leute zugegen. Je mehr Zuhörer ich hatte, um so schweigsamer wurde ich. Es war ein schwieriger Balanceakt.

Ich lernte, mit meinen sprachlichen Grenzen zu leben und sie manchmal zu überschreiten. Das bedeutete auch, dass ich mich mit unrealistischen Erwartungen, meinem eigenen Ego und meinem Problem der Nichtakzeptanz meines Stotterns befassen musste. Ich wusste zum Beispiel, dass es für mich völlig unmöglich war, vor einem Publikum zu stehen und eine Rede zu halten. Ich wusste aber auch, dass ich nicht der ideale Kandidat war, wenn es um die verbale Verfechtung meines Standpunktes ging. Also musste ich Leute finden, die das konnten, was ich nicht konnte, und lernen, mit ihnen auszukommen. Darüber hinaus musste ich diese Nebenrolle als etwas Positives ansehen, nicht als etwas, in das ich durch meine Vermeidung öffentlichen Sprechens gedrängt worden war. Der Wunsch, jemand zu sein, ist ein starkes Bedürfnis. Ob jemand Wissenschaftler ist oder Geschäftsmann, Handwerker oder politischer Radikaler, wir alle haben das starke Bedürfnis, dass unsere Leistungen anerkannt und dass wir bemerkt und geschätzt werden.

Stottern ist zwar ein Hindernis; Hindernisse können aber umgangen werden. Ich beobachtete meine Mitstreiter genau und stellte fest, dass es eine Kommunikationspyramide gab. Diejenigen an der Spitze der Pyramide, die Entscheidungsträger, waren Leute, die die anderen motivieren konnten, Leute mit einer charismatischen Stimme, geduldigen Ohren und genug Selbstbewusstsein, sich andere Meinungen anzuhören, selbst von den Lippen eines stotternden Menschen. Andere Leute traten mehr vor die

Öffentlichkeit als ich, waren prominenter. Ich lernte, meinen Selbstwert nicht am Lob anderer zu messen sondern, indem ich meine Leistungen und Erfolge registrierte.

In einer Zeit vor E-Mail und Faxgerät (beides Erfindungen, die das Leben eines Stotterers erleichtern) gab es nur zwei Arten, mit jemandem zu sprechen, entweder persönlich oder per Telefon. Ich wählte immer den persönlichen Kontakt, da ich mir von der »direkten Art« mehr versprach. Ich zog kreuz und quer durch New York City und suchte die Leute einfach auf, wenn ich ihnen etwas Wichtiges mitzuteilen hatte. Und da ich die Termine anderer verfolgte, wusste ich immer, wo sie sich befinden würden.

Ich machte auch routinemäßig Notizen zu allem Möglichen und erkannte, welchen Wert schriftliche Notizen haben können. War eine wichtige Besprechung angesagt, schrieb ich eine Notiz in Form eines Rundschreibens. Nach und nach fingen andere an, sich darauf zu verlassen, dass ich die Tagesthemen in meinen Notizen herausarbeiten würde. Ich wiederum verließ mich auf die Notiz, um diejenigen Argumente hervorzuheben, die mir wichtig waren, die ich aber wahrscheinlich nicht selbst ansprechen würde. Eine gute Notiz hat zweierlei Funktionen: Zum einen legt sie die zentralen Themen einer Gesprächsrunde dar (und muss objektiv klingen, um glaubwürdig zu erscheinen), und zum anderen kann sie die Diskussion steuern und den eigenen Standpunkt dabei in den Vordergrund rücken.

Überall, ob in der Geschäftswelt, in der Wissenschaft, Politik oder Öffentlichkeitsarbeit, gibt es Millionen intelligenter und fleißiger Menschen, die die Geschehnisse von ihrer Position hinter den Kulissen beeinflussen und die gerne bereit sind, charismatischeren Persönlichkeiten die Lorbeeren zu überlassen. Ich sah mich selbst auch in dieser Hintergrundrolle. Manchmal malte ich mir aus, ich wäre ein charismatischer und fesselnder Redner, jemand, zu dem die Leute als Anführer aufsehen. Aber ich hegte schon immer Argwohn gegenüber ehrgeizigen Leuten, die im Vordergrund stehen wollen und die Macht lieben, die ihnen diese öffentliche Rolle zugesteht. Allerdings ist auch mir diese Art von Ehrgeiz nicht ganz unbekannt und deshalb sehe ich mein Stottern gewissermaßen als einen Segen, denn dadurch komme ich wenigstens nicht in die Verlegenheit, ein unausstehlicher Mensch zu werden.

Manchmal bewahrte mich meine Zurückhaltung beim Sprechen auch vor peinlichen Situationen. Am Anfang der Frauenbewegung in den späten 1960er Jahren wollten die Frauen bei *WIN* eine Sonderauflage herausgeben, die sie ganz ohne männliche Mitarbeit schreiben und veröffentlichen wollten. Wir Männer hätten uns natürlich über eine Woche Urlaub freuen können, aber da wir eben Männer waren, und zwar feministische Männer, bestanden wir darauf, dass wir bei einer solchen feministischen Ausgabe mithelfen wollten. Ich wusste genau, was ich bei der bevorstehenden Besprechung sagen wollte, und ich wusste sogar schon, was ich in meinem Beitrag zu der Frauensonderausgabe schreiben würde. Aber dann brachten die Frauen von *WIN* eine Menge Freundinnen zu der Besprechung mit, die ich nicht kannte und deren Anwesenheit mich schweigen ließ. Anstatt meinen Mund aufzureißen und über Dinge zu reden, die ich nicht verstand, hörte ich den Frauen zu, wie sie eine nach der anderen ihre Anliegen vorbrachten.

Die meisten Männer fühlen sich naturgemäß befugt, der Welt ihre Meinung mitzuteilen. Vor dem Beginn der Frauenbewegung hatten die wenigsten Frauen diese Selbstsicherheit, und – gerade wegen der Männer – auch nicht die Gelegenheit. Die Frauen bei der Besprechung bei *WIN* sprachen darüber, wie sie unterbrochen, niedergebrüllt, ignoriert und herablassend behandelt und im Allgemeinen bei öffentlichen Versammlungen verbal eingeschüchtert wurden. Sie erklärten, wie wichtig es für Frauen sei, ihre eigene Stimme zu haben und sagen zu können, was sie wollten, ohne dass Männer ein Urteil dazu abgaben oder sich als redaktionelle Vermittler einschalteten.

Wenn ich auch nicht behaupten kann, auf der Stelle bedingungslos zum Feminismus übergetreten zu sein, so muss ich doch sagen, dass ich das Argument gut nachvollziehen konnte. Beim Sprechen, wenn auch nicht beim Schreiben, hatte ich mich immer von sprachgewandteren Männern eingeschüchtert gefühlt. Ich war ebenfalls unterbrochen, niedergebrüllt und ignoriert worden von Männern, die nicht die Geduld oder die Manieren hatten, mich ausreden zu lassen. Genauso wie diese Frauen war ich zu dem Schluss gekommen, dass es einfacher war zu schweigen, als einen endlosen Kampf zu führen. Was die Frauen wollten, war dasselbe, was ich auch wollte, nämlich die Chance zu reden, ohne dabei unterbrochen zu werden. Als über den Vorschlag unseres Mitwirkens abgestimmt wurde, stimmte ich, wie auch die meisten anderen Männer, für die Frauen. Ich war mit der Wahl zufrieden. Ich stimmte nicht nur für den Feminismus, sondern für die Rechte aller Menschen, auch der stotternden, an der Kakofonie der menschlichen Kommunikation voll teilhaben zu dürfen.

Nun war ich jemand in der Antikriegsbewegung, hatte einen wunderbaren Freundeskreis, eine Arbeit, die mir Spaß machte, und darüber hinaus das Gefühl, in der Welt etwas bewirken zu können. Doch nachdem ich an der Demonstration der *Democratic National Convention* in Chicago teilgenommen hatte, traf ich im Sommer 1968 den Entschluss, mich einer Gruppe von Freunden aus der Bewegung anzuschließen, die in Vermont auf einem alten Bergbauernhof eine Kommune gründen wollten. In gewisser Weise ist das Leben in einer Kommune recht angenehm für einen Stotterer, da die Arbeit aufgeteilt wird und man sich vieles aussuchen kann. Ich verbrachte viel Zeit mit Holz hacken und der Arbeit auf dem Bauernhof. In den ersten Jahren schaffte ich es, außerhalb der Kommune kaum zu sprechen. Unter meinen Mitbewohnern (es waren immer so etwa zwölf Leute) gab es ein paar legendäre Redner, die es mir ermöglichten, zu schweigen.

Einer meiner Freunde, der stottert, beschrieb einmal mein Leben in der Kommune als eine Form von Sprechvermeidung, aber ich glaube eigentlich nicht, dass ich das so geplant hatte. Ganz im Gegenteil, ich wurde nach einiger Zeit eine der eher öffentlichen Figuren in der Kommune, da ich für ein paar Bauern in der Umgebung arbeitete und Mitgründer einer Landwirtschaftskooperative, eines Bauernmarktes und einer Vereinigung von Biobauern wurde. Ich begann auch, in der Lokalpolitik von Vermont mitzumischen, wovon ich später in diesem Buch noch berichten werde. Über die ersten Jahre in der Kommune berichte ich in dem gemeinschaftlich geschriebenen

Buch, *Home Comforts – Life on Total Loss Farm (1973).* Ich steuerte dem Buch acht Kapitel bei und erwähnte mit keiner Silbe, dass ich stottere.

Anmerkung

[1] Alice Lynd, *We Won't Go* (Boston Press, 1968), S. 225.

20. Ich lerne, wer ich bin

Die Lehren des Lebens werden uns oft durch Freunde oder Unbekannte erteilt, die uns aber nicht absichtlich belehren wollen. Diese Lehren bieten sich oft in ganz unerwarteten Momenten und Situationen. Eine der wichtigsten Erfahrungen meines Lebens machte ich in der U-Bahn von New York City. Es war in den frühen 70er Jahren, als ich in New York lebte und gerade ein Buch schrieb. An den Wochenenden fuhren mein Freund Rod Parke und ich regelmäßig nach Vermont. Rod arbeitete für die Columbia University. Er besaß ein kleines Blockhaus, das auf dem Weg zu meiner Gemeinschaftsfarm lag. Auf der Rückfahrt in die Stadt parkte er sein Auto immer im nördlichen Teil der Bronx (wo man leicht einen Parkplatz fand) und anschließend fuhren wir zusammen mit der U-Bahn nach Manhattan.

Es war die Zeit, als im Zuge der Studentenbewegung auch die homosexuelle Bewegung ihren Anfang genommen hatte. Homosexuelle Männer und lesbische Frauen outeten sich; sie gaben sich privat und in der Öffentlichkeit in ihrer Art zu erkennen und das mit Stolz. Mir ist niemand bekannt, der mit einer solchen Dreistigkeit auftrat wie Rod. Jedes Mal, wenn wir zusammen in der U-Bahn saßen, packte er Nadeln und Garn aus und begann zu stricken. Da sich Rod aber eher für Musik als für Handarbeit interessierte, wusste ich, dass er sich mit Absicht so auffällig benahm. Er provozierte es regelrecht, von anderen Fahrgästen verspottet oder, was auch durchaus denkbar war, von ihnen verbal oder körperlich angegriffen zu werden, weil er eine »Schwuchtel« war.

Rods Verhalten zerrte an meinen Nerven, gestaltete jedoch gleichzeitig unsere Fahrten spannend. Indem er andere provozierte, auf seine Homosexualität zu reagieren, stellte er auch mich auf die Probe. Sollte ich neben ihm sitzen, mit ihm sprechen oder auf irgendeine andere Art und Weise unsere Freundschaft zeigen? Oder sollte ich mich diskret von ihm distanzieren, so dass niemand in der U-Bahn *mich* ebenfalls für einen Homosexuellen oder sogar seinen Partner hielt? Was würde ich tun, wenn ihn irgendein Halbstarker bedroht? Würde ich ihn verteidigen? Ich würde es natürlich versuchen – aber wie? Würde ich ihm als Freund zu Hilfe kommen? Oder würde ich so tun, als sei ich ein besorgter Außenstehender?

Die Leute starrten ihn an, sie starrten uns an. Die einen schmunzelten, weil es sie amüsierte oder sicherlich auch, weil sie seine Unverfrorenheit bewunderten. Andere grinsten abfällig oder warfen ihm hasserfüllte Blicke zu. Er strickte, wir unterhielten uns. An jeder Station warf ich ein wachsames Auge auf die Tür und schaute, ob eine bedrohlich wirkende Person hinzugestiegen war. Es war jedes Mal eine lange, einstündige Fahrt von der East 241st Street in der Bronx bis zur Sheridan Square Station in Greenwich Village, einer der wenigen Gegenden in Amerika, in der Homosexuelle frei und ohne Angst leben konnten.

Was ich aus dieser Freundschaft lernte, hatte weniger mit Homosexualität zu tun als mit dem Akzeptieren der eigenen Persönlichkeit. Rod demonstrierte seine Identität, ohne sich um die Gedanken anderer zu scheren. Besaß ich jenen Mut, in der Öffentlichkeit zu sprechen und mich als Stotterer zu zeigen, hatte ich jene Selbstsicherheit, mit der Rod strickte und sich als Homosexueller outete?

Stottern und Homosexualität lassen sich natürlich nicht direkt vergleichen. Homosexualität ist ein normaler Ausdruck der menschlichen Vielfalt. Stottern ist eine Behinderung, und zwar eine, von der die meisten von uns Leidtragenden sich wünschten, sie hätten sie nicht. Außerdem existieren keine Gesetze gegen das Stottern, wohl aber mancherorts Gesetze gegen Homosexualität. Es gibt keinen Begriff wie Homophobie, der die Intoleranz der Gesellschaft dem Stottern gegenüber ausdrückt. Und obwohl ich stotternde Menschen kenne, die sich in ihrer Kindheit mit anderen prügelten, weil sie verulkt wurden, gibt es keine Rüpel, die grölend umherlaufen und auf »Stottererjagd« gehen. Rods Stricken war eine ostentative Geste, die den Leuten eine Reaktion abverlangte. Mit Stricknadeln und Garn konfrontierte er die negative Einstellung gegenüber Homosexuellen, die in der damaligen Gesellschaft stärker vorherrschte als heute, und durch sein Handeln zeigte er, dass er sich von der feindlichen Haltung anderer nicht länger einschüchtern lassen und sich auch nicht länger verstecken würde. Hätte ich es hingegen gewagt, in der Öffentlichkeit zu sprechen, wäre dies nicht mehr als ein Versuch gewesen, ein gewöhnliches Gespräch zu führen. Und dennoch steckten wir irgendwie in einer ähnlichen Situation. Bei all den Fortschritten, die ich gemacht hatte, frei über das Stottern zu reden, glaubte ich immer noch insgeheim, dass ich mich dafür schämen müsste. Die U-Bahn-Fahrten mit Rod öffneten mir die Augen. Ich war immer noch ein »Verheimlicher«, er hatte sein Coming-Out geschafft.

Rod ließ sich gerade zum Gestalt-Therapeuten ausbilden und zeigte mir ein Buch von Fritz Perls, einem Mitbegründer der Gestalttherapie, mit dem Titel *Ego, Hunger, and Aggression*[1]. In einem Kapitel über das Stottern beschreibt Perls, dass stotternde Menschen bei einem Block den Atem anhalten, und folgert daraus, dass der Grund für das Stottern falsche Atmung ist. Wie sein Kollege Paul Goodman einmal bemerkte, war Perls bekannt dafür, dass er »vorschnell zu einer Erkenntnis kam, anstatt geduldig die Beweise zusammenzutragen.«[2] Perls suchte seine Beweise für die Ursachen des Stotterns in den sichtbaren Anzeichen blockierten Sprechens anstatt in den komplizierten und unquantifizierbaren Ursachen angehaltener Atmung. Ich habe bereits nachdrücklich darauf hingewiesen, dass Stotterer wissen, wie man atmet. Wir atmen nur dann nicht richtig, wenn wir stottern. Obwohl bewusstes Atmen ein Bestandteil fast aller Sprechtherapien ist, stellt falsche Atmung ein Symptom unserer Behinderung dar und nicht ihre Ursache.

Damals wusste ich von alledem noch nichts. Aber was Perls beobachtet und beschrieben hatte, kannte ich: Ich hielt tatsächlich beim Stottern häufig den Atem an. Also beschloss ich, mir das richtige Atmen beizubringen. Zunächst besuchte ich einen Yoga-Kurs, um die Yoga-Atmung zu lernen, aber das wurde mir schnell langweilig. Es lag mir eher Gedichte vorzulesen, wie die lange, rhythmische, jazzartige Lyrik von Walt Whitman and Allen Ginsberg. Wenn ich sie mir selbst vortrug, imitierte ich Allen Ginsbergs »bardischen Atem«, eine energiegeladene, vorwärts drängende, mantra-ähnliche Rezitationsform – und sprach dabei immer flüssig. Aber genau wie bei meinen Imitationen von Maurice Chevalier konnte ich die Gedichte nur dann flüssig vortragen, wenn ich allein war. Sobald jemand den Raum betrat, wurde ich mir meiner »Schauspielerei« bewusst, verspannte mich und verfiel unversehens wieder ins Stottern.

Auf Rods Drängen ging ich zu seinem Lehrer, dem Gestalt-Therapeuten Dick Kitzler. Als Grund (beziehungsweise Vorwand) gab ich mein Stottern an. Ich hatte nämlich von Rod erfahren, dass Dick von dem Sozialphilosophen Paul Goodman ausgebildet worden war. Ich erhoffte mir irgendwie, dass einige der genialen Erkenntnisse Goodmans mir etwas bringen könnten. Dick erklärte mir gleich zu Beginn, dass er kein Sprechtherapeut sei und nichts über das Stottern wisse; auch Perls wisse übrigens nichts, fügte er hinzu. Er bot mir aber seine Hilfe an, meine Gefühle hinsichtlich meines Stotterns und meine (gestörte) Auffassung darüber, wie mein Stottern mein Leben beeinflusste, in den Griff zu bekommen.

Von meinen Gefühlen hatte ich mich sehr abgekapselt, wie Dick sehr schnell herausfand. Ich war auch nicht bereit zuzugeben, dass das Stottern sehr wohl eine Auswirkung auf mein Leben hatte. Ich sah mich als den »Meister des Meisterns«, obwohl die Bezeichnung »Lehrling des Leugnens« wohl treffender gewesen wäre. Ich setzte Meistern mit Leugnen gleich. Indem ich jedwedes negative Gefühl in Bezug auf mein Stottern unterdrückte, konnte ich durchs Leben gehen, ohne auf das emotionale Chaos zu achten, das mein Stottern verursachte.

Ich war mir aber meiner Gedanken und der Wörter, die ich verwenden musste, um meine Gefühle zu beschreiben, durchaus bewusst. Ich benutzte sie wie ein Zauberer seinen Hut – um zu verbergen und zu verschleiern, um der Welt zu beweisen (und um mich selbst davon zu überzeugen), dass ich absolute Kontrolle über mich hatte. Ich war so gut im Intellektualisieren meiner Gefühle, dass ich über sie reden konnte, ohne sie dabei zu empfinden. Oft vergaß ich sie ganz. Wie bei meiner Bar Mizwa zum Beispiel konnte ich mich, traumatisiert vor Angst, in eine Situation begeben und mir ihrer erst im Nachhinein bewusst werden.

Die erste Frage, die Dick und ich erörterten, war, wie mein Stottern mein Leben beeinflusste. »Ich kann damit umgehen, es ist eigentlich kein Problem«, sagte ich.

Trotz meines Stotterns redete ich bei Dick. Und wie. Wenn ich im wilden Durcheinander meiner Redeschwälle zu weit ausholte (Dick und ich nannten es mein »Filibustern«, meine Verzögerungstaktik), blies Dick mir Zigarrenqualm ins Gesicht und unterbrach: »Was fühlst du gerade?« Wenn mich meine Erzählungen aus der Vergangenheit oder meine Zukunftsängste und -fantasien vom Thema abschweifen ließen, winkte er mit der Zigarre und erinnerte mich daran, dass »dieses, und nicht jenes« wichtig war. Mit anderen Worten: Das Hier und Jetzt ist wichtig, nicht das, was vielleicht in der Zukunft passiert, denn das könnte ich von seiner Couch aus sowieso nicht kontrollieren.

Dick schien einen untrüglichen Instinkt dafür zu haben, wie er mich von meiner Verzögerungstaktik abbringen und zu einem emotionalen Ergebnis führen konnte. Wenn ich mich an ein gewichtiges Thema herantastete, füllten sich meine Augen mit Tränen. Häufig erzählte ich zunächst von Dingen, die mir in der Vergangenheit widerfahren waren, und unter Dicks unnachgiebigen Fragen fiel ich dann von wortgewandter Sentimentalität in tiefste Traurigkeit. Instinktiv beteuerte ich Dick, dass es sich hierbei nur um eine vorübergehende Verstörtheit handelte, die ich bald überwunden haben würde. Gib' mir eine Sekunde, um mich zu fassen, dachte ich, und ich finde meine rationale, gesprächige Art gleich wieder. Aber Dick gewährte mir diese Sekunde nicht. Ihn interessierte nicht die Geschichte, die ich ihm erzählte, sondern die Gefühle, die sie hervorbrachte. »Konzentrier' dich auf dieses Gefühl«, sagte er. Und dann begann ich richtig zu schluchzen. Mein Selbstschutz brach in sich zusammen und die Gefühle, die ich mein ganzes Leben lang unterdrückt hatte, begannen an die Oberfläche zu kommen. Unter Dicks erbarmungslosem Drängen fing ich an, mich mit meinem jahrelangen Leugnen auseinanderzusetzen. Nach und nach wurde mir bewusst, welche Qualen mir das Stottern tatsächlich bereitete, wie sehr ich mich hasste, wenn ich stotterte, und wie sehr das Stottern mein Leben beherrschte.

Jemand hat einmal gesagt (ich glaube, es war Paul Goodman), Verzweiflung sei das erste Anzeichen für Gesundheit und damit eine Grundvoraussetzung für Weiterentwicklung. Als erste Reaktion auf die Arbeit mit Dick Kitzler verfiel ich in eine Phase tiefer Depressionen und totaler Verzweiflung. Ich arbeitete damals an einem Buch, das aber schließlich erst 1982 unter dem Titel *The Dark Ages: Life in the United States, 1945-1960* erscheinen sollte. Anstatt zu schreiben verbrachte ich die meiste Zeit in dem einzigen bequemen Sessel meiner Loft-Wohnung, schwelgte in Selbstmitleid und ließ in meinem Kopf den traurigen Film meines Lebens ablaufen. Nichts half mir. Nicht einmal meine Count-Basie-Platten, die ich wieder und wieder durchspielen ließ, weil ich mich nicht aufraffen konnte, aufzustehen und sie zu wechseln. Ich schaffte es gewöhnlich nur, in die Küche zu gehen und Schokopudding zu kochen, den ich dann direkt aus dem Topf in einem einzigen Fressrausch hinunterschlang. Die Zukkerbombe schlug voll ein. Sie versorgte mich mit der nötigen Energie, zu meinem Sessel zurückzutaumeln und mich noch tiefer in Verzweiflung zu stürzen.

Wenn ich in diesem Sessel hockte, war ich von mir selbst abgestoßen und fühlte mich grotesk. Ich stellte mir vor, wie ich in den Augen anderer aussah: Mein Gesicht war verzerrt, als hätte ich einen konstanten Stotter-Block; meine Halsmuskeln traten hervor, wenn ich versuchte Wörter herauszupressen. Ich war fixiert auf alle meine Fehler. Ich durchlebte erneut jedes abgebrochene Gespräch und jede beschämende Sprecherfahrung. Unterdrückte Gefühle werden immer stärker, je älter man wird; genau wie die Fässer mit Apfelwein, die wir auf unserer Gemeinschaftsfarm gären ließen. Wird der Zapfen entfernt, sprudelt der Inhalt unter Druck heraus. Ich war fassungslos über die Intensität meiner Gefühle und ihr Ausmaß warf mich um. Ich hatte immer gemeint, die unangenehmen Momente einfach abschütteln zu können. Ich war stolz auf diese Fähigkeit. Ganz offensichtlich hatte ich jedoch nichts von mir abschütteln können. Ich hatte scheinbar die Erinnerung an jede einzelne demütigende Erfahrung in mich aufgesogen:

- Die Geschichte in der Bronx, als drei angebliche Freunde aus meiner Schule die Zeitungen, die ich verteilen sollte, in den Abwasserkanal stopften und mich danach verspotteten, weil ich meine Wut nicht artikulieren konnte. Aus Scham mich nicht behaupten zu können, leugnete ich, dass mit den Zeitungen etwas passiert war, als der Vertriebsleiter mich danach fragte. Die Lüge war so eklatant, dass sie mein Gefühl der Unzulänglichkeit und Absurdität noch verstärkte.
- Mein Seminar in Geschichte, das ich sausen ließ, weil ich wusste, dass ich vor meinen Studienkollegen keine Referate halten konnte. Dabei war ich einer der besten unter denen, die an meinem College Geschichte als Hauptfach studierten; ich liebte das Fach und wusste, dass ich in diesem Seminar glänzen würde – abgesehen von meiner Unfähigkeit, vor der Klasse zu sprechen. Wie viele Erfahrungen, wie viele Freundschaften, wie viele Möglichkeiten hatte ich verpasst oder mir selbst vorenthalten, nur wegen meines Sprechens? Es schien, als ließe ich ständig Gelegenheiten an mir vorübergehen, nur um mich im Nachhinein davon zu überzeugen, dass sie sowieso nicht bedeutend gewesen waren.
- Meine Begegnung mit dem hübschen, langhaarigen Mädchen, das ich beim Trampen auf der Auffahrt zur New Yorker Schnellstraße traf: Wir hatten uns gegenseitig angelächelt und fröhlich über ein paar belanglose Dinge geredet, während wir mit ausgestrecktem Daumen auf eine Mitfahrgelegenheit warteten. Wir waren beide auf dem Weg nach Vermont. Ich dachte, wir würden zusammen trampen. Ich träumte schon davon, wie wir glücklich und zufrieden unser Leben gemeinsam verbringen würden. Sie sagte mir ihren Namen; ich fing an meinen zu stottern. Ich wäre wahrscheinlich jetzt noch dabei, hätte nicht ein Wagen angehalten, um uns mitzunehmen. Sie stieg alleine ein, knallte die Tür zu und ließ mich stotternd und namenlos zurück.
- Die Episode, nachdem *Home Comfort* veröffentlicht worden war und meine Essays in dem Buch gute Kritiken erhalten hatten. Die Zeitschrift *Saturday Review/Society* veröffentlichte daraufhin mehrere Auszüge meiner Beiträge in ihrer nächsten Nummer. Auf einer Party kurz darauf bewunderte ein bekannter Herausgeber meine Arbeit, drückte mir seine Karte in die Hand und sagte: »Rufen Sie mich an, dann können wir uns unterhalten.« Ich rief ihn nie an – bereits in dem Moment, als er mich dazu aufforderte, wusste ich, dass ich es nicht tun würde. Ich redete mir ein, dass er der Typ war, der sich die Erfolgsmomente anderer zu Nutze macht. Er würde mich zum Essen einladen, mich überall vorstellen und letztendlich würde ich nie wieder von ihm hören. Es war ein neurotisches Verhalten, das ich auch als solches erkannte. Schon in der High School hatte ich es so gemacht: Präventiv wies ich die Verständigungsbereitschaft anderer zurück, so dass sie mir mit ihrer Zurückweisung, die ich ja erwartete, nicht zuvorkommen konnten.

Hinzu kamen Dinge, die zur täglichen Routine gehören: Essen bestellen, nach dem Weg fragen, telefonieren, in Geschäften einkaufen – all diese alltäglichen Ausdrücke von Bedürfnissen und Wünschen, die in mir Angstanfälle auslösten. Und all die normalen Dinge des Lebens, die ich nicht tat, weil ich sie mir nicht zutraute. Was wäre ich, wer wäre ich, wenn ich nicht stotterte? Eins wusste ich genau: Ich würde sicher nicht in diesem Sessel vergammeln und mich selbst bemitleiden.

Zwei Wochen lang saß ich so da, unwillig, irgendjemanden zu sehen oder zu sprechen, geschweige denn das Haus zu verlassen. Ich fühlte mich gefangen in einem Kerker der Unflüssigkeiten – und die Wände kamen näher und engten mich zusehends ein. Ich konnte mir keine Zukunft vorstellen oder dass ich je wieder ein flüssiges Wort hervorbringen würde. In meiner Hoffnungslosigkeit hielt ich mir den Zeigefinger an den Kopf und drückte – *paff* – mit dem Mittelfinger ab.

Indem ich mir eine imaginäre Kugel in den Kopf jagte, verschaffte ich mir Erleichterung. Ich hatte Todesfantasien und schrieb sogar mein eigenes Requiem, bei dem kein Auge trocken bleiben würde. Mit dem Tod kommt die Stille – nie wieder stottern! Und in der Stille liegt der Frieden. Ich saß reglos in meinem Sessel, genoss die Stille und fühlte den Frieden. Die Vorstellung, nie wieder sprechen zu müssen, war herrlich.

Dick vertraute scheinbar auf meine innere Stärke. Ab und zu, wenn ich verzweifelt genug war, meine Telefonangst zu überwinden, rief ich ihn an. Ich erhoffte mir von ihm eine Zauberformel, mit der meine Verzweiflung besiegt werden konnte. Er verlangte von mir, dass ich die Situation durchstand. Ich flehte um Mitleid und erfuhr stattdessen liebevolle Strenge. »Konzentriere dich auf deine Gefühle«, sagte er mir dann. »Du machst das gut.« Danach hörte ich – vielleicht bildete ich mir das auch nur ein – ein wohlwollendes Lachen, bevor er mein Gewimmer unterbrach, indem er den Hörer auflegte.

Eines Tages hatte ich es schließlich satt, mich selbst zu bemitleiden. Ich erhob mich aus meinem Sessel, verließ meine vier Wände, traf mich mit meinen Freunden, ging wieder arbeiten. Ich war ganz benommen von meinem Triumph – ich hatte mich mit meinen Stotter-Dämonen konfrontiert. Ich hatte mich selbst in meiner schlimmsten Verfassung erlebt und bin trotzdem – oder vielleicht gerade durch diese Erfahrung – selbstsicher und stark geworden. Ich hatte versucht, die Opferrolle zu spielen, mich im Spiegel gesehen und erkannt, dass diese Rolle nicht zu mir passte. Ich fühlte mich als Überlebenskünstler, als Gewinner; von nichts, nicht einmal meinem Stottern, würde ich mich je wieder unterkriegen lassen.

Hätte die Therapie mit Dick mir nur dabei geholfen, meine anderen, privaten Dämonen zu erkennen, wäre sie erfolgreich gewesen. Aber in der Gestalt-Psychologie ist Selbsterkenntnis nicht einfach ein Ziel, sondern ein Werkzeug. Um mich wirklich verstehen zu können, musste ich mich in all meinen Facetten sehen und lernen, zwischen dem zu unterscheiden, was in der Gegenwart um mich herum geschah, und meinem psychologischen Gepäck aus der Vergangenheit, das ich stets mit mir trug. Dieses Gepäck war Teil meiner Vergangenheit, aber genau wie in einem Spiegelkabinett, das einen seltsam erscheinen lässt, verzerrte es meine Wahrnehmung der Realität und zwang mich Dinge zu sehen, die einfach nicht existierten. Ich musste außerdem meine Vorstellung von »meistern« überdenken. Meine Art des Meisterns, des Fertigwerdens mit schwierigen Situationen, war eine Form des Leugnens gewesen. Ich wurde mit meinem Stottern fertig, indem ich mich weigerte die Konsequenzen einzugestehen. Diese Konsequenzen machten mich trübselig und ich meisterte meine Trübsal, indem ich alle negativen Gefühle unterdrückte. So wie ich das Meistern jetzt verstand, bedeutete es die Fähigkeit, meine negativen Gefühle zu identifizieren und sie von meinem positiven Selbst zu differenzieren.

Es war mir endlich gelungen, die bedeutende Rolle des Stotterns in meinem Leben zu erkennen und, was noch viel wichtiger war, zu verstehen, wie das Stottern meine Persönlichkeit geformt und meine Beziehungen, meine Ambitionen, meine Fertigkeiten und meine Ziele beeinflusst hat. Zudem wusste ich nun, dass das Stottern oft meine Wahrnehmung von mir und meiner Welt verzerrt hatte. Aus meinem Blickwinkel, dem eines Stotterers, war die Welt ein Minenfeld, durch das ich mich hindurch manövrieren musste.

Ich war vierunddreißig Jahre alt, ledig und lebte in New York, weit weg von meiner Gemeinschaftsfarm in Vermont. Eine dreijährige Beziehung mit einer Frau war dabei, in die Brüche zu gehen. Meine Ehe mit Nancy hatte auch nur drei Jahre gehalten; andere Beziehungen waren von noch kürzerer Dauer gewesen. Obwohl ich sah, dass sich überall um mich herum Paare trennten und dass die Gründe weniger in menschlicher Unzulänglichkeit als in den Zeichen der Zeit zu suchen waren, fühlte ich mich aus der Sicht meiner Eltern betrachtet dennoch als Versager und in einer gewissen Weise nicht erwachsen. Ich fühlte eben so, obwohl ich wusste, dass es nicht so war. In jener Zeit (den frühen Jahren der Frauenbewegung) wollten Männer und vor allen Dingen Frauen unbedingt ihre eigenen Wege einschlagen – zumindest in meinem Bekanntenkreis. Meine Ehe mit Nancy beispielsweise ging auseinander, weil wir beschlossen hatten, unterschiedliche Lebensweisen zu verfolgen. Als wir uns kennen lernten, war sie viel unkonventioneller als ich. Ich fühlte mich zu ihr hingezogen, weil ich ein unkonventionelles Leben führen wollte. Nancy erkannte jedoch im Laufe der Zeit, dass sie sich die Sicherheit eines bürgerlichen Lebens wünschte, dem ich den Rücken zu kehren versuchte. (Es ist sehr wohl möglich, dass es in erster Linie mein bürgerlicher Hintergrund war, der auf sie anziehend wirkte.) So lange wir uns auf einer gemeinsamen Basis befanden, an der Kreuzung unser gegensätzlich verlaufenden Wege, waren wir glücklich miteinander. Aber gleichzeitig behinderten wir uns gegenseitig; wir konnten unsere unterschiedlichen Lebensziele nicht verfolgen, solange wir zusammen waren.

Wir gingen in Freundschaft auseinander. Der einzige Streit zwischen Nancy und mir drehte sich darum, wer die Katze bekommen sollte. Dennoch hatte ich die nagende Angst in mir, dass mein Stottern die wahre Ursache war für alles, was falsch gelaufen war. Es stimmte, dass ich auf Nancy angewiesen war, wenn es um Telefongespräche ging oder die verbale Seite anderer lästiger Pflichten im täglichen Leben (Vermieter, Klempner, Flugticketverkäufer usw.). Aber dies waren nur kleinere Ärgernisse – zumindest ging ich davon aus. Aber konnte ich je sicher sein? Vielleicht wollte sie mir das Schlimmste nur nicht sagen müssen: dass es der Klang meines Stotterns war, der uns auseinandergetrieben hatte. Die Therapie mit Dick gab mir keine eindeutige Antwort; dennoch machte sie mir die Realität bewusst und zeigte mir außerdem die

Fragen, die ich stellen musste. Wenn ich mich objektiv betrachtete, also mit meinen eigenen Augen und nicht den Augen meiner Eltern, meiner Ex-Frau und meiner Ex-Freundinnen (alles Sichtweisen, die ich mir nur vorstellen konnte), sah ich einen Mann, der mit dem Leben gut zurechtkam. Ich hatte Selbstvertrauen und ich war mir meines Weges sicher.

Als meine Therapie bei Dick zu Ende ging (in gegenseitigem Einverständnis – ich wollte zurück nach Vermont), starb mein Vater. Wie ich bereits sagte, glaube ich fest daran, dass er sich den Moment zum Sterben ausgesucht hat. Der Tod meiner Schwester hatte ihm das Herz gebrochen. Er hatte Diabetes und Bluthochdruck und gab nicht auf sich Acht. Ruths Mann Danny hatte wieder geheiratet. In einer für ihn bezeichnenden, großherzigen Geste gab mein Vater eine riesige Party, um Dannys neue Frau in unserer Familie warm aufzunehmen – der große Dirigent wollte es nicht zulassen, dass sein Schwiegersohn ohne weiteres sein Orchester verließ. Die Party war ein voller Erfolg. Eine Woche später, nachdem er alles ihm Mögliche getan hatte, um seine Vorstellung der Familie intakt zu halten, legte er sich schlafen und stand nicht wieder auf.

Ich hatte das Gefühl, meinem Vater wieder näher gekommen zu sein. Er hatte immer ehrgeizige Pläne für mich, aber, so wie ich sie interpretierte, immer zu seinen Bedingungen: Ich sollte Arzt oder Anwalt werden, jemand mit einem abgeschlossenen Studium und einem Haus in einem der Vororte. An den Wochenenden sollten wir dann Golf spielen und anschließend im »Club« zu Abend essen. So wie ich unsere Beziehung sah, war ich in einer aussichtslosen Situation. Das, was ich als Erfolg bezeichnete, würde ihm nichts bedeuten. Als sein Sohn musste ich mich in allem auszeichnen. Aber genau wie er war auch ich stur und kompromisslos. Ich blieb auf meinem eigenen Weg, obwohl ich das Gefühl hatte, in seinen Augen ein Versager zu sein. Dieses Gefühl des Versagens, das mit meinem wachsenden Selbstbewusstsein im Wettstreit lag, reflektierte die Widersprüchlichkeit meines Sprechens. Wieder einmal Lenny und George: Ich fühlte mich wie ein jämmerlicher Stotterer aber auch wie ein Mann, der sich selbst verwirklicht hatte. Ich musste unbedingt diese beiden Extreme miteinander in Einklang bringen.

Einige Monate bevor er starb, ging ich in seine Kanzlei in der Nähe des Grand Central Bahnhofs und er lud mich zum Mittagessen ein. Es war der Sommer des *Greening of America*[3], die Blütezeit der *Counter Culture* (zumindest in New York, wenn auch nicht in Oshkosh oder Dubuque), die alternative Werte zu ergründen suchte. Ich trug meine schweren Wanderschuhe, eine Latzhose und ein Arbeitshemd; mein Haar ging mir fast bis an die Hüften und war mit einem Tuch zurück gebunden. Als wir durch den Bahnhof gingen, muss ich eine recht auffällige Figur abgegeben haben zwischen all den Managern und Geschäftsleuten, die in ihren Anzügen und Krawatten schwitzten. Die Sekretärinnen hatten gerade Mittagspause und lächelten mir zu, als mein Vater und ich an ihnen vorbeigingen. Viele grüßten mich, als wären wir befreundet. Mein Vater war erstaunt über mein Auftreten und die Wirkung, die ich offensichtlich auf andere hatte, und ich war es ehrlich gesagt auch.

»Die scheinen dich alle zu kennen«, rief er aus.

Ich versuchte ihm zu erklären, dass viele Menschen meiner Generation und wahrscheinlich auch diese Sekretärinnen an meine Art zu leben glaubten und (zumindest an Wochenenden) versuchten, so zu leben – und wir alle eine große Verbundenheit spürten. Ich weiß nicht, was er von dieser Erklärung hielt, aber ich hatte mich noch nie so männlich und attraktiv gefühlt wie an jenem Tag, als ich neben meinem Vater ging. Er legte seinen Arm um mich, etwas, das er nicht mehr getan hatte, seit ich ein gehorsamer Jugendlicher gewesen war, und ich fühlte die Bande männlicher Kraft. Ich erzählte diese Geschichte unseres Zusammenfindens nicht, als Familienangehörige und Freunde eine Woche nach seinem Tod gemeinsam *shivah*[4] begingen. Ich hätte es gerne erzählen wollen, aber es erschien mir zu persönlich, womit ich wahrscheinlich meinte, zu intim. Jedenfalls war es keine Erinnerung, die ich mit Familienangehörigen und seinen Freunden zu teilen bereit gewesen wäre. Aber ich musste jemandem von dem Frieden, den ich mit meinem Vater geschlossen hatte, erzählen; jemandem, der mich verstehen würde, und so bat ich Dick um noch eine Sitzung.

Am nächsten Tag ging ich zu ihm. Er ließ mich in sein Büro eintreten, das gleichzeitig seine Wohnung war. Wir standen Angesicht zu Angesicht in der Tür. Er fragte mich, ob ich ihm irgendetwas über meinen Vater sagen wollte. Ich sagte nichts, suchte nach Worten. Dann schlang Dick seine Arme um mich und hielt mich in einer bärenhaften Umarmung fest. In seinen Armen weinte ich alle meine Gefühle aus mir heraus. Dann traten wir einen Schritt auseinander und schauten uns an. Erneut fragte er mich, ob es irgendetwas gab, worüber ich sprechen wollte. »Ich glaube nicht«, sagte ich. »Das war alles was ich gebraucht habe.« Und das war das letzte Mal, dass ich Dick sah.

Ich erwähne meine Erfahrung mit Dick Kitzler hier nicht, um Gestalttherapie über alle anderen Arten de Therapie zu stellen. Ich hatte Glück, Dick als Therapeuten zu haben. Aber ein Therapeut, der für einen Menschen der richtige ist, muss nicht der richtige für alle sein. Stotterer, die sich für eine Psychotherapie entscheiden, müssen wie intelligente Konsumenten handeln und unter den möglichen Therapeuten wie unter Stellensuchenden wählen. Es gibt hilfreiche Richtlinien für die erfolgreiche Suche. Ich wäre sehr vorsichtig bei jedem Psychotherapeuten und auch bei jedem Sprechtherapeuten, der eine Heilung in Aussicht stellt. Selbstverständlich gibt es Stotterer, die Psychotherapeuten (oder sogar freudianische Psychoanalytiker) aufgesucht haben und am Ende der Therapie flüssig sprechen konnten. Aber der Erfolg ist weder vorhersehbar noch sicher und es gibt meines Wissens keine Klarheit darüber, warum eine Therapie einem bestimmten Menschen hilft, einem anderen wiederum nicht. Zudem gibt es nur wenige empirische Daten über den Schweregrad des Stotterns bei Beginn einer Psychotherapie und darüber, wie lange und in welchem Maße die erreichte Sprechflüssigkeit in der realen Welt bewahrt werden konnte.

Stünde ich heute vor dem Entschluss, eine stotterbezogene Psychotherapie zu unternehmen, würde ich meine Wahl an den folgenden Gesichtspunkten orientieren:

1. *Es ist davon auszugehen, dass ich keine psychologischen Probleme habe.* Ich unterziehe mich nicht der Therapie, um irgendeine tiefe Neurose zu heilen, sondern um ein

gesteigertes Selbstbewusstsein zu erlangen und um konkrete, mit dem Stottern in Beziehung stehende Probleme, die mein Leben beeinträchtigten, in den Griff zu bekommen. Ich erwarte von meinem Therapeuten, dass er meine persönlichen Zielsetzungen und den von mir gewählten Lebensstil akzeptiert und mich, so wie ich sein will, unterstützt. (Sollten meine Ziele in den Augen des Therapeuten asozial oder selbstzerstörerisch sein, so erwarte ich, zu diesem Schluss hingeführt zu werden; ich möchte aber nicht irgendwelche Ziele annehmen müssen, die ich nicht selbst formuliert habe.) Im Sinne Abraham Maslows glaube ich, dass die Menschen einen inneren Drang zur Selbstverwirklichung haben. Wir alle wollen so gut wie möglich sein, aber soziale Gegebenheiten und psychologische Hindernisse halten uns davon ab. Ich erwarte von meinem Therapeuten, dass er mit mir zusammen die psychologischen Hemmnisse aufdeckt, die mich an der Verwirklichung meiner Ziele hindern.

2. *Ich erwarte von meinem Therapeuten, dass er sich der real existierenden Hindernisse in der Gesellschaft bewusst ist.* Menschen sind unglücklich, weil sie entweder zu viel arbeiten, nicht genug verdienen oder zu einer der verschiedenen ethnischen oder sexuellen Minderheiten gehören, die vom Rest der Gesellschaft mit Verachtung behandelt werden. Als Stotterer werde ich mit Hindernissen konfrontiert, die nicht innerhalb meines direkten Einflussbereichs liegen. Aus diesem Grund muss mein Therapeut in der Lage sein, subjektive psychologische Wahrnehmungen und objektive, real existierende Zustände in der Gesellschaft auseinander zu halten – und mir dabei helfen, das eine vom anderen zu unterscheiden.
3. *Ich wünsche mir von meinem Therapeuten, dass er sich in der Therapie auf die Gegenwart konzentriert.* Wir können unsere Ängste mindern, indem wir lernen in der Gegenwart zurechtzukommen, aber nicht indem wir uns über die Zukunft Gedanken machen oder vergangene Demütigungen aufs Neue durchleben. Damit meine ich allerdings nicht jene Therapien, die die Idee des »lebe jetzt« übernommen und zur dogmatischen Doktrin erhoben haben. In der Gegenwart leben heißt nicht, die Vergangenheit aus dem Gedächtnis zu bannen oder die Notwendigkeit einer Zukunftsplanung gering zu schätzen. In der Gegenwart leben bedeutet für mich, keine Angst vor einem Telefongespräch zu haben oder vor der Rede, die ich morgen halten muss. Es bedeutet, in vollen Zügen jetzt zu leben und dabei zu lernen, wie ich mir einen klaren Kopf schaffe, wenn ich mich mit den Problemen von morgen auseinandersetzen muss.
4. *Ich erwarte von meinem Therapeuten, mir ausdrücklich vor Augen zu führen, dass ich für mein Verhalten verantwortlich bin.* Immer wenn ich in Dicks Therapiesitzungen Bemerkungen machte wie zum Beispiel »Es tut weh«, oder »Es war ein schlechter Tag«, ließ Dick mich von neuem anfangen und ausdrücklich sagen: »Ich tue weh«, und »Ich habe einen schlechten Tag«. Obwohl Dick und ich nie über die Ursache des Stotterns sprachen, vermittelte mir seine Therapie, dass Stottern nicht etwas ist, das mir widerfährt, sondern etwas, das ich tue – ich stottere. Selbst wenn Stottern neurologische Ursachen hat, bin ich derjenige, der mit den Auswirkungen ins Klare kommen muss. Stottern mag eine Behinderung und ein Hindernis sein, aber es ist

keine Ausrede. Ich allein bin dafür verantwortlich, wie ich damit umgehe und was ich aus meinem Leben mache.

5. *Ich wünsche mir eine Therapie, die in der Tradition des Psychologen Carl Rogers »patientenorientiert« ist.* Das heißt, die Zielsetzungen, die wir verfolgen, sind meine persönlichen Ziele, die ich mit Hilfe des Therapeuten definiere. Aspekte wie soziale Anpassung oder Hilfestellung beim Akzeptieren gewisser gesellschaftlicher Konventionen dürfen dabei nicht thematisiert werden.
6. *Im Gegensatz zu den Ansichten einiger Anhänger der Humanistischen Psychologie darf ungezügelter Individualismus nicht mit Selbstverwirklichung gleich gesetzt werden.* Selbstverwirklichung kann nur im Kontext einer menschlichen Gemeinschaft stattfinden – in der Familie, im Freundeskreis, in der Nachbarschaft und der Gesellschaft. Die Anlage und der Wunsch zu altruistischem Verhalten, wie Abraham Maslow schreibt, steckt in jedem von uns. Menschen, die ihre persönlichen Bedürfnisse jedoch über die der Familie oder der Gemeinschaft stellen, gehen nach egoistischen Grundsätzen vor – was nicht das Gleiche ist wie Selbstverwirklichung. Selbstverwirklichung bedeutet, seine Rolle in der Gesellschaft effektiv auszuüben, sich als Teil dieser zu fühlen, sich um seine Mitmenschen zu kümmern und bürgerliche Verantwortung ernst zu nehmen. Für stotternde Menschen ist damit verbunden, dass sie die Entfremdung überwinden müssen, die oft eine Folge ihrer Sprechangst ist. Eine produktive Therapie hilft den Menschen nicht nur, sich selbst und die eigenen Gefühle verstehen zu lernen, sondern auch, so glaube ich, die Bedürfnisse ihrer Gesellschaft.

»Das Ziel der Psychotherapie«, schreibt Paul Goodman, »ist nicht, dass der Therapeut etwas über den Patienten herausfindet, sondern dass der Patient etwas über sich selbst herausfindet.«[5] Dick Kitzler half mir am meisten, indem er mich mit den Werkzeugen zur Selbsttherapie ausrüstete. Ich verwende sie nicht immer, weil ich oft zu bequem dazu bin. Es ist oft weniger anstrengend, in der gewohnten Art weiterzumachen und mein Leben von negativen Gefühlen und verzerrten Wahrnehmungen bestimmen zu lassen. Aber es steht in meiner Macht und meinem Wissen, meine Lage zu ändern. Durch meinen Willen allein kann ich nicht absolute Sprechflüssigkeit erzielen, aber ich kann, wenn ich will, die Schwierigkeiten betrachten, die das Stottern verursacht, und es liegt dann in meiner Macht etwas dagegen zu tun.

Anmerkungen

[1] Fritz Perls, (New York: Vintage, 1969), Kap. 14.

[2] Zitiert in Taylor Stoehr, Here Now Next (San Francisco: Jossey-Bass, 1994), S. 286. (Paul Goodman und die Anfänge der Gestalttherapie). Goodman, der damalige Herausgeber der Zeitschrift Liberation, war einer meiner Vorgesetzten, als ich dort arbeitete – und einer meiner Helden. Neben seiner schriftstellerischen Tätigkeit (*Growing up Absurd* – dt.: Aufwachsen im Widerspruch. Über die Entfremdung der Jugend in der verwalteten Welt, ist sein bekanntestes Buch) war er ein Laientherapeut und der Hauptautor von *Gestalt Therapy*, dem wichtigsten Buch über dieses Thema.

[3] Charles Reich, *The Greening of America* (1970).

[4] Jüdisches Trauerritual von sieben Tagen nach der Beerdigung eines nahen Verwandten (Anm. d. Übers.).

[5] Frederick Perls, Ralph F. Hefferline und Paul Goodman, *Gestalt Therapy: Excitement and Growth in the Human*

Personality (New York: Delta, 1951), S. 328. Titel der deutschen Ausgabe in zwei Bänden: Gestalttherapie. Lebensfreude und Persönlichkeitsentfaltung; Wiederbelebung des Selbst.

21. Mein Hollins-Tagebuch

Annie Glenn, die Frau des Astronauten und Senators John Glenn, gehört zu den großen Stotter-Heldinnen. Viele berühmte Persönlichkeiten haben gestottert und es irgendwie überwinden können. Von Marilyn Monroe sagt man, dass sie ihre samtige, verführerische Stimme entwickelte, weil sie dadurch das Stottern in ihrer Kindheit überwinden konnte. Winston Churchill sprach langsam und dehnte die Silben, um sein Stottern in den Griff zu bekommen. Aber es ist mir nie leicht gefallen, mich mit berühmten stotternden Menschen zu identifizieren. Monroe und Churchill gehören beide zu jenem Schlag. Nicht aber Annie Glenn – sie ist eine von uns, eine gewöhnliche Frau mit einem schweren Stottern, die sich plötzlich in einer ungewöhnlichen Situation befand. Als Colonel John Glenn als erster Amerikaner die Erde umkreiste, wurde er zum Nationalhelden, und weil das Raumfahrtprogramm sowohl ein Medienereignis als auch einen Triumph der technologischen Errungenschaften und des menschlichen Mutes darstellte, wurde Glenn ins Rampenlicht der Medien katapultiert wie kein anderer Held zuvor. Und Annie Glenn, die keinen Satz ohne Stottern hervorbringen konnte, sah sich plötzlich Reportern, Mikrofonen und Fernsehkameras gegenüber. Die ganze Welt schaute zu und wartete auf die Worte der Frau des Helden. Wie viele von uns stotternden Menschen haben sich je in einer solch stressvollen Sprechsituation befunden – oder können sich das überhaupt vorstellen?

Ein paar Jahre später las ich, dass Annie Glenn ihr Stottern größtenteils überwunden hatte, indem sie an einem Programm für flüssiges Sprechen mit dem Titel *Precision Fluency Shaping Program* am Hollins College in Roanoke, Virginia, teilgenommen hatte. Ihr Erfolg wurde in den Zeitungsberichten allerdings viel zu vereinfacht dargestellt. Das Hollins-Programm war nur der Anfang ihrer erfolgreichen Therapie. Nachdem sie die intensive, dreiwöchige Therapie beendet hatte, unterzog sie sich einer weiteren zweijährigen Sprechtherapie, die auf dem Hollins-Modell aufbaute. Obwohl ich nichts weiter über das Hollins-Programm wusste, als dass es Annie Glenn geholfen hatte, forderte ich sofort die Anmeldungsunterlagen an. Es gab wohl viele, die den gleichen Gedanken hatten wie ich, denn es dauerte über ein Jahr, bis ich einen Platz bekam. Am Montag, dem 10. November 1975, begann ich die Therapie. Es folgen nun Ausschnitte aus dem Tagebuch, das ich während meiner Zeit in Hollins führte.

Mittwoch, 12. November

Zwei intensive Tage sind nun vorüber. Ich bin mit dem Programm zufrieden. Wir sind zehn Leute im Kurs. Es ist unglaublich anstrengend. Der Leiter des Programms, Dr. Ronald Webster, ist ein Vertreter des Behaviorismus und kein Sprechtherapeut. Er hält es für wahrscheinlich, dass Stottern durch einen physiologischen Defekt im Innenohr verursacht wird, aufgrund dessen wir den Klang unserer eigenen Stimme auf verzerrte Weise wahrnehmen und verarbeiten. Sein Programm ist nicht auf diese als die einzige Ursache ausgerichtet, doch als Behaviorist geht Webster davon aus, dass die Probleme physischer und nicht emotionaler Natur sind. Es gibt hier kein Psychologisieren. Die Therapeuten interessieren sich nicht für unsere Gefühle oder unsere Einstellung zum Sprechen. Ihre Arbeit stützt sich nur auf Beobachtungen, die sie an unserer Art zu sprechen anstellen können. Die Therapie besteht aus einer schrittweisen Rekonstruktion des Sprechablaufs. Jeder Schritt ist ein bestimmtes »Ziel«. Wenn es uns gelingt, alle Ziele zu erreichen, werden wir flüssig sprechen.

Den ersten Tag widmeten wir dem Ziel, »gedehnte Silben« zu sprechen. Indem man die erste Silbe auf zwei Sekunden dehnt (die Rate bei normalem Sprechen liegt bei ungefähr zehn Silben pro Sekunde) und sich darauf konzentriert, den ersten Laut einer Silbe eine Sekunde lang zu halten, kann man genau kontrollieren, wie man spricht. Wir haben den ganzen Tag damit verbracht, in unseren kleinen Kabinen zu hocken und einsilbige Wörter in das Mikrofon unseres computergesteuerten *Voice-Monitors* zu sprechen. Wir mussten Wörter wie »in« oder »an« unzählige Male wiederholen und dabei jeden einzelnen Laut dehnen: Eine Sekunde lang *aaaahhhhh*, dann der Übergang zum *n*, das wieder eine Sekunde lang gehalten werden muss, also *aaaahhhhnnnnn*. Das ist sehr anstrengend und langweilig.

Am zweiten Tag begannen wir mit den zwei- und dreisilbigen Wörtern und dann mit Sätzen. Gegen Mittag wurden wir in die Lounge gerufen und aufgefordert, von nun an alle Gespräche im Rahmen der Therapie im Tempo von zwei Sekunden pro Silbe zu führen. Seitdem sprechen wir alle flüssig. Wir sprechen nicht wirklich gut, so wie wir es in der Öffentlichkeit tun möchten. Es klingt sehr in die Länge gedehnt und irgendwie eigenartig. Wir sitzen da, jeder von uns mit einer Stoppuhr in der Hand, und messen die Dauer unserer Silben.

Freitag, 14. November

Das Ziel »weicher Stimmeinsatz« fällt mir schwer. Es ist das wichtigste Ziel innerhalb der Therapie. Stotternde Menschen machen gewöhnlich sehr harte Stimmeinsätze. Unsere Stimmbänder sind angespannt und blockiert. Es kostet Kraft, sie zu öffnen und einen Laut herauszubringen. Bei normalem Sprechen öffnen sie sich langsam und schwingen, sobald Luft aus den Lungen hindurchströmt. Bei gestottertem Sprechen werden sie gewaltsam geöffnet und schlagartig wieder geschlossen, sobald ein Laut ausgestoßen ist. Der Kraftaufwand, um sie erneut zu öffnen, ist dann noch größer.[1] Am Abend lief es dann nicht mehr so richtig. Ich konnte das Ziel nicht erreichen und wurde mutlos. Kitty (Catherine Stoeckel, die leitende Therapeutin) sagte mir, ich solle es für heute sein lassen, weil meine Kehle und meine Stimme bereits so rau waren, dass ich nicht mehr spürte, worauf bei den Übungen zu achten war.

Samstag, 15. November

Ein guter Tag, ein Durchbruch. Meine Kehle hatte sich beruhigt und die weichen Stimmeinsätze gelangen mir zu 80 bis 90 Prozent. Nachdem ich bei den Vokalen Erfolg hatte, ging ich zu den Konsonanten über und traf sie prompt. Was für eine Erleichterung! Ich hatte befürchtet, dass jeder neue Laut ein erneuter qualvoller Kampf sein würde. Aber jetzt, da ich ein Gefühl für die Vokale habe, ist es leicht,

Konsonanten davor zu setzen ... oder zumindest relativ leicht.

Ich bin schon gespannt darauf, die Silbendehnung auch außerhalb der Therapie zu versuchen, in den so genannten Transferübungen, wenn wir die erlernten Techniken in realen Situationen anwenden.

Ich bin wirklich zufrieden mit Cliff, einem Sprechtherapeuten, der hier ein Praktikum absolviert, um die Hollins-Methode zu lernen. Er ist sehr streng und verlangt von uns, dass wir die Techniken strikt anwenden. Wenn wir uns zum Beispiel in der Lounge aufhalten und nichts reden, bemüht er sich, uns in Gespräche zu verwickeln. Pam, die andere Praktikantin, befasst sich hauptsächlich mit ihren Leuten und spricht die meiste Zeit selbst. Dabei zeigt sie sich nicht beunruhigt, dass ihre Kursteilnehmer ihre Ziele nicht erreichen.

Sonntag, 16. November

Wieder ein guter Tag. Habe in der Therapie hart gearbeitet, bin die Konsonanten durchgegangen und habe festgestellt, dass ich die weichen Stimmeinsätze immer besser beherrsche, so dass jeder neue Konsonant leichter ist als der vorherige.

Auf dem Weg von der Mittagspause zurück in das Therapiezentrum kam zwischen Cliff und mir eine intensive Diskussion über Politik in Gang. Ich sprach schlecht und er fragte, warum ich nicht die Silbendehnung anwendete. Ich nahm meine Stoppuhr und wie durch ein Wunder konnte ich ohne jegliche Anstrengung oder Anspannung weitersprechen, obwohl das Thema für mich emotionsgeladen war.

Fred, der zwar angestrengt übt, aber die Vokale mit weichem Stimmeinsatz nicht schafft, war am Nachmittag deprimiert und ging zurück in sein Motel. Er hielt es für hoffnungslos und wollte aufgeben. Als ich Kitty davon erzählte, schlug sie vor, ich solle ihn im Motel anrufen und ihm sagen, er solle doch nach dem Abendessen zurückkommen; sie würde mit ihm arbeiten. Das bedeutete, dass ich im Motel anrufen, Fred verlangen und die Nachricht weiterleiten musste; und das alles mit lang gezogenen Silben, da ich ja aus dem Therapiezentrum anrief. Doch damit nicht genug: Während ich anrief, kam Kitty in das Zimmer geschlendert und machte es sich auf der Couch bequem. Da sie mich beobachtete, empfand ich dieses Telefonat als Test. In anfänglicher Panik begann ich auf meine übliche Art undeutlich zu murmeln: »Ka-kann ich ...«; doch ich riss mich schnell wieder zusammen und sprach langsam weiter: »Ziiiimmmmeeerrr Nnuuuummmeeerrrr siiiiiebzeeeeehn ...«. Ich war mir völlig unsicher, doch Kitty sagte, dass ich auf »dem besten Weg zum Ziel« sei. Sie hat immer ein Wort des Zuspruchs. Sie sagt mir oft, dass ich wirklich gute Fortschritte mache. Normalerweise denke ich, dass sie uns damit einfach aufmuntern will, aber heute spüre ich, dass es stimmt.

Montag, 17, November

Wir sind alle gelangweilt von den Zwei-Sekunden-Dehnungen und wollen Transferübungen außerhalb der Klinik machen. Kitty verlangt Geduld von uns. Sie möchte nicht, dass wir in schlechte Gewohnheiten verfallen; sie möchte, dass wir zuerst die Techniken verinnerlichen. »Du hast fünfunddreißig Jahre lang gestottert«, sagte sie mir. »Ein paar Tage mehr werden dich auch nicht umbringen!«

Wir schauten uns die Video-Aufnahmen vom ersten Tag der Therapie an. Ich sprach zu fast 90 Prozent unflüssig.[2] Fast alle meine Blocks waren das Ergebnis harter Stimmeinsätze. Mit meinem Mund und meinem Kiefer presste ich Geräusche heraus, achtete nicht auf die Stimmhaftigkeit, versuchte, die Anspannung meiner Blocks mit Gewalt zu sprengen. Die Videos zeigten ganz deutlich, aus welchem Grund ich stotterte und wie ich es vermeiden konnte.

Dienstag, 18. November

Bei Kitty mussten wir Ein-Sekunden-Dehnungen machen, aber immer noch keinen Transfer. Ich war ohnedies schon auf eine Sekunde heruntergekommen; ich konnte das zwei-Sekunden-Tempo nicht mehr einhalten, da es zu leicht und zu langsam war. Ein paar Mal hatte ich Probleme damit, bei einer Sekunde anzufangen. Es war das erste Mal seit Tagen, dass ich in der Klinik gestottert habe. Es hat mir Angst gemacht.

Mittwoch, 19. November

Bin nachlässig und großspurig geworden und kriege daher meine weichen Stimmeinsätze nicht mehr hin. Vergesse auch mein Ziel, auf Kontur zu achten. Kitty und Cliff haben mich wieder auf den richtigen Kurs gebracht.

Am Abend hielten wir Reden. Als ich an der Reihe war, geriet ich in Panik, zitterte sogar. Ich dachte, ich würde bei jedem Wort stottern. (Ich spürte tatsächlich einen Block kommen.) Aber ich schaffte meine Rede. Indem ich mich ganz stark auf die Zielsetzungen konzentrierte, konnte ich mich von meiner Angst befreien. Sobald mir das klar wurde, stieg meine Selbstsicherheit und ich fing an, meine vorbereitete Rede zu improvisieren und eine Beziehung zum Publikum zu finden. Ich sprach zwar langsam aber natürlich – nicht so, wie in Jersey bei Dr. Kerr, wo man nur flüssig war, wenn man wie ein Roboter sprach. Ich werde bestimmt ein Ekel sein, wenn ich flüssig sprechen kann! Ich werde so viel reden, dass ich alle meine Freunde verliere!

Freitag, 21. November, abends

Der schlimmste aller Geburtstage!

Wir haben heute mit Transferübungen außerhalb des Therapiezimmers angefangen und unser Sprechen auf eine halbe Sekunde pro Silbe beschleunigt. Ich war etwas besorgt, aber gleichzeitig auch gespannt darauf. Doch nachdem ich die ganze Woche ungeduldig gewesen war und mir eine Sekunde zu langsam schien, ging nun alles daneben, als wir das Tempo erhöhten. Ich konnte unsere Ziele im Aufenthaltsraum oder im Gespräch mit den Therapeuten einfach nicht erreichen und fing an zu stottern. Ich machte mich selber ganz fertig dabei und dachte zum ersten Mal daran, vielleicht versagt zu haben ... Aber das Schöne an dieser Therapie ist, dass sie das Stottern auf identifizierbare Fehler reduziert:

- Ich stottere, wenn ich meine Anfangslaute nicht weich ansetze.
- Ich stottere, wenn ich nach der Verstärkung des ersten Lautes zu schnell an den zweiten Laut anschließe.

- Ich stottere, wenn ich beim Sprechen die Luft anhalte.

Also sage ich mir: Wenn ich klare Gedanken fasse und mich wieder auf die Ziele konzentriere, dann werde ich es schaffen.

Dienstag, 25. November
Ich habe den ganzen Tag erfolgreich vor dem *Voice Monitor* verbracht, nur um bei den Transferübungen im Aufenthaltsraum wieder in unflüssiges Sprechen zu verfallen. Alle haben mich mit Ratschlägen überschüttet. Peggy und Mrs. B sahen, wie mir in meiner Verzweiflung und Wut die Tränen in die Augen stiegen und versuchten mich zu trösten. Es ging aber immer schlechter und ich meinte, ständig weiter zurückzufallen, während die anderen dem flüssigen Sprechen näher zu kommen schienen.

Bob versuchte mich aufzumuntern; er sagte, dass ich mich genauso, wenn nicht sogar mehr als die anderen, verbessert hätte, dass ich aber als der schwerste Stotterfall in der Gruppe auch den längsten Weg vor mir hätte. War er bloß nett oder hatte er Recht?

Später sagten Kitty und Cliff dasselbe. Es war ein merkwürdiges Gefühl herauszufinden, wie schlecht ich tatsächlich war. Ich hatte mich nie für einen schweren Fall gehalten. Ich stottere, ja, aber ich komme damit zu Rande. Mein Stolz ist nun verletzt. Aber vielleicht haben sie Recht ...

Am Nachmittag ließ Kitty mich Geschäfte anrufen und fragen: »Wie lange haben Sie geöffnet?« Von den zwanzig Versuchen sprach ich nur ein einziges Mal flüssig, und zwar als sie gleichzeitig mit mir die Worte mit ihren Lippen nachformte. Die anderen Male stotterte ich fürchterlich. Sie meinte aber, dass ich es ganz gut machte und zu streng mit mir sei.

Abends gingen wir in ein Einkaufszentrum. Alle machten Transferübungen, nur ich nicht. Ich ging mit Pam umher und übte mit ihr, als sei sie eine Verkäuferin, der ich Fragen stellte. Ich sprach fast jedes Wort unflüssig. Pam war zwar nett, wusste aber auch nicht, wie sie reagieren sollte. Ich fühlte mich lächerlich und wollte wieder zurück auf eine Sekunde gehen, um mich zu fangen, oder aufgeben. Dann trafen wir Kitty, die sich erkundigte, wie es ging. Ich sagte, es war schrecklich; Pam sagte, nicht schlecht; Kitty meinte, ich sei zu streng mit mir. Pam ließ mich die Übungen noch einmal durchgehen und ich war tatsächlich schlecht. Daraufhin schaltete Kitty sich ein. Sie führte mir ein gutes Beispiel für einen weichen Stimmeinsatz vor und ich begriff sofort, was ich falsch gemacht hatte. Sie sagte, ich solle mein Ziel »Druckminderung« kontrollieren, das ich in nebst all den Bemühungen um volle Atmung, Stimmeinsatz, weiche Übergänge und so weiter vollkommen vernachlässigt hatte. Sie bemerkte auch, dass ich meine Konsonanten am Anfang einer Silbe nicht lange genug hielt und zu schnell auf die Vokale überging. Ich folgte ihrem Rat und als hätte jemand bei mir auf ein Knöpfchen gedrückt, sprach ich flüssig, zunächst im Halb-Sekunden-Tempo, schließlich im langsamen Normal-Tempo. Dann sollte ich wieder mit Pam weitermachen. Ich wusste, dass ich mich nun anstrengen musste, nicht nur meinetwegen, sondern weil ich Pam sonst in Verlegenheit bringen würde. Mein Stress schoss hoch, doch es gelang mir und ich sprach flüssig. Als ich wieder in der Gruppe war, hatte ich zum ersten Mal seit Tagen das Gefühl, gerne und ohne Unbehagen zu sprechen. Kitty verwickelte mich mehrmals in Gespräche, die ich gut meisterte. Ich begann mich gut zu fühlen und meine Zuversicht hielt an, bis ich am Abend den Therapieraum verließ.

Mittwoch, 26. November
Heute Nachmittag um halb sechs war ich drauf und dran, alles hinzuwerfen und endgültig aufzugeben. Den ganzen Morgen war ich in meiner Kabine gut vorangekommen, aber dann traf ich während der Mittagspause Ron Webster in der Kantine und unser Gespräch ging komplett daneben. Später stotterte ich zusehends in Gesprächen mit Kitty und Adrienne, war dann noch unflüssiger beim nächsten Transfer und als ich wieder mit Kitty sprach, war es überhaupt die reinste Katastrophe, so dass sie mich zurück in meine Kabine schickte, wo ich wieder Sätze lesen sollte. Mit Transferübungen am Telefon sollte ich für den Moment ganz aufhören. In meiner Kabine konnte ich keinen einzigen Satz lesen. Kitty beriet sich lange mit Ron, vermutlich über mich, und kam dann herein. Sie teilte mir mit, dass ich für einen weiteren dreiwöchigen Kurs bleiben könnte, falls ich das wollte. Oder ich könnte nächste Woche noch so lange bleiben, wie ich wollte. Oder ich könne nach Hause fahren und irgendwann wieder kommen. Später sagte mir Ron, dass ich kostenlos teilnehmen könne: Ich sei einer ihrer schlimmsten Fälle, zumindest in Bezug auf den Schweregrad der Sprechunflüssigkeiten, aber meine Einstellung und mein Verhalten hinsichtlich des Stotterns seien vorbildlich. Er sagte, dass sie Leute wie mich gerne im Programm hätten, weil sie von mir lernen könnten; ich sei hoch motiviert und ich solle die Therapie nicht einfach als ein dreiwöchiges Programm, sondern als Fluency-Shaping-Programm sehen, bei dem sie mir solange wie nötig beistehen würden. Ron möchte, dass ich eine Sprechgeschwindigkeit erreiche, die zwar langsamer als normal, jedoch nicht unnatürlich langsam ist (so dass ich entmutigt bin und meine Motivation verliere), nach Hause gehe, übe, übe, und nochmals übe, hierher zurückkomme und auf ein normales Flüssigkeitstempo hin arbeite.

Ron und Kitty haben mir wirklich sehr viel Mut zugesprochen und mir einleuchtend erklärt, und zwar ganz objektiv von den Sprechvorgängen ausgehend, wie meine bisher erzielten Fortschritte einzuordnen sind. Sie haben mir wirklich enorm geholfen. Er ist der Programmentwickler, ein sehr zurückhaltender, dennoch legerer Typ, der seine Arbeit mit Leib und Seele ausübt und sich dabei nie besserwisserisch gibt. Kitty geht alles sehr zielstrebig und realistisch an und lässt uns schuften. Beide sind liebenswürdig, mitfühlend und sehr engagiert. Sie halten sich auch am Wochenende, in den Ferien, tagsüber und abends gerne in den Therapieräumen auf und helfen den Teilnehmern. Sie machen mir das Durchhalten leicht.

Samstag, 29. November
Alle sind nach Hause gefahren, so gut wie flüssig sprechend. Die letzten zwei Tage waren gut. Indem ich mich angestrengt auf mein Sprechen konzentriere, komme ich ganz gut klar, wenn auch in einem etwas langsameren Tempo als bei normalem

Sprechen. Endlich bin ich auf dem richtigen Weg.

Dennoch bezweifle ich, dass ich meine bis jetzt erreichte Sprechflüssigkeit auch außerhalb der Therapieräume anwenden kann. Das liegt zum Teil an meiner Faulheit. Es ist so schwierig, sich auf das Sprechen zu konzentrieren, wenn so viele Dinge um einen herum geschehen. Alle hier denken, dass ich mich sehr anstrenge, viel Motivation und Integrität besitze und den Willen, trotz aller Schwierigkeiten weiterzumachen. Trotzdem denke ich manchmal, dass ich ein großer Schwindler bin. Ich strenge mich gerade genug an, um alle mit meinem Fleiß zu beeindrucken, aber in Wirklichkeit bin ich ein Drückeberger. Ich muss einer sein, denn sonst würde ich über die nötige Selbstdisziplin verfügen, um die Transferübungen bei jeder Gelegenheit zu machen. Aber vielleicht sehe ich das ganz falsch. Keiner der anderen Patienten hat auch nur halb so schlimm gestottert wie ich. Sagen wir, ich brächte meine Unflüssigkeiten von 85% auf 25%, dann wäre das bereits ein enormer Fortschritt. Aber in den Augen der Welt (und auch in meinen eigenen) würde ich immer noch stottern. Also warum üben? Welche Vorteile bringt das? Was nützt es? Ich wünschte, ich würde nicht so viel nachdenken.

Was will ich mit Hilfe dieses Programms erreichen? Ich habe bereits den Traum begraben, eines Tages auf Podesten zu stehen und mitreißende Reden zu halten. Mir geht es nicht mehr darum, mit anderen Menschen gänzlich flüssig sprechen zu können. Was ich wirklich erreichen möchte ist ein Grad der Sprechflüssigkeit, der mir erlaubt, mit meinen Freunden und Mitmenschen zu reden, zu diskutieren und zu streiten, ohne die emotionale Belastung und die Frustrationen, die sich aus meinem Kommunikationsproblem ergeben. Ich würde auch gerne einen Witz erzählen können, ohne bei der Pointe einen Block zu haben.

Donnerstag, 4. Dezember

Ich habe Hollins verlassen und bin weit davon entfernt flüssig zu sprechen. Buchstäblich jeder einzelne Muskel meines Sprechapparates will stottern. Ich bin mir sicher, dass ich bei jedem Transfer wohl genauso schlimm stottern werde wie vor der Therapie – es sei denn, ich konzentriere mich ganz enorm, wobei ich mir nicht sicher bin, ob ich das in einer Transfersituation schaffe.

Als ich mich von den Therapeuten verabschiedete, wünschten mir alle, besonders Kitty und Ron, alles Gute; sie schienen sich der Sache ganz verschrieben zu haben, dass ich eines Tages flüssig sprechen würde. Ich werde üben – auch wenn ich jede Transfersituation verhaue – so dass ich bei meiner Rückkehr in zwei Monaten im Tempo von einer halben oder einer Sekunde flüssig spreche und das sicher durchhalte.

Ron ließ mich einen *Voice Monitor* mit nach Hause nehmen. Wochenlang übte ich fleißig, wurde aber oft entmutigt. Ich konnte meine Techniken immer noch nicht auf alltägliche Konversationen übertragen. Es war eigenartig, dass ich alle unsere Ziele erreichen und absolut flüssig sprechen konnte, wenn ich alleine in meinem Zimmer saß und in den *Voice Monitor* sprach, jedoch wieder in mein altes Stottermuster zurückfiel, sobald ich ein echtes Gespräch führte. Besessen von dem Gedanken, irgendwann flüssig sprechen zu können, bewältigte ich die Situation, indem ich den Mund hielt.

Sonntag, 1. Februar
Wieder in Hollins. Beim letzten Mal hoffte ich auf ein Wunder. Diesmal weiß ich, dass mich nichts als harte Arbeit erwartet.

Montag, 2. Februar
Das bekannte, emotionale Auf und Ab geht also wieder los. Diesmal hoffe ich nur, nicht wieder ins Schleudern zu kommen. Ich spreche besser als zu der Zeit, als ich Hollins verließ, und kann es manchmal sogar kaum erwarten, ein Gespräch zu beginnen. Meine Stimmeinsätze sind bestens! Wichtig sind die Anfangslaute – man muss sie halten, stabilisieren, festnageln, wie Ron es ausdrückt.

Dienstag, 3. Februar
Ich spreche besser als je zuvor. Es gibt jetzt ein neues System, in dem die Therapiezeit besser genutzt werden soll. Anstatt zu gewissen Zeiten still herumzusitzen, werden wir paarweise in andere Räume geschickt, um dort zu üben.

Mittwoch, 4. Februar
Ich befinde mich jetzt in der gefährlichen Phase. Es fällt mir alles zu leicht und ich werde langsam großspurig.

Donnerstag, 5. Februar
Zum ersten Mal in meinem Leben verwende ich bestimmte Techniken außerhalb des Therapiezentrums. Der Durchbruch kam mit meiner neu entdeckten Fähigkeit, weiche Stimmeinsätze bei Vokalen zu erreichen. Das eliminiert die anfängliche Anspannung, die immer dazu führte, dass ich vor dem ersten Laut einen Block hatte.

Freitag, 6. Februar
Heute morgen haben wir die Silbendehnung von einer Sekunde auf eine halbe verkürzt. Eine halbe Sekunde erschien mir schnell. Es war eigentlich nur meine Sprechangst ... Ich dachte, ich sollte es eher nicht riskieren, ein ganzes Gespräch so zu führen.

Am Nachmittag Gott sei Dank keine Telefongespräche. Ich fühlte mich noch nicht bereit oder selbstsicher genug. Wir hatten eine dreißigminütige Transferübung. Tom und ich redeten über Sprache, nichts Schwieriges. Ich war wirklich gut, erkannte meine Fehler – und die passierten recht selten. Ich verspannte mich, als Kitty und dann Carter hereinkamen, um unsere Sitzung zu beobachten, machte aber recht gut weiter. Ich war noch nie so nahe am Ziel flüssig zu sprechen – und dabei habe ich noch eine ganze Woche vor mir.

Kitty trug uns auf, am Wochenende viele Transferübungen zu machen und uns von Fehlern nicht entmutigen zu lassen. »Auch ein Magic Johnson trifft manchmal nicht den Korb«, sagte sie.

Samstag, 7. Februar
Habe zwei Sitzungen mit dem *Voice Monitor* durchgeführt, dann zu Mittag gegessen und eine weitere Sitzung gemacht. Im Aufenthaltsraum sprach ich kaum, ergo stotterte ich auch nicht. Ich habe das Gefühl, dass ich im Gespräch mit Fremden die Ziele nicht entsprechend einsetzen kann.

Sonntag, 8. Februar
Traf mich mit der Gruppe; wir verbrachten einen schönen Vormittag mit einer Wanderung auf den Tinker Mountain. Ich sprach nicht besonders gut – zumindest dachte ich das. Meine Dehnung war in Ordnung und es war ein aufbauendes Gefühl, das außerhalb der Therapie zu schaffen. Allerdings waren meine Stimmeinsätze hart und deswegen sprach ich nur ungern.

Montag, 9. Februar
Habe um 8:15 Uhr mit meinen Übungen begonnen und den ganzen Tag bis spät in die Nacht hinein gearbeitet. Meine Leistung liegt unter der von Freitag, als ich den Transfer im Halb-Sekunden-Tempo durchführte. Das alte Problem. Harte Stimmeinsätze bei Vokalen, die ich herausdrücke, anstatt sie auszuhauchen. Alle außer mir führten Telefongespräche. Ich gebe allmählich jede Hoffnung auf eine wesentliche Verbesserung auf. Keine Erwartungen, keine Enttäuschungen.

Dienstag, 10. Februar
Seit ich die großen Erwartungen aufgegeben und damit aufgehört habe, mich selbst verrückt zu machen, geht es eigentlich besser. Ich habe Kitty erklärt, wie meine Stimmbänder und Nackenmuskulatur sich bei Stress verkrampfen, so dass ich meine weichen Stimmeinsätze nicht schaffe. Ich sagte ihr, ich würde die restliche Zeit gerne die halben Sekunden üben und diese endlich hinbekommen. Schneller werde ich schon ganz von allein und eine halbe Sekunde ist nicht so langsam.

Nachmittags gingen wir in das Einkaufszentrum. Kitty teilte mich mit Mitch ein; wir gingen herum, sprachen im Halb-Sekunden-Tempo miteinander und kontrollierten uns gegenseitig, zwei Stunden lang. Es war eine ausgezeichnete Übung und wir machten uns beide recht gut. Der beste Transfer, den ich je hatte. Wenn ich stotterte, verbesserte ich mich selbst.

Nach dem Abendessen sprach Ron mit Mitch, Nancy und mir. Er beschrieb mich als einen der schwersten Stotterer, den sie je erlebt hätten. Letztes Mal hätte ich bei den halben Sekunden meine Grenze erreicht. Sie hätten daraus gelernt, dass manche Leute das Erreichte erst festigen müssen, bevor sie weitermachen können. Ron ist sehr einfühlsam und unterstützend in der Art und Weise, wie er die Schwere meines Problems beschreibt.

Mittwoch, 11. Februar
Wir hielten Reden im Therapieraum. Sie waren schrecklich. Während der ersten Sitzung war ich der einzige, der Schwierigkeiten hatte. Später sah ich zum ersten Mal,

wie Alan einige Blockaden hatte. Dorothy konnte sich kaum zusammenreißen, sogar John war etwas daneben, und Mitch musste kapitulieren – er blockierte eine ganze Sekunde auf dem *l*-Laut und konnte nur einen Bruchteil seiner Rede herausbringen. Er ist so, wie ich beim letzten Mal: Er analysiert seine Probleme und sieht jeden flüssig gesprochenen Satz als Beweis dafür, dass er über den Berg ist, und jedes unflüssig gesprochene Wort als Zeichen für sein Versagen.

Ich war nicht gut. Obwohl ich mich auf die Stimmeinsätze konzentrierte, gelang mir keiner. Ich hielt mich jedoch unter Kontrolle. Man sagte mir, dass ich 21 kleine Blocks hatte (also ungefähr zu 15% unflüssig sprach), mich aber jedes Mal selbst verbesserte und ohne schwerwiegenden Block durchkam.

Am Abend veranstalteten wir eine große Pizza-Party. Später schlug Jan vor, dass wir alle tanzen gehen könnten. Sie wollte in eine Schickimicki-Bar, aber Carter und ich zogen das Hollins Inn vor, wohin wir auch gingen. In der Bar spielte eine Band und es machte mir richtig Spaß mit allen zu tanzen. Beim Verabschieden sagte Nancy: »Marty, du bist unglaublich.« Das Hollins Inn ist eine recht einfache, aber stimmungsvolle Kneipe und ich fühlte mich so richtig zu Hause.

Freitag, 13. Februar
Habe mein Abschlusstonband aufgenommen. Nicht schlecht, nicht gut. Immer noch sehr viel Anspannung um meine Lippen. Kitty meinte, ich könne wiederkommen und noch einmal teilnehmen! Ich bin zu erschöpft, um darüber nachzudenken.

Auf dem Heimflug von Roanoke fühlte ich mich genauso verzweifelt wie bei meiner Rückkehr von Dr. Kerr und der Insel Jersey. Im Kopf ging ich die Zielsetzungen durch. Als ich sie gedanklich ordnete, erschienen sie mir hoffnungslos komplex, viel zu schwierig, um sie jemals gebrauchen zu können. Die alten Gefühle, ein Stotterer zu sein, kamen wie eine riesige Woge über mich und meine vage Vorstellung, vielleicht doch ein flüssig sprechender Mensch zu sein, zerrann im Sand. Ich wusste, dass ich die Zielsetzungen nicht würde anwenden können, um mit meinem Sitznachbarn zu sprechen, und so verfiel ich in stille Angst.

In Vermont gab ich meine täglichen Übungen sehr bald auf. Ich sah keinen Sinn in der Anstrengung. Die einzige Möglichkeit, flüssig zu sprechen, bestand darin, das Tempo auf eine Sekunde zu verlangsamen und meine gesamte mentale Energie auf die Ziele zu konzentrieren. Und selbst dann würde ich immer noch stottern, wenn auch weniger. Wozu also das alles? Um im Laufe der Therapie Fortschritte zu machen, muss man durch kleine Erfolge Selbstbewusstsein erlangen. Meine Erfolge waren zu gering und zu selten. Jedes Mal, wenn ich eine Zielsetzung verfehlte und bei einem Wort stotterte, hatte ich das Gefühl, versagt zu haben.

Mit meinem Talent fürs Leugnen fiel es mir leicht, meine Anstrengungen zu verdrängen und die Erfahrung mit Hollins – und mein Gefühl versagt zu haben – aus meinen Gedanken zu streichen. Ich dachte, dass mich die Leute in Hollins gut behandelt hatten und ich mein Bestes gegeben hatte. Das bedeutete aber offensichtlich, dass mein Bestes nicht gut genug war und ich zum lebenslangen Stottern verdammt war.

Ich beschloss, die Vorstellung einer Therapiemöglichkeit und die Wahrscheinlichkeit, jemals geheilt zu werden, für immer zu begraben. War ich früher besessen gewesen von dem Gedanken, flüssig sprechen zu können, so vergaß ich nun, dass es je wichtig gewesen war. Aber natürlich war es wichtig.

Ich möchte kein Urteil über Therapieprogramme abgeben; ich fühle mich nicht kompetent dazu. Meine Erfahrung in Hollins war meine eigene. In den vergangenen zwanzig Jahren habe ich viele Menschen kennen gelernt, die vom Hollins-Programm profitieren konnten sowie von *Precision-Fluency-Shaping*-Programmen, die auf dem Hollins-Modell aufbauen und von Sprechtherapiezentren in den USA und Kanada weiterentwickelt wurden. Ich habe auch viele Menschen getroffen, die, wie ich, ihre Erfolge in der Therapie nicht auf die reale Welt übertragen konnten, in der das Sprechen so wichtig ist. Was würde ich Menschen sagen, die mich nach dem Hollins-Programm fragen?

Ich kann sagen, dass die Mitarbeiter in Hollins wunderbare Menschen sind. Die Therapie ist gut, man darf aber weder erwarten, flüssiges Sprechen mit Leichtigkeit zu erreichen, noch nach Hause zu kommen und »geheilt« zu sein. Das Hollins-Programm gibt den Menschen das Handwerkszeug mit auf den Weg, das ihnen hilft, ihr Stottern zu kontrollieren oder es – in einigen wenigen Fällen – zu überwinden. Manche Menschen kommen mit der Fluency-Shaping-Methode gut zurecht und lernen tatsächlich flüssig zu sprechen. Andere müssen hart arbeiten, um an kleinen Erfolgen festhalten zu können, und wieder andere, wie ich, machen kaum Fortschritte. Für manche Menschen ist das *Precision-Fluency-Shaping* die falsche Technik; Stottermodifikation nach Van Riper könnte sich hier als der bessere Ansatz herausstellen.

Wie bereits erwähnt kann das Ziel flüssig zu sprechen eine verlockende Falle sein. Was Hollins lehrt sind nützliche Techniken für flüssigeres Sprechen. Die Herausforderung besteht darin, diese Techniken zu übernehmen und zu Hause weiterzuüben, monate- oder wenn nötig sogar jahrelang.

Stottern ist mehr als die rein motorische Störung, von der die Hollins-Therapie ausgeht. Es ist eine systematische Störung, die sich auf den ganzen Menschen auswirkt. Neben den sichtbaren physischen Symptomen des Stotterns müssen sich stotternde Menschen, die am Hollins-Programm teilnehmen, immer noch mit ihren Gefühlen, Einstellungen und Vorstellungen in Bezug auf das Stottern befassen. Man kann dies in Form von psychologischer Beratung tun, im Idealfall mit einem Psychotherapeuten, der sich mit Stottern befasst hat, oder, was meiner Meinung nach nutzbringender ist, mit der Unterstützung von Selbsthilfegruppen, wie dem *National Stuttering Project* (NSP; Stotterer-Selbsthilfe in den USA), *Speak Easy* oder der *Canadian Association for People Who Stutter* (CAPS; Kanadischer Verband für stotternde Menschen). Hollins und die anderen Zentren, die *Precision Fluency Shaping* unterrichten, bieten gute Therapien. Aber sie haben nicht alle Antworten – niemand hat das.

ANMERKUNGEN

[1] Der junge Frank Sinatra hatte, wie bereits erwähnt, einen vorbildlich weichen Stimmeinsatz. Marilyn

Monroe brachte ihre Stimmbänder durch gehauchtes Sprechen zum Schwingen, was in gewisser Hinsicht eine extreme, aber effektive Form des weichen Stimmeinsatzes darstellte.

[2] Einer Studie über Hollins-Patienten zufolge liegt der durchschnittliche Prozentsatz der unflüssigen Wörter zu Beginn der Therapie bei 15,2 Prozent. Daran gemessen stottere ich also sehr schwer. Ronald L. Webster, »Evolution of a Target-Based Behavioral Therapy for Stuttering«, Journal of Fluency Disorders 5 (1980), S. 317.

22. Mein Leben in Entenhausen

In einer seiner beliebten anthropologischen Erzählungen über den Weisen der Yaqui Indianer, Don Juan, erklärt der Autor Carlos Castaneda den Begriff *el sitio*, dieses eine Fleckchen Erde auf dieser Welt, an dem sich ein Individuum am stärksten fühlt und in Bestform handeln kann. Mein *sitio* ist Brattleboro, Vermont, eine Kleinstadt mit 13.000 Einwohnern, in deren Nähe ich den Großteil der letzten dreißig Jahre verbracht habe und wo ich auch heute noch lebe.

Mein Freund Fritz Hewitt nannte Brattleboro immer Entenhausen, weil die geschäftige, idyllische Main Street dem Disney-Film entlehnt sein könnte. Man kann auf der Main Street nicht vom Lebensmittelladen über vier Straßen zur Bücherei laufen, ohne mit einigen Bekannten in Gespräche verwickelt zu werden. Geschäftsinhaber winken einem zu und der Postangestellte treibt seine Späße. Autofahrer halten für Fußgänger an und im Straßenverkehr erhitzen sich die Gemüter erst dann, wenn man die von einem anderen Autofahrer angebotene Vorfahrt ausschlägt. Es stimmt schon, dass der Clan der Dagobert Ducks hier zu viel Macht ausübt und dass die hiesigen Donalds ihre Kumpel beschimpfen, wenn sie besoffen sind, und auch, dass zu viele Ticks, Tricks und Tracks aus kaputten Familien stammen. Dennoch herrscht ein großer Gemeinschaftsgeist in Brattleboro, der sich in aufgeschlossener Toleranz und respektvoller, unbefangener Freundlichkeit zeigt. Obwohl ich kein Mitglied der Handelskammer bin, bringe ich hier Dinge ins Rollen. Das Schlimmste, was man über Brattleboro sagen kann, ist, dass der Ort eine gewisse Selbstgefälligkeit erzeugt. Wir schätzen uns alle glücklich, dass wir hier leben, und man kann es unseren Gesichtern ansehen.

Obwohl ich mich mit der Gegend um Brattleboro gleich von Anfang an magisch verbunden fühlte, dauerte es lange, bevor man wirklich sagen konnte, dass ich zu dieser Gemeinschaft gehörte. Ich hatte das Gefühl, dass ich dreifach benachteiligt war. Ich war mit der ersten Welle der »Hippie-Invasion« der späten 60er und frühen 70er nach Vermont gezogen. Weil wir so viele an der Zahl waren, schrieb die Zeitschrift Playboy einmal in weiser Voraussicht in einem Artikel, dass die Hippies eines Tages die Macht in dem Bundesstaat ergreifen würden. Es soll daran erinnert werden, dass wir uns damals in einer Phase großer politischer und kultureller Umwälzungen befanden. Und Themen wie Lebensstil und Politik riefen hier ebenso viele Differenzen hervor wie anderswo in den USA. Als Mitbegründer einer der ersten alternativen Kommunen in der Region habe ich den Konflikt am eigenen Leibe zu spüren bekommen.

Unsere Nachbarn in Vermont wussten anfangs nicht so recht, was sie von mir und meinen Hippie-Freunden halten sollten; nicht zu Unrecht spürten sie, dass viele von uns (zumindest zu Beginn) ihre biederen und traditionellen Lebensweisen und Werte verachteten. Jedwede Skepsis der Einheimischen spiegelte sich in unserer Angst vor ihnen. Kurz nachdem wir hergezogen waren, wurden wir vor Gerüchten gewarnt, ein paar einheimische Halbstarke planten uns auszuräuchern. Obwohl dies nie geschah (und einige der angeblichen Halbstarken irgendwann zu Freunden wurden), verhielten wir uns defensiv und vorsichtig – brannten aber darauf, mit den Einheimischen in Kontakt zu treten und zu kommunizieren.

Außerdem war ich vorsichtig, weil ich Jude war. Da ich im Schatten des Holocaust aufgewachsen war, hatte meine Familie mir beigebracht, jeden Nichtjuden zu fürchten und ihm zu misstrauen. Sie taten das nicht bewusst, ganz im Gegenteil: Sie hatten sich, wie ich bereits beschrieben habe, den amerikanischen Lebensstil mit einem solchen Enthusiasmus zu eigen gemacht, dass er in vielerlei Hinsicht ihre tief verwurzelten Ängste vor der nichtjüdischen Mehrheit wieder auslöschte. Aber ihre Bedenken wollten nie so ganz weichen. Sie wurden oft deutlich und zwar immer dann, wenn ich ein für meine Eltern unbekanntes, nichtjüdisches Umfeld betrat. Als ich beispielsweise aufs College ging, waren zum ersten Mal in meinem Leben viele meiner Freunde keine Juden und meine Eltern warnten mich davor, dass ich eines Tages den wahren Charakter dieser Freunde erkennen würde – dass wir in einer Bar etwas trinken und sie in alkoholisiertem Zustand ihre antisemitische Neigung offenbaren würden.

Diese Warnungen verfehlten nicht ihre Wirkung auf mich. Obwohl ich nicht das Verlangen verspürte, formellen Judaismus oder eine andere Religion zu praktizieren (Spiritualität war immer eine sehr persönliche und mystische Angelegenheit für mich, die sonst niemanden angeht), war ich mir meiner jüdischen Identität immer bewusst. Das bedeutete, dass ich mich außerhalb von New York City und einigen anderen Orten im Land immer als Außenseiter sah. Als ich nach Vermont zog, lebten nur wenige Juden da und ich meinte sehr auffallend zu sein, nicht nur als langhaariger Hippie, sondern auch als New Yorker Jude. Zumindest in meiner eigenen Vorstellung war ich eine wandelnde Zielscheibe für extremen Antisemitismus, so wie er mir immer beschrieben worden war.

Und dann war da natürlich noch mein Stottern. Wenn man sich von seinen Nachbarn isoliert fühlt und sich von der damit verbundenen Angst befreien will, muss man mit ihnen kommunizieren – aber gerade das konnte ich nicht. Sogar nachdem wir Hippies begonnen hatten, uns in die Gemeinde einzugliedern, und selbst als sich herausgestellt hatte, dass meine Religion kein Problem war (die Einheimischen waren neugierig und respektvoll dem Judaismus gegenüber und die meisten äußerten keine Bedenken), spürte ich weiterhin, dass mein Stottern, oder genauer gesagt, meine Unwilligkeit vor ihnen zu stottern, eine Barriere für gute Nachbarschaft war. So sehr ich auch meine neuen Nachbarn kennen lernen wollte, so unfähig fühlte ich mich, ein Gespräch zu beginnen oder es weiterzuführen, wenn ich angesprochen wurde.

Es war mein Freund Fritz Hewitt, der mir und vielen meiner Hippie-Freunde die Türen zur Gemeinde öffnete. Er hatte schulterlanges blondes Haar (nicht so lang wie mein brauner Pferdeschwanz) und trug eine zerrissene Hose, die er mit einer Schnur oben hielt. Wir beide meinten es sehr ernst mit der Idee, eine neue Gesellschaftsform zu schaffen und die vorherrschende zu ersetzen, die zur Zeit des Vietnam-Krieges in den Augen vieler Menschen funktionsuntüchtig war. Was allerdings unsere langen Haare und unsere zerlumpte Kleidung damit zu tun hatten, weiß ich nicht mehr. Trotz seines frappanten Erscheinungsbildes besaß Fritz eine kommunikative Kompetenz, die mir (und den meisten meiner flüssig sprechenden Freunde) bedauerlicherweise fehlte. Er war in einer ländlichen Kleinstadt im Norden des Staates New York aufgewachsen, wo sein Vater Rechtsanwalt und republikanischer Bezirksrichter war. Als Kind begleitete er seinen Vater bei dessen politischen Kampagnen und lernte so, mit Menschen auf dem Land zu sprechen und sich selbst Leuten vorzustellen, die er gar nicht kannte. Nachdem er eine Weile an der Universität Yale studiert hatte (die er verlassen musste, weil er Marihuana geraucht hatte), zog Fritz nach Vermont und half bei der Gründung der Johnson Pasture, einer Kommune nicht weit entfernt von meiner Kommune bei Packer Corner.

Während ich Angst vor Kontakten mit den Nachbarn hatte, war Fritz bekümmert, dass die beiden Seiten nicht miteinander kommunizierten. »Was ich an dem Leben in einer Kleinstadt schätze«, erzählte er mir später, »ist, dass alle sich in der ganzen Stadt zu Hause fühlen und nicht nur in ihren eigenen vier Wänden. Demnach sehe ich Neugier und Besorgnis in Bezug auf die Nachbarn als eine Haltung, die in dieser Gesellschaft nur logisch und korrekt ist. Ich mag zwar ein Hippie gewesen sein, aber man muss die Menschen bloß ansprechen, um ihnen näher zu kommen. Dann findet man bald Gemeinsamkeiten und ähnliche Erfahrungen. Sicher haben wir Hippies die Nachbarschaft geschockt. Überall gingen Gerüchte herum über Sex und freie Liebe. Aber so machte es mehr Spaß, sich den Leuten gegenüber vernünftig zu benehmen. Das untergräbt die Angst und den Hass der Menschen.«

Besessen von dem inneren Antrieb, die Barrieren gegenseitiger Berührungsängste abzureißen, machte Fritz sich zum Botschafter zwischen Hippies und Bürgertum, zum Mittler zwischen angepassten und alternativen Lebensformen. Er ging oft einfach in Geschäfte, nur um den Inhaber zu treffen und mit ihm zu sprechen. Wenn die Kühe gemolken werden mussten, tauchte er in den Scheunen auf und machte sich nützlich, indem er Ställe ausmistete und Heu fütterte, einfach, damit er sich mit den Bauern unterhalten konnte. Er verbrachte Stunden in den Kneipen, redete dort mehr als er trank und lernte so die Stammkunden kennen.

Fritz war immer auf der Suche nach jemandem, der ihn auf seinen Runden begleitete und ich ergriff die Gelegenheit. Ich hörte ihm liebend gern zu, wie er mit anderen Menschen scherzte. Von den Vermontern sagt man, dass sie wortkarg seien, aber sie sind sehr freundlich – wenn auch mit wenigen, knappen Worten. Ich beneidete Fritz um seine Fähigkeit Smalltalk zu betreiben. Man musste nicht viel sagen, um gute Nachbarschaft zu praktizieren. Ein Kommentar über das Wetter, die Ernte, wer gerade wo etwas pflanzt oder diesen oder jenen Job hat – mehr braucht man nicht, um zu beweisen, dass man ein Teil der Gemeinschaft ist, dass einem seine Nachbarn nicht egal sind und dass man für sie da ist, sollten sie Hilfe brauchen.

Durch Fritz konnte ich für die hier ansässigen Landwirte arbeiten: Heu machen, Kühe melken, Ahornsirup abzapfen, Holz fällen. Fritz übernahm das Reden. Ich war sein stiller und, wie ich glaube, geschätzter Partner, weil ich ein kräftiger und zuverlässiger Arbeiter war. Die Arbeit machte mir Spaß und mein Schweigen gab mir den Anschein eines guten Zuhörers.

Wie bereits erwähnt stellte Abraham Maslow die Theorie auf, dass jeder Mensch von instinktiven Bedürfnissen und einem inneren Antrieb motiviert wird. Ich bin der Meinung, dass einer unserer Antriebe das Bedürfnis nach Kommunikation und Interaktion ist, nach einem regen Gedankenaustausch im Kreise der Familie, unter Freunden, Nachbarn und in der Gemeinde. Für mich ist dieses Bedürfnis kaum zu unterdrücken und weitaus stärker als das Bedürfnis flüssig zu sprechen. Mein Stottern mag eine Barriere für effektive Kommunikation darstellen, aber es hat mein Bedürfnis, mich meiner Gemeinschaft zugehörig zu fühlen, nie verdrängt.

Ich begann in Hollins mit dem vagen Traum, mit einer neu erworbenen Sprechflüssigkeit heimzukehren und innerhalb meiner Gemeinschaft eine Rolle zu übernehmen, in der ich mitreden konnte. Bevor ich nach Hollins ging, hatte ich lange Zeit versucht Landwirt zu werden. Meine Kommune besaß ein paar Schweine, Hühner und einige Kühe. Was Lebensmittel anbetraf, konnten wir uns einigermaßen selbst versorgen, aber wie Ray Pestel, der Landwirtschaftsbeauftragte, einmal zu mir meinte: »Du magst zwar ein paar Kühe und einen großen Garten haben, aber das macht noch lange keinen Landwirt aus dir.« Und er hatte Recht. Keiner von uns hatte je seinen Lebensunterhalt mit unserem kleinen Bauernhof auf dem Berg verdient und es fehlten uns die Kenntnisse und die Erfahrung, den Hof weiterhin zu bewirtschaften. Als ich nach Hollins ging, war mein Traum, meinen Lebensunterhalt als Landwirt zu verdienen, bereits verblasst und ich hatte begonnen, meine Aufmerksamkeit auf die Gemeinde Brattleboro zu richten und auf meine Teilnahme an der lokalen Politik. Als es mit dem flüssigen Sprechen aufwärts ging, wie es während meines Aufenthalts in Hollins zeitweise der Fall war, spielte ich mit dem Gedanken, politische Reden zu halten.

Dass ich bei meiner Rückkehr aus Hollins immer noch stotterte, hielt mich nicht davon ab, am lokalen Politikgeschehen teilzunehmen. Ich hielt zwar keine Reden, wurde aber gewissermaßen zu einer Persönlichkeit des öffentlichen Lebens, indem ich öfter Briefe an die Zeitungsredaktion schrieb. Wenn ich in die Stadt ging, sprachen mich oft Leute in den Geschäften oder auf der Hauptstraße an, weil sie zu meinen Beiträgen etwas sagen wollten. Aber eine Meinung schriftlich auszudrücken reichte nicht, um mich zufrieden zu stellen. Anstelle der Feder musste ich das Wort ergreifen. Denn ich war und blieb der, der ich in den 60ern gewesen war: ein überzeugter Aktivist. Weil ich jedoch nicht auf einem Podest stehen und selbst reden konnte, überredete ich andere dazu. Meine Freundin Shoshana Rihn meint, dass ich ständig versuchte, anderen Menschen meine Worte in den Mund zu legen. Ich schrieb meinen Freunden Notizen, Gesprächsthemen, Hintergrundinformationen, Reden, was auch immer nötig war, um meine Ideen zu verbreiten. Ich sah mich als den Ideenmann, einen Katalysator, der andere Menschen in Bewegung bringen konnte. Selbst wenn eine oder sogar ein Dutzend meiner Ideen abgelehnt wurden, machte mir das nichts aus. Ich konnte immer mit einer neuen Idee aufwarten. Einige davon waren auch recht abwegig. So schlug ich im Zuge einer Initiative, staatliche Energieerzeugung in die Region zu bringen, die Übernahme eines Wasserkraftwerkes am Connecticut River vor, für das die Konzessionen neu erteilt werden sollten. Die Zeitung griff den Vorschlag auf und Brattleboro stimmte für eine Machbarkeitsstudie. War es machbar? Ja. War es unbedingt nötig? Nein.

Einer der Stotterer, den ich in Hollins kennen lernte, warf mir im Spaß vor, dass ich ein Leben auf dem Lande wohl bewusst gewählt hätte, um stressvolle Sprechsituationen zu vermeiden. Aber mir kam es vor, als befände ich mich andauernd auf Besprechungen und begäbe mich in Situationen, bei denen Sprechen das Ein und Alles war. Ich half bei der Gründung eines lokalen Bauernmarktes und gab ein Rundschreiben über Öko-Landwirtschaft heraus. Ich war Mitglied des Verwaltungsrates eines Naturkost-Restaurants, das sich im Übergang von einer Konsumentengenossenschaft zu einem von den Angestellten geführten Betrieb befand. Ich arbeitete halbtags als Tellerwäscher, da ich, wie ich mir einbildete, nicht kellnern konnte. Ich vermute, dass meine Kollegen mich in den Verwaltungsrat wählten, weil ich in unserer Runde nach Feierabend als freimütiger Befürworter der Arbeiter-Eigentümerschaft bekannt war. Bei größeren Versammlungen der Genossenschaft, an denen meistens dreißig oder vierzig Mitglieder teilnahmen, war ich wie immer still. Ich half auch bei der Gründung einer Ortsgruppe der Clamshell Alliance, einer Koalition in Neuengland gegen Kernkraft. Ich war auch an der Planung und Durchführung einer unerlaubten Protestaktion auf dem Baugelände eines Atomkraftwerkes beteiligt, bei der mehr als zweitausend Menschen, darunter auch ich, verhaftet wurden.

Der Moment, der mich am meisten mit Stolz erfüllte, war, als der Ku-Klux-Klan eine Versammlung in Brattleboro ankündigte. Anti-Klan-Gruppen aus Neuengland riefen zur Gegendemonstration auf. Meiner Meinung nach brachte es aber nichts für Brattleboro, wenn zwei Gruppen von außerhalb kommen und sich gegenseitig anschreien würden. Ich dachte, der Kampf gegen den Klan wäre viel effektiver, wenn die örtliche Bevölkerung sich selbst zur Wehr setzte.

Mit der Unterstützung meiner politisch aktiven Freunde wurden Klan-Gegner von außerhalb überredet, nicht nach Brattleboro zu kommen, so dass die Bewohner das Sagen hatten. Wir selbst planten eine Versammlung im Gemeindepark. Es war leicht, die Gemeindeoberen zur Mitarbeit zu bewegen. Meine Freunde erledigten den Großteil der öffentlichen Informationsarbeit, aber als es um die Unterstützung seitens der Landwirte ging, wurde ich abgesandt, um sie zu überzeugen, denn ich kannte ja viele von ihnen. In diesem Zusammenhang lernte ich über mich selbst, dass meine Sprechaversion sehr von meinen Zielen abhängig war: Ich wollte unbedingt erreichen, dass einer der Landwirte bei der Versammlung eine Rede hielt, daher machte ich nicht nur seine Melkrunde mit, sondern trug ihm meinen Plan selbst mit meiner eigenen Stimme vor.

Die Versammlung vor der Ankunft des Klans war beeindruckend. Pfarrer, Politiker, Landwirte, Gewerkschafter, Veteranen, Geschäftsleute und sowohl Vertreter des *Women's Crisis Center* als auch des Wohltätigkeitsvereins *Benevolent Order of Elks* hielten Reden über Toleranz. Verne Howe aus Brattleboro prägte den Slogan: »Hass gedeiht nicht auf Vermonts steinigem Boden.« Später kamen fünfhundert Menschen zusammen, um den Klan auszubuhen. Als die Klanversammlung zu Ende war, umringten wir sie in einem großen Kreis und sangen Hände haltend »We shall overcome«. Am nächsten Morgen beschrieb der *Brattleboro Reformer* die Ereignisse wie folgt:

> *Zu diesem Zeitpunkt waren die brodelnden Emotionen und die Wirkung der Worte so machtvoll, dass wahrscheinlich kaum jemand – auch nicht die Klanmitglieder – diesen Augenblick je vergessen werden. Als der Gesang andauerte und immer emotionsgeladener wurde, zogen die 19 männlichen und weiblichen Klanmitglieder und zwei ihrer Kinder im Gänsemarsch von der Tribüne. Dabei trugen sie ihre Symbole des »Unsichtbaren Reiches«, gleichermaßen Symbole des Hasses und der Gewalt. Sie marschierten nicht hocherhobenen Hauptes. Stattdessen schlichen sie in der einbrechenden Dunkelheit eines Vermonter Frühlingsnachmittags von dannen. Schaute man sie an, war klar, dass sie begriffen hatten, was geschehen war – ihre Mission nach Vermont war fehlgeschlagen.*[1]

Ich stand in der Menge, stolz wie nie zuvor in meinem Leben. Ich besann mich darauf, dass ein guter politischer Organisator im Hintergrund verweilt und sich nicht um Anerkennung bemüht. Wenn ich ehrlich bin, hätte ich liebend gerne Anerkennung für meine Idee mit der Versammlung erhalten. Aber das hätte bedeutet, mich selbst in den Vordergrund stellen und mit den Menschen reden zu müssen. Meine Bescheidenheit war also das Ergebnis meiner Feigheit, nicht meiner Tugendhaftigkeit.

In jener Zeit gleich nach Hollins lernte ich eine College-Dozentin aus Montreal namens Mimi kennen; sie war bei einem Freund in Vermont zu Besuch, der ganz in meiner Nähe wohnte. Von diesem Freund, der uns einander vorgestellt hatte, wusste Mimi, dass ich stotterte. Da Mimis Lieblingstante stotterte, wenn auch nur leicht, reagierte sie nicht überrascht oder ablehnend auf meine Art zu sprechen. In diesem Sommer sahen wir uns häufig und verliebten uns ineinander. Während sie noch in meiner Nähe wohnte, musste ich sie natürlich nicht anrufen. Aber als sie wieder nach Montreal ans College musste, wurde das Telefon wieder zu einem Hindernis. Zum Glück schrieb sie, wie ich, gern Briefe, und so hielten wir unsere Beziehung aufrecht.

1978 begann ich für meinen Freund Alain Ratheau zu arbeiten und installierte solare Heißwasser-Wärmespeicher. Ich hatte keine Ahnung von Installateur- und Elektrikerarbeiten. Alain brachte mir alles bei und schon bald war ich für die Installationsbelegschaft zuständig. Ich liebte diese Arbeit und ich bin immer noch stolz, wenn ich durch die Gegend von Brattleboro fahre und sehe, dass meine Installationen (mehr als hundert) noch funktionieren.

Nicht nur das Gefühl zu arbeiten und etwas zu schaffen, war befriedigend für mich, sondern auch einem Gewerbe anzugehören und mit Tischlern, Klempnern, Elektrikern und anderen Auftragnehmern aus der Region zusammenzuarbeiten. Jeden Morgen hielt unser kleines Solar-Team, mit einem Kaffee in der Hand, beim örtlichen Großhändler, um Pumpen, Kupferrohre und Zubehörteile abzuholen. Dieser Halt war immer eine Art Zeremonie. Traditionsgemäß war es ein Macho-Ritual, aber da immer mehr Frauen in gewerblichen Branchen zu finden waren, nicht nur in Brattleboro sondern überall – auch in unserem Team war meist eine Frau –, wurden diese morgendlichen, uns verbindenden Rituale etwas gesitteter. Bei unserem Großhändler schien jeder seine zugewiesene Rolle zu haben. Die Männer am Ladentisch hatten eine bestimmte Art und Weise, die Kunden zu begrüßen, und die Handwerker hatten alle ihre bestimmten, witzigen Antworten. Das Geplänkel folgte jedes Mal vorhersagbaren Mustern und war, wie ich fand, sehr lustig, würde aber beim Niederschreiben an Witz verlieren. Wenn ich in den Laden kam, hatte ich immer das Gefühl, die Bühne der *Jack Benny Show* zu betreten. Sein starrer Blick und seine Witze darüber, dass er ordinär und 39 ist, waren an sich nicht lustig. Man musste diese Witze viele Male gehört haben, um sie lustig zu finden. Der Humor lag in der Erwartung. Bei unserem Händler wusste ich, was jeder sagen würde, und war jedes Mal erheitert, wenn ich die Sprüche hörte.

Ich liebte diese Späße und das Gefühl, bei diesen Klempner-Ritualen dabei zu sein. Am meisten liebte ich jedoch die Unverdrossenheit, mit der meine Kollegen aus einer morgendlichen Notwendigkeit ein soziales Ereignis und aus Routine Zerstreuung machten. Ich selbst sagte nie viel während dieser Rituale, auch wenn ich in den meisten Fällen etwas Lustiges hätte beitragen können. Wahrscheinlich wussten alle, dass ich stotterte. Zumindest stotterte ich oft, wenn ich Bestellungen aufgeben musste (wenn ich die Bestellung nicht auf einem Zettel stehen hatte): »Ein De-De-Dutzend Dre-dreiviertel-Zoll-Winkel und noch eine De-Dose Flu-Flussmittel.« Meine Unfähigkeit, an diesem allmorgendlichen Geplänkel in der Art teilzunehmen, die ich mir wünschte, war ein wunder Punkt in meinem Leben. Keine wesentliche Misere auf der Skala sozialen Leidens, aber doch eine tägliche Erinnerung daran, dass mein Leben schöner sein könnte, wäre ich in der Lage meine Gedanken auszusprechen.

1980 hörte mein Freund Alain ein Radio-Interview mit Dr. Martin Schwartz. Dr. Schwartz ist der Gründer und Leiter des Staatlichen Zentrums für Stottern in New York (*National Center for Stuttering*) und warb im Radio für sein neues Buch *Stuttering Solved*. In dem Buch behauptet er herausgefunden zu haben, warum Menschen stottern, und dass 90 Prozent seiner Patienten nach der Teilnahme an seinem Programm geheilt wären. Ich sagte Alain, dass ich von dem Buch schon wusste. Ein paar Wochen vorher war es unter den Buchbesprechungen der New York Times angeführt, aber ich hatte es nicht weiter beachtet, da ich noch in meiner Anti-Therapie-Stimmung war. Aus eigener Erfahrung wusste ich, dass man versprochenen »Heilungen« und selbstbeschönigenden Statistiken nicht trauen durfte. Was aber, wenn Schwartz' Programm wirklich so gut funktionierte, wie er sagte? Der Gott der Sprechflüssigkeit schien mir etwas sagen zu wollen: Es war ein glücklicher Zufall, dass ich die Anzeige für das Buch gesehen und Alain dann auch noch das Interview mit Schwartz gehört und die Telefonnummer notiert hatte. Alain und ich hatten uns oft über mein Stottern unterhalten – wir redeten über viele Dinge und nicht nur über Solarinstallationen – und ich deutete die Tatsache, dass er die Telefonnummer aufgeschrieben hatte, als persönliche Herausforderung: Du redest davon, wie schwierig das mit dem Stottern ist; jetzt hast du die Chance, etwas dagegen zu unternehmen, dachte ich und erfand Worte, die Alain nie ausgesprochen hatte.

Trotz meiner Telefonangst wählte ich Schwartz' Nummer. Eine weibliche Stimme meldete sich, nannte mir den Namen eines ehemaligen Patienten von Dr. Schwartz und schlug mir vor ihn anzurufen, um seine Meinung über das Programm zu hören.

Das tat ich unverzüglich. Der Mann am anderen Ende der Leitung, der im Büro eines Börsenmaklers arbeitete, stotterte kaum merklich und schien sich unter Kontrolle zu haben, indem er vor jedem Sprechabschnitt kurz pausierte und das erste Wort in jedem Satz dehnte. Ansonsten klang sein Sprechen entspannt und normal. Wenn man nicht wusste, dass er ein Stotterer war, würde man wahrscheinlich keine künstliche Technik bemerken. Ich war freudig erregt. Ich hatte noch nie mit einem flüssig sprechenden Stotterer gesprochen und ich nahm seine Sprechflüssigkeit als Beweis dafür, dass auch mir geholfen werden konnte. Der Mann, dessen Namen ich nicht mehr weiß, überzeugte mich von seiner Ehrlichkeit, indem er gleich zu Anfang erklärte, Schwartz sei arrogant und egoistisch. Er verstehe jedoch sein Geschäft und wenn ich das Programm durchführte und alles täte, was Schwartz von mir verlangte, könne ich davon ausgehen, bald flüssig zu sprechen. Obwohl das Programm sehr teuer war, wie übrigens auch das Hollins-Programm, meldete ich mich an.

ANMERKUNG

[1] Zitat aus der Zeitschrift *WIN*, 15. Dezember 1982, S.13.

23. Und noch mehr Therapie

Dr. Martin Schwartz hält Wochenendseminare für seine *Intent-Therapie* in allen größeren Städten des Landes. Als ich an diesem Programm teilnahm, nannte er diese Behandlungsmethode »Atemtherapie«[1]; ich halte mich daher im nachfolgenden Text an diesen Ausdruck. Vor meiner Teilnahme an seinem Seminar reiste ich nach New York, um mich einer Beurteilung zu unterziehen. Ich traf Dr. Schwartz in seinem Büro im Medizinischen Zentrum der Universität New York. Hier ist er nicht etwa ein Sprechtherapeut sondern Professor und Mitarbeiter einer Forschungsgruppe in der Abteilung für Chirurgie. Unser Treffen dauerte nicht länger als 30 Minuten. Dr. Schwartz hörte mich reden und sagte, dass ich nach sechs bis zwölf Monaten intensiver Teilnahme an seinem Programm flüssig sprechen würde – seine genaue Zeitangabe habe ich vergessen, aber sie ist auch nicht so wichtig. Er sah keinen Grund, warum ich nicht Erfolg haben sollte.

Dr. Schwartz hat einen freundlichen Gesichtsausdruck, aber einen scharfen und bohrenden Blick, der mich an den besagten Dr. Kerr von der Insel Jersey erinnerte, der mir vor 15 Jahren auch schon versprochen hatte, mich vom Stottern zu befreien. Es lag eine bestimmte, ungerührte Überzeugung in der Art, mit der Schwartz und auch Kerr mich anblickten, als wäre ich keine Person sondern jemand mit einem bekannten Problem, ein Stotterfall eben, für den sie eine Kur hatten. Im Gegensatz zu Kerr aber, der bloß angab und nichts zu bieten hatte, konnte Schwartz mit überzeugenden Ideen aufwarten. Argwöhnisch gegenüber seiner dominierenden Persönlichkeit verließ ich sein Büro, war jedoch beeindruckt von seinem Wissen über das Stottern und der Überzeugung, mit der er seine Ideen vorbrachte.

Im Dezember 1981 nahm ich an einem Seminar in Boston teil. In zwei Tagen umriss Dr. Schwartz seine Theorie über das Stottern, präsentierte seine Atemtherapie, die das Stottern verhindern würde, und beschrieb das Training, das jeder Teilnehmer durchzuführen hatte, um eine normale Sprechflüssigkeit zu erreichen. Seine Theorien über Stottern machten damals Sinn für mich – und von ein paar Kleinigkeiten abgesehen, finde ich sie auch heute noch sinnvoll. Womit natürlich weder gesagt sein soll, dass das, was für mich Sinn macht, zwingend von bedeutendem wissenschaftlichen Wert ist, noch, dass seine Theorie die einzige ist, die für mich Sinn macht. Denn wie Van Riper schon sagte, ist das Stottern vielschichtig und kompliziert. Martin Schwartz hat entgegen seiner eigenen Behauptung bestimmt nicht die endgültige Antwort auf das Problem des Stotterns. Ich glaube aber, dass er ein gutes Verständnis davon besitzt und dass seine Theorie daher beschrieben werden soll.[2]

Nach Ansicht von Dr. Schwartz sind Menschen, die bereits als Kinder stottern und sich dann zu chronisch stotternden Erwachsenen entwickeln, mit einer Veranlagung geboren, die bewirkt, dass Stress Spannungen im Kehlkopf und den Stimmbänder hervorruft. Beim Normalsprecher schwingen die Stimmbänder elastisch, wenn die Luft vom Druck des Zwerchfells aus den Lungen hindurchfließt. Die Schwingungen der Stimmbänder erzeugen einen Ton, der durch die Bewegung der Sprechwerkzeuge – Mund, Zunge, Lippen, Gaumensegel und Kiefer – zu einem Laut artikuliert wird. Wodurch der Stress nun ausgelöst wird, also seine Ursache, ist nach Dr. Schwartz unwichtig. Jeder – ob erwachsen oder im Kindesalter – hat eine bestimmte Toleranzgrenze für Stress. Liegt das Ausmaß von Stress unterhalb dieser Grenze, kann der Betreffende normal funktionieren. Ausschlaggebend ist jedoch, welcher Körperteil einer Person durch Stress in Mitleidenschaft gezogen wird. Bei Kindern mit einer Veranlagung zum Stottern sind es die Stimmbänder, die beeinflusst werden: Sie verspannen und versteifen sich. Diese Verhärtung der Stimmbänder nennt man Laryngospasmus. Hat ein stotterndes Kind die Absicht zu sprechen, nehmen seine Artikulatoren eine Sprechposition ein. Wenn allerdings der Stress in diesem Moment seine individuelle Toleranzgrenze übersteigt, wird der Luftstrom, also das Trägermedium der Schallwellen, durch die Erstarrung der Stimmbänder behindert oder sogar völlig blockiert. In dieser Situation versagt das Zusammenwirken von ausströmender Luft, welche die Schallwellen trägt, und den Artikulatoren. Mund, Lippen, Zunge und Kiefer bewegen sich, um einen bestimmten Laut zu artikulieren, doch ohne durchströmende Luft kann er nicht produziert werden.

Nach Meinung von Dr. Schwartz kann der Laryngospasmus als die durch Vererbung bedingte, physiologische Ursache des Stotterns betrachtet werden. Der Laryngospasmus ist allerdings nicht für die sichtbaren Symptome des Stotterns verantwortlich. Die normale und natürliche Reaktion eines Kindes auf blockierte Stimmbänder ist, sie mit aller Kraft öffnen zu wollen. Das Öffnen der Stimmbänder ist aber nicht nur zum Sprechen unbedingt notwendig, Kinder wissen außerdem instinktiv, dass sie es tun müssen, um zu atmen.

Anfangs sind sich stotternde Kinder nicht bewusst, dass sie unter Kraftanstrengung sprechen. Allmählich aber merken sie, dass sie nicht mit der gleichen Leichtigkeit sprechen wie andere Leute und dass das Sprechen für sie etwas Schwieriges ist. Wenn sie ihre ersten richtigen Stotterblockaden erleben, nehmen sie auch die Reaktionen ihrer Mitmenschen auf ihre Sprechstörung wahr. Erwachsene sprechen Wörter für sie zu Ende oder verlangen von ihnen langsam zu sprechen. Manche Leute verspannen ihr Gesicht, halten sich die Augen zu oder wenden sich bewusst ab. Andere Kinder schneiden Grimassen, äffen sie nach oder fragen in aller Unschuld, warum sie so komisch reden. Diese Reaktionen schaffen einen ganz spezifisch sprechbezogenen, einen »antizipatorischen Stress«, wie er von Dr. Schwartz und anderen bezeichnet wird.

Dieser antizipatorische Stress wirkt zusätzlich belastend auf die individuelle Stresstoleranz. Wird die Toleranzgrenze (die, wie ich schon sagte, für jeden unterschiedlich ist) überschritten, kommt es zum Laryngospasmus. Die betroffenen Kinder zwingen sich dann zu tun, was auch immer erforderlich ist, um ihre Stimmbänder zum Schwingen zu bringen. Sie versuchen alles Mögliche, benutzen Körperbewegungen, stampfen mit dem Fuß auf, schwingen ihre Arme, verzerren ihr Gesicht oder bewegen vergeblich ihren Unterkiefer, um ihrer Kehle einen Laut zu entlocken. Und weil sie irgendwann wieder atmen müssen, löst sich schließlich der Laryngospasmus – Luft strömt durch und Wörter folgen. Auf diese Weise lernen Kinder, dass ihre Anstrengungen zum

Erfolg führen. Wenn ihre Stimmbänder also das nächste Mal blockieren, erinnern sie sich, womit sie das letzte Mal Erfolg hatten. Das jeweilige Anstrengungsverhalten wird zur Gewohnheit. Wenn eine Korrektur dieser Verhaltensweisen nicht früh genug erfolgt, entwickeln sich daraus die Symptome des chronischen Stotterns im Erwachsenenalter.

Dr. Schwartz schreibt: »Die Neigung, dass Spannung sich auf die Stimmbänder auswirkt, ist angeboren – es ist ein angeborener Reflex.« Das Stottern aber, das ein Ergebnis der blockierten Stimmbänder ist (also eine Reaktion auf einen Laryngospasmus), sei »erlernt – es ist ein bedingter Reflex«.

Dr. Schwartz' Atemtherapie zielt darauf ab, dem Blockieren der Stimmbänder und der damit verbundenen Unterbrechung des Luftstroms entgegenzuwirken. Sein Hauptaugenmerk gilt also nicht den sichtbaren Symptomen des Stotterns, sondern dem, was vorher passiert, nämlich dem Blockieren der Stimmbänder, wenn man zum Sprechen ansetzen will. Um dieses Erstarren der Stimmbänder zu verhindern, wendet Dr. Schwartz Methoden an, die ich in die Mikro- und Makro-Ebene einteilen möchte. Mit der Mikro-Ebene meine ich die spezifischen Sprechtechniken, die bewirken, dass die Stimmbänder locker bleiben und vibrieren. Auf der Makro-Ebene sehe ich jene Techniken, die stressverringernd wirken, so dass die jeweilige Toleranzgrenze einer Person, oberhalb derer die Stimmbänder blockieren, gesenkt wird.

Die Mikro-Therapie, die Dr. Schwartz lehrt, betrifft passives Ausatmen. Unmittelbar vor dem Sprechen atmet man ganz natürlich, bewusst und ohne Anstrengung, aus. Beim Ausatmen bewirkt der Luftstrom, dass die Stimmbänder offen stehen und leicht vibrieren. Außerdem kommt es dabei zu einem Entspannungszustand, der den Stimmbändern ermöglicht, weiter zu schwingen. Die Aufrechterhaltung dieser Schwingungen ist der Schlüssel zum Erfolg, denn sobald das Vibrieren aufhört, schließen sich die Stimmbänder. Kraftanstrengung wird benötigt – erzwungener Atem – um sie wieder zu öffnen, und es ist genau diese Anstrengung, die verhindert, dass die Stimmbänder richtig vibrieren.

Um das Schwingen der Stimmbänder aufrecht zu erhalten (und um die durch Stress verursachte Spannung zu vermindern), bringt Dr. Schwartz dem Sprecher bei, die erste Sprechsilbe innerhalb jedes Atemzuges langsam auszusprechen. Sobald die erste Silbe erfolgreich gesprochen wurde und die Stimmbänder offen sind und vibrieren, sind die meisten in der Lage, ihre Aussage zu beenden, wenigstens für die Dauer diese Atemzuges. Danach können die Stimmbänder möglicherweise wieder blockieren, so dass man die Atemtechnik erneut anwenden muss.

Diese Atemtechnik hilft vielen Stotterern, zumindest innerhalb der Therapie. Mäßige Stotterer können einen oder zwei Sätze auf einen Atemzug sagen. Ein starker Stotterer, dessen Stimmbänder scheinbar jederzeit blockieren können, muss diese Atemtechnik unter Umständen bei jedem Wort oder jedem Satzteil durchführen. Dies durchzuhalten ist sehr schwierig. Aus diesem Grund bringt Dr. Schwartz Stotterern wie mir das »energiesparende Sprechen« bei, wie er es nennt. Neben dem passiven Ausatmen musste ich mich darauf konzentrieren, langsam mit einer sanften Stimme zu sprechen und alle meine Wörter zu dehnen. Das Ziel war, ein lang anhaltendes, ruhiges Ausatmen zu erzeugen, unter dem meine Stimmbänder ohne Unterbrechung weiter vibrieren könnten.

Keine dieser Ideen war für mich wirklich neu. Charles Pellman versuchte mir schon vor 25 Jahren, »Kontinuität« beizubringen – ein Wort in das nächste fließen zu lassen, nicht auszusetzen und auf einem Atemzug zu sprechen. Auf dem Hollins College versuchte ich unsere »Ziele« wie Voll-Atmung, weiche Stimmeinsätze und gedehnte Erstsilben zu beherrschen, die, wie auch die Kontinuität, ungefähr dem entspricht, was Dr. Schwartz mit seinem *energiesparenden Sprechen* und dem *passiven Ausatmen* zu erreichen versucht. Es gibt jedoch Unterschiede zwischen der Atemtherapie und der *Precision-Fluency-Shaping*-Technik, die in Hollins begründet wurde. Während *Precision Fluency* sich darauf konzentriert, das schlecht angepasste Sprechverhalten des Stotterns zu korrigieren, befasst sich die Atemtherapie damit, was der Stotterer im Augenblick vor dem Sprechen tut. Mit *Precision Fluency* versucht man dem Stotterer ein neues Sprechverhalten anzugewöhnen. Die Therapie nach Dr. Schwartz jedoch geht einen Schritt weiter und versucht den Stress zu eliminieren, der das Stottern verursacht.

Und genau hier kommt der Makro-Ansatz nach Dr. Schwartz ins Spiel. Das Stressniveau, das auf den menschlichen Organismus eine Wirkung hat, variiert ständig; es ist situationsbedingt und ändert sich von einem Augenblick auf den anderen. Ernährung, Wetter, wie man sich gerade in einer bestimmten Situation an einem bestimmten Tag fühlt, was man gerade tut und mit wem man es tut, was gerade im Beruf, in der Schule, zu Hause und in einer Beziehung vorgeht – alles, was sich in unserem sozialen Umfeld und in unserer psychologischen Innenwelt abspielt, trägt zur Erzeugung von Stress bei.

Stotterer wissen aus Erfahrung, wie schwierig das Sprechen ist. Demütigung ist für sie oft die Folge eines verbalen Kommunikationsversuches. Dadurch sind Stotterer, wenn sie zum Sprechen ansetzen, einer Reihe von starken Gefühlen wie Aufregung und Angst ausgesetzt. Kommt dieser antizipatorische Stress zur alltäglichen Stressbelastung hinzu, so wird die übliche Toleranzgrenze überschritten und Menschen, bei denen der Kehlkopf stressanfällig ist, beginnen mit großer Wahrscheinlichkeit zu stottern. Natürlich erleben auch flüssig sprechende Menschen manchmal Stress, wenn sie zum Sprechen ansetzen sollen; da ihre Stimmbänder aber nicht das Angriffsziel sind, verursacht der Stress, den sie erleben, kein Stottern.

Im *Hollins Programm*, wie auch in vielen anderen Therapieformen, lernt man Stress zu bewältigen, indem man ihn ausblendet. Wenn Stotterer ihre Fluency-Shaping-Techniken gut genug beherrschen, können sie diese in jeder Sprechsituation anwenden. Sie sind dann in der Lage, sich ganz auf das Sprechen zu konzentrieren und emotionale, Stress auslösende Störungen zu ignorieren. Die von Dr. Schwartz begründete Makro-Methode hilft dem Stotterer, sein Stressempfinden so einzurichten, dass bei zusätzlichem Stress, wie er beim Sprechvorgang entsteht, die Stresstoleranzgrenze nicht überschritten und Stottern somit nicht ausgelöst wird.

Meine Stresstoleranzgrenze erschien mir nie sehr kritisch. Obwohl ich nicht besonders sportlich oder beweglich bin, hatte ich zumindest bis zu meinem fünfzigsten Lebensjahr aufgrund meines relativ aktiven Lebens einen normalen Blutdruck und einen niedrigen Puls. In schwierigen Situationen habe ich immer einen kühlen Kopf bewahrt und bin ruhig geblieben, auch wenn es um mich herum hoch herging. Spannungsgeladene Situationen bringen mich nicht aus der Fassung. Nur wenn ich sprechen muss, bekomme ich Herzklopfen, mein Puls erhöht sich und ich verliere meine mentale Fassung. Diese Art von Stress wirkt wie ein gut eingestellter Laserstrahl auf mich – er zielt genau ins Schwarze, nämlich auf meinen Kehlkopf, und hat zur Folge, dass die normalen Sprechvorgänge völlig gestört werden.

Es gibt keine genaue Methode, Stress zu messen, weder die normale Stresstoleranzgrenze noch den eher akuten Stress, den ein Stotterer beim Ansetzen zum Sprechen erlebt. Ich vermute, dass meine Stresstoleranz, besonders im Zusammenspiel mit meinem Kehlkopf, relativ niedrig ist. Es bedarf nicht viel zusätzlichen antizipatorischen Stresses, um mich zum Stottern zu bringen.

Eine der Techniken, die Dr. Schwartz anwendet, um die Stresstoleranz zu verbessern und die bei allen seinen Patienten hoch im Kurs steht, ist die Badewannenübung. Man macht es sich in einer Wanne mit warmem Wasser bequem, das Licht ist ausgeschaltet und Kerzenlicht flackert. Man fixiert seinen Blick auf einen Punkt an der Wand und singt mit der gleich tönenden Stimme des Mantragesanges positive Leitsätze:

»Ich werde von Tag zu Tag gelassener.«

»Das Sprechen fällt mir von Tag zu Tag leichter.«

Nach dieser Übung stieg ich jedes Mal ganz entspannt aus dem Bad, stotterte allerdings unverändert. Eine ähnliche, jedoch viel intensivere Erfahrung ist das Treiben in einem Isoliertank, der mit warmem Salzwasser gefüllt und verdunkelt ist (auch Entspannungs- oder *Floating*-Tank genannt). Nach dieser Anwendung fühlte ich mich unbeschreiblich gelockert, als hätten meine Arme und Beine keine Verbindung mehr zu meinem Rumpf und die Muskelspannung, die meine Körperteile zusammenhält, schien nicht mehr vorhanden zu sein. Die daraus resultierende Verminderung der Stresseinwirkung veränderte die Art meines Stotterns. Ich wiederholte immer noch Laute, jedoch ohne eine Anspannung meiner Gesichtsmuskulatur und mit einem nur schwach ausgeprägten Laryngospasmus. Ich vermute, dass diese milde Form des Stotterns meinen primären Stottersymptomen ähnlich ist – also der Art, in der ich sprach, bevor ich mein Stottern wahrnahm und es zu vermeiden versuchte. Leider dauerte dieser wundervolle Zustand der Entspannung immer nur ein paar Stunden an. Die Rückkehr aus dem Entspannungstank in die Wirklichkeit des Alltags bewirkte jedes Mal ein baldiges Ansteigen meiner Stressempfindlichkeit auf das übliche Niveau und der zusätzliche, vom Sprechen verursachte Stress brachte mich über meine Toleranzgrenze und somit zum Stottern.

Ergänzend zum Entspannungsbad empfiehlt Dr. Schwartz Meditation, Bewegung, eine Umstellung der Ernährung – alles was nötig ist, um den Geist zu beruhigen und den Körper zu entspannen. Außerdem besteht er in der Tradition von Van Riper, Wendell Johnson und Joseph Sheehan darauf, dass Stotterer ihr Stottern akzeptieren. Als ich an seinem Seminar teilnahm, teilte er gleich zu Anfang Ansteck-Buttons aus, auf denen stand: »Gelegentlich stottere ich. Daher spreche ich jetzt langsam.« Es gehört zu seinem Programm, dass die Teilnehmer die Anwendung der Atemtherapie sogar Fremden »mitteilen und demonstrieren«. Der mit dem Sprechen verbundene Stress entsteht durch die Angst vor anderen zu stottern. Das öffentliche Bekennen zum Stottern beseitigt daher eine der Hauptursachen für diesen Stress.

Wie die Vertreter des Behaviorismus betont auch Dr. Schwartz die Notwendigkeit des Übens. Seiner Ansicht nach benötige man zwischen 60 000 und 80 000 Anwendungen der Atemtherapie, damit die Technik richtig erlernt und zur Angewohnheit wird. Auch könne man nicht erwarten, in Situationen flüssig zu sprechen, in denen man noch keine Übung hatte. Wie Hollins verfährt auch Dr. Schwartz nach einer schrittweisen Methode, in der die Technik allmählich auf Sprechsituationen im realen Leben übertragen wird. Jeder Seminarteilnehmer erstellt seine persönliche Rangliste schwieriger Situationen – wie zum Beispiel das Bestellen in einem Restaurant, das Sprechen mit Fremden, das Telefonieren – und nur, wenn man sich in einer dieser Situationen sicher fühlt, nimmt man die nächste in Angriff.

Meine Teilnahme am Programm von Dr. Schwartz dauerte fast drei Jahre. Ich bemühte mich sorgfältig meine Atemtechnik zu perfektionieren. Auch in meiner Freizeit übte ich zum Beispiel lautes Lesen. Beim Autofahren las ich Nummernschilder, Verkehrsschilder, oder kommentierte mündlich, was ich gerade sah. Einmal pro Woche schickte ich eine Kassette mit meinen Sprachaufnahmen zu einer Therapeutin, die für Dr. Schwartz tätig war. Sie machte ihre Beurteilung und schickte mir die Bänder mit einer neuen Aufgabe zurück. Ich hatte vier »Kassettenfreunde«, ebenfalls Patienten von Dr. Schwartz in verschiedenen Teilen des Landes, und wir schickten uns gegenseitig unsere Aufnahmen zu. Mit der entsprechenden Übung brachte ich es fertig, Aufnahmen von einer halben Stunde ohne Stottern zu machen. Ich führte so viele Ferngespräche mit der Telefonvermittlung und fragte nach verschiedenen Holiday Inns, dass ich schon Angst bekam, die Telefongesellschaft würde mich bei der Polizei anzeigen, weil ich ihre Mitarbeiter belästigte. Die Vermittler scheinen jedoch mit dem Programm von Dr. Schwartz vertraut zu sein. Ein Freund aus der Atemtherapie-Gruppe berichtete die Geschichte, als er mit einer Vermittlerin in der Zentrale von Los Angeles telefonierte und dabei stotterte. Sie erinnerte ihn daran, langsam zu sprechen und die Schwartz-Technik anzuwenden. Auskünften über Holiday Inns konnte ich bereits recht problemlos erfragen. Allerdings klappte es nie so gut bei einem Hyatt oder Sheridan Hotel.

Und das war mein Problem. Wirklich erfolgreich konnte ich die Atemtechnik nur in einem absolut kontrollierten Umfeld anwenden. Wusste ich, dass eine Situation bevorstand, in der ich sprechen musste, übte ich die Atemtechnik vorher. Wenn ich zum Beispiel in einem Fastfood-Restaurant Schlange stand, dachte ich über die Atemtechnik nach, vergegenwärtigte mir, wie ich sie anwenden würde, bewegte meine Lippen und übte lautlos, was ich sagen wollte. Bis ich an der Reihe war zu bestellen, hatte ich Herzklopfen. Was ursprünglich ein einfacher Satz über einen Hamburger und Pommes Frites war, hatte sich mit dem Nachdenken über die Herausforderung des Sprechens zu einem Prüfstein meiner Fortschritte entwickelt. Und sprach ich nicht perfekt flüssig, fühlte ich mich als Versager. Die Tatsache, dass ich die Atemtechnik im Alltagsleben nicht anwenden konnte, deprimierte mich. Seit meiner Kindheit hatte ich Wörter nicht mehr vermieden, die mir vermutlich Schwierigkeiten bereiten würden, doch nun fing ich wieder an. Anstelle eines Hamburgers bestellte ich Fisch und im Freundeskreis war ich eher still, als dass ich mich blamierte.

Eine Sache jedoch bewirkte, dass ich das Programm von Dr. Schwartz nicht aufgab. Jede zweite Woche fuhr ich nach Boston, um am Treffen der Bostoner Selbsthilfegruppe teilzunehmen. Wo immer Dr. Schwartz genug Teilnehmer hat, gründet er solche Initiativen, in welchen die Programmübungen fortgesetzt werden. Wir trafen uns für zwei oder drei Stunden und wandten unsere Atemtechnik in Unterhaltungen, Reden und anderen Übungen an. Obwohl Dutzende von Leuten an den Seminaren teilnahmen, die Dr. Schwartz regelmäßig in Boston anbot, bestand die Arbeitsgruppe immer nur aus ein paar regelmäßigen Teilnehmern. Jeder von uns war engagiert und die meisten hatten Erfolg.

Ich erinnere mich an einen jungen Mann namens Gus, der eben erst geheiratet hatte, seine erste Stelle hatte und fest entschlossen war, sein Sprechen zu verbessern, um Karriere zu machen. Gus klärte jeden – einschließlich Arbeitgeber – über sein Stottern und seine Atemtechnik auf. Er notierte jede seiner Sprechunflüssigkeiten in einem Notizbuch. Dann analysierte er genau, was er falsch gemacht hatte, und übte die Wörter, die er gestottert hatte, bis er sie nicht mehr fürchtete. Gus brauchte nie zu viele Notizen zu machen. Die meisten der Erfolgreichen in unserer Gruppe waren immer milde Stotterer gewesen. Es gab sogar einige ›verborgene‹ Stotterer unter uns, denen ich manchmal ihre Teilnahme übel nahm, weil ich sie nie stottern hörte. Es gab aber auch ein paar, die eher stark stotterten, und zumindest einer von ihnen machte bemerkenswerte Fortschritte.

Als ich in der Atemtherapie-Gruppe anfing, war Bob Scheier bereits ein Jahr lang in dem Programm. Seine Sprechflüssigkeit während unserer Treffen war so gut, dass ich vermutete, er sei einer der unmerklichen Stotterer. Eines Abends kam er ins selbe Restaurant, in dem ich vor dem Treffen unserer Gruppe zu Abend aß. Unsere Begegnung war so unerwartet, dass keiner von uns darauf eingestellt war, die Atemtechnik anzuwenden, und wir beide fingen zu stottern an. Ich hatte noch nie zuvor sein Stottern erlebt: Sein Unterkiefer klapperte unkontrolliert und er wiederholte die ersten Laute seiner Wörter wie ein stotternder Motor. Dann hörte er auf, fasste sich und begann, sich auf seine Atemtechnik zu konzentrieren. Die Änderung war schlagartig. Bob hatte die Atemtechnik offensichtlich völlig im Griff und konnte sie jederzeit einsetzen, um flüssig zu sprechen.

Ich wünschte, ich könnte das gleiche von mir behaupten, doch nach immerhin mehr als zwei Jahren ernsthafter Konzentration auf die Atemtherapie wiesen mich die Mitglieder der Bostoner Gruppe darauf hin, dass ich die Atemtechnik nicht richtig machte. Und sie hatten Recht. Mein Ausatmen war oft so schwach, dass fast keine Luft aus meinen Lungen entwich. Oft musste ich mein Ausatmen durch eine bewusste Anstrengung in Gang bringen. Diese Anstrengung, wie klein auch immer, wirkte der entspannten Ruhe entgegen, die ich fühlen sollte, bevor ich zu sprechen anfing. Und sie war stark genug, meine Stimmbänder so anzuspannen, dass die ganze Atemtechnik nicht mehr funktionierte.

Mit der Hilfe von Dr. Schwartz erreichte ich damals den höchsten Grad kontrollierten Sprechens, der mir je gelang. Leider war es niemals gut genug. Ich schätze, dass sich mein Stottern um die Hälfte verbesserte, von 80 auf 40 Prozent meiner Wörter – eine enorme Verbesserung, aber immer noch eine starke Sprechstörung. Für meine Zuhörer und für mich selbst war ich immer noch ein Stotterer. Was noch schlimmer war: Ich musste mich so sehr auf die Atemtechnik konzentrieren, dass ich oft nicht mehr wusste, was ich sagen wollte; oder wenn ich etwas zu sagen hatte, wollte ich die Atemtechnik nicht vermasseln und verzichtete dann darauf. Nach etwa drei Jahren gab ich also auf und stellte das Üben ein.

Während der Vorbereitungsarbeiten für dieses Buch nahm ich wieder Kontakt mit Bob Scheier auf. Wir trafen uns zum Abendessen. Er sprach langsam und ganz bewusst und dadurch fast perfekt flüssig. Ich merkte, dass er sich beim Sprechen sehr viel Mühe gab; der normale Zuhörer jedoch hätte ihn als einen leisen, angenehmen, normalen Sprecher empfunden. Bob arbeitete nun als Redakteur für ein Computermagazin und verbrachte einen Großteil seines Tages damit, Computerexperten, die er meist nicht kannte, telefonisch zu interviewen; dazu trug er einen Telefonkopfhörer. »Ich danke Martin Schwartz für meine Fähigkeit, telefonisch mit Leuten zu kommunizieren«, erzählte er mir. »Vor der Teilnahme an dem Programm und in anderen Jobs war ich nach einem Arbeitstag oft erschöpft und entmutigt, weil ich dachte, sehr schlecht gesprochen zu haben. Die Technik von Dr. Schwartz ermöglicht es mir, meine jetzige Arbeit mit Leichtigkeit zu tun, und sie hilft mir, die unbeschreiblichen Schwierigkeiten bei vielen Sprechsituationen im Alltag zu vermeiden oder zumindest zu reduzieren.«

Bob hält sich jedoch immer noch für einen Stotterer. »Die Entscheidung muss ich jeden Tag und jeden Moment aufs Neue treffen«, erklärt er. »Nutze ich die Technik und kontrolliere mein Sprechen oder lasse ich es einfach laufen, spreche zu schnell und habe Probleme?«

Wie viele der anderen, die ich vor 13 Jahren kannte, nimmt Bob immer noch an den Treffen der Atemtherapie-Gruppe in Boston teil. Den meisten meiner alten Freunde geht es gut, auch wenn sie manchmal einen schlechten Tag haben und immer noch üben müssen. Jeden Tag ruft Bob ein anderes Mitglied der Gruppe an und übt für einige Minuten die Atemtechnik. Außerdem übt er auch rückwärts zu lesen. »Eine unheimlich langweilige aber sehr hilfreiche Übung, weil ich mich mit ihrer Hilfe sehr gut auf die Technik konzentrieren kann, ohne vom Inhalt abgelenkt zu werden. Ich habe einfach akzeptieren müssen, dass ich ein Stotterer bin«, sagt Bob, »Dr. Schwartz jedoch hat mir eine Technik zur Verfügung gestellt und ich weiß, wie ich sie benutzen muss.«[3]

Ich bedauere meine Teilnahme am Atemtherapieprogramm von Dr. Schwartz in keiner Weise. Andere jedoch schon. Dr. Schwartz ist eine der umstrittensten Figuren in diesem Berufsstand. Er wird von anderen prominenten Sprechtherapeuten öffentlich abgelehnt und von vielen seiner ehemaligen Seminarteilnehmer, die keinen ›Erfolg‹ hatten, gehasst. Die Auseinandersetzungen sind dabei nicht so sehr auf seine Therapie zurückzuführen, sondern eher auf die Art, in der er Werbung für sich betreibt. Es fing mit der Veröffentlichung seines ersten Buches an – *Stuttering Solved* (1976; Titel der dt. Ausgabe: *Stottern ist heilbar*) – auf dessen Einband er fett gedruckt »eine revolutionäre Behandlung mit einer Erfolgsrate von 89 Prozent für stotternde Kinder sowie Erwachsene« ankündigt. Diese Behauptung, die damals jeder Grundlage entbehrte, führte zur Androhung einer Untersuchung durch den Ethikausschuss der *American Speech-Language-Hearing Association* (ASHA), was den Austritt von Dr. Schwartz aus dem Verband zur Folge hatte. Seither arbeitet Dr. Schwartz ohne ASHA-Akkreditierung und macht weiterhin provokative Behauptungen über den Erfolg seines Programms.

In seinem letzten Buch – *Stutter No More* (1993; dt.: Nie wieder stottern) – verspricht die Titelseite: »Die schnelle, einfache, erprobte Methode mit einer erstaunlichen, langfristigen Erfolgsrate«, 93,4 Prozent, wie Dr. Schwartz an anderer Stelle behauptet, »unabhängig vom Alter, der Stärke des Stotterns oder der gesprochenen Sprache.« Es gibt auch andere Therapieprogramme, die sich genau wie Dr. Schwartz' Behauptungen auf selbsterhobene Daten stützen, die wissenschaftlich nicht glaubwürdig sind. Niemand ist aber so unverfroren im Werben mit solch zweifelhaften Daten wie Martin Schwartz. In seinem Buch *Stutter No More* erläutert er wenigstens, dass seine Aussage hinsichtlich der 93,4-prozentigen Erfolgsrate auf den Selbstauskünften von 625 Patienten beruht, die sein Programm zur Gänze absolviert haben. Nach einem beziehungsweise zwei Jahren füllten diese Patienten selbsteinschätzend Fragebögen aus, in denen ›Erfolg‹ als »im Wesentlichen in allen täglichen, routinemäßigen Sprechsituationen symptomfrei« definiert war.[4]

Die Auffassung von ›Erfolg‹ ist aber etwas Subjektives, vom Standpunkt des Betrachters Abhängiges: Patienten, die sich mit ihrem erreichten Niveau der Sprechflüssigkeit wohl fühlen, können sagen, dass sie Erfolg hatten, ganz egal, in welchem Ausmaß sie noch stottern. Von ihrer Selbsteinschätzung hängt eine ganze Menge ab. Sie haben schließlich nicht nur viel Zeit und Geld in das Programm investiert und wollen daher glauben, die Mühe hätte sich gelohnt, viele wollen es auch ihrem Therapeuten recht machen. Es besteht daher eine starke Tendenz, sich besser zu beurteilen (und dies auch zu glauben), als ein objektiver Beobachter es tun würde.

Auch wenn man die Selbsteinschätzung zur Messung der Therapiewirksamkeit akzeptiert, stellen die von Dr. Schwartz angegebenen 93,4 Prozent eine Verfälschung der Daten dar, denn er hat die Untersuchung auf jene Patienten beschränkt, die das gesamte Programm des Kurses durchgestanden haben. Diese Teilnehmer schickten ihm treu ergeben ein Jahr lang alle sieben bis zehn Tage ihre Tonbandkassetten, nahmen an den Auffrischungskursen teil, die er regelmäßig abhält, und gingen zu den Treffen der örtlichen Atemtherapie-Gruppen oder hielten regelmäßigen Telefonkontakt mit anderen Anwendern der Atemtechnik in ihrer Nähe. Meiner Erfahrung nach – und sie wird durch Beobachtungen anderer bestätigt – besuchen viele das anfängliche Seminar, absolvieren aber nicht das komplette Programm und nehmen auch an den Selbsthilfegruppentreffen nicht regelmäßig teil. Dass Dr. Schwartz sie nicht in seine Untersuchung mit einbezog, soll vermutlich andeuten, dass sie nicht genug Ehrgeiz hatten, was für einige sicherlich stimmen mag. Es steht außer Zweifel, dass einige zu bequem waren, um alle Anstrengungen auf sich zu nehmen, die das Programm von Dr. Schwartz erfordert hätte. Wie dem auch sei, meinen Beobachtungen zufolge stiegen viele aus dem Programm aus, *weil* sie ihre Zeit investiert haben und dabei aber *keine* ausreichenden Fortschritte erzielten. Für sie funktionierte die Atemtherapie nicht und ihre Anstrengungen machten sich nicht bezahlt. Sie wurden einfach nicht gezählt – und daher treten sie in Dr. Schwartz' Statistik auch nicht als Misserfolg auf.

Seine Erfolgs-Storys sind nicht das Einzige, das die Kontroversen anfachte. Jedes seiner drei Bücher lässt darauf schließen, dass er, Dr. Schwartz, im Alleingang das Problem des Stotterns gelöst habe. Sein drittes Buch zum Beispiel beginnt mit den Worten »Meine Entdeckung der physiologischen Ursache des Stotterns …«. Er verwirft außerdem andere Therapien als ungeeignet und beansprucht – fälschlicherweise, wie ihm seine Kritiker vorwerfen –, dass er selbst die muskuläre Spannung am Kehlkopf wie auch die korrigierende Atemtherapie entdeckt habe. Es ist also kein Wunder, dass viele seiner Kollegen ihn mit Verachtung betrachten. Dr. Schwartz arbeitet außerhalb der etablierten Normen und Traditionen. Er stellt auch die wirklich nützliche Einsicht, dass Stotterer über ihr Stottern offen reden sollten, als seine Erkenntnis dar, obwohl andere vor ihm, wie zum Beispiel Wendell Johnson, Van Riper und Joseph Sheehan, diesen Aspekt bereits ausdrücklich betont haben. Weder in *Stuttering Solved* noch in *Stutter No More* werden andere Experten auf dem Gebiet des Stotterns anerkannt. Außerdem stellt er seine Ideen als bewiesene Tatsachen dar und nicht als Theorien.

Dr. Schwartz' einziger wesentlicher Beitrag besteht meiner Meinung nach darin, dass er die Auswirkung von Stress auf die Stimmbänder formalisierte. Jüngste Untersuchungen der Stimmbänder bekräftigen seine Theorie. Wie wir aber noch sehen werden, gibt es auch konkrete Anhaltspunkte, die auf das Vorhandensein weiterer Ursachen für das Stottern hindeuten. Kein einziges Forschungsergebnis im Bereich Stottern lässt zwingende, eindeutige Schlüsse zu; die sicherste Behauptung wäre daher wahrscheinlich, dass es nicht eine, sondern ein ganzes Bündel von Ursachen gibt, die auf komplexe Weise zusammenwirken und auch den Laryngospasmus umfassen, und dass jeder Stotterer auf individuelle Weise betroffen ist.

Als Theoretiker hat Dr. Schwartz meine volle Anerkennung und ich respektiere sein Therapieprogramm. Mit seinen Vermarktungsmethoden aber stößt er auf Widerstand – bei mir, bei vielen seiner Patienten, bei der ASHA sowie bei Fachkollegen. Mit seiner Behauptung, das Problem des Stotterns gelöst und die einzig erfolgreiche Therapie gefunden zu haben, hat er sich zu einem Hochstapler in Sachen Stottertherapie gemacht.

In einem Kapitel in *Stuttering Solved* wird das anschaulich illustriert.[5] Schwartz berichtet über einen Segelurlaub an der nordamerikanischen Atlantikküste in *Chesapeake Bay*. Auf einem Landepier macht er Bekanntschaft mit einem kleinen Jungen, der stottert. Obwohl er sich im Urlaub befindet, ist Dr. Schwartz sofort bereit, die Zeit dafür aufzubringen, dem Jungen das Geheimnis der Atemtechnik zu erklären. Nach ein paar Stunden Arbeit kann das Kind flüssig sprechen. Dr. Schwartz fügt einschränkend hinzu, dass er natürlich nicht wisse, ob das Kind imstande war, seine

Sprechflüssigkeit zu bewahren. An anderer Stelle im Buch ist er darauf bedacht zu erklären, dass die Atemtechnik lange geübt werden muss, um sie zu beherrschen. Der Erfolg stelle sich nicht über Nacht ein. Doch hier beglückwünscht er sich zu einem Therapieabend, der nach seinen eigenen Angaben den Erfolg nicht sicherstellen konnte. Falls der kleine Junge schon am nächsten Morgen seine Sprechflüssigkeit wieder verloren haben sollte, traf ihn das, draußen auf seinem Boot, ja nicht mehr. Wessen Schuld war es schließlich, wenn der Junge die Technik, die ihm Dr. Schwartz beigebracht hatte, nicht übte?

ANMERKUNGEN

[1] Englisch »airflow therapy«.

[2] Meine Beschreibung der Atem-(Intent-) -therapie stammt sowohl aus dem Buch von Martin Schwartz wie auch von den Internetseiten des National Center for Stuttering, http://www.stuttering.com.

[3] Bob Scheier in einem Interview mit dem Autor dieses Buches in Worcester, MA, am 15. August 1996.

[4] Martin Schwartz, Stutter No More (New York: Simon & Schuster, 1991), S. 135-38 ff.

[5] Martin Schwartz, Stuttering Solved (New York: J. B. Lippincott, 1976), S. 127-28 ff.

24. Eine Behinderung im Mund

Was mich motivierte, mit dem Programm von Dr. Schwartz durchzuhalten und soviel Zeit in meine täglichen Übungen zu investieren, war die Tatsache, dass Mimi schwanger war. Kurz nachdem ich das Seminar absolviert hatte, kam unsere Tochter auf die Welt – mein erstes und einziges Kind.

Es war Mimi, die ein Kind haben wollte. Sie war sich sicher, dass ich ein guter Vater sein würde. Ich wusste nicht, wie sie zu dieser Vorstellung kam. Ich habe mich immer sehr fürsorglich um meine Katzen gekümmert, jedoch nie viel Aufmerksamkeit an Kinder verschwendet. Wenn es darum ging, ein Baby im Kreise von Freunden und Verwandten zu bewundern und zu liebkosen, zog ich es vor, mich zurückzuziehen und stattdessen mit einer Katze zu schmusen, wenn eine vorhanden war. Wie ich an früherer Stelle bereits erwähnte, war ich besorgt, dass ich meine Veranlagung zum Stottern an ein Kind weitervererben könnte. Außerdem war mir nicht klar, wie ich die elterlichen Pflichten erfüllen sollte, für welche mir eine flüssige Sprechweise notwendig erschien. Wie würde ich einem Kind vorlesen? Ihm bei den Hausaufgaben helfen? Ihm die Welt erklären? Eine lustige Unterhaltung mit ihm haben? Ihm meine Werte und mein Wissen vermitteln? Ich dachte über meine Erfahrung als Betreuer in dem Sommercamp nach und über meine Kommunikationsfähigkeiten mit Kindern im Allgemeinen, nicht nur mit meiner Tochter. Würde mein Stottern sie bei ihren Freunden in Verlegenheit bringen? Würde sie die Freunde je zu uns einladen?

Der Gedanke, ein Kind zu haben, rührte an mein mühsam erworbenes und immer noch labiles Selbstvertrauen. Ich dachte, ich hätte gelernt, mit meiner Sprechunflüssigkeit umzugehen und mich als Stotterer zu akzeptieren. Anscheinend aber nicht. Was hatte es zu bedeuten, dass ich mir nichts Schlimmeres vorstellen konnte, als ein Kind zu haben, das wie ich sprach?

Damals kannte ich nur zwei Väter, die stotterten: Mein Freund Paul Johnson hatte drei wunderbare Söhne, die alle flüssig sprachen und mir Beruhigung gaben; mein anderer Freund Peter hatte damals einen Sohn, der stotterte. Es besorgt mich, wenn ich zurückblicke und mir eingestehe, wie ich damals über Eli dachte, als er heranwuchs. Ich war auf sein Stottern fixiert und nicht auf die Bewunderung, die er von seinen Freunden und Lehrern bekam. Trotz seines Stotterns wurde er Schülersprecher seines Jahrganges an der High School und er schloss sein Studium an der *Yale University* ab, für das er ein Stipendium erhalten hatte. Es dauerte eine ganze Weile, bis ich Eli für den sah, der er war, und nicht als statistischen Beweis, dass ich kein Kind haben sollte.

Den Statistiken nach ist die Wahrscheinlichkeit bei stotternden Elternteilen größer, dass ihre Kinder auch stottern, als dies bei flüssig sprechenden Eltern der Fall ist. Die Wahrscheinlichkeit ist bei Jungen größer als bei Mädchen und zwar im Verhältnis vier zu eins. Infolgedessen war ich sehr erleichtert, als Mimis Fruchtwasseruntersuchung erkennen ließ, dass wir ein Mädchen haben würden. Außerdem machte mich dieses Wissen froh, weil meine Erinnerungen an meine Schwester sehr stark und positiv waren und weil der Feminismus stark im Kommen war und es der richtige Zeitpunkt in der Geschichte zu sein schien, als Mädchen geboren zu werden. Doch obwohl die Chancen, dass mein Kind stottern würde, relativ gering erschienen, war ich natürlich über die Möglichkeit besorgt. Da ich aber negativen Gedanken nicht gerne nachhänge, dachte ich bis zu ihrer Geburt nicht mehr darüber nach. Ich sagte mir, dass ich das Nötige schon lernen würde, wenn es so weit war, ein Kind großzuziehen.

Ich war 42, als Katie geboren wurde. Obwohl ich niemandem die Gleichgültigkeit empfehle, die ich meiner bevorstehenden Vaterschaft entgegenbrachte, hat sie mir scheinbar geholfen. Sekunden nachdem Katie das Licht der Welt erblickte (zuerst der Kopf, mit einem schwarzen Haarschopf), legte die Geburtshelferin sie mir in die Arme und sagte lächelnd: »Na, Papi?« Ich hatte niemals zuvor ein Baby gehalten und meine Arme zitterten. Als ich sie aber so in meiner Armbeuge hielt, wusste ich, und ich habe es seither nie wieder angezweifelt, dass ich mich als Vater recht gut anstellen würde.

Bis Katie zehn Jahre alt war, lebten wir in Montreal und verbrachten die Sommer in meiner Kommune in Vermont. Mimi hatte eine gut bezahlte und sichere Stelle als Lehrerin an einer öffentlichen Schule, während ich versuchte, mich als freiberuflicher Schriftsteller zu etablieren. Da ich zu Hause arbeitete, war ich, ob ich es wollte oder nicht, ein Hausmann.

Wenn Stotterer mit Babys sprechen, stottern sie normalerweise nicht; daher wurde Katie, als sie noch ein Kleinkind war, zum unfreiwilligen Publikum meiner Nonstop-Monologe. Ich erzählte ihr Witze, diskutierte über Politik, machte Wortspiele, beschrieb ihr meine Familie, erzählte von meiner Kindheit in der Bronx und der Kommune. Zusammen sahen wir fern, »Sesamstraße« zweimal am Tag, und im Herbst jeden Sonntagnachmittag die *New Yorker Football Giants*. Wir hörten auch Musik. Ich legte Platten auf oder sang selbst: Jazz, Doo-Wop, Blues, Friedensballaden, Beatlesmelodien und Hank Williams' »Jambalya«. Einmal, als ich sie wickelte, fing ich mit dem Cole Porter Song »My Heart Belongs to Daddy« an, wurde aber an der Stelle mit »Da-da-da, da-da-da, da-da-da-Dad« ganz rot und hörte auf.

Ich nutzte meine Monologe oft dazu, meine Atemtechnik zu üben. Dabei sprach ich langsam und sorgfältig und erinnerte mich immer daran, jeden Satz mit dem passiven Ausatmen anzufangen. Da Katie nicht verstand, was ich sagte, stand ich nicht unter Stress und stotterte deshalb auch nie. Ich glaube (und es gibt Studien, die das bestätigen), dass die verbalen Fertigkeiten von Kindern sowie ihre Selbstsicherheit gefördert werden, wenn ihre Eltern mit ihnen reden. Sowohl Mimi als auch ich reden ununterbrochen.

Leider konnte ich die Sprechflüssigkeit, die ich bei Katie hatte, nicht auf mein Handeln in der realen Welt übertragen. Beim Einkaufen, im Gespräch mit Freunden oder beim Telefonieren stotterte ich nach wie vor. Wenn ich an Katies Sprechfertigkeiten dachte, hörte ich immer eine Zeituhr ticken. Bald würde sie selbst zu reden anfangen und, was schlimmer war, sie würde auch hören, wie ich stotterte. Die Phase, in der Kinder ihre Sprache entwickeln, ist für alle Eltern faszinierend; für stotternde

Eltern ist sie auch mit viel Stress verbunden. Sprechflüssigkeit wird dann in zweierlei Hinsicht zu einem Problem, für uns selbst und wie wir das Sprechen unseres Kindes wahrnehmen. In unserer Angst, dass unser Kind zu stottern anfangen könnte, beobachten wir jedes seiner Worte. Und durch unsere Entschlossenheit, nicht zu stottern, verursachen wir Stress bei unseren eigenen Sprechbemühungen.

Als Katie anfing Sprache zu verstehen und Fragen stellte, irritierte mich mein unflüssiges Sprechen immer mehr. Die Atemtechnik erforderte eine hohe mentale Konzentration und außerhalb unseres Hauses funktionierte sie nicht. Sie zu benutzen und dabei trotzdem noch zu stottern, war besonders frustrierend. Ich konnte das Stottern nur dann vermeiden, wenn ich mich selbst zensierte, also Wörter vermied, bei denen ich gewöhnlich stotterte. Als Katie noch ein Kleinkind war, war ich fest davon überzeugt, ein sehr guter Vater zu sein. Sobald die Sprache dann eine Rolle spielte, war ich mir allerdings nicht mehr so sicher.

Dann begegnete ich, metaphorisch gesprochen, dem Hl. Moses, Schutzpatron der Stotterer. Ich war gerade bei *Waldman*, der größten Fischhandlung in Montreal, einkaufen und stotterte, als ich »Seezungenfilet« verlangen wollte. Der Verkäufer filetierte den Fisch und wog ihn, dann winkte er mich an die Seite des Ladentischs.

»Sie stottern«, sagte er. »Ich auch. Ich trage dieses Ding, *Edinburgh Masker* genannt.«

Er zeigte mir ein kleines elektronisches Gerät, das an seinem Gürtel befestigt war, und deutete auf etwas, das wie ein Hörgerät aussah und das er in beiden Ohren trug.

»Jedes Mal, wenn ich spreche, höre ich ein Summgeräusch in meinem Ohr. Es ist gerade laut genug, dass ich nicht den Klang meiner eigenen Stimme höre. Man nennt es weißes Rauschen. Ich weiß nicht, wie es funktioniert, ich weiß nur, dass es funktioniert. Wenn es eingeschaltet ist, stottere ich nicht. Wenn Sie morgen noch einmal kommen, dann kann ich Ihnen sagen, wo Sie es bestellen können.«

Ich hatte schon von dem *Masker* gehört. Freunde hatten mir berichtet, dass sie eine Vorführung des Gerätes in der Fernsehshow *That's Incredible* (dt.: Das ist unglaublich!) gesehen hatten. Ich dachte, dass alles, was in dieser Art von TV-Show präsentiert wurde, irgendein Schwindel sein musste. Abgesehen davon erinnerte ich mich, dass viele Sprechtherapeuten, einschließlich Dr. Schwartz, den *Masker* als »Krücke« bezeichneten. Was passiert, wenn die Batterie schwach wird?, fragten sie. Dann stottert man wahrscheinlich, wäre die offensichtliche Antwort, genauso wie wenn man keinen *Masker* hätte. Und es dauert höchstens eine Minute, die Batterie zu wechseln. Was soll dieses Argument also?

Genau jene Einstellung aber hatte ich unkritisch akzeptiert. Ich dachte, ein elektronisches Gerät zu benutzen, wäre eine Mogelei, ein leichtfertiges Aufgeben meiner Verantwortung. Wie komisch! Menschen mit Gehörproblemen wird geraten, ein Hörgerät zu tragen. Doch von Menschen, die Sprechprobleme haben, wird erwartet, dass sie diese alleine bewältigen. Menschen mit körperlichen Behinderungen benutzen Krücken um zurechtzukommen. Warum sollte stotternden Personen der Nutzen einer verbalen Krücke vorenthalten werden?

Wäre ich nicht so verzweifelt gewesen über die Tatsache, dass Katie sich langsam zu einem echten Zuhörer entwickelte, wäre ich weiterhin bei der gängigen Meinung geblieben und hätte das Angebot des Fischverkäufers abgelehnt. Doch wie die Dinge lagen, ging ich am nächsten Tag wieder zu *Waldman* und erhielt den Namen und die Anschrift von Herb Goldberg, dessen gemeinnützige Organisation, *The Foundation for Fluency*, den *Masker* zum Einkaufspreis verkaufte.

Der *Edinburgh Masker* ist ein elektronisches Gerät, das in eine Hosentasche passt oder am Gürtel getragen werden kann. Ein dünnes Kabel, welches man unter dem Hemd trägt, verbindet das Gerät mit einem Mikrofon, das die Form einer kleinen Münze hat und entweder mit Klebefilm oder mit einem Halsband in der Nähe des Kehlkopfes befestigt wird. Ein zweites Kabel führt über Kunststoffröhrchen zu individuell gefertigten Ohrstücken, die wie Hörgeräte aussehen und in beiden Ohren getragen werden. Das Mikrofon registriert das Vibrieren der Stimmbänder, das mit dem Sprechvorgang einsetzt, und schaltet gleichzeitig das »weiße Rauschen« ein, das den Klang der eigenen Stimme ausblendet. Der *Masker* löst nicht das Problem, das beim Stimmeinsatz auftreten kann. Eine gute Atemtechnik oder ein sanfter Stimmeinsatz ist erforderlich, um den ersten Ton herauszubringen. Sobald die Stimmbänder aber vibrieren, ist das verdeckende Geräusch eine wirksame Hilfe für flüssiges Sprechen.[1]

An dem Tag, als mein *Masker* mit der Post geliefert wurde, rief Bob Scheier mich an, mein Freund aus der Atemtherapiegruppe, um unsere Technik am Telefon zu üben. Während das »weiße Rauschen« in meinen Ohren dröhnte, war ich in der Lage, alle sonstigen Ablenkungen auszuschalten, mich auf die Atemtechnik zu konzentrieren und perfekt flüssig zu sprechen. Bob war voller Lob über meine Fortschritte. Ich war außer mir vor Freude, aber auch verwirrt. Sollte ich ihm erzählen, dass ich den *Masker* benutzte? Sollte ich zugeben, dass ich diese verpönte Krücke benutzte? In diesem Gespräch gab ich mein Geheimnis noch nicht preis, aber kurze Zeit später teilte ich Dr. Schwartz mit, dass ich mich entschlossen hätte, den *Masker* zu benutzen, und nicht mehr am Programm teilnehmen würde. Ich rechnete damit, für das Benutzen einer Krücke kritisiert zu werden. Mein Therapeut war jedoch höflich und wünschte mir alles Gute.

Seit damals verwende ich den *Masker*. Morgens lege ich ihn an und vergesse ihn. Mein Sprechen wird dadurch zwar nicht perfekt flüssig (was anderen Benutzern offensichtlich gelingt), jedoch hat er die Art meines Stotterns verändert. Anstelle von spannungsgeladenen Blockaden, verschlossenen Stimmbändern und Ringen nach Luft mache ich geringfügige Wiederholungen, mit denen ich einigermaßen leben kann. Meine Worte stocken nicht mehr, sie kommen heraus. Mit Ausnahme von öffentlichen Reden und Telefongesprächen, bei denen der empfundene Stress den Nutzen des *Maskers* offenbar überwiegt, kann ich mit jedem reden. Meine Frustration über das Sprechen ist praktisch nicht mehr vorhanden.

Der *Masker* bewirkte, dass es mir plötzlich Spaß machte, mit Fremden zu reden, Fragen zu stellen, Geschichten zu erzählen und Witze zu machen. Für mich ist der *Masker* kein Heilmittel, sondern ein Hilfsmittel. Er gibt mir genug Selbstvertrauen, die Techniken anzuwenden, die ich in der Therapie gelernt habe. Je öfter ich diese Techniken anwende, desto flüssiger spreche ich. Herb Goldberg, der auch einen *Masker* benutzt, sagt, dass er ihn verwendet, um einen »flüssigen Lebensstil« zu erreichen. Der *Masker* hat es mir ermöglicht, diesem Ziel ein gutes Stück näher zu kommen.

Für mich lag der Beweis meines Erfolges mit dem *Masker* in der bemerkenswerten Tatsache, dass Katie mich zu ihrem »auserwählten Vorleser« bestimmt hatte. Ich war der Elternteil, den sie praktisch jeden Abend bat ihr vorzulesen. Kinderbücher eignen sich hervorragend zum Üben für Stotterer. *Frog and Toad*; *Good Night, Moon* und *Owl Moon*, um meine Favoriten zu nennen, sind der perfekte Lesestoff für langsames Sprechen. Auch *Dr. Seuss* eignet sich sehr gut. *Hop on Pop*, mit seinen unsinnigen Wortspielen, war jedes Mal eine Kraftprobe für mich. An vier oder fünf Abenden in der Woche las ich Katie vor, bis sie alt genug war, selbst zu lesen. Katie sagt, sie war sich immer bewusst, dass ich anders sprach, und sie erinnert sich, dass ich mit ihr über mein Stottern sprach. Aber sie behauptet, nie irgendwelche Sprechunflüssigkeiten bemerkt zu haben. Als sie ungefähr sieben oder acht Jahre alt war, fragten ihre Freundinnen, warum ich so komisch spreche. »Papi hat eine Behinderung im Mund«, erklärte sie. Und genau so ist es.

Ich war gerne ein Hausmann und nahm meine Pflichten sehr ernst. Ich liebte es, mich um Katie zu kümmern, ihre Windeln zu wechseln, ihr die Flasche zu geben und, als sie dann etwas älter war, jeden Tag mit ihr in den Park zu gehen. Einmal waren wir mit einer Gruppe von Mimis Freundinnen dort. Sie gingen nebeneinander her und sprachen miteinander. Ich war ein paar Schritte voraus, aber noch in Hörweite, und spielte mit Katie, als eine von ihnen ganz nebenbei und freundlich bemerkte: »Schaut euch Marty an, er ist wie eine Mutter zu Katie.«

Diese Bemerkung erfüllte mich zwar mit Stolz, machte mich aber auch unsicher. Ja, ich hatte eine fürsorgliche, erzieherische Rolle für mein Kind übernommen, aber warum wurde das nicht als Teil der Vaterrolle gesehen? Warum können Väter nicht Rollen bekleiden, die man traditionell mit Müttern assoziiert? Und warum können Mütter nicht Dinge tun, die man gewöhnlich von Vätern erwartet? Obwohl unsere Ehe nicht funktionierte, gelang es Mimi und mir, unsere Geschlechterrollen für Katie verschmelzen zu lassen, und sie wuchs mit zwei Elternteilen auf, die jeweils beide Rollen ausfüllen konnten, Vater und Mutter.

Als Vater und Hausmann hatte ich ein angenehmes und glückliches Leben, darüber war ich mir im Klaren. Ich empfand das, was ich tat, als vollkommen normal – bis ich mein Leben mit den Verhaltensmaßstäben der Gesellschaft verglich. Zwar stellte ich diese Maßstäbe in Frage, konnte aber nicht verhindern, dass sie ihre Auswirkungen auf mich hatten. Ich fühlte mich schuldig, nicht der Brötchenverdiener zu sein, und natürlich machte ich mein Stottern dafür verantwortlich. Wäre ich als Frau zu Hause geblieben und hätte mein Kind großgezogen, hätte niemand etwas beanstandet. Als Mann aber fühlte ich mich herabgesetzt und von denen, die unsere Situation kannten, als Versager bewertet. In Wirklichkeit war ich es aber, der die Bewertung vornahm, und fühlte mich durch mein eigenes strenges Urteil als Opfer.

Wir führten ein bequemes bürgerliches Leben in Montreal. Obwohl ich zu der Zeit mit mehr Selbstvertrauen und weniger Blockaden als je zuvor sprach, hatte ich weiterhin mit gewissen Ängsten und meiner mentalen Einstellung als Stotterer zu kämpfen. Ich wusste schon, dass ich nicht alle meine Probleme auf meinen schwachen Punkt abwälzen sollte, und trotzdem machte ich mein Stottern für alles verantwortlich, das in meinem Leben falsch lief. Während der Zeit, als ich in Montreal lebte, veröffentlichte ich zwei Bücher, schrieb ein drittes und gründete zusammen mit Freunden in den Vereinigten Staaten die Organisation *The Working Group on Electoral Democracy* (dt.: Die Arbeitsgruppe für Wählerdemokratie – mehr dazu später).[2] Aber finanziell gesehen war ich ein Leichtgewicht und verdiente jährlich kaum mehr als 10 000 Dollar. Da ich meinen Wohnsitz in Montreal, all meine beruflichen Kontakte in den Vereinigten Staaten (in den Tagen vor E-Mail und Fax) und trotz des *Maskers* immer noch Hemmungen beim Telefonieren mit Fremden hatte, war es um meine Chancen für finanziellen Erfolg schlecht bestellt.

Montreal ist eine zweisprachige Stadt, in einer rein französischsprachigen Provinz. Ich liebte es mit dem Bus zu fahren und den Teenagern zuzuhören, wie sie von einer Sprache zur anderen wechselten und englischen *Slang* mit französischem *Argot* kombinierten. Mimi sprach gut Französisch und Katie besuchte den Kindergarten einer französischen Grundschule. Wie ich schon in Kapitel 8 erwähnte, lernte Katie dort trotz meiner anfänglichen Bedenken fließend Französisch. Sie lernte es auf eine ganz selbstverständliche Art und Weise, mit einem perfekten, nasalen Quebecer Akzent. Kleine Kinder sind so aufnahmefähig und flexibel, was Sprachen betrifft, und saugen sie förmlich auf wie ein Schwamm. Es ist eine Schande, dass in amerikanischen Schulen Fremdsprachen erst angeboten werden, wenn Kinder schon zu alt sind, Sprachen mit Leichtigkeit zu erlernen. Und es ist geradezu ein Verbrechen, dass stotternde Kinder oft keine angemessene Hilfe bekommen, nämlich eben zu der Zeit, wenn ihr Gehirn aufnahmefähig und flexibel ist und flüssige Sprechmuster leicht erlernt werden könnten.

Ich zum Beispiel konnte mich mit dem bisschen Französisch, an das ich mich aus meiner Zeit an der High School erinnerte, kaum verständlich machen. Das war aber, als ich in Montreal lebte, weiter kein Problem – nur machte ich eines daraus. Viele Quebecer nehmen es zwar den Kanadiern übel, wenn sie nicht beide Sprachen sprechen, aber Amerikaner mögen sie im Allgemeinen und erwarten nicht, dass wir Französisch sprechen. Ich verspürte daher nie irgendeine Feindseligkeit, weil ich kein Französisch konnte. Ich brauchte nur zu sagen »Je suis un American« und alle redeten freundlicherweise Englisch mit mir. Doch weil Kommunikation so ein heikles Thema für mich ist, war es mir unangenehm, nicht Französisch zu sprechen; und in meiner typischen Art verwechselte ich die Sprachangelegenheit mit meinem Sprechproblem.

Gelegentlich half ich einem Quebecer Freund beim Renovieren von Häusern. Gille war ein sehr geschickter Schreiner und ein sehr sympathischer Typ. Einmal half ich ihm, ein Frauenhaus zu renovieren. Die Frauen, die das Haus betreuten, waren sehr freundlich und erinnerten mich an Feministinnen, die ich in Brattleboro kannte. Wir saßen alle zusammen am Mittagstisch und ich hätte wirklich gerne an der Unterhaltung teilgenommen. Da ich der einzige in der Runde war, der nur Englisch sprach, fand ein Großteil der Unterhaltung auf Französisch statt. Gille und die Frauen waren sehr entgegenkommend. Sie unterbrachen ihre Unterhaltung, um mich zu fragen, ob ich verstand, was sie sagten, und boten mir an, in groben Zügen zu übersetzen. Ich schämte mich für mein sprachliches Unwissen, fühlte mich wie ein Außenseiter, wollte keine Umstände machen und lehnte daher ihre nette Geste mit einem Achselzucken und einem Lächeln ab. »Ich verstehe genug«, log ich, verstand aber in Wirklichkeit nichts.

Tag für Tag sprachen sie Französisch und ich konnte an den Gesprächen keinen Anteil haben. Mein Komplex darüber, kein Französisch zu sprechen, verstärkte mein Gefühl der Unbeholfenheit in der Kommunikation ganz allgemein. Und diese Negativität breitete sich aus und beeinflusste auch mein Arbeiten. Ich wurde unsicher, irrte mich beim Messen, ließ Werkzeug fallen und schlug mir den Hammer auf die Finger. Meine Fehler bewirkten, dass ich mich noch schlechter fühlte. Ich fing an, den Job zu hassen, und musste mich jeden Morgen überwinden, zur Arbeit zu gehen. Das, was ursprünglich ein kleines Sprachproblem gewesen war, eskalierte in ein Minderwertigkeitsgefühl bezüglich des Sprechens und in ein Gefühl der Unfähigkeit in allen möglichen anderen Dingen.

Mimi und ich trennten uns nach zehn Jahren. Mein Stottern war nicht die Hauptursache dafür. Da es aber ein Teil meines Lebens war, hat es auch unser gemeinsames Leben beeinflusst. Als wir uns kennen lernten, wusste sie bereits, dass ich stotterte. Nach unserer Trennung bat ich sie, mir ihre erste Reaktion auf mein Stottern zu beschreiben. »Es war sehr heftig«, sagte sie, »besonders am Anfang unserer Beziehung. Da war viel Schweigsamkeit und ich stellte fest, dass ich selbst still war. Du schienst eine ruhige Person zu sein und das hat sicherlich beeinflusst, wie ich deinen Charakter eingeschätzt habe; ich war aber nicht darüber schockiert oder etwa peinlich berührt. Du erschienst mir wie jemand, der mit sich selbst zufrieden war, obwohl es offensichtlich eine Behinderung darstellte.«

Mein Stottern hatte mich in Mimis Augen also irgendwie attraktiv gemacht. Ich war auf meine Art artikuliert und hatte zu allem meine eigenen Ansichten; ich versuchte aber nie, ihr meine Meinung aufzuzwingen, sondern ließ ihr Raum zur Selbstverwirklichung. Ich wirkte nie wie ein dominierender Typ, der von sich selbst eingenommen ist. Sie interpretierte meine Zurückhaltung als zuvorkommende Einstellung. »Das Stottern bedeutet für den Hörer etwas anderes als für den Stotterer«, sagte sie mir. »Wie ein Zuhörer darauf reagiert, hängt nicht nur vom Sprechmuster des Stotterers ab, sondern auch von seinem Benehmen, seiner Kleidung, seiner Identität und seiner Ausstrahlung. Ich glaube, dein Stottern gab mir das Gefühl, dass du ernstzunehmen und ehrlich warst. Du warst nicht jemand mit irgendwelchen Machtansprüchen. In diesem Kontext sah ich dein Stottern, eben deine Art dich darzustellen – verständnisvoll, nicht bedrohlich.«

Mit der Zeit muss Mimi mein Stottern aber vermutlich zur Last gefallen sein – oder zumindest die Art und Weise, wie ich damit umging. Von Anfang an erledigte Mimi alle unsere Telefonanrufe und repräsentierte unsere Familie in der Kommunikation mit anderen. Sie war es, die sich um den Installateur kümmerte, um die Stromabrechnung, unsere Reisen, die Freunde, die Verwandten und den Babysitter. Hatte sie es am Anfang unserer Beziehung so liebevoll übernommen, meine Stimme zu sein, wurde diese Aufgabe zur Belastung, als sie in der Regelmäßigkeit erstarrte.

Wir erreichten einen Tiefpunkt in unserer Beziehung, als ich einmal Schwierigkeiten mit meiner Kreditkartengesellschaft hatte. Ich rief bei dem Kundendienst an, konnte mich dann allerdings dem Mitarbeiter nicht verständlich machen. Schließlich musste Mimi die Angelegenheit übernehmen und sie verbrachte einen guten Teil des Nachmittags damit, die Sache in Ordnung zu bringen. Es kam aber ungelegen, da sie an diesem Tag eigentlich andere Dinge hatte erledigen wollen. Für mich war es eine Demütigung; ich fühlte mich wie ein abhängiges Kind. Eine Abhängigkeit wie in einer Eltern-Kind-Beziehung ist aber kein gutes Modell für eine Liebesbeziehung zwischen Erwachsenen. Weil sie wegen meiner Unfähigkeit (oder Ablehnung), mich um meine eigenen Angelegenheiten zu kümmern, verärgert war, aus ›Taktgefühl‹ meiner ›Behinderung‹ wegen aber nichts zeigen wollte und ich von mir selbst angewidert war, nahm der Vorfall Dimensionen an, die mit einem verpfuschten Telefonanruf nichts mehr zu tun hatten. Die negativen Gefühle bauten sich auf beiden Seiten auf. Mir war das Ganze zu peinlich darüber zu reden und Mimi, die meine Gefühle kannte, wusste auch nicht, wie sie das Eis brechen sollte.

Mimi ist eine wunderbare Geschichtenerzählerin, eine lebendige Gesprächspartnerin, eine witzige und scharfsinnige Kommentatorin der Geschehnisse um sie herum und, wenn sie will, der Mittelpunkt jeder Party. Wenn sie zugegen war, konnte ich in den Hintergrund treten. Viele Stotterer wählen Partner, die alle verbalen Verpflichtungen übernehmen können. Der Wunsch nach Ergänzung ist offensichtlich und oft vorteilhaft. Aber es muss nicht für jedes Paar so sein. Ich war schon immer gerne mit guten Rednern zusammen und daher natürlich mit Mimi. Ich hatte aber auch Freundinnen und Geliebte, die von Natur aus still waren. Bin ich mit einer Person zusammen, die viel redet, dann werde ich ruhig. Ich fühle mich dann in meine Kindheit zurückversetzt, auf vertrautem Boden sozusagen. Meine Angewohnheit aus meiner Jugendzeit, an einer Unterhaltung teilzunehmen, indem ich einzelne Wörter einwarf und die Beiträge anderer bekräftigte, fällt mir auch in meinem heutigen Alter noch leicht. Ich bin immer noch versucht passiv zu bleiben, es ist jedoch gefährlich, sich dieser Art der Zurückgezogenheit hinzugeben. Wer rastet, der rostet. Das musste auch ich merken. Mit Mimi war es nur zu leicht, den geschwätzigen Teil in mir zu unterdrücken. Anfänglich gab es ein gesundes Gleichgewicht zwischen ihrer Gesprächigkeit und meiner Bereitschaft zum Zuhören. Je weniger ich sprach, desto mehr fühlte Mimi die Verpflichtung zu sprechen. Wäre ich wirklich der stille Typ gewesen, hätten wir es in unsere Beziehung einfacher gehabt. Aber je weniger ich sprach, desto mehr unterdrückte ich meine wahre, kontaktfreudige Persönlichkeit.

Eines Tages, als ich alleine zu Hause war, kam eine Freundin Mimis zu Besuch. Wir versanken in ein Gespräch, das etwa vier Stunden dauerte. Sie war von meiner

Redseligkeit überrascht und bemerkte, dass ich in Mimis Gegenwart kaum sprach. Diese Unterhaltung war mir eine Warnung. Ich musste dafür sorgen, dass Mimi nicht das ganze Reden übernahm und ich musste mich wieder dazu bringen, für mich selbst zu sprechen. Rückblickend war es ein Signal dafür, dass wir Probleme in unserer Beziehung hatten.

Stillstand kann in einer Beziehung gefährlichen Schaden anrichten, eine Veränderung kann das aber auch, selbst eine positive Veränderung. Als ich den *Masker* bekam, fing ich an, aus mir herauszugehen, mehr zu reden und meine schwatzhafte Seite hervorzukehren. Ich fing an, mich in Unterhaltungen einzumischen, ja sogar sie zu initiieren. Wenn mir im Laufe des Tages etwas Interessantes passierte, war ich fest entschlossen es zu schildern. Noch nie zuvor war ich dazu in der Lage gewesen, eine Geschichte zu erzählen, sie mit Einzelheiten zu bereichern, alle Nuancen und die Ironie zu erforschen, die Eindringlichkeit zu gestalten und, wenn möglich, Lacherfolge zu erzielen. Ich verblüffte mich selbst mit meiner neu gefundenen Redseligkeit. Während ich mich früher am liebsten unsichtbar gemacht hätte, aus Angst ein Fremder könnte mich ansprechen, fand ich nun Gefallen daran, andere in ein Gespräch zu verwickeln. Gerne stand ich mit den Eltern von Katies Freunden auf der Straße und sprach mit ihnen, während wir auf den Schulbus warteten. Kinder, Politik, Sport, Nachrichten, Musik, Bücher, Filme, die neuesten Geschichten von Ernie und Bert aus der Sesamstraße – das Thema war egal. Ich war jederzeit bereit, alles liegen und stehen zu lassen und mich mit jedem einzulassen, nur um das Reden zu üben.

Ich freute mich über die Freundschaft, die ich mit einem Afrikaner schloss, der ganz in unserer Nähe einen Lebensmittelladen aufmachte. Ich ging in sein Geschäft und kaufte Süßigkeiten, nur um ihn in ein Gespräch zu verwickeln. Der Kontakt zu Menschen hatte mir schon immer Auftrieb gegeben. Mich jedoch verbal in Verbindung zu setzen, anstatt das Sprechen zu fürchten, ein Gespräch zu eröffnen und es zu lenken, das war für mich etwas Neues und ich konnte nicht genug davon bekommen. Ein erfolgreicher Wortwechsel machte mich euphorisch, als hätte ich in der Spielverlängerung ein Tor geschossen und den Pokal beim Super Bowl gewonnen. Mein neues Sprechvermögen gab mir das Gefühl, ein Held zu sein.

Der enorme Wandel, der in meinem Leben stattfand, war jedoch für andere nicht so ohne weiteres ersichtlich. Ich sah die Verbesserung in meinem Sprechen, mein gesteigertes Selbstvertrauen und mein gemindertes Stottern. Für meine Freunde jedoch, die sich an mein Stottern gewöhnt hatten und es kaum noch beachteten, war ich immer noch der Typ, der seine eigene und individuelle Art zu sprechen hatte. Meine neue Redefreudigkeit, die für mich so augenscheinlich war, wurde von anderen kaum wahrgenommen. Es ist aber nicht unüblich, dass stotternde Menschen die Auswirkungen ihres Sprechens überbewerten und zum Beispiel die Zeit, die sie zum Sprechen brauchen, überschätzen. Meine Einschätzung der Zeit, die ich zum Sprechen aufwende, ist nicht sehr genau. Ich glaube manchmal, ich hätte eine fesselnde Rede gehalten, und dabei waren es vielleicht nur drei Sätze. Ein paar Mal habe ich meine Rededauer mit einer Stoppuhr gemessen. Was ich für eine Fünf-Minuten-Präsentation gehalten hatte, war dann in Wirklichkeit eine Sache von nicht mehr als zwei oder drei

Minuten. Wie auch immer, ich fühlte mich nicht mehr zum Schweigen gezwungen, ich empfand das Reden befreiend und trat in eine neue Lebensphase ein.

Wären Mimi und ich in anderen Bereichen unserer Beziehung besser miteinander ausgekommen, hätten wir über eine neue Verteilung der Rollen des Zuhörers und Sprechers verhandeln können. Sie war aber mit ihrem Leben beschäftigt und ich mit meinem. Ich hatte das Gefühl, dass sie meine neu erworbene Gesprächigkeit nicht schätzte und in ihrem Leben keinen Platz dafür fand. Trotz all meiner Redseligkeit sprach ich nicht über die Freude, die mir das Sprechen bereitete, und nicht über das Bedürfnis nach Gelegenheiten es auszuprobieren. Ich nahm ihr auch nicht die Belastung ab, Telefonate zu erledigen. Mein väterlicher Stolz brachte mich im Notfall gerade dazu, mit Katies Schule zu telefonieren, und wenn sie krank war, mit dem Kinderarzt, doch all die anderen Anrufe überließ ich Mimi. Ich hatte zwar keine gute Ausrede mehr, aber ich tat es einfach nicht. Manche Anrufe, wie zum Beispiel bei einer Kreditkartengesellschaft, lösten immer noch mehr Angst aus, als ich bewältigen konnte. Der einzige Weg jedoch, die Telefonangst zu verringern, hätte darin bestanden, das Telefonieren zu üben.

Während meiner Jahre in Montreal nahm ich an den ersten Treffen der Selbsthilfegruppen für Stotterer teil. Die Gruppen hatten einen nachhaltigen und positiven Einfluss auf meine Einstellung zum Stottern. (Im nächsten Kapitel schreibe ich mehr über diese Gruppen.) Meine bessere Einstellung zu meinem Sprechen, unterstützt durch den *Masker*, trug zu meinem neuen Durchsetzungsvermögen und meinem Selbstvertrauen bei. Doch in bestimmten Bereichen unseres Zusammenlebens waren Mimi und ich in zerstörerische Verhaltensmuster verstrickt. Im Kontext der anderen Dinge, die zwischen uns vorgingen, waren die Fortschritte bei meinem Sprechen an sich nicht maßgeblich. Sie trugen aber indirekt zu unseren größer werdenden Schwierigkeiten bei, da sich das Kräfteverhältnis in der Art und Weise, wie wir miteinander kommunizierten, verschob. Nach unserer Trennung versuchte ich dann mit erneuter Energie, meine Sprechprobleme zu verstehen.

Anmerkungen

[1] Leider wird der *Masker* nicht mehr hergestellt. Ein neues Gerät der »Zweiten Generation«, das von der Firma Casa Futura Technologies hergestellt wird, enthält Funktionselemente des *Maskers* sowie wahlweise verzögerte auditive Rückmeldung (*delayed auditory feedback*, DAF), das vielen hilft, den Schweregrad ihres Stotterns zu verringern.

[2] *The Dark Ages: Life in the United States*, 1945-1960 (South End Press, 1982); *Rachel Carson: Biologist and Author* (Chelsea House Publishers, 1988); und *Abbie Hoffman: American Rebel* (Rutgers University Press, 1992).

25. Die Helden der Selbsthilfebewegung

Abgesehen von Gesprächen mit meinem Freund Paul boten mir die Atemtherapie-Gruppen, die Dr. Martin Schwartz leitete, erstmalig die Gelegenheit, mich mit anderen Stotterern außerhalb des formellen Rahmens einer Klinik über das Stottern auszutauschen.

Genau genommen handelte es sich bei Dr. Schwartz' Gesprächskreis nicht um eine Selbsthilfe- sondern um eine Aufrechterhaltungsgruppe. Selbsthilfegruppen werden von ihren Mitgliedern aufgebaut und geleitet. Aufrechterhaltungsgruppen dagegen sind Bestandteil eines ausgearbeiteten Therapieprogramms. So mussten beispielsweise die Angehörigen meiner Atemtherapie-Gruppe an Dr. Schwartz' Therapieprogramm teilnehmen. Ziel unserer Gruppe war es nicht, über unsere Stottererfahrungen zu sprechen, sondern gemeinsam Atemübungen zu praktizieren. Wir gingen davon aus, dass unsere Sprechprobleme ein Ende hätten, sobald wir unsere Atemtechnik gemeistert hatten.

Bereits in den 1960er Jahren gab es vereinzelte Versuche, Selbsthilfegruppen ins Leben zu rufen, wie zum Beispiel in Washington, Florida und im Umkreis von Chicago. In Therapeutenkreisen vertrat man aber die Ansicht, dass die Prognose für Stotterer in Selbsthilfegruppen eher schlecht sei. Man nahm an, dass sich Stotterer aus Angst vor dem Sprechen nur ungern in Gruppensituationen begäben und somit nur widerwillig Gruppen beitreten würden, die darauf ausgerichtet sind, sich mit einer Behinderung zu befassen, die sie zutiefst beschämte.

Für die meisten Stotterer stellen diese Treffen jedoch eine ausgesprochen positive Erfahrung dar, selbst wenn sie dort nur ihre Atemtechnik üben. Von neuen Teilnehmern hört man während ihres ersten Gruppentreffens oft Kommentare wie »Ich habe noch nie mit einem anderen Stotterer gesprochen« und »Ich wusste gar nicht, dass andere Leute nachvollziehen können, was ich durchgemacht habe«. Trotz der Isolation, die die meisten von uns empfanden, suchten wir dennoch verzweifelt nach Informationen, durch die uns Erfahrungen anderer Stotterer vermittelt wurden. Wir hatten einfach das Bedürfnis, untereinander die wildesten Geschichten über unsere Stotterer-Karrieren auszutauschen, uns gegenseitig zu helfen und Mut zu machen. Teilnehmer zahlreicher Aufrechterhaltungsgruppen begannen dann auch allmählich, die Weisungen der ausgebildeten Therapeuten in Frage zu stellen.

In der Bostoner Gruppe gab es eine ständige Debatte zwischen denjenigen, die lediglich ihre Atemübungen praktizieren wollten, und anderen Teilnehmern, die innerhalb des Kreises auch gerne allgemeinere Sprech- und Stotterprobleme anschneiden wollten. Theoretisch hätten wir langsam von unseren Erfahrungen berichten und dabei unsere Atemtechnik üben können. Aber in Wirklichkeit wurden wir dermaßen von unseren Gefühlen mitgerissen, sobald wir auch nur über unser Stottern sprachen, dass wir unsere Atemtechnik einfach vergaßen und, wie gehabt, weiter stotterten.

Das Problem spitzte sich zu, als eines der Mitglieder plötzlich eine Bekannte zu den

Gruppentreffen mitnahm. E. war eine Frau, die äußerst stark stotterte und finanziell nicht in der Lage war, an Dr. Schwartz' Therapieprogramm teilzunehmen. Sie verfügte über geringe soziale Fertigkeiten und ein mangelndes Selbstbewusstsein, was offensichtlich von ihren Sprechschwierigkeiten herrührte. Einige Gruppenteilnehmer begrüßten ihre Anwesenheit und waren bereit zu versuchen, ihr die Atemtechnik beizubringen. Andere dagegen, denen die Gruppe lediglich als Forum diente, um Atemübungen zu praktizieren, fühlten sich durch sie abgelenkt. Schließlich einigten wir uns, Dr. Schwartz nach seiner Meinung zu befragen. Er entschied, dass nur Patienten im Rahmen seines Therapieprogramms an den Gruppentreffen teilnehmen konnten.

Selbst wenn ich damals vielleicht nicht mit dieser Entscheidung einverstanden war, hege ich jetzt keinerlei Bedenken mehr. Schwartz hatte Recht; eine Gruppe mit einer bestimmten Zielsetzung sollte sich auch an diese halten. Aufrechterhaltung – die Übung von Techniken und Realisierung von Zielen außerhalb der Therapie – ist ein wichtiger Bestandteil eines guten Therapieprogramms. Dennoch brauchten wir offensichtlich eine autonome Selbsthilfebewegung.

Als ich in Montreal lebte, gehörte ich den *Montreal Speechmasters* an, einer englischsprachigen Gruppe, die sich wöchentlich in der Sprechtherapie-Klinik des Montreal Jewish Hospitals traf. (Eine größere französischsprachige Gruppe, die *Association des Bergues du Canada*, fand in einem anderen Krankenhaus statt.) Zum Kern der *Speechmasters* zählten ehemalige Patienten des Fluency-Shaping-Programms der Klinik. Mit der Zeit schlossen sich andere Stotterer mit unterschiedlicher oder gar keiner Therapieerfahrung der Gruppe an. Die erweiterte Gruppe erwog bald, neue Mitglieder anzuwerben und außerdem in der Presse zu inserieren.

Bei unseren Dienstagabendtreffen war jedermann willkommen. Zu Beginn der Gruppensitzung erklärte jeder Teilnehmer, auf welches Ziel beziehungsweise auf welche Atemtechnik er oder sie sich an dem Abend konzentrieren wollte. Einige wollten die weichen Stimmeinsätze üben oder ein anderes »Ziel« im Bereich des Fluency Shaping anstreben; andere dagegen wollten Atemtherapie praktizieren. Hin und wieder entschied ich mich für absichtliches Stottern. Diejenigen, die noch nie an einem Therapieprogramm teilgenommen hatten, wurden lediglich dazu ermuntert langsam zu sprechen. Schließlich versuchte die leitende Kliniktherapeutin, unserer freizügigen Einstellung ein Ende zu setzen und die Gruppe für Nichtabsolventen ihres Programms unzugänglich zu machen. Erst als wir sie daraufhin zu einem Gespräch zu einem unserer Treffen einluden, überzeugten wir sie, die Gruppe nicht zu schließen. Angeblich war sie beeindruckt von der Ernsthaftigkeit unseres Ansatzes und von der Tatsache, dass Absolventen ihres Programms bei uns ihr Fluency Shaping praktizieren konnten.

Die Montrealer Gruppe vertrat eine gemäßigte Einstellung. Während wir auf unserer Autonomie beharrten, stand das Üben von Techniken, um Sprechflüssigkeit zu erzielen, nach wie vor im Vordergrund.

In New Jersey trennten sich Anfang der 1980er Jahre Mitglieder einer Atemtherapiegruppe von Dr. Schwartz' Programm, da sie für alle Stotterer zugänglich sein wollten und nicht nur für jene, die ausschließlich Atemtherapie praktizieren. Aus dieser Splittergruppe entstand *Speak Easy International*, eine Selbsthilfevereinigung mit Ortsverbänden in New Jersey, New York City und Teilen New Englands. Obgleich flüssiges Sprechen ihr Hauptanliegen ist, befasst sich das alljährliche *Speak-Easy*-Symposium mit einer Vielfalt von Themen wie Therapie, Selbsthilfe, Grundeinstellungen, Beziehungen, Berufsproblemen und anderen Fragen, die Stotterern am Herzen liegen.

Seit über fünfzehn Jahren veranstaltet *Speak Easy* jährliche Symposien. Ich besuchte mein erstes 1983, als ich noch an Dr. Schwartz' Programm teilnahm und noch nicht meinen *Masker* hatte. Ich wollte unbedingt dabei sein – es hätte ja sein können, dass ich eine einmalige Gelegenheit verpasste, die meiner persönlichen Weiterentwicklung zugute kam; dennoch ging ich mit großen Vorbehalten hin. Anstatt den Kongress als Chance zu betrachten, die es mir ermöglichte zu sprechen (und meine Atemtechnik in einer Gruppe verständnisvoller Menschen auszuprobieren), war ich in Sorge, wie ich mit meiner starken Sprechunsicherheit im Vergleich zu anderen abschneiden würde. Außerdem befürchtete ich, dass *Speak Easy* eine dieser sentimentalen Organisationen sei, in der sich Fremde gegenseitig ihre Sympathien auf überschwenglichste Weise kundtun. Ich zumindest möchte Leute erst einmal kennen lernen, bevor ich sie umarme. Ich liebe nicht jeden, ich mag auch nicht jeden – und ich lasse mich nicht gerne dahingehend manipulieren, Emotionen zum Ausdruck zu bringen, die ich nicht empfinde. Außerdem hatte ich Angst, dass die Teilnehmer Leute (wie ich selbst) seien, die therapeutisch völlig versagt hatten. Eine von Selbstmitleid und Opfermentalität durchsetzte Stimmung würde mich garantiert abstoßen. In dieser Befürchtung, die sich als unbegründet erwies, spiegelte sich die Isolation wider, die ich als Stotterer nach wie vor verspürte, trotz meiner Freundschaften in der Bostoner und der Montrealer Gruppe sowie der Abscheu, den mein Stottern noch immer in mir hervorrief.

Obgleich mein erstes *Speak-Easy*-Symposium mir meine Skepsis nicht ganz nahm, war ich doch fasziniert. Zu meinem Leidwesen entdeckte ich, dass ich im Vergleich zu den anderen Symposiumbesuchern zu denjenigen zählte, die am stärksten stotterten. Viele hatten die Therapieprogramme von Dr. Schwartz oder von Hollins beendet und schienen in der Lage zu sein flüssig zu sprechen. Zwar fiel mir keinerlei Opfermentalität unter den anderen Teilnehmern auf, dafür aber bei mir selbst, denn ich als starker Stotterer befand mich unter so vielen Leuten, die auf dem Weg der Besserung waren. Ich aß mit drei Gruppenmitgliedern, die relativ flüssig sprachen (und mit denen ich jetzt befreundet bin), zu Mittag. Als Zuhörer ihrer zwanglosen Unterhaltung verfiel ich in Selbstmitleid; ich wurde damit fertig, indem ich schwieg.

Der Höhepunkt des Symposiums war für mich eine Ansprache, die ein gewisser Ames Bleda hielt. Er war, wie ich hörte, erfolgreicher Steuerberater und Leiter der New Yorker *Speak-Easy*-Ortsgruppe. Ames bestieg das Podium mit einer seitenlangen, ausgearbeiteten Rede. Von Anfang bis Ende stotterte er bei fast jedem Wort und dann und wann blockierte er völlig – über mehrere Sekunden hinweg kam kein Ton über seine Lippen. Aha! Es gibt jemanden, der schlechter spricht als ich, dachte ich, und verspürte eine Mischung von freudiger Erleichterung und schlechtem Gewissen. Als ich aber merkte, dass er jedes einzelne Wort seiner gesamten Rede vorlesen wollte, verwandelte sich meine Freude in Ungeduld. An seiner Stelle hätte ich (dankbar, dass ich nicht in seinen Schuhen steckte) den gesamten mittleren Teil ausgelassen und wäre nach der Einleitung gleich ins Finale übergegangen. »Sehr geehrte Damen und Herren«, hätte ich gesagt, »bevor ich schließe, möchte ich mich für Ihre Aufmerksamkeit bedanken.«

Aber Ames fuhr unbeirrt fort. Die anderen Zuhörer saßen ruhig da, hielten ihren Blick fest auf ihn gerichtet und lauschten gebannt jedem gestotterten Wort. Am Ende seiner Rede applaudierten alle und überhäuften ihn mit Komplimenten. Ich war sprachlos. Der Zyniker in mir dachte: Natürlich klatschen wir – er ist endlich fertig! Aber ich wusste ganz genau, das ging unter die Gürtellinie. Hier geschah etwas, nur war mir nicht klar was. Erst als ich zu Hause noch einmal darüber nachdachte, verstand ich allmählich, dass alle anderen seinen Mut registrierten, während ich, wie unter einem Zwang, nur auf seine (mangelnde) Sprechflüssigkeit reagierte. Ihre Komplimente brachten keine oberflächlichen Gefühlsduseleien zum Ausdruck sondern tiefe Bewunderung. Wenn es ihm gelang, in aller Öffentlichkeit so zu sprechen, dann konnten sie – und ich – es auch.

Es war hauptsächlich die Erinnerung an Ames' Rede, die mich dazu inspirierte, am zweiten Symposium teilzunehmen. Diesmal war ich kein Fremder mehr. Leute vom ersten Jahr erinnerten sich an mich und waren sichtlich erfreut mich wiederzusehen. Sie verwickelten mich in höflichen Small Talk und allmählich hörte ich auf, meine eigene Sprechweise zu bewerten. Die anderen Teilnehmer nahmen für mich langsam menschlichere Züge an. Ich war erstaunt über die Vielfalt der Gruppe und das Bild des armen alten Stotterers, das noch immer in meinem Bewusstsein verankert war, passte zu keinem von ihnen. Ich begann mich wohl zu fühlen; seitdem habe ich an fast allen Symposien teilgenommen.

Nach meinem zweiten Symposium rief mich Bob Gathman an, der Gründer von *Speak Easy*, und fragte, ob ich im nächsten Jahr an der Diskussionsrunde teilnehmen wollte. Ich konnte nicht nein sagen. Einerseits war ich stolz gefragt zu werden, doch andererseits versetzte mich der Gedanke in Angst und Schrecken. An das Thema kann ich mich nicht mehr erinnern, aber ich weiß noch, dass ich während meiner Rede sehr nervös war und stark stotterte. Anschließend überhäufte man mich mit Komplimenten. Meine ursprünglich zynische Einstellung »Aber ich habe doch gestottert« wich langsam einem einsichtigeren »Wenigstens habe ich es geschafft«. Diese zwei Seiten in mir liegen noch immer im Kampf miteinander, aber die einsichtige hat inzwischen doch die Oberhand.

Seitdem habe ich bei fast jedem *Speak-Easy*-Symposium an der Diskussionsrunde teilgenommen. Meine Nervosität ist mit der Zeit freudiger Erwartung gewichen. Ich habe nicht mehr wochenlang vorher Angst und auch keine nass geschwitzten Hände, wenn ich vorgestellt werde. Wenn überhaupt rührt die Spannung in mir eher von Aufregung als von Furcht. Jedes Jahr verliere ich einen Teil meiner Angst und habe meine Emotionen mehr im Griff. Außerdem weiß ich inzwischen, Komplimente als wohlverdiente Anerkennung zu schätzen. Man sagt mir – und ich glaube es sogar –, dass mein Beispiel andere dazu inspiriert hat, offener in Bezug auf ihr Stottern zu werden und somit vermehrt in der Öffentlichkeit zu reden. Ich wurde zu einem Vorbild, so wie Ames ein Vorbild für mich war. Darin liegt die Macht gegenseitiger Hilfe und Selbsthilfe basiert auf diesem Konzept.

Zu Anfang bereitete ich meine Rede sorgfältig vor; mittlerweile improvisiere ich einfach. Vielleicht ist das nicht gerade die beste Taktik, um flüssiges Sprechen zu erzielen. Ames Bleda zum Beispiel spricht jetzt fast flüssig, wenn er eine vorbereitete Rede abliest, aber wenn er spontan redet, kommt sein Stottern wieder durch. Bei mir ist es genau umgekehrt. Beim Ablesen einer vorgedruckten Seite werde ich gehemmt. Vielleicht deutet das auf mangelnde Disziplin hin, aber freies Sprechen ist für mich ganz natürlich. Ich vergleiche mich gern mit einem Jazzmusiker, der Impromptu spielt. Im Allgemeinen weiß ich, was ich sagen möchte, und ich ersetze nie ein Wort durch ein anderes, um eine Blockade zu vermeiden. Ich improvisiere jedoch gerne, spiele mit Worten, drehe und wende Ideen.

Vielleicht inspirieren mich nicht nur Jazz sondern auch die Gepflogenheiten eines Schriftstellers. Während des Sprechens überarbeite ich gerne meine Rede und komme so der emotionalen Wahrheit von dem, was ich sagen will, näher. Durch Übung lerne ich, mein Sprechen zu kontrollieren, indem ich mich für einen Augenblick von dem Gesprächsstoff löse, um mich auf meine Sprechweise zu konzentrieren. Dieser Umbruch fällt mir nicht leicht. Manchmal versuche ich bewusst langsam zu sprechen und manchmal absichtlich zu stottern. Ein anderes Mal achte ich mehr auf meine Ausstrahlung als Sprecher. Halte ich Blickkontakt? Ist meine Gestik angemessen? Halte ich an den richtigen Stellen inne? Habe ich die nötige Geduld, eine Szene in allen Einzelheiten zu beschreiben, um sie besonders hervorzuheben – oder (und hier ist die Wahl des Zeitpunktes kritisch) sogar einen Witz zu erzählen?

Wir Stotterer wissen herzlich wenig über öffentliches Sprechen. Wir bemühen uns so sehr, nicht zu stottern, dass wir positive und effektivere Kommunikationstechniken oft außer Acht lassen.

Einige *Speak-Easy*-Mitglieder gehören auch den *Toastmasters*[1] an. Sie treffen sich mit anderen, überwiegend flüssig sprechenden Menschen, die ihre Angst vor öffentlichem Reden überwinden wollen. Das Programm dieser Gruppe ist so strukturiert, dass jeder an die Reihe kommt und eine Rede halten muss. Als ich zum ersten Mal erfuhr, dass Stotterer den *Toastmasters* angehörten, konnte ich es einfach nicht glauben. Aber inzwischen weiß ich, dass so gut wie jeder Stotterer, der den *Toastmasters* beigetreten ist, keinerlei Probleme mit öffentlichem Sprechen hat. Einige haben sogar Preise bei *Toastmaster*-Wettbewerben gewonnen. Das flüssige Sprechen lässt sich jedoch nicht immer übertragen. Ich kenne einige Leute, die in aller Öffentlichkeit flüssig sprechen, aber in zwangloser Unterhaltung wieder in ihre alten Stottermuster verfallen.

Über viele Jahre war der Höhepunkt eines *Speak-Easy*-Symposiums die Aufführung des Theaterstücks »Why Can't We Talk« (dt.: Warum können wir nicht reden?), geschrieben von Irving Burton, einem der *Speak-Easy*-Mitglieder, und aufgeführt von Irving und den *Speak Easy Players*. Irving Burton (wie auch James Earl Jones, Austin Pendleton, Eric Roberts, Peggy Lipton, Bruce Willis, Joseph Cotton und Marilyn

Monroe) ist ein Schauspieler, der stottert. Über zwanzig Jahre lang spielte er bei den *Paper Bag Players* mit, einer bekannten Kindertheatergruppe in New York City. Seit Ende der 1940er Jahre ist er auch Tänzer und Choreograf. Auf der Bühne hat Irving eine starke Ausstrahlung und ist rede- und wortgewandt. Hinter den Kulissen jedoch muss er wieder seine ganze Kraft fürs Sprechen aufbringen. Seine Kiefer schlagen aufeinander, er wiederholt sich. Seine lebhaften Gesichtsbewegungen artikulieren, doch seine Worte bleiben auf der Strecke.

»Vor vielen Jahren«, erzählte mir Irving[2] einmal, »als ich bei den *Paper Bag Players* mitspielte, sagten alte Freunde, die mich als ausgesprochen starken Stotterer kannten, später in der Garderobe zu mir: ›Es ist ein Wunder, wie du es schaffst, auf der Bühne so flüssig zu sprechen, wo du doch, sobald der Vorhang gefallen ist, wieder in ständiges Blockieren und Stottern verfällst!‹ Der Grund dafür ist, dass ich auf der Bühne nicht Irving den Stotterer spiele ... Ich bin ein anderer Irving, nämlich Irving der Künstler.«

Es gibt viele Theorien, warum Schauspieler wie Irving völlig flüssig sprechen können, wenn sie vor einem Publikum auftreten. Meiner Meinung nach nimmt der stotternde Schauspieler die Identität einer nichtstotternden Person an und ist daher nicht von den psychologischen Stressfaktoren beeinflusst, die – gekoppelt mit einem neurologischen Defekt – das Stottern hervorrufen.

Der pragmatische Stil des Stückes »Why Can't We Talk« trägt eindeutig den Stempel eines Stotterers, der mittlerweile seine Sprechstörung im Griff hat. Naive Hoffnungen werden nicht zum Ausdruck gebracht. Irving und die *Players* legen die tiefen Ängste und die sprachliche Ungeschicklichkeit eines Stotterers in verschiedenen Situationen bloß – bei einem Vorstellungsgespräch, wie er eine Verabredung trifft, ein Taxi ruft, in einem Laden Bier kauft, Essen in einem Restaurant bestellt und wie er – zu seinem allergrößten Entsetzen – mit einem klingelnden Telefon konfrontiert wird. In einer der Szenen will ein armer Stotterer, genau wie ich als Teenager, eine Fahrkarte nach White Plains kaufen. Wie ich schon erwähnte, löste ich oft eher einen Fahrschein nach Hartsdale, um mich nicht mit dem *w*-Laut, den ich nicht aussprechen konnte, abkämpfen zu müssen. In dem Theaterstück zählt der Fahrkartenverkäufer sämtliche Stationen auf, die mit *w* beginnen, um das Reiseziel des Stotterers ausfindig zu machen: Wheeling, Wallingford, Woodstock, Walla Walla, Washington, ... Eingeschüchtert durch die ungeduldigen Pendler in der Schlange hinter ihm und nicht willens, sein Leiden zu verlängern, gibt der Stotterer sich schließlich mit einer Fahrkarte nach Washington zufrieden.

Irving scheint die intimsten und schmerzlichsten Erinnerungen eines jeden Stotterers zu kennen – denn wir haben alle die gleichen. In dem Schauspiel werden wir Zuschauer der Selbsthilfebewegung mit unserem eigenen Unbehagen konfrontiert. Für einen kurzen Augenblick dürfen wir vor Kummer und Selbstmitleid zerfließen, dann werden wir aufgerüttelt, auf dass wir den Mut finden, uns so zu akzeptieren, wie wir sind. Zunächst schrecken die Stotterer im Publikum zurück, wenn sie sich selbst wiedererkennen. Man braucht sich nur umzuschauen um zu sehen, wie Leute sich so unauffällig wie möglich die Tränen aus den Augen wischen. Dann beginnt das große Schluchzen, das schon bald in ein peinliches Kichern und schließlich in ein Riesengelächter übergeht – befreiend und aus dem Bauch heraus. Es ist das Lachen der Überlebenden, das Lachen der Tapferen. Das Ende ist eine einzige Feier. Natürlich sprechen die Stotterer in dem Stück nicht plötzlich auf wundersame Weise flüssig; doch sie fassen den Entschluss, sich selbst so zu akzeptieren, wie sie sind, etwas gegen ihr Stottern zu tun und Eigenverantwortung zu übernehmen.

Das *National Stuttering Project* (NSP), das ich durch meine Mitgliedschaft bei *Speak Easy* ausfindig machte, unterstützt die gleiche Form der Selbstbestätigung. Als größte Selbsthilfegruppe der USA hat die NSP es sich zum Ziel gesetzt, nicht nur Selbsthilfe anzubieten, sondern auch für die Rechte ihrer Mitglieder einzutreten. So unterstützen sie in den gesamten USA Seminare für Stotterer, Therapeuten, stotternde Kinder und deren Eltern. Außerdem stehen sie in enger Zusammenarbeit mit wohlgesonnenen Therapeuten, von denen es inzwischen immer mehr gibt, und beeinflussen die *American Speech-Language-Hearing Association*, den amerikanischen Verband für Sprechen und Gehör, um strengere Normen für die Spezialausbildung in der Behandlung von Stotterern zu erzielen.

Über ihre von Ira Zimmerman geleitete Abteilung für Öffentlichkeitsarbeit protestierte die NSP gegen die falsche Darstellung des Stotterns in den Medien. Ihr Widerspruch richtete sich insbesondere gegen die Warner Brothers, die Schweinchen Dick[3] unbekümmert weiterzeigten – es hätte schon längst entweder verwurstet oder auf eine wohltätige Schweinefarm geschickt werden sollen, um sein Rentnerdasein in Ruhe und somit relativ stotterfrei zu genießen. Nicht alle NSP-Mitglieder stimmen dem Protest zu. Manche sind der Meinung, dass Schweinchen Dick trotz seines Stotterns sehr beliebt sei und dass stotternde Kinder gegen die Sticheleien anderer, angeregt durch Schweinchen Dicks Stottern, abgehärtet würden. Andere behaupten, dass dieser Spott ausreichenden Grund für Warner Brothers darstellten, um Sprechbehinderungen nicht mehr als Komik in Zeichentrickfilmen zu verwenden.

Jeden Sommer hält die NSP eine nationale Versammlung ab, die drei- bis vierhundert Besucher anzieht. Ich war insgesamt bei drei Tagungen. Die NSP ist von ihrem Stil her wesentlich zwangloser als *Speak Easy*. Bei *Speak Easy* herrscht eine kultivierte Atmosphäre, die an den Rotary Club erinnert und die mich fasziniert. Vielleicht liegt es an der kalifornischen Herkunft der NSP, dass ihre Konferenz mehr einem Happening der 1960er Jahre gleicht. Dennoch locken sowohl die NSP als auch *Speak Easy* ein äußerst gemischtes Publikum an, deren Mitglieder im freundlichen und hilfsbereiten Rahmen der Gruppe förmlich aufblühen. Während Sprechflüssigkeit das Motto von *Speak Easy* ist, hält die NSP Selbstbestätigung für wichtiger. »Kein Stotterer ist allein«, versichert die NSP. Auf NSP-Kongressen tragen viele Mitglieder T-Shirts mit der Aufschrift: »I'll say it my way« – »Ich sage es auf meine Art.«

Die Stammgäste der *Speak-Easy*- und NSP-Konferenzen sowie die Besucher der halbjährlichen Tagung der *Canadian Association for People Who Stutter* (CAPS) – der Kanadischen Vereinigung für Stotterer – und die einer kleineren Gruppe in New Brunswick namens *Speak Easy of Canada* – bezeichnen sich als Angehörige einer

»Stottergemeinschaft« – ein Ausdruck, der von John Ahlbach, dem ehemaligen NSP-Direktor[4] geprägt wurde. Viele Leute legen ihren Sommerurlaub so, dass sie an der NSP-Versammlung und anderen Tagungen für Stotterer teilnehmen können.

Die NSP verkauft ein Poster, auf dem berühmte Stotterer abgebildet sind, wie z.B. Winston Churchill, Charles Darwin, Somerset Maugham, Lewis Carroll und Marilyn Monroe. Es soll eine Inspiration für Stotterer darstellen und wird von vielen auch als solche empfunden. Ich jedoch lasse mich von den Stotterern, die ich durch die NSP und *Speak Easy* getroffen habe, inspirieren. Der erste, den ich als Helden betrachtete, war Ames Bleda, gefolgt von Irving Burton. Mittlerweile kenne ich viele.

George Laday, ein Schalterbeamter bei der Post, der, genau wie ich, schon immer Komiker werden wollte, führte während eines *Speak-Easy*-Banketts eine Stand-up Comedy vor. Die amerikanische Post hätte zuvor gerade Postgebühren erster Klasse auf 29 Cent angehoben, sagte er, da wollte eine Kundin wissen, warum man das Porto nicht auf dreißig Cent aufgerundet hätte.

»Das kann ich Ihnen sagen, gnädige Frau«, entgegnete George, »ich gerate bei *th* ins Stottern. *Thirty* kann ich nicht aussprechen, *twenty-nine* aber schon.«

George berichtete auch von einer Auszeichnung, die ihm für regelmäßiges Erscheinen bei der Arbeit verliehen wurde. Bei Wind und Wetter, trotz Krankheit oder Kater, auf George war immer Verlass; er fehlte nie. Es sei einfacher, so George, krank zur Arbeit zu gehen als sich krank zu melden.

Susan Sander[5] ist etwa in meinem Alter. Sie hat einen erwachsenen Sohn und arbeitet beim Sozialamt. Den Großteil ihres Lebens versuchte sie ihr Stottern zu verbergen. Äußerlich erschien ihr Leben perfekt, meinte sie, aber innerlich empfand sie nichts als »Angst, Hoffnungslosigkeit, Depressionen und Selbstverleugnung«. Während der *Speak-Easy*-Symposien, wo ich sie traf, sprach sie kaum. In den 1970er Jahren hatte sie an einem Atemtherapieprogramm teilgenommen; inzwischen glaubt sie aber, dass sie damals einfach noch nicht dazu bereit war, sich zu ändern. Erst durch die Selbsthilfe hat sie die Zuversicht und Bereitschaft erlangt, ihr Stottern in die Hand zu nehmen. Sie unterzog sich erneut einer Therapie, unterrichtete alle ihre Freunde von ihrem Stottern und bat sie und ihren Mann, ihre Sprechweise zu überwachen. Außerdem ging sie wieder aufs College, schloss sich den *Toastmasters* an und lernte, dass sie sich wegen ihres Stotterns nicht zu schämen brauchte. 1995 trug sie vor dem gesamten *Speak-Easy*-Symposium ihre Lebensgeschichte vor, was sie sich vorher nie erträumt hätte. Langsam und sehr ausdrucksvoll schilderte sie, wie aus einem »schüchternen, einsamen und zurückgezogenen Mädchen, das überall aneckte«, eine selbstbewusste Frau wurde, der es nichts ausmachte, in aller Öffentlichkeit zu sprechen. »Wir alle wissen, was es heißt zu stottern«, sagte sie, »und die Blockaden selbst spielen dabei nur eine ganz untergeordnete Rolle. Stottern bedeutet Isolierung, Qual, Angst und geringe Selbstachtung, gegen die unbedingt etwas unternommen werden muss. Erst wenn all dem Abhilfe geschaffen ist, werde ich von meinem Stottern geheilt sein.«

Susan und ich stehen inzwischen in regelmäßigem Telefonkontakt; sie ist eine meiner »Telefonfreunde«. Wir sprechen fast jeden Tag miteinander – über unsere Familien und die Angst, die uns umfängt, und wie wir ihr entkommen können. Wir reden dabei langsam, werden allmählich entspannter, bis wir schließlich unsere Sprache im Griff haben. Susan fordert mich ständig. Als ich ihr von meinen Schwierigkeiten erzählte anderen vorzulesen, entgegnete Susan: »Warum liest du mir nicht einen Auszug deines Buches vor, jedes Mal wenn wir miteinander telefonieren?« Seitdem ich das mache, fällt es mir leichter. Jedes Mal, wenn das Telefon klingelt, versuche ich mir vorzustellen, dass ich mit Susan spreche. Ich entspanne mich – ein weiterer wichtiger Schritt, um mich am Telefon sicherer zu fühlen.

Mit Bob Rothman stehe ich ebenfalls telefonisch in Verbindung. Während seines ersten *Speak-Easy*-Symposiums wirkte er niedergeschlagen und verwirrt. Obgleich er einen Hochschulabschluss in Physik hatte, verdiente er sein Brot als Verkäufer im Haushalts- und Eisenwarengeschäft seines Vaters. Er hatte sich mit seinem Dasein als armseliger Stotterer und seiner Angst vor dem Sprechen abgefunden. Die Begegnung mit *Speak-Easy*-Angehörigen hat ihn dazu bewogen, sein Stottern zu akzeptieren und etwas dagegen zu unternehmen. Er begab sich in Therapie, schloss sich den *Toastmasters* an und macht zurzeit eine Ausbildung als Sprechtherapeut. Bob und Susan, wie auch Ames und Irving, stottern weiterhin, haben aber ihre Scheu darüber abgelegt. Stattdessen betrachten sie ihr Sprechen als lebenslange Herausforderung und freuen sich über jeden kleinen Erfolg.

Vicky Benson Schutter, die ich bei einer NSP-Versammlung traf, ist ebenfalls eine Heldenfigur für mich. Die kesse Texanerin ist nicht nur eine begabte Schriftstellerin sondern auch eine ausgesprochen offene und amüsante Rednerin. Sie hat eine Menge zu sagen und dabei manchmal enorme Schwierigkeiten, es zum Ausdruck zu bringen – genau wie ich. Jede Rede, die sie hält, macht mir Mut, mich in neue und somit beängstigende Sprechsituationen zu begeben.

Während der 1994er NSP-Konferenz wurde ich dazu verdonnert, an der Podiumsdiskussion eines Workshops teilzunehmen, der von dem Texaner Russ Hicks geleitet wurde. Russ trug bei unserer Begegnung einen Anzug mit der amerikanischen Flagge auf dem Revers. Gleich zu Beginn unserer Unterhaltung erzählte er mir stolz von der Marinelaufbahn seines Sohnes. Der Titel des Workshops lautete »Successful Stuttering – It's Time to Live« (dt.: »Erfolgreiches Stottern – Zeit zu leben«) und ich hatte vor, über die Rolle eines stotternden politischen Aktivisten zu sprechen. Allerdings hatte ich nicht erwartet, das Podium mit jemandem teilen zu müssen, der mich an John Wayne erinnerte. Ich kam mir vor wie ein East-Coast-Softie, war eingeschüchtert und nervös. Was Russ wohl von mir halten würde – einem Kriegsgegner und ehemaligen Hippie, fragte ich mich.

Zum Glück sprach Russ zuerst. Obwohl sein Stottern in einer zwanglosen Unterhaltung auffällt, spricht er in aller Öffentlichkeit ohne zu stocken. Das hat er besonders den *Toastmasters* zu verdanken, die ihm bereits mehrere Auszeichnungen verliehen haben. Russ schilderte, wie Behinderte trotz ihrer Schwierigkeiten politische Führungspositionen erlangten. So wählte Gott beispielsweise Moses, einen Stotterer, dazu aus, um sein Volk aus der Unterwerfung zu führen; gleichermaßen ernannte er Franklin Delano Roosevelt, einen Körperbehinderten, und Winston Churchill, einen Stotterer, dazu, der Welt zum Sieg gegen die Nazis zu verhelfen. Außerdem bat Gott, so Russ,

Martin Luther King Junior, ebenfalls Angehöriger einer unterdrückten Minderheit, Amerika zu helfen, seinen Traum von Gerechtigkeit und Gleichheit zu verwirklichen. Genau genommen hinkt der Vergleich von Behinderung und Rasse etwas. Eine Behinderung kann man sich nicht aussuchen; Recht und Unrecht spielen dabei keine Rolle. Rassismus, Intoleranz, Diskriminierung und all die anderen Missstände, denen sich Dr. King widersetzte, sind jedoch soziale Probleme, die aufgrund politischer Entscheidungen geändert werden können. Was Russ aber zum Ausdruck bringen wollte, war, dass Dr. King sich durch diese schwierige Herausforderung nicht einschüchtern ließ und dass wir uns unseren Schwierigkeiten ebenso stellen sollten. Durch unser Stottern würden wir einen Einblick in das Leben benachteiligter Personen gewinnen. Diesen Einblick sollten wir uns zunutze machen und, so Russ, selbst Führungsposten übernehmen und aktiv am Leben und unserer Umwelt teilhaben.

Bei NSP- und ähnlichen Selbsthilfe-Kongressen kommt mit Abstand die größte Anzahl von Stotterern zusammen. Bei den Hunderten von Teilnehmern verliert die Bezeichnung »Stotterer« fast an Bedeutung. Wie einer der Teilnehmer eines *Speak-Easy*-Symposiums bemerkte: »Wir sind wie Schneeflocken: Jeder von uns hier stottert anders.« Die Vielfalt ist erstaunlich; unter den Besuchern findet man heimliche Stotterer, die Wörter ersetzen, um nicht ins Stottern zu geraten, sowie leichte Stotterer, die nur selten stottern, und schwere Stotterer, die bei so gut wie jedem Wort stottern. Bei einigen kommt kein einziger Laut heraus; andere wiederholen die ersten Silben und manche können einen Ton, nicht aber bestimmte Konsonanten oder Vokale äußern. Wieder andere dagegen sprechen recht flüssig, haben aber Angst vor dem Sprechen, und es gibt so manchen, der sehr unflüssig ist, dafür aber liebend gerne redet.

Auf den Kongressen treffen sich auch Veteranen sämtlicher Therapierichtungen sowie einige, die scheinbar ohne irgendeine Therapie von ihrem Stottern geheilt wurden. Nachdem mir die verschiedensten Gruppen von Stotterern von ihren Therapieerfahrungen berichtet haben, kommt es mir so vor, als ob diverse Therapien diversen Stotterern helfen, es aber scheinbar keine einzige Therapie gibt, die jedem Stotterer hilft. Man könnte außerdem denken, dass die Zielsetzungen und Techniken konkurrierender Therapien mehr oder weniger austauschbar seien und dass alle ihren Nutzen hätten. Nicht die feinen Details der Techniken an sich sind von Bedeutung, sondern die Tatsache, dass die physischen Aspekte des Stotterns entmystifiziert werden und Stotterer sich bewusst werden, was beim Stottern eigentlich vorgeht und sie dagegen unternehmen können. Wenn man hört, wie ein jeder mit seinem eigenen individuellen Stottern zurechtkommt, kann man daraus durchaus schließen, dass es kein so genanntes einheitliches Stottern gibt, sondern mehrere Arten, wovon jede ihre eigene, spezifische Verbindung körperlicher und psychologischer Ursachen hat.

Ich bin mir nicht sicher, ob die Selbsthilfebewegung an sich eine Veränderung in der Stottertherapie bewirkt hat, oder ob sie lediglich diese Veränderung reflektiert. Durch die Bewegung sind Stotterer aber darin bestärkt worden, ihr eigenes Wissen zur Debatte über die Ursache und die Behandlung des Stotterns beizutragen. Gebildete Laien innerhalb der Selbsthilfegruppen fordern eine holistische Perspektive zum

Thema Stottern – nicht als Fürsprecher, sondern als »Konsument« einer bestimmten Therapierichtung und ohne jegliche Bindung an irgendein akademisches Fachgebiet. Sie wollen außerdem interdisziplinären Kontakt fördern, was qualifizierten Therapeuten und Psychologen bisher große Schwierigkeiten bereitete.

Jene Therapeuten, die die Stotterer-Selbsthilfebewegung besonders aktiv unterstützten, sind die stärksten Verfechter dieses neuen, integrierten Ansatzes. Eine ganzheitliche Therapie verwirft das Konzept, dass eine einzige Therapierichtung allein alle Probleme lösen kann. Diejenigen, die diesen innovativen Therapieansatz praktizieren, arbeiten bislang meist in den Sprachtherapiezentren der Universitätskliniken[6]. Ihr Therapieprogramm enthält die verschiedensten Behandlungsmethoden: *Precision Fluency*, Atemtherapie, Van-Riper-Therapie, absichtliches Stottern. Die große Frage ist immer, welche Therapie am besten für den einzelnen Stotterer geeignet ist. Manchmal lehrt der Therapeut den Patienten alle Behandlungsmethoden, die er dann selbst ausprobieren kann, um so die beste für sich herauszufinden.[7] Denn »jede erfolgreiche Therapie muss zur Eigentherapie werden«, wie der Therapeut Dr. J. David Williams sagt.

Die Selbsthilfebewegung hat auch den Dialog zwischen denjenigen gefördert, die Stottern als ein psychologisches Problem ansehen, und jenen, die eine körperliche Ursache annehmen. Jene Theoretiker, die in beiden Bereichen Auslöser vermuten, zählen zu den fortschrittlichsten und kreativsten auf diesem Gebiet. Das »Stotter-Sechseck«, das von John Harrison, einem Mitglied der NSP entwickelt wurde, zählt zu den wertvollsten Konzepten holistischer Stottertheorien. »Stottern wird allgemein als Sprechproblem angesehen«, so Harrison in seinem Essay zur Entwicklung eines neuen Erklärungsmodells für das Stottern. Doch erklärt er weiter, man könne

> *[...] Stottern im Wesentlichen als ein System auffassen, das den gesamten Menschen betrifft – ein interaktives System, das aus mindestens sechs wichtigen Teilen besteht: Verhalten, Emotionen, Wahrnehmungen, Grundeinstellungen, Vorsätze und körperliche Reaktionen. Man kann sich dieses System als sechsseitige Figur – als »Stotter-Hexagon« – vorstellen, wobei jeder Punkt mit allen anderen in Verbindung steht und diese Punkte sich alle gegenseitig beeinflussen.*[8]

Um sein Sprechen zu verbessern, so Harrison, müsse man nicht nur sein Sprechverhalten sondern auch seine eigene Einstellung gegenüber sich selbst und seinem Stottern ändern.

Das Sechseck-Modell vermittelt einige Anhaltspunkte, warum es erwachsenen Stotterern nach einer Therapie so schwer fällt, ihre Sprechflüssigkeit aufrecht zu erhalten. »Nach einer Therapie verfallen die meisten Stotterer wieder in alte Gewohnheiten«, erklärt Harrison. »Das liegt daran, dass die Kontrollstrategien vieler Therapieprogramme nur Sprechprobleme angehen. Die Aspekte aber, welche die Sprechunflüssigkeit wieder aufkommen lassen, werden dabei überhaupt nicht verändert.« Aus diesem Grund vertreten Harrison und andere den Standpunkt, dass Selbsthilfe äußerst wichtig sei. Das Erlernen von Methoden, die darauf abzielen, Stottern unter Kontrolle zu bringen und somit flüssiger zu sprechen, ist relativ einfach. Die Anwendung dieser

Methoden im täglichen Leben jedoch fällt den meisten schwer. Selbsthilfegruppen liefern einen sicheren Rahmen, diese Methoden anzuwenden und so den Übergang zwischen Therapieraum und Alltag zu meistern. Außerdem bieten sie ein Forum, um sich mit jenen psychologischen Faktoren und Grundeinstellungen zu konfrontieren, die Nährboden für das Stottern sind.

ANMERKUNGEN

[1] *Toastmasters* ist eine Organisation, die sich der Aufgabe widmet, ihren Mitgliedern die Fähigkeit zu effektivem Sprechen und Führen in beruflichen und persönlichen Situationen zu vermitteln (Anm. d. Übers.).

[2] Irving Burton in einem Interview mit dem Verfasser, Bergenfield, N.J.

[3] Siehe Anmerkung 3, Kapitel 1.

[4] Ein weiterer Teil der Stottergemeinschaft sind Mailing-Listen im Internet wie Stutt-L, Stutt-X und Stutt-Hlp (im deutschsprachigen Raum die BVSS-LIST, Anm. d. Übers.). Durch diese Gruppen treffen Berufssparten, die Stotterer behandeln, einschließlich Therapeuten in Ausbildung, sowie Stotterer selbst aufeinander, um virtuell Informationen auszutauschen, sich gegenseitig zu helfen und sich (manchmal) auch heftige Debatten zu liefern.

[5] Susan Sanders Anmerkungen wurden in den *Speak-Easy*-Rundschreiben Frühjahr 1995, S. 2, und Sommer 1995, S. 7-10, nachgedruckt.

[6] Im Gegensatz zum deutschsprachigen Raum finden in den USA Behandlungen meist in Kliniken statt (Anm. d. Übers.).

[7] Dieser Therapieansatz wird zum Beispiel in dem Buch *Stuttering: An Integrated Approach to Its Nature and Treatment* von Theodore J. Peters und Barry Guitar (Williams& Wilkins, 1991, Baltimore) besonders hervorgehoben.

[8] John Harrisons Essay »Developing a New Paradigm for Stuttering« erschien in dem Buch *How to Conquer Your Fears of Speaking Before People*, auf S. 58-80 (National Stuttering Project, 1995, Anaheim Hills, CA).

26. Misserfolge gibt es nicht!

Können Sie sich noch an den Schluss meines ersten Kapitels erinnern? Ich saß im Flugzeug nach Washington, um an einem Experiment teilzunehmen, das von den *National Institutes of Health* (NIH), der amerikanischen Gesundheitsbehörde, durchgeführt wurde. Ziel war es, ein Medikament zu finden, das Stottern mindern – und in meinen Fantasievorstellungen vielleicht sogar heilen – könnte. In den Schlaf gewiegt durch das Brummen der Motoren, träumte ich, dass Clomipramin (das Arzneimittel, das in der Studie getestet wurde), mein Stottern tatsächlich heilte – und mich in eine tiefe Identitätskrise stürzte. Seit über fünfzig Jahren stotterte ich und nun, in meinem Traum zumindest, sprach ich flüssig. Wer bin ich wohl, wenn ich nicht mehr stottere, fragte ich mich damals.

Aber keine Sorge! Ich wünschte, ich könnte lauthals verkünden, es gäbe ein Medikament, das Stottern unter Kontrolle bringen oder sogar unterbinden könnte. Ich glaube fest daran, dass es eines Tages solch ein Medikament geben wird – nicht unbedingt ein Heilmittel für Stottern, aber eines, das wenigstens den Auslöser, nämlich die emotionale Belastung, steuern kann. Aber leider half Clomipramin, das ich beim NIH ausprobierte, nicht. In der Tat waren die Nebenwirkungen (für mich zumindest) so schlimm, dass ich mitten im Versuch beschloss lieber zu stottern, als dieses Medikament weiter zu nehmen, selbst wenn ich dadurch völlig flüssig sprechen sollte. Ich litt unter Verstopfung, Mundtrockenheit und Müdigkeit. Am schlimmsten waren aber der Schüttelfrost, das Zittern und die Zuckungen, die durch meinen Körper schossen, als würden sich in meinem Nervensystem kleine Explosionen abspielen. Ich kam mir vor wie in einer Achterbahn. Mir wurde schlecht; ich wollte aussteigen, aber das Karussell drehte sich immer weiter und schneller.

Um mich gegen die Zuckungen und das Zittern zu wehren, spannte ich meinen Körper an. Aber dadurch verschlechterte sich mein Sprechen nur. Mein Kiefer fühlte sich an wie ein Zementklotz – schwerfällig, mühsam und völlig bewegungsunfähig; mein Kehlkopf kam mir vor wie eine knarrende, verrostete Tür, die sich nur gewaltsam öffnen ließ; meine Lippen hatten nicht die Kraft, meine starren Kiefer in Bewegung zu setzen. Mein Gehirn stand still, angefüllt von unkoordinierter Energie. Ich konnte mich einfach nicht aufs Sprechen konzentrieren und sah keine Möglichkeit, auch nur ein einziges Wort ohne Stocken hervorzubringen. Ich wollte allein sein und nicht reden. Am liebsten wollte ich schlafen, aber mein Körper stand dermaßen unter Strom, dass ich mich nicht entspannen konnte. Das Endergebnis war Schlaflosigkeit.

Die Ärzte des NIH waren in Sorge und reagierten sofort. Sie änderten meine Dosis und letztendlich stellte sich mein Körper langsam darauf ein; trotz alledem ging es mir körperlich nicht wesentlich besser und mein Sprechen verbesserte sich auch nicht. Dennoch war das Experiment kein totaler Reinfall. Anderen Teilnehmern an der Studie wurde durch das Medikament etwas geholfen und das bewog die NIH-Ärzte dazu, ihr pharmazeutisches Forschungsprojekt fortzusetzen.

Wieder einmal scheiterte meine Therapie, obgleich es diesmal an meiner körperlichen Konstitution lag – und nicht an meinem Bewusst- oder Unterbewusstsein. Dass ich über meinen Misserfolg nicht deprimiert war, lag vielleicht an meiner freudigen Erleichterung, das Medikament abgesetzt zu haben. Ich hatte meine gute Tat für die Wissenschaft vollbracht, ich mochte die Ärzte des NIH, Dr. Christy Ludlow, Dr. Sheila Stager, Dr. Allen Braun und Dr. Charles Gordon, und ihre Arbeit imponierte mir. Außerdem weckte das Experiment mein Interesse an der Stotterforschung. Alles, was ich seitdem gelesen und gehört habe, weist darauf hin, dass die NIH-Ärzte und andere Forscher in den USA und Kanada, die sich mit der neurologischen Komponente des Stotterns befassen, auf dem richtigen Weg sind.[1]

Das Gehirn hat zwei Hälften und die Dominanz einer Seite ist, laut einer Theorie der 1930er Jahre von Orton und Travis, für flüssiges Sprechen notwendig. Ist keine Hirnhälfte dominant, entsteht ein Engpass für die Nervenbahnen, die für das Sprechen zuständig sind, so dass die fein aufeinander abgestimmten Sprechmechanismen aus dem Gleichgewicht gebracht werden.

Moderne bildgebende Verfahren, wie Positronenemissionstomografie (PET)-Gehirn-Scans und Elektroenzephalografie (EEG), verhelfen den Forschern dazu, die chemische Aktivität und ihre ständigen Veränderungen innerhalb des Gehirns zu beobachten. Bildgebende Verfahren liefern den Beweis dafür, dass bei Menschen, die nicht stottern, der Sprechmechanismus in erster Linie von der Aktivität in der linken Hirnhälfte kontrolliert wird. Dort befinden sich die Nervenbahnen, die den Großteil der Feinmotorik überwachen. Stotterer dagegen zeigen neben der linken Hirnaktivität auch übermäßige Aktivität in der rechten Hirnhälfte, wo die meiste emotionale Aktivität erzeugt wird. Neurotransmitter der rechten Seite fließen in die linke Hälfte und stimulieren zusätzlich Aktivität im Sprechfeld der linken Gehirnhälfte. Die Clomipramin-Studie konzentrierte sich auf den Neurotransmitter Serotonin. Andere Forschungsergebnisse dagegen deuten darauf hin, dass Dopamin die Hauptursache der linksseitigen Sprechstörung sein könnte, aber letztendlich könnte es sich um eine Kombination beider handeln.

Obgleich noch kein eindeutiger Beweis vorliegt, scheint die chemische Aktivität der Neurotransmitter die ständigen Veränderungen des menschlichen umwelt- und emotionsbedingten Stresspegels widerzuspiegeln. Je belastender die Sprechsituation ist, desto mehr chemische Energie wird von der rechten Gehirnhälfte erzeugt und desto mehr Störungen treten in den Nervenverbindungen auf, die das Sprechen beeinflussen. Die hochempfindlichen Nervenbahnen haben, laut einiger Studien, verheerende Auswirkungen auf die Kehlkopfmuskeln, die Koordination der Artikulatoren und die auditive Rückmeldung (die Art und Weise, wie Stotterer ihr Sprechen akustisch wahrnehmen). Art und Ausmaß der Störung ist wahrscheinlich für jeden Stotterer unterschiedlich. Die neurologische Sensibilität, die die Veranlagung zum Stottern hervorruft, kann gering oder stark ausgeprägt sein oder sich vom Schweregrad her zwischen beiden Polen befinden.[2]

Einer Boberg, ein angesehener kanadischer Sprechtherapeut, der 1995 verstarb, sprach

1992 während eines Speak-Easy-Symposiums über den neuesten neurologischen Forschungsstand. Boberg, selbst ein Stotterer, berichtete von seiner lebenslangen Suche nach einer Lösung des Stotter-Rätsels. Diese führte ihn vom Fachgebiet der Sprechtherapie zur Neuropsychologie, einem Bereich, der seiner Meinung nach letztendlich viele Fragen beantworten kann. Als Gründer und Direktor einer der bekanntesten Sprechtherapie-Kliniken Kanadas wollte Boberg unbedingt herausfinden, warum manche Stotterer auf eine Therapie ansprechen und andere, trotz ihrer Motivation und Anstrengung, nicht. Obwohl keine abschließenden Beweise vorliegen, sagte er:

> *Es bestehen vermehrt Anzeichen dafür, dass Stotterer bestimmte Mängel des Zentralnervensystems vorweisen, durch die sich sowohl der Unterschied zwischen Stotterern und normalen Sprechern erklären lässt sowie Differenzen innerhalb Gruppen von Stotterern, die unterschiedlich auf die gleiche Therapie ansprechen. … Manche Stotterer weisen erhebliche Defizite auf und müssen gewaltige Anstrengungen unternehmen, um ihr Problem in den Griff zu bekommen. Danach müssen sie sich fast ständig selbst beobachten, um ihr widerspenstiges Nervensystem unter Kontrolle zu halten … Andere Stotterer mit einer geringeren neuropsychologischen Beeinträchtigung sind dagegen vielleicht eher in der Lage, ihr Sprechen zu steuern und dies automatisch ohne große Mühe fortzusetzen. ... Für diejenigen mit schweren neurologischen Mängeln ist es ein unrealistisches Ziel, hundertprozentige Sprechflüssigkeit oder Kontrolle über ihr Sprechen zu erstreben. … Wir haben inzwischen erkannt, dass die meisten Stotterer, die als Erwachsene oder Teenager eine Therapie beginnen, wahrscheinlich jahre- oder sogar lebenslang daran arbeiten müssen, ihr Stottern zu kontrollieren.*[3]

Frustriert durch die Anzahl von Patienten, denen eine Therapie entweder überhaupt nicht oder nur kurzfristig hilft und die dann auf sich selbst gestellt schnell rückfällig werden, stimmen immer mehr Sprechtherapeuten mit dieser Theorie überein. Dr. Eugene Cooper, der Vorsitzende der Abteilung für Kommunikationsstörungen der Universität Alabama, konzentrierte sich als angehender Therapeut auf die vermeintliche psychologische Ursache des Stotterns. Inzwischen ist er zu dem Schluss gekommen, dass »es verschiedene Arten von Stottern gibt, dass Stottern von vielen koexistierenden und interaktiven physiologischen, psychologischen und umweltbedingten Faktoren herrührt, und dass nicht jede Art von Stottern heilbar ist.«[4] Er rief die Bezeichnung *Chronic Perseverative Syndrome* – Chronisches Perseverationssyndrom (CPS) – ins Leben. Diese Diagnose trifft ungefähr auf eine von fünf Personen zu, die während ihrer Kindheit Schwierigkeiten haben flüssig zu sprechen und die aufgrund des Schweregrades ihres Kernproblems nie in der Lage sein werden, völlig ohne Stocken zu reden, es sei denn, sie üben es ihr Leben lang.

Ich glaube, dass ich selbst zu jenen wenigen gehöre, auf die die CPS-Diagnose nach Dr. Coopers Schätzung zutrifft. Ich bin davon überzeugt, dass ich immer stottern werde und dass ich ständig an meinem Sprechen arbeiten muss, so dass es für meine Zuhörer und mich attraktiver klingt. Es ist für mich eine riesige Erleichterung, dass man mittlerweile eine objektive Ursache für meine Therapieschwierigkeiten erkannt hat. Der folgende Brief von einem NSP-Mitglied nach dem Lesen der nachgedruckten

Rede Dr. Coopers zum Thema CPS im NSP-Rundbrief *Letting Go*, hätte auch von mir stammen können:

Ich zähle zu jenen erfolgreichen und sprachgewandten Stotterern, auf die Sie in Ihrer Rede Bezug nahmen. Mir kamen die Tränen, bevor ich überhaupt mit dem Lesen fertig war. Ich bin 41 Jahre alt und Sie sind der erste Experte, der all meine Anstrengungen zu schätzen weiß und der mich ein für alle Mal von dem Druck befreit, Sprechflüssigkeit erzielen zu müssen. Es ist wirklich so einfach; es geht nicht um flüssiges, sondern kontrolliertes Sprechen und darum, das Beste aus dem Leben zu machen. Ich danke Ihnen für Ihre klare Stellungnahme gegenüber Ihren Kollegen.[5]

Die Vorstellung, dass Stottern bei manchen unheilbar sei, klingt für einige Stotterer und Therapeuten nach Resignation. Cooper selbst wurde von Berufskollegen vorgeworfen, eine Hiobsbotschaft zu verbreiten und durch seine Behauptung, dass in einigen Fällen eine Heilung ausgeschlossen sei, die Berufsethik zu verletzen. Die Ansicht, dass Stottern durch einen organisch bedingten, neurologischen Defekt hervorgerufen werde, ist gleichermaßen umstritten. Mir und anderen Leuten, die an eine neurologische Ursache glauben, wurde in einer Mailing-Liste zum Stottern unterstellt, unsere eigenen misslungenen Therapieversuche zu rationalisieren und nach einer Ausrede zu suchen, um unser Sprechen nicht verbessern zu müssen. Während eines NSP-Workshops über holistische Therapie griff ein Therapeut CPS-Befürworter an, weil diese angeblich ihre Patienten abschrieben. Er bestand darauf, dass alle Kinder perfekt auf die Welt kämen und dass alle Stotterer Sprechflüssigkeit erlangen könnten, wenn sie nur wollten. Mit anderen Worten haben diejenigen, die nie flüssig sprechen werden, selbst Schuld. Das kann und will ich einfach nicht hinnehmen und auch Sie sollten dieser Aussage keinen Glauben schenken!

Die vermeintliche Ursache des Stotterns hat nichts mit den Maßnahmen zu tun, die Stotterer ergreifen können, um ihr Sprechen zu verbessern. Diejenigen, die im Sinne einer neurologischen Ursache argumentieren, können die Bedeutung, die psychologische und umweltbedingte Probleme in Bezug auf ihr Stottern spielen, nicht einfach verwerfen. Eine neurologische Funktionsstörung schafft die Veranlagung zum Stottern. Belastende psychologische und soziale beziehungsweise Umweltfaktoren rufen dann das Stottern hervor. In seinem Sechseck-Modell weist John Harrison zu Recht auf die Wechselwirkung zwischen Lernverhalten und einem physiologischen Defekt hin. Das erste Auftreten von Stottern in der Kindheit kann direkt von einer neurologischen Fehlverbindung herrühren. Durch Stottern in der Kindheit wird aus Sprechen, das eigentlich natürlich und einfach sein sollte, ein abnorm schwerer psychisch-emotionaler Albtraum. Dieser Albtraum wiederum, der vom Inhalt her für jeden einzelnen Stotterer verschieden ist, schafft dann die psychisch-emotionalen Umweltstressoren, die das eigentliche Stottern hervorrufen. Einige Stotterer haben einen schwerwiegenden neurologischen Defekt, andere dagegen einen geringen. Obwohl man an allen erlernten Punkten des Sechsecks Verbesserungen erzielen kann, kann ein Kern-Stotterproblem zurückbleiben. Manche Stotterer wiederum weisen lediglich eine geringe neurologische Funktionsstörung auf, dafür aber große psychisch-emotionale Probleme als Folge eines leichten Stotterns.

Ich teile Bobergs und Coopers Ansicht, dass manche von uns trotz der besten Sprechtherapie und psychologischer Beratung, trotz Stress-Management und der gegenseitigen Unterstützung und Inspiration der Selbsthilfe weiter stottern werden. Es gibt viele, die zwar flüssig sprechen, aber trotzdem unglücklich sind, und es gibt chronische Stotterer, die dennoch ein sinnvolles, zufriedenes Leben führen. Obgleich ich vielleicht den Flüssigkeitstest nie bestehen werde, so bin ich doch recht zufrieden mit meinem Leben (was mich manchmal selbst überrascht).

Nachdem Mimi und ich uns getrennt hatten, kehrte ich von Montreal nach Brattleboro zurück. Um mehr Zeit zum Schreiben zu haben und mir selbst zu beweisen, dass ich alleine leben konnte, zog ich von meiner Wohngemeinschaft in ein Haus in der Stadt. Kathryn, die bis zum Alter von zwölf Jahren in Montreal zur Schule ging und zwei Jahre lang bei ihrer Mutter lebte, wohnt mittlerweile bei mir, solange sie die hiesige High School besucht – eine Entscheidung, die wir zu dritt trafen. Als allein erziehender Vater kann ich mich nicht darauf verlassen, dass jemand mir das Reden abnimmt. Der Alltagskram, der von Menschen ohne Sprechproblem als selbstverständlich angesehen wird, ist für mich weiterhin eine Herausforderung. Ich schlage mich ganz alleine mit dem Installateur, den Versorgungsbetrieben und sogar dem Kreditkarteninstitut herum. Ich spreche nach wie vor nicht flüssig, aber ich habe meine Angst vor diesen Anrufen verloren.

Das erste Jahr nach meiner Rückkehr nach Brattleboro sah ich auf einer Silvesterparty eine Frau und wusste sofort, dass ich mich in sie verlieben würde. Wie gesagt, ich lernte sie nicht näher kennen, sondern »sah« sie lediglich. Ich kann die Schuld daran, dass ich mit allen anderen außer ihr redete, nicht auf mein Stottern oder meine Schüchternheit abwälzen. Manchmal verhalte ich mich wie die Schildkröte im Wettkampf mit dem Hasen, die durch pure Sturheit am Ende gewinnt. Ich bin vielleicht langsam, aber wenn ich mir wirklich etwas in den Kopf gesetzt habe, setze ich es früher oder später auch in die Tat um – selbst wenn aus »später« sehr viel später wird. Sechs Monate nach der Party rief ich Arlene endlich an, um mich mit ihr zu verabreden. Vier Jahre später sind wir immer noch zusammen.

1988 fragte mich Randy Kehler, ein Freund und der ehemalige nationale Koordinator der Atomwaffenstopp-Kampagne, was meiner Ansicht nach das nächste große politische Thema sei. »Aktion Finanzreform«, erwiderte ich ganz spontan, ohne weiter darüber nachzudenken. Randy stimmte mir zu. Wir fanden beide, dass reiche Einzelpersonen und starke Unternehmensinteressen, die Wahlkampfkandidaten mit Tausenden (und manchmal sogar Millionen) Dollar unterstützten, zu viel Macht hätten. Theoretisch gilt die Redefreiheit ja für alle; aber jene Kandidaten und Interessengruppen, die das nötige Geld haben, um die Radiowellen mit eigennütziger Werbung zu überschwemmen, übertönen den Rest von uns. Wahlprogramme, von denen der Durchschnittsbürger profitieren kann, haben keine Chance, als Gesetz erlassen zu werden, da spezielle Interessengruppen von ihrer finanziellen Schlagkraft Gebrauch machen, um Wahlen zu dominieren, den Verlauf von Debatten zu bestimmen und

Gesetze zu entwerfen.

Aus dieser Unterhaltung entstand die Arbeitsgruppe für Wählerdemokratie (*Working Group on Electoral Democracy*), ein Verband politischer Basisaktivisten und -forscher, deren Hauptanliegen es war, die Reichen aus der Politik zu vertreiben und die Macht an die Wähler zurückzugeben. Seit ihrer Gründung war der Arbeitskreis der Hauptkatalysator, um volle staatliche finanzielle Unterstützung der Wahlen (so genannte »demokratisch finanzierte Wahlen« oder die »saubere Geldlösung«) auf die nationale politische Tagesordnung zu setzen. Als Hauptautor der Arbeitsgemeinschaft bin ich überwiegend hinter den Kulissen aktiv, wo ich mich nach wie vor am wohlsten fühle. Manchmal aber, wenn kein anderer zugegen ist, um öffentliche Reden zu halten oder mit der Presse zu verhandeln, gebe ich mein Bestes. Zu Anfang einer Rede erwähne ich oft, wie schwierig ich es finde, vor einem Publikum zu sprechen. Die Zuhörer bemerken mein Stottern und freuen sich über meine Offenheit. »Bitte haben Sie Geduld mit mir«, sage ich, »diese Sache liegt mir so sehr am Herzen, dass ich mich hier in aller Öffentlichkeit mit Ihnen darüber auseinandersetzen muss.«[6]

Ich weiß nicht, inwiefern ich mich aufgrund meines Stotterns mit den Schwächeren identifiziere. Aber ich hasse nun einmal Ungerechtigkeit und nehme sie persönlich. Manchmal kommt es mir vor, als ob ich Steine auf die ruhige Wasseroberfläche eines Sees werfen und somit Wellen verursachen würde. Der Gedanke, als Stotterer Einfluss auf die Politik meines Landes auszuüben, amüsiert mich. Diese Vorstellung genieße ich, wie ich überhaupt mein ganzes Leben genieße.

Wie man sieht, habe ich jedoch eine lange Zeit gebraucht, mit meinem Stottern Frieden zu schließen und mich langsam so zu akzeptieren, wie ich bin. Ich brauchte noch länger, um meiner Furcht vor dem Sprechen gegenüberzutreten und den Mut zu haben, vor einem Publikum zu reden. Ich habe noch immer Angst. Manchmal ist mein Stottern so schlimm, dass ich beschließe zu schweigen. Aber ich betrachte solche Situationen als kleine Ausrutscher. Ich kenne die Gefahren, ich kenne mich selbst und stelle mich der Herausforderung.

Stotterer meiner Generation wuchsen in Unkenntnis über ihre Behinderung auf. Wir hatten weder Mailing-Listen im Internet, Selbsthilfegruppen noch »Telefonfreunde«, die mit uns übten und mit Rat und Tat zur Seite standen. Die Therapeuten tappten größtenteils im Dunkeln; sie machten uns falsche Hoffnungen und Versprechen, die sie nicht einhalten konnten, und gaben außerdem ihren Patienten die Schuld an ihren Misserfolgen.

Aber die Zeiten haben sich geändert. Eine rechtzeitige Behandlung kann bei Vorschulkindern Wunder wirken. Eltern brauchen sich wegen des Stotterns ihres Kindes keine Vorwürfe mehr zu machen; sie müssen den Schwierigkeiten ihres Kindes auch nicht mehr hilflos gegenüber stehen. Eltern können eine Menge tun, um ihren Sprösslingen bei der Überwindung frühkindlicher Sprechunflüssigkeiten zu helfen. Allerdings gibt es keine Erfolgsgarantie. Manche Kinder entwickeln sich trotz guter Therapie und verständnisvoller Eltern, wie ich, zu chronischen Stotterern. Aber es besteht kein Grund mehr zur Verzweiflung oder gar Isolation. Heutzutage hat das

Konkurrenzdenken unter den Therapeuten nachgelassen; sie sind eher dazu bereit, sich die Erfahrungen ihrer Patienten zunutze zu machen. Die besten Therapeuten haben gelernt, verschiedene Formen der Sprechtherapie in ihr eigenes Programm zu integrieren. Während ein Sprechtrainingsprogramm oder eine Atemtherapie vielleicht dem einen Patienten hilft, spricht ein anderer möglicherweise am besten auf absichtliches Stottern an. Immer mehr Therapeuten kommen zu dem Schluss, dass perfekte Sprechflüssigkeit nicht immer eine sinnvolle Zielsetzung ist und dass psychologische Beratung notwendig sein kann, um einen Stotterer auf den Nutzen einer Sprechtherapie vorzubereiten. Besonders wichtig ist auch, dass es mittlerweile eine Stotter-Gemeinschaft gibt, die Kindern, Eltern und erwachsenen Stotterern mit Rat und Tat zur Seite steht.

Natürlich könnte vieles besser sein. Es gibt noch immer Kinderärzte und Psychologen, die schlechte Ratschläge erteilen. Diese beruhen oft auf längst überholten Ansichten, wie zum Beispiel, dass Stottern eine neurotische Verhaltensform darstelle beziehungsweise dass ein Kind sich mit zunehmendem Alter das Stottern abgewöhne, wenn man es darauf nicht anspreche. Es gibt eine Menge engagierter Therapeuten, aber nur wenige mit einer ausreichenden Stottertherapie-Ausbildung, und in vielen Schulbezirken der USA ist die Sprechtherapieversorgung unzulänglich.

Ich selbst habe den Großteil meines Lebens damit verbracht, mehr zum Thema Stottern in Erfahrung zu bringen und meine eigene Sprechbehinderung zu verstehen. Inzwischen hat jeder, der daran interessiert ist, Zugang zu Informationen über Stottern. Hervorragendes Hilfsmaterial zu dem Thema kann man auch von den nachstehenden Organisationen beziehen. Falls auch Sie ein Mensch sind, der stottert, dann zögern Sie nicht lange. Packen Sie es an!

ANMERKUNGEN

[1] Die beste, wenn auch etwas fachsprachliche Zusammenfassung dieser Theorie ist *Neuropsychology of Stuttering*, herausgegeben von Einer Boberg (University of Alberta Press, 1996). Dieses Kapitel basiert auf jenem Buch und auf den folgenden Vorträgen über neue Forschungsprojekte: Dr. Christy Ludlow (NSP-Konferenz, 1993); Dr. Gerald Maguire (NSP-Konferenz, 1996); Dr. Einer Boberg (*Speak-Easy*-Symposium, 1992); Dr. William Webster (*Speak-Easy*-Symposium, 1995); Dr. Luc De Nil (*Canadian Association for People Who Stutter*-Konferenz, 1995).

[2] Andere Wissenschaftler vertreten die Theorie, dass die messbare Differenz der Hirnaktivität zwischen Stotterern und Menschen mit normaler Sprechflüssigkeit das Ergebnis und nicht die Ursache des Stotterns sei. Psychologen wissen allerdings keine Antwort auf die Frage, warum ein Kind zu einem chronischen Stotterer wird. Einige behaupten, dass Stottern durch ein Kindheitstrauma verursacht werde. Millionen von Kindern durchleben aber traumatische Erfahrungen unterschiedlichen Grades und nur ganz wenige entwickeln sich zu chronischen Stotterern. Außerdem muss man sich fragen, warum Menschen, die wie ich eine behütete Kindheit hatten oder die in einer Kultur mit weniger Belastungen als wir aufwuchsen, sich zu Stotterern entwickelten. Meine Eltern haben vielleicht zu schnell gesprochen, aber sie haben sich genauso gegenüber meiner Schwester verhalten, die wiederum nicht stottert. Wodurch unterscheiden sich Stotterer von normal sprechenden Menschen? Emotionen spielen beim chronischen Stottern eine große Rolle, aber ich vermute nur dann, wenn eine genetisch vererbte Veranlagung bereits vorliegt.

[3] Einer Boberg: *The Winding Trails of Therapy: Convergence at Last?* – Vortrag während des 11. *Speak-Easy*-Symposiums, nachgedruckt im *Speak-Easy*-Rundschreiben Winter 1992.

[4] Cooper, S. 2.

[5] Eugene B. Cooper, *Chronic Perseverative Stuttering Syndrome: A Harmful or Helpful Construct*«, *American Journal*

of Speech-Language Pathology, September 1993, S. 11-15.

[6] 1997 gründete ich mit anderen Mitgliedern der Arbeitsgemeinschaft *Public Campaign* – eine landesweite Organisation, die sich für eine Wahlkampf-Finanzreform einsetzt und somit für die »saubere Geldlösung« der vollen staatlichen Finanzierung der Wahlen.

Quellen für stotternde Menschen

Deutschland

Deutscher Bundesverband für Logopädie e.V.
Augustinusstraße 11a
D-50226 Frechen
Tel.: +49 (0) 22 34 - 37 95 30, Fax: 37 95 313
E-Mail: info@dbl-ev.de, Internet: www.dbl-ev.de

Deutsche Gesellschaft für Sprachheilpädagogik e.V.
Goldammerstraße 34
D-12351 Berlin
Tel.: +49 (0) 30 - 66 16 004, Fax: 66 16 024
E-Mail: info@dgs-ev.de, Internet: www.dgs-ev.de

Deutscher Bundesverband der akademischen Sprachtherapeuten e.V.
Goethestraße 16
D-47441 Moers
Tel.: +49 (0) 2841 - 98 89 19, Fax: 98 89 14
E-Mail: info@dbs-ev.de, Internet: www.dbs-ev.de

Bundesvereinigung Stotterer-Selbsthilfe e.V.
Zülpicher Straße 58
D-50674 Köln
Tel.: +49 (0) 221 - 13 91 106, Fax: 13 91 370
E-Mail: info@bvss.de, Internet: www.bvss.de

Interdisziplinäre Vereinigung für Stottertherapie e.V.
Stefan Siewing
Erftstraße 1
D-50859 Köln
Tel.: +49 (0) 2234 - 60 29 308, Fax: 69 44 65
E-Mail: info@ivs-online.de, Internet: www.ivs-online.de

Schweiz

Deutschschweizer Logopädinnen- und Logopädenverband
Stampfenbachstraße 142
CH-8006 Zürich
Tel.: +41 (0) 44 - 35 02 484
E-Mail: info@logopaedie.ch, Internet: www.logopaedie.ch

Vereinigung für Stotternde und Angehörige
Äußere Bleikenstraße 1
CH-3775 Lenk
Tel.: +41 (0) 33 - 73 30 731, Fax: 73 30 730
E-Mail: info@versta.ch, Internet:www.versta.ch

Österreich

Berufsverband Logopädie Austria
Sperrgasse 8-10
A-1150 Wien
Tel.: +43 (0) 1 - 89 29 380, Fax: +43 (0) 1 - 89 74 895
E-Mail: office@logopaedieaustria.at, Internet: www.logopaedieaustria.at

Österreichische Selbsthilfe-Initiative Stottern
Brixnerstrasse 3
A-6020 Innsbruck
Tel. & Fax: +43 (0) 512 - 58 48 69
E-Mail: oesis@stotternetz.at, Internet: www.oesis.at

Internationale Verbände

International Fluency Association
c/o Howard D. Schwartz
Dept. of Communicative Disorders
Northern Illinois University
DeKalb, IL 60115-2899, USA
Internet: www.theifa.org

International Stuttering Association
c/o Joseph Lukong Tardzenyuy
P.O. Box 9598
Douala, Cameroon, Africa
E-mail: admin@stutterisa.org, Internet: www.stutterisa.org

(Stand: Oktober 2010)

Internet

Stuttering Home Page von Judy Kuster: www.stutteringhomepage.com
Wiki zum Thema Stottern: www.stotternwiki.de

Personen- und Stichwortverzeichnis